KB089985

융과 아프리카
JUNG IN AFRICA

Blake W. Burleson 저
이도희 역

학지사

JUNG IN AFRICA
by BLAKE W. BURLESON

Copyright ⓒ by BLAKE W. BURLESON 2005
This translation is published by arrangement with
Bloomsbury Publishing Plc. All rights reserved.
Korean translation copyright ⓒ **2014** by Hakjisa Publishers, Inc.
Korean translation is published by arrangement with BLOOMSBURY PUBLISHING PLC
through EYA(Eric Yang Agency).

이 책의 한국어판 저작권은 EYA(Eric Yang Agency)를 통한
BLOOMSBURY PUBLISHING PLC사와의 독점계약으로
'(주)학지사'에 있습니다.
저작권법에 의하여 한국 내에서 보호를 받는 저작물이므로
무단 전재와 무단 복제를 금합니다.

역자의 말

나는 이 책 *Jung in Africa*를 2007년 여름 남아프리카공화국 케이프타운에서 열린 국제분석심리학회에 참석했을 때 구입하였다. 아마도 그것이 아프리카에서 처음 열린 학회였던 것으로 알고 있는데, 마침 그때 이 책의 저자가 '융의 아프리카 여행'에 관한 강의를 하기도 하였다.

당시 나는 학회 일정이 시작되기 전 1주일 동안 일행들과 함께 케냐의 나이바샤, 나쿠루, 마사이마라 등의 국립공원 사파리를 하고, 짐바브웨의 빅토리아 폭포를 둘러본 다음 케이프타운으로 갔다. 비록 짧은 일정이었지만 이때 아프리카와의 특별한 만남을 경험하였다. 케냐의 한 호텔에서 그곳 젊은이들의 탄력 있고 생동감 넘치는 공연을 관람하고, 드넓은 동물보호구역에서 자유롭게 뛰노는 다양한 초식동물과 육식동물의 생생한 약육강식의 현장을 목격하면서, 나는 내 안에 살아서 꿈틀거리는 느낌으로 감지된 본능의 세계, 즉 내 안의 자연을 경험하였다. 그리고 끝없이 펼쳐진 대평원을 지나면서 거대한 자연의 질서 앞에서 인간은 보잘것없는 존재라는 점도 절감하였다. 나 자신이 작아지고 겸손해지지 않을 수 없었다. 그런 경험 덕분에 이 책과 공감하는 부분이 많았다는 생각이 든다. 한국으로 돌아와서도 한동안 그 감흥에 취해 있다가 서서히 일상에 매몰되면서 그런 느낌을 잊고 살았다. 그러다가 주말마다 자연과 가까운 생활을 하면서 다시금 그때의 감흥이 되살아났고, 잊고 지내 왔던 이 책을 끄집어내어 번역하기로 마음을 먹게 되었다.

　이 책은 1925년 약 5개월에 걸친 융의 동아프리카 여행을 추적한 결과물이다. 단순히 여행 동안 있었던 외적인 사건을 나열한 기록일 뿐만 아니라, 융이 아프리카에서 겪은 내적인 경험까지도 충실하게 기록한 책이다. 저자는 이 책을 위해 수많은 문헌을 참고하였고, 실제로 융이 갔었던 여행지를 여러 차례 답사하면서 융이 경험했던 다양한 체험을 스스로 해 보려는 노력을 아끼지 않았다.

　아프리카는 융에게 존재의 이유raison d'être, 즉 그의 인생의 목표가 의식의 창조라는 그의 신화를 선물하였다. 융에게 이 새로운 신화는 인류 마음속의 근원적 에덴인 동아프리카 아티 평원에서 생겨났다. 저자 Blake W. Burleson은 이 책에서 융의 아프리카 여행의 의미를 다음 네 가지로 요약하고 있다. 첫째, 아프리카는 융의 꿈에 관한 많은 생각을 확인하게 해 주었다. 특히 중요한 것은 그의 '신화적인' 꿈 혹은 '큰' 꿈의 개념이었다. 둘째, 아프리카가 융의 경험에 기여한 점은 운명에 대한 이해였다. 아프리카는 인간의 의도가 도처에 있는 자연에 의해 축소되고 방해받는 '신의 나라'였다. 셋째, 현대의 '원시적인' 것에 대해 열광하는 현상은 서구의 물질주의적이고, 자본주의적이며, 기술적인 문화의 영적 빈곤과 개인주의에 대한 보상이다. 융은 서구인의 '원시적인' 곳으로 여행하려는 강박적인 성향을 문화의 지속적인 질병의 한 증상으로 보았다. 융은 그 자신의 아프리카 사파리를 유럽의 집단적인 문제와 개인적인 가족의 문제를 버림으로써 자신을 잃을 유혹에서 벗어나는 한 형태로 이해하였다. 그리고 마지막으로 융은 '원시로 가는' 대신에 "그 자신만의 원시적인 자기Self를 20세기 방식으로 발견하고, 직면하며, 살아 보라."고 요청하였다. 융 자신은 이를 자연에의 진출, 모래놀이, 돌 작업 그리고 볼링겐에서 보낸 단순한 삶을 통해서 보여 주었다.

　요즈음 우리나라에 캠핑 열기가 대단하다. 그리고 TV를 틀면 오지마을을 탐사하는 프로그램이나 그런 곳을 다녀와서 만든 다큐멘터리를 쉽게 접할 수 있고, 그것이 많은 사람의 사랑을 받고 있다. 여행의 패턴도 편하게 구경만 하는 방식에서 점차 그런 원시 세계를 방문하여 직접 체험하는 방식으로 변하는 경향이 있는 것 같다. 그리고 소위 '힐링' 열풍에 휩싸여 모든 자연스러운 것에 대한 열광적인 추구가 대유행이다.

　이런 모든 현상이 아마도 융을 비롯해 아프리카 여행 열풍이 일었던 당시 유럽의 상황과 의미상 유비될 수 있을 것이다. 지나친 물질의 발달로 인하여 본성과 멀어진 마음을 자연에서 찾으려는 무의식의 보상 욕구가 드러난 것으로 이해될 수 있다. 그렇지만 그러한 보상 욕구가 반드시 외적인 체험만으로 채워지는 것은 아니다.

　이에 관해 융은 꿈분석에 관한 한 세미나에서 다음과 같이 말하였다.

　　"우리는 자연과 만날 때마다 깨끗해진다. 미개인은 더럽지 않다. 우리만이 더럽
　　다. 가축은 더럽지만, 야생동물은 결코 그렇지 않다. 제자리에 있지 않은 물건이
　　더럽다. 지나치게 문명화되어 더러워진 사람들이 숲 속을 걷거나 바다에 몸을 담
　　근다. 그들이 이것을 이런저런 식으로 합리화할지 모르지만, 그들은 속박을 벗어
　　던지고 자연과 만나려는 것이다. 그것은 외면적으로 또는 내면적으로 행할 수 있
　　다. 외면적으로 행하는 것은 숲을 걷고, 풀밭에 누우며, 바다에 몸을 담그는 식이
　　고, 내면에서 자연과 만나는 것은 무의식으로 들어가고, 꿈을 통해 자신의 마음으
　　로 들어가는 일이다. 이들 둘은 같은 것으로, 그릇된 자리에 있는 것을 다시 제자

리로 돌려놓는 일이다."(S 1, p. 142)

결국 자신의 무의식과 만나는 것도 내적으로 자신의 본성을 회복하는 방법이라고 강조하고 있는 것이다.

이런 작업이 바로 융이 그의 전 생애를 통해 해 왔던 작업이고, 그 결과물이 융심리학이라 말할 수 있을 것이다. 융의 아프리카 여행은 융의 일생에서 가장 중요하다고 생각되는 외적인 사건 중 하나라고 할 수 있다. 이런 체험을 통해 그 자신의 새로운 심리학을 발전시키고 더욱더 공고히 할 수 있었으니 말이다. 이런 융의 체험을 통해 자신의 방식, 즉 자아의식의 일방적인 태도로 말미암아 멀어진 본성, 자연과 가까워지려는 노력을 하는 것이 우리의 중요한 과제라는 생각이 든다.

마지막으로, 출판 여건이 썩 좋지 않은 상황에서도 번역을 흔쾌히 허락해 주신 학지사 김진환 사장님과 편집을 열심히 해 멋진 책으로 만들어 준 고은경 님께 감사를 드리고, 현대 물질문명이 극도로 발달한 시대에 자신의 내면 여행의 가치를 아는 융심리학을 아끼는 많은 분들, 그리고 자연과 더불어 좋은 경험을 함께 공유하고 있는 여러 산우들께도 감사를 드린다.

2014년 8월 어느 날,
논현동 진료실에서
이도희

저자의 말

이 책은 도중에 도움이 없었다면 결코 시작하거나 끝마치지도 못했을 긴 여정이었다. 가장 먼저 나는 내가 많은 시간을 내 정부情婦—아프리카—와 함께 살게 해 주었던 아내 샌디에게 감사한다. 그리고 아이들, 가렛과 에반에게 케냐로 가는 연구 목적의 사파리에 가끔 동행해 준 데 대해 감사한다. 다른 가족들, 특히 부모님께도 감사를 드린다. 그분들은 최소한 나의 해외 투자를 감내해 주셨다.

많은 케냐 사람의 호의와 안내 없이는 이 프로젝트를 마칠 수 없었을 것이다. 나는 평생 케냐에 거주하는 샘 해롤에게 신세를 졌다. 그는 나의 자문에 응하고, 친구로서 나의 수많은 동아프리카 여행에 헤아릴 수 없을 정도로 많은 병참 지원과 도덕적인 지지를 해 주었다. 마지막 연구 단계에서 값진 도움을 준 동료 존 오초라에게도 신세를 졌다. 사바부트 집단의 저명인사인 프란시스 키보이는 나와 함께 융의 엘곤 산 사파리 자취를 발견하였다. 그의 확실한 조언이 절대적이었다. 또한 에드윈 완야마, 더글라스 완야마, 사무엘 나이바이 키무쿵, 요코보 시키료, 필립 체버스 코보롬, 체미보타이 아랍 사콩, 앤드류 치마엑, 슈라이만 나이바이 키무쿵, 조지프 오우마, 케네디 오디암보, 이브라힘 오치엥, 제임스 은자람바,

에반슨 키루, 엘리아킴 아상고 그리고 피터 무이루리 등의 케냐 사람들이 몇 시간, 때론 며칠간을 나와 함께 보내면서 내 연구에 시간을 할애해 주었다.

나는 학생, 직원 그리고 교수 간의 관계가 때로 가족 같은 베일러 대학교의 평등한 분위기에 감사를 표한다. 넓은 눈과 열린 마음을 가진 베일러 대학교의 많은 학생들이 나와 함께 베일러 동아프리카 연구 계획에 여러 해 동안 참여해 주었다. 나는 자넷 쉬트, 존 존슨, 그레그 가렛, 빌 미첼, 제임스 바더맨, 론 스택크, 짐 하우저, 앤 맥글러샨, 프랭크 리벨, 버디 길히레스트, 밥 다덴, 월리스 다니엘, 랜달 오브라이언, 빌 브래크니, 글렌 힐번, 릴리안 라운트리, 마릴린 맥키니, 데비 탈리, 헬렌 밀러, 리자 차이고 그리고 아미 키첸 등 그들의 노력과 전문지식으로 나를 지원해 주었던 직원과 교수들께도 감사를 드린다. 이 연구의 일부는 베일러 대학교 연구위원회 기금의 지원을 받았다. 19쪽에 있는 지도는 베일러 대학교의 응용지리 공간 연구센터가 제공한 것이다. 샤롯데 존슨, 스타시 코흐란, 애비 벌슨, 패트릭 아데어 그리고 미첼 피치는 다양한 연구 과제로 도움을 주었던 학생들이다. 한 베일러 대학교 학생, 지니 사이몬은 내게 융의 '프로토콜'을 영어로 번역해 주는 중요한 작업을 하였다.

나는 해리 윌머, 존 비비, 소누 삼다사니, 알란 엘름스, 댄 노엘, 다이애나 베이네스 얀센(피터 베이네스의 딸), 그리고 마리안느 모간 등 융학파 연구 분야 전문가들에게 조언을 받았다. 독자적인 연구가 로저 배링톤은 영국의 공공기록보관소에서 중요한 일을 도와주었다.

콘티니움 출판사의 많은 사람들—로빈 베어드-스미스, 벤 헤이스, 마크 볼랜드, 앤드류 월비, 아냐 윌슨, 주디 내퍼 그리고 펜들톤 캠벨—이 이 프로젝트에 관여하였고 더 좋은 책으로 만드는 데 도움을 주었다.

마지막으로 그중에서도 전 프로젝트 기간 동안 사랑과 지지 그리고 우정을 보내 주었던 와코에 있는 융친선협회의 회원들, 특히 비키 클라라스, 베스 맥엔타이어, 팻 쿡, 캐서린 브라운 그리고 로빈 베넷이 있다.

2004년 6월
텍사스, 와코
브레이크 W. 벌슨

용어에 대한 정보

　　대부분의 경우에 나는 1920년대에 사용했던 것과 일치하는 인류학적인 분류와 당시에 사용했던 아프리카 인종집단 이름을 사용한다. 부기슈, 엘고니, 반투 카비론도, 그리고 닐로트 카비론도 등과 같은 많은 이름은 더 이상 사용하지 않는다. 이렇게 그 시기에 한정되는 용어를 사용함으로써 이야기와 서술의 정확성을 일관되게 유지할 수 있었다.

　　그렇지만 나는 식민시대에 음으로 양으로 사용했던 보이boy, 원주민의native, 야만의savage, 유목민 무리horde, 부족tribe, 마술사witchdoctor, 오두막hut 그리고 정글jungle 등과 같은 모욕적인 말은 이 책에서 뺐다. 다만 이 용어가 사용되었던 원전을 인용하는 경우에는 바꾸지 않고 그냥 놔두었다.

　　'원시적인primitive'과 '문명화된civilized'이란 용어를 이 책에서 두루 사용할 필요가 있었다. 식민시대 동안 이들 용어는 각각 아프리카인과 유럽인을 예상하는 것으로 피상적이게 사용되었다. 그렇지만 융이 이들 용어를 사용한 이유는 그렇게 단순하지 않았다. 나는 독자들이 이 용어에 서술자들의 논쟁의 여지가 있다는 특성을 인식하도록 이 용어를 인용부 안에 넣었다.

　　때때로 나는 이 주제에 관한 융의 탐구를 더 완전하게 표현하고 있는 것 같은 부분에서 아프리카인 또는 아프리카계 미국인에게는 '검은black'을, 유럽인이나 유럽계 미국인에게는 '흰white'이란 용어를 사용한다.

목 차

C O N T E N T S

약 어

주석에 자주 인용되는 저작은 다음의 약어로 표기한다.

BT   Board of Trade (PRO에 보관되어 있음)

CGJS   Jung, C. G. (interviewee) (1977). *C. G. Jung Speaking: Interviews and Encounters* (edited by William McGuire and R. F. C. Hull) Princeton: Princeton University Press

CL 1   Jung, C. G. (1973). *Letters*, Vol 1 (selected and edited by Gerhard Adler in collaboration with Aniela Jaffé) Princeton: Princeton University Press

CL 2   Jung, C. G. (1973). *Letters*, Vol 2 (selected and edited by Gerhard Adler in collaboration with Aniela Jaffé) Princeton: Princeton University Press

CO   Colonial Office (PRO에 보관되어 있음)

CW   Jung, C. G. (1957~1979). *Collected Works*, 20 vols. Princeton: Princeton University Press

EAS   *East African Standard*

Kenya   *Kenya: Its Industries, Trade, Sports and Climate* (1924). London: Kenya Empire Exhibition Council

KLCR   Kenya Land Commission Report (Carter Commission) (1932). Nairobi

Map, 1924 NK   '1924년에 그린 북부 카비론도 지도—매우 유용한 정보와 통계를 준다.' (케냐 정부기록보관소에 보관)

MDR   Jung, C. G. (1963). *Memories, Dreams, Reflections* (recorded and edited by Aniela Jaffé; translated by Richard and Clara Winston) New York: Vintage Books (C. G. Jung의 회상, 꿈 그리고 사상, 이부영 역, 집문당, 2012)

PRO   Public Records Office, Kew, UK (and a classification there)

Protocols   Jung, C. G. 'Protocols', the unpublished German Urtext of *Memories*,

Dreams, Reflections assembled by Aniela Jaffé and held in 'The Papers of C. G. Jung' container at the Manuscript Division of the Library of Congress, Washington, DC

S 1   Jung, C. G. (1984). *Dream Analysis: Notes of the Seminar Given in 1928-1930 by C. G. Jung* (edited by William McGuire). Princeton: Princeton University Press

S 2   Jung, C. G. (1997). *Visions: Notes of the Seminar Given in 1930-1934 by C. G. Jung*, 2 vols (edited by Claire Douglas). Princeton: Princeton University Press

S 3   Jung, C. G. (1996). *The Psychology of Kundalini Yoga: Notes of the Seminar Given in 1932 by C. G. Jung* (edited by Sonu Shamdasani). Princeton: Princeton University Press

S 4   Jung, C. G. (1988). *Nietzsche's Zarathustra: Notes on the Seminar Given in 1934-1939 by C. G. Jung*, 2 vols (edited by James L. Jarrett). Princeton: Princeton University Press

S 5   Jung, C. G. (n.d.). *Dream Symbols of the Individuation Process: Seminar Held at Bailey Island, Maine: September 20-25, 1936*. Private printing

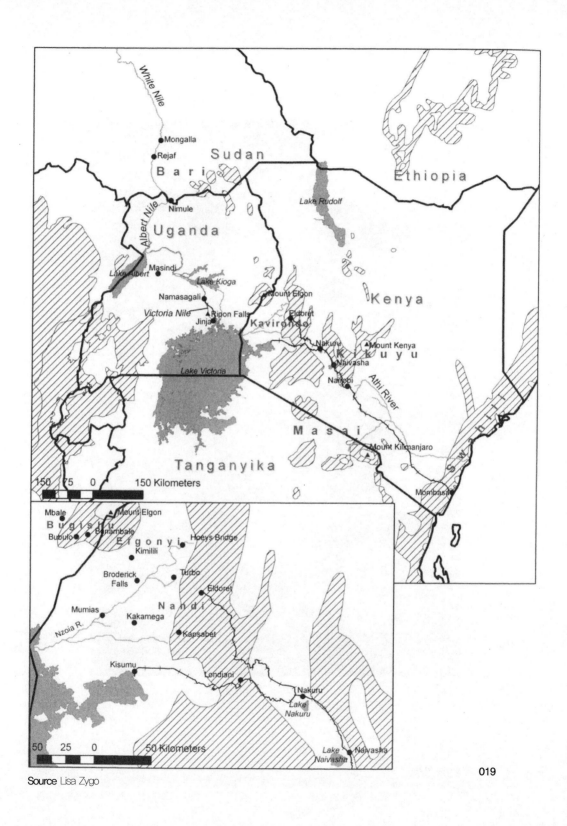

Source Lisa Zygo

019

1926년 우간다에서 베이네스, 루스, 그리고 융(왼쪽에서 오른쪽으로)

▶ 1925년 사파리 중인
융, 루스 그리고 베이네스
(왼쪽에서 오른쪽으로)

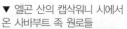
▼ 엘곤 산의 캅삭워니 시에서
온 사바부트 족 원로들

JUNG

IN

AFRICA

프롤로그

JUNG
IN
AFRICA

프롤로그

내가 2003년 7월 빅토리아 호숫가에 있는 키수무 공항을 나와 흰색 푸조 504 스테이션 왜건에 올라탔을 때, 적도지방에는 비가 줄기차게 내리고 있었다. 차 주인인 케네디 오디암보는 젊은 류오 족 마타투matatu(택시로 이용하는 미니 밴) 운전 수였는데, 나는 북쪽으로 160km 떨어진 엘곤 산으로 가기 위해 그를 고용하였다. 그다음 며칠간의 여정을 거친 후, 나는 그 산 남쪽 사면에 있는, 융이 1925년 에 묵었던 야영지를 찾고 싶었다. 내가 안전벨트가 없는 뒷좌석에 앉아서 보니, 운전석 뒷면에 붙어 있는 스티커가 눈에 들어왔다. "가만히 계세요. 천사가 지켜 줍니다." 갑자기 『회상, 꿈 그리고 사상Memories, Dreams, Reflections: MDR』의 구절 이 머릿속에 떠올랐다. 융이 철도 여행을 끝마치고 막 엘곤 산으로 사파리를 떠 나려던 때, 한 정착민이 조언한 말이었다. "알겠소, 선생. 여기 이 나라는 인간의 나라가 아니고, 신의 나라요. 그러니 무슨 일이 일어나도 가만히 앉아 있고 걱정 하지 말아요."(MDR, p. 256) 그런 생각이 내 마음속에서 메아리치는 동안 케네디 는 앞 유리창 와이퍼로 계절풍을 가르며 포장도로를 달려가고 있었다.

아프리카에서의 융에 관한 나의 연구는 1994~1995년 여름 안식휴가 때 케냐 서부 부쿠수 족의 점복 체계를 연구하던 중 시작되었다. 부쿠수 족은 루야 집단의 소부족인데, 그 종족의 이름을 따서 융의 여행을 공식적으로 '부기슈 심리학 원정대'라고 이름 지었다. 나는 융이 엘곤 산 기슭에서 전통적인 초가지붕을 얹은 진흙집에 살고 있는 이 아프리카 종족에게 관심을 가졌다는 사실이 궁금해졌다. 집으로 돌아와 융이 아프리카 여행에 관해 쓴 글을 다시 읽고 나서 나는 융의 사파리에 관한 연구를 계속하기 시작하였다. 이즈음 나는 융학과 분석가 해리 윌머 박사의 피분석자로서 융심리학 연구에 관한 학문적이고 개인적인 관심이 구체화되기 시작하였다.

나는 베일러 대학교의 동아프리카 연구 프로그램 책임자로 융이 케냐에서 방문했던 많은 장소를 이미 알고 있었다. 그러나 뒤이어 1990년대 말과 2000년대 초에 여행하는 동안에는 융을 염두에 두고 이들 장소를 다시 방문하였다. 나는 융이 아프리카에 첫발을 디뎠던, 킬린디니 항 너머에 있는 태양 빛이 작열하는 낡은 포르투갈 지저스 성채Fort 벽 인근에 있는 오래된 도시 몸바사의 좁은 거리를 걸었다. 나는 몸바사에서 나이로비로 가는 동아시아 철도를 타고 이른 시각에 일어나 융이 아프리카에서 '첫 번째 깨달음'을 경험한 평원을 바라보았다. 나는 융이 해피 밸리 세트Happy Valley set(역자 주-1920~1940년대에 케냐에 거주한 악명 높은 영국인 해외이주자 집단)와 함께 파티를 열었던 새롭게 단장한 스탠리 호텔(전에는 뉴 스탠리 호텔)을 거닐었다. 나는 한때 끝이 없었던 아티 평원에서 그가 '두 번째 깨달음'을 얻은 나이로비 동물보호구역을 수없이 여행하였다. 나는 동아프리카 대협곡을 통과하고, 난디 단층애를 넘었으며, 우아신 기슈 고원지대를 지나고, MDR에는 언급되지 않았지만 융이 방문했던 장소까지 가는 등 동아프리카 도로를 수천 마일 이상 달렸다. 나는 150종의 나무와 330종의 새가 살고 있는 카카메가 우림과 같이 실제로 식민지시대부터 변하지 않은 장소를 찾았다. 나는 케냐의 첫 번째 차 농부의 딸과 이전에 '백인의 고원지대'였던 곳 안에 있는 그녀의 키암베투 농장에서 저녁 식사를 하였다. 나는 만야타manyatta(20~30여 집들이 원을 그리며 모여 있는 전통적인 농가) 근처에서 마사이 전사morani가 피운 불에 구운 신선한 양고기를 먹었다. 각각의 장소는 나를 로런스 반 데어 포스트가 융의 '아프리카인의 목소리'라고 불렀던 새로운 통찰에 이르게 하였다.

콘티니움사와 책을 출판하기로 약속한 다음, 나는 연구를 위한 기금을 더 확보할 수 있었다. 덕분에 나는 하버드 대학교의 카운트웨이 의학도서관에 가서 융과 같이 여행한 동료 루스 베일리의 1925~1926년 여행에 관한 출판되지 않은 자세한 구술 자료를 읽었다. 나는 융의 '프로토콜'을 얻기 위해 국회도서관을 방문하였다. 이 '프로토콜'은 아니엘라 야훼가 융과의 주간 대담을 타이프로 쳐서 만든 노트로 그녀가 그와 함께 저술한 MDR의 기본이 되었다. 거기서 나는 한 번도 출판되지 않은, 연필로 적은 '아프리카'라는 제목을 단 장 전체를 찾았다. 나는 이 자료를 나의 역사적인 이야기에 덧붙였다.

2003년 7월에 한 나의 케냐 여행은 케이크에 당을 입히는 것이었다. 나는 두 가지의 중요한 목적이 있었다. 첫째로, 케냐 국가기록보관소에서 몇 년 전부터 시작한 연구를 끝마치고 싶었다. 그리고 둘째로, 엘곤 산에 있는 융의 야영지를 찾고 그곳에서 사바부트Sâbâwõõt 족(융이 엘고니Elgonyi 족이라고 부른 인종)과 시간을 보내고 싶었다. 하지만 나의 여행은 미 국무부가 5월 16일에 발표한, 미국인들은 케냐로의 불필요한 여행을 자제하라고 권유하는 여행 경고 때문에 문제가 생겼다. 그때 나는 5월 30일에 출발하는 브리티시 항공에 예약을 해 놓았었다. 영국 교통부가 "케냐에 관계하는 영국 민간항공에 대한 위험수위가 긴박한 상태로 격상됐다."고 발표하면서 런던에서 나이로비로 향하는 비행을 모두 일시 정지시켰을 때, 내 희망은 수포로 돌아갔다. 이 '위협'은 15명의 사망자를 낸 2002년 11월 28일에 일어난 몸바사 인근 호텔에 대한 차량 폭탄 공격과 같은 날 발생한 몸바사를 이륙한 이스라엘 전세기를 격추하려는 시도가 성공하지 못한 다음에 생겼다. 이 공격을 한 알카에다 조직원들은 지금도 케냐에서 계속 활동하고 있다. 그들의 악명은 1998년에 265명이 죽고, 5,000명이 부상당한 나이로비와 다 에스 살람 미국대사관 폭파로 확인되었다. 새롭게 생겨난 이들 위협 때문에, 2003년 5월에 그가 부분적으로 관여했던 다당제 민주제가 도입된 이래 처음으로 케냐로 돌아가려는 계획을 세웠던, 전직 케냐 주재 미국 대사 스미스 햄스톤이 오래 기다려 온 계획을 취소하게 되었다. 안전상의 이유로 조지 W. 부시 대통령도 2003년 7월 아프리카 순방 중에 케냐 방문 일정을 취소하였다.

다행스럽게도 브리티시 항공이 7월 초 운항을 재개하였다. 미국의 여행 경고는 아직 해제되지 않았지만, 나는 7월 14일에 어려움 없이 나이로비에 도착하였다. 그렇지만 도착하면서 접한 "마타투와 화물 자동차가 정면 충돌하여 21명이 죽었다."는 『데일리 네이션지Daily Nation』의 헤드라인은 다시 한 번 케냐에 있는 인간 생명에 대한 긴박한 위협을 일깨워 주었다. 그 사건은 우리 비행기가 조모 케냐타 국제공항에 착륙하는 날 아침에 일어났다. 이 사고로 1월부터 누적된 케냐 도로에서의 사망자가 1,442명으로 늘어났다. 케냐는 열악한 도로 사정과 부주의한 운전 문화로 인하여 세계에서 일 인당 교통사고 사망률이 가장 높은 나라 중 하나로 이름 높다.

나는 첫 번째 주를 케냐 국립문서보관소에서 먼지 끼고 누렇게 변한 식민지 지방행정관들의 서류를 읽고, 엘곤 산 지역을 손으로 그린 지도를 연구하며, 융이 케냐에 도착한 1925년 11월부터의 『동아프리카 스탠다드지East African Standard』를 매 페이지마다 스캔하면서 보냈다. 이 기록보관소는 스탠리 호텔에서 멀지 않은 나이로비 중심가 한가운데에 있었다. 그것은 삼 층으로 된 석조 건물로 정면 주랑의 현관에는 거대한 흰색 기둥이 여럿 있고, 건물 앞에는 야자나무가 열 지어 우뚝 솟아 있었다. 야자수 잎은 상존하는 붉은 먼지 세례와 나이로비 교통수단의 배기가스로 인하여 갈색으로 변하였다. 내가 건물에 가까이 가자, 안개비 속에서 신문지를 깔고 앉아 검붉은 진흙을 묻힌 맨발을 드러내고 있던 장애인 거지가 마치 기도하듯이 손을 움켜쥐었다. 나는 그녀의 컵에 동전 한 닢을 넣어 주고, 안내소에서 체크인 한 후, 주랑현관에서 진흙을 따라갔다.

나는 2층 열람실로 갔다. 그곳에서 나는 몇 년 전 여행 때부터 나를 알아보았던 사서 중 한 명인 에반슨 키루와 인사를 나누었다. 에반슨은 엘리아킴 아상고의 도움으로 내가 보기 원했던 자료의 목록을 작성하기 시작하였다. 기록 자료들은 최근에서야 전산화되었지만 많은 종목들은 아직 구식 종이 시스템으로 분류되어 있었다. 나는 에반슨이 내가 필요로 하는 첫 자료를 찾을 때까지, 내가 아프리카 시간 속에 있다는 것을 상기하면서, 한 시간 이상을 앉아서 기다렸다.

20세기가 시작되면서부터 현재까지 케냐의 공식적인 정부 문서, 가공물 그리고 사진 등을 저장하고 있는 이 기록보관소는 낡았고 잘 관리되고 있지 못했다. 창문은 버스, 마타투 그리고 택시가 무질서하게 다니는 시끄러운 톰 음보야 거리 쪽으로 열려 있었다. 열린 2층 창문 밖에는 시끄러운 중에도 비둘기가 둥지를 틀고 있었다. 나는 에반슨을 기다리는 동안 교통수단의 소음 속에서 한 거리의 설교자가 확성기를 통해 스와힐리어로 고함치고 소리 지르는 것을 들을 수 있었다. 그가 내 파일을 가지고 돌아왔을 때 열람실 안의 거의 모든 책상이 찼고, 내가 필요했던 유일하게 작동하는 마이크로필름 판독기는 사용 중이었다. 에반슨은 온종일 약 30명의 사람들의 요구에 열정적으로 마술을 부렸다. 연구자들은 대부분 나이로비 대학교의 학생들이었다. 학생들 중 두 명은 얼굴에 외과용 마스크를 썼고, 내 옆에 있던 또 다른 한 명은 호흡기 감염으로 기침을 계속했다. 위에 있는 15개의 형광등 중 오로지 두 개만 불이 들어왔다.

두 번째 날, 나는 문이 열릴 때 도착하여 『동아프리카 스탠다드지』 신문기사를 1925년 11월 자부터 스캔하기 시작하였다. 기다린 보람이 있었다. 나는 아시아 바자르에서 창궐했던 페페스트, 단기간에 내린 비의 지속적인 효과, 황태후 알렉산드라의 죽음 그리고 들라미어 경이 식민지 정부에 대해 한 연설 등에 관한 기사를 읽었다. 그때 나는 발견하기를 고대했던 것을 만났다. 1925년 11월 19일 자 신문의 5페이지에 "꿈이 무엇을 드러내는가: 원주민의 마음을 연구하기 위해 과학자들이 케냐로 오다."라는 제목의 기사가 있었다. 이것은 융의 '부기슈 심리학 원정대'에 관해 『스탠다드지』에 실린 몇 개의 기사 중 첫 번째 것이었다. 78년 전 실제로 인터뷰가 진행되었던 곳과 한 블록도 안 되는 곳에서 이 기사를 읽는 것은 시간을 되돌아가 융과 함께하는 것 같았다.

나는 우간다 총독 미스터 W. F. 가우어스 각하, 카카메가 지역행정관 A. E. 차미어, 캡사벳 부행정관 캡틴 F. D. 히스롭 등, 융과 피터 베이네스가 케냐에서 만난 인사들이 제출한 보고서, 편지 그리고 연설문도 읽었다. 나는 거의 대부분 손으로 그린 북부 카비론도 지역의 지도를 샅샅이 살폈다. 그것은 그 지역의 역, 휴게소, 다리, 자동차 도로, 길, 마을, 추장의 농가, 정착민의 집, 선교회 그리고 계획 중인 철로 등을 자세히 보여 주었다. 나는 또한 비협조적인 '엘고니 족(현재는 사바부트 족으로 알려짐)' 사람들과 식민지배자의 계획에 (그리고 불행히도 독립적인 케냐타Kenyatta 또는 식민 이후의 모이Moi정부의 계획에도) 들어맞지 않았던 사람들에 관한 케냐토지위원회의 보고서들을 읽었다.

기록보관소에서 일주일을 보낸 후, 나는 나이로비 배기가스를 사파리 먼지로 바꿀 준비가 되어 서부 케냐에 있는 키수무로 날아갔다. 그곳 공항에서 나는 엘곤 산 사보티 지역에서 온 사바부트 족인 프란시스 키보이 신부를 만났다. 키마국제신학교의 상급강사이고, 당시 옥스퍼드 대학 선교학 박사 과정에 있었던 키보이 신부는 사바부트 족의 역사와 문화에 관해 뛰어난 권위자 중 하나다. 그는 최근에 신약성서를 처음으로 사바부트 언어로 번역하는 작업에서 수석 번역자로 일했다. 그의 학술조사보고서는 동아프리카 대협곡에 있는, 영토를 빼앗긴 인종집단의 문제를 다루는 진실과 화해위원회에 포함된 칼렌진Kalenjin 족의 정치가들이 널리 참조하고 있다. 보다 큰 칼렌진 족 국가 중 사바부트 족은 식민시대가 시작되면서 조상의 땅을 빼앗긴 인종집단 중 하나다. 이 문제와 관련된 긴장은 1992년에 칼렌진 족과 다른 종족 간의 격렬한 인종분쟁으로 이어졌고, 그 결과는 1,500명의 사망자와 300,000명의 이주민을 만들었다. 키보이 신부는 사바부트 족의 잃어버린 고향을 회복하는 일에 적극적으로 관여하고 있었다.

이렇게 키보이 신부는, 케네디와 내가 비가 줄기차게 내리는 중에 키수무 공항에서 엘곤 산을 향해 북쪽으로 갈 때, 그 차 안에 있었다. 우리가 자전거, 물구덩이 그리고 소들을 빠르게 피하면서 좁은 타맥 포장도로를 빠른 속도로 내려갈 때, 나는 내 안의 무엇이 내가 고용한 케네디에게 '폴폴 타파다하리Polepole tafadhali(천천히 갑시다.)'라고 말하지 못하게 하는 것일까를 곰곰이 생각하기 시작했다. 나로 하여금 말하지 못하게 하는 것이 마조히즘(피학성)일까 아니면 문화적인 예민함일까? 그가 나를 겁쟁이라고 생각할까 아니면 허세 부리는 음중구mzungu(유럽인)로 생각할까? 우리가 다른 차들, 마타투 그리고 디젤엔진 소리를 내며 킨샤사에서 몸바사까지 대륙을 가로질러 운행하는 화물차들과 도로를 다툴 때 나는 침을 삼키고, 눈을 감으며, 좌석을 꽉 잡았다. 지방 택시로 이용되는 미니 밴인 마타투는 운전수가 차에 사람, 물건 그리고 때로는 가축을 너무 가득 실어서 차가 도로에서 시속 128~160km로 내리막길을 달릴 때면 일부 승객들은 차 밖에 매달려 가는 것으로 악명이 높다. 각각의 마타투는 부르는 이름이 있는데, 그것은 뒷면 바람막이 유리에 핑크색, 보라색 또는 오렌지색 네온으로 화

려하게 적혀 있다. 그 이름들은 다음과 같다. 정복자, 두려움이 없다No Fear, 진동
Vibration, 확신, 값진 기억, 권력을 느껴라Feel the Power, 지원 부대, 하나님 안에서
우리는 믿고 달린다In God We Trust and Runaways.

키수무 외곽으로 달린 지 30분이 지나자, 우리는 케냐 고속도로의 '마타투화
matatu-ization'와 처음으로 만났다. 공사 중이어서 진흙탕이 된 길을 지날 때, 맞은
편에서 오던 마타투가 천천히 달리는 화물차를 추월하기 위해 우리 쪽 차선으로
들어왔다. 우리가 분명히 그가 들어오는 차선에 있었음에도, 마타투 운전자는
화물차를 아슬아슬하게 추월하기 위해 속력을 냈다. 그는 위험한 질주를 멈출
틈이 없었고, 우리는 정면 충돌을 피할 목적으로 도랑에 빠져 옆길 밑으로 미끄
러졌다. 맞은편에서 오고 있던 마타투 역시 마치 슬로우 모션처럼 미끄러지면서
간신히 우리와 충돌을 피했다. "잘했어, 케네디."라고 내가 말했다. "우나베짜 쿠
엔다 폴폴 사사. 하쿠나 하라카!Unaweza kuenda polepole sasa. hakuna haraka!(이제 천
천히 갈 수 있어. 서두르지 마!)" 케네디는 선웃음을 지으며 내 요청을 받아들였고, 그
것을 지키려고 최선을 다했다. 때때로 그는 성공하였다.

융은 1920년대에 동아프리카를 여행하면서 큰 위험을 겪었는데, 나는 여행자
들에게 그 위험이 현저히 줄어들었다고 자신 있게 말할 수 없다. 아찔했지만 다
치지 않았고 우리는 산을 향해 북쪽으로 계속 갔다. 그 산은 낮게 떠 있는 구름과
줄기차게 내리는 비로 인해 시야에 보이지 않았다. 오후 늦은 시각에 우리는 엘
곤 산 기슭의 웨부예(전에는 브로데릭 폭포로 알려졌음)에 있는 한 호텔에 도착하였다.

다음 날 아침 우리는 이 작은 푸조로 갈 수 있는 한 높이 산을 오르고—고도
2,133m까지 험한 길을 여행한다—오후에 비가 내리기 전에 돌아올 시간을 충
분히 확보하기 위해 이른 시각에 출발하기로 계획하였다. 4월부터 11월까지의
비는 늦은 오후나 초저녁에 내리고 종종 심한 천둥·번개와 우박을 동반하기도

한다. 이 비가 내리면 산길은 통행할 수 없다. 나는 호텔 방에서 카메라 가방을 들고 나오려다가 우리 차가 골골대는 소리를 들었다. 케네디가 뚜껑을 열고 기화기를 검사했는데, 어딘가가 막혀 있었다. 케네디가 시동을 껐다 켰다 하면서 조심스럽게 다루다가 천천히 웨부예 중심가로 갔고 졸린 눈을 한 남자들이 체커놀이를 하고 있는 술집 옆의 커다랗고 푸른 고무나무 밑에 앉아 있는 수리공을 발견하였다. 그 기계공은 기화기를 해체하여 부속품들을 입으로 직접 불고 가솔린을 빨면서 청소하였다. 이 과정이 2시간 정도 걸렸다. 우리는 그에게 50실링(약 75센트)을 지불하고, 늦었지만 융의 1925년의 야영장소를 찾으려는 계획에 설레는 마음으로 출발하였다.

우리는 융과 그의 일행이 산으로 오르는 마지막 출정을 떠나기 전에 머물렀던 정부 소유의 휴게소가 있는 키미리리 시 중심가를 통과하였다(한때 그 휴게소가 있었던 자리가 지금은 커다랗고 푸른 고무나무가 마당 주변에 심어져 있는 경찰서다.). 융은 그들이 키미리리에서 약 12km 정도 산 쪽으로 올라갔다고 했기 때문에, 우리는 그들이 있었을 법한 장소를 대강 가늠하고 있었다. 우리는 그 야영지가 단층애 맨 밑바닥에 있는 폭포에서 이어지는 계류 근처의 작은 계곡에 있었다는 것도 알고 있었다. 우리는 키미리리에서 진흙탕이고 고르지 못한 길을 따라가 캡삭워니에 도착하였다. 그곳은 해발이 약 2,133m였고, 융이 야영했던 단층애 바로 위에 있었다. 캡삭워니에 도착했을 때는 정오가 지난 후였고, 회색 먹구름이 이미 엄청나게 모여들기 시작했었다.

우리는 우선 마을의 음지Mzee(원로)인 사무엘 나이바이 키무쿵의 집으로 갔다. 그는 1907년에 이곳의 동굴에서 태어난 사바부트 족 지도자wärkoonteet였다. 그의 오래된 기억으로, 그는 분명히 이 지역 어디에서 폭포를 발견할 수 있는지를 알 것이고, 아마도 1925년에 이 지방에서 야영했던 와중구wazungu(유럽인들)와 짐꾼들로 된 카라반까지도 기억해 낼 수 있을 것이다. 그 당시에 그는 18세였을 것이다. 나는 그것뿐만 아니라 훨씬 더 많은 것을 알아내야 했다.

키보이 신부와 나는 음지가 그의 작은 초가집 뒤에서 햇빛을 맞으며 의자에 앉아 있는 것을 보았다([그림 1]). 그는 옷깃을 푼 우아한 암갈색 외투를 걸치고, 영국풍 운전사 모자를 쓰고 있었다. 그는 손잡이에 코끼리를 조각해 놓은 엘곤

[그림 1] 사바부트 족의 정보제
공자인 프란시스 키보이(왼쪽)와
사무엘 나이바이 키무쿵(오른쪽)

티크 나무 지팡이를 들고 있었다. 그는 노회한 웃음을 머금고 뚫어지게 바라보는 시선으로 나를 쳐다보며 이제는 연약해진 손으로 내 손을 꽉 잡고 악수를 했다. 우리가 이 사바부트 족장과 인사를 나누자 그의 14명의 아내 중 한 명이 우리가 앉을 수 있도록 의자 두 개를 내왔다.

96세의 나이로 사바부트 집단의 기억을 대표하는 음지 사무엘은 식민지 이전의 과거와 연결되는 몇 안 되는 생존자 중 하나였다. 케냐가 식민지가 되기 이전에 태어난 그는 식민시대를 모두 거쳤고, 지난 몇 년 동안에는 독립 이후 세 번째 정권이 교체되는 것을 목격하였다. 그는 사바부트 씨족의 전설로, 70명의 자녀와 500명 이상의 손주와 증손주를 두었다. 기쁘게도 내가 알게 될 것은, 음지 사무엘이 융의 사파리와 직접적으로 연결되어 있었다는 사실이었다. 사무엘의 아버지가 1910년에 야수에게 살해당했을 때, 그는 캅상구틱Kaabsaang'uteek 씨족의 키무쿵이라는 이름의 삼촌에게 입양되었다. 키무쿵은 융이 1925년에 '추장'이라고 만났던 사람으로 확인된 텐디이트Tendeet의 형제였다. 나는 텐디이트의 아버지인 칩티이크Cheebteek가 융에게 "지금 영국인들이 모든 것을 알기 때문에 꿈이 더 이상 필요치 않다!"라고 말한 그 와쿤티이트(또는 라이본)였을 것이라는 사실을 알아냈다. 융은 그의 야영지에서 팔라버(원주민과 외국인 사이의 상담) 시간에 멋진 원숭이 가죽 '외투'를 입고 쪼그리고 앉아 있던 칩티이크에 대해 현대 세계가 모른 체하고 지나가는 '다소 슬프고 늙은 신사였을 뿐이라고' 느꼈다.

칩티이크의 견해는 옳은 것으로 입증되었다. 1925년에 이르러 원로는 더 이상 그의 꿈 작업에 기반한 권위를 갖지 못하였다. 내가 이 뛰어난 지도자 집안에서 태어난 음지 사무엘에게 더 이상 꿈을 꾸지 않느냐고 물었을 때, 그는 "여보게, 나는 크리스천이 된 이후로 꿈을 꾸지 않고 있네."라고 대답하였다. 이 사회에서 사무엘의 지위는 주요 의례에서 와쿤티이트(지도자)로서의 역할을 한 것보다는

40년간 사바부트 족 민사 재판관으로 일하면서 식민시대와 그 이후에 그가 중요한 관리를 지낸 경력으로 인해 얻은 것이 더 많다. 융이 사무엘의 삼촌의 아버지인 칩티이크가 꿈을 이용해서 정치적인 조언을 했던 아프리카 지도자의 마지막 세대를 나타냈다고 이해했던 것은 옳았다.

음지 사무엘은 융이 그의 집에서 몇 킬로미터 떨어지지 않은 곳을 통과했었던 1925년에 18세였지만, 그는 그해에 유럽인이 그곳에 캠프를 차린 것을 보거나 들은 기억이 없었다. 그렇지만 그는 그 야영지가 어디였을 것이라는 암시를 주었고, 손자 중 한 명인 슐레이만에게 우리를 카무티앙 단층애로 안내하라고 하였다. 우리가 융이 캠프를 쳤던 단층애 위에 있었기 때문에, 우리의 계획은 가능하면 위쪽에서부터 차로 그 장소에 가깝게 가서 단층애로 걸어간 뒤에, 절벽을 내려가 계곡으로 가는 것이었다. 걸어가는 것은 옥수수, 커피, 차, 조 그리고 양배추가 심어져 있는 작은 농장을 통과하는 구불구불한 길을 따라 한 시간 정도 걸렸다. 한때는 통과할 수 없었던 숲이 이제는 인구가 밀집한 농장지대가 되었다. 맨발의 사바부트 어린이 몇 명이 우리 일행에 호기심을 보이며 합류하였다.

절벽 끝에 도착하자 갑자기 우리 앞에 지평선이 열렸다. 나는 바위로 된 단층애 위에 서서 재빠르게 융이 MDR에 묘사해 놓은 야영지 풍경을 모두 찾아보았다. 우리는 밑에서 폭포수 소리를 들을 수 있었다([그림 2]). 그곳에서 약 270m 떨어진 곳에는 키북 계류로 갈라진 완만한 경사면에 평평한 지대가 있었는데, 내 생각에는 융이 이곳에 사파리 텐트를 쳤을 것 같았다. 계류는 융이 적어 놓은 대로 작은 계곡이 '진한 녹색 정글 띠'를 이루어 구불거리며 흐르고 있었다. 정남쪽 멀리 안개 너머로 12km 떨어진 키미리리 시가 햇빛에 반사되어 보였다. 골짜기는 아직도 동서쪽이 포도 넝쿨과 나무가 울창한 가파른 단층애로 막혀 있었다. 나는 키보이 신부에게 "여기가 그곳 같아요!"라고 소리쳤다. 그는 하늘에 주먹을

[그림 2] 엘곤 산 키북 계곡에 있는 융의 1925년의 야영지 근처에 있는 카무티앙 단층애의 폭포

날렸다.

우리는 기쁨에 가득 차 가파른 길을 내려가 폭포로 갔다. 그 앞에는 웅덩이가 있었다. 융은 그들이 폭포 밑에 있는 웅덩이에서 목욕을 했다고 하였다. 내가 야영지로 지목한 지역이 지금은 아카시아 나무가 여기저기 자라고 있는 옥수수밭이었다([그림 3]). 그 근처에는 초가지붕으로 된 거처가 있었다. 우리는 작은 계곡

[그림 3] 키북 계곡에서 융의 야영지로 보이는 곳─현재는 사바부트 족의 농장(아래로 보이는)

을 탐색하는 데 한 시간 이상을 보냈다. 그곳에는 이제 30여 개의 작은 농장이 있었다.

몇 분 동안 나는 일행에서 벗어나 우리의 발견에 대해 곰곰이 생각해 보았다. 내가 야영지라고 추정했던 곳에 있는 풀이 난 바위 턱에 서서, 나는 융이 그곳에서 캠프 의자에 앉아 떠오르는 태양을 바라보고 있는 것을 상상하였다. 그의 뒤는, 한때 비비원숭이가 살았던, 우리가 방금 내려온 바위 절벽이었다. 이곳이 융이 '하루 중 가장 신성한 시간'을 경험했던 '사원'이라고 묘사한 장소였다. 거기서 그는 '헤아릴 수 없는 기쁨으로 이 영광에 빠져들었다······.' 나는 일종의 연구자의 망아경 상태로 그곳에 앉아 있었고, 나의 명상은 키보이 신부에게 걸려 온 휴대전화 벨 소리에 깨져 버렸다. '전보도 없고 전화도 연결되지 않는' 융이 희열을 느꼈던 '태고의' 세계는 사라졌다.

"저 구름이 보여요?" 신부가 말했다. "곧 비가 올 거예요. 가야만 해요." 나는 어쩔 수 없이 융이 항상 돌아가기를 원했지만 결코 가지 못했던 그 장소에서 떠났다.

우리가 서둘러 푸조를 타고 산길을 내려오자 비가 억수로 퍼붓기 시작하였다. 케네디는 이따금씩 작동하는 와이퍼를 가지고 길이 통행할 수 없는 늪으로 변하기 전에 내려가기를 희망하면서, 유실된 도로 구덩이에 덜컹거리고 급한 커브길에 미끄러지며 폭우 속에서 속력을 냈다. 나는 이날 일어난 일로 인해 들뜬 기분이 아직 가라앉지 않아 머리가 창문 옆면에 부딪쳐 자국을 남긴 것도 몰랐다. 한번 세게 덜컹거린 후에 우리 차의 머플러가 떨어졌다. 케네디가 밖으로 나가 로프로 그것을 묶었고, 우리는 쏟아지는 비를 뚫고 계속 달려 제시간 안에 타맥 포장길에 도착하였다.

우리는 매일 하는 자동차 수리와 위협적인 오후의 비에도 연구를 강행하여, 산길을 올라 캡삭워니 지역으로 가는 여행을 모두 네 번 하였다. 우리는 하루의 대부분을 융이 탐험했던 동굴을 찾는 데 보냈다. 융 일행은 단층애 위 어느 곳에 있는, 사람이 거주하는 동굴과 거주하지 않는 동굴에 들어갔었다. 이 지역에는 많은 동굴이 있다. 융이 한 동굴의 가족을 만난 것이 베이네스의 필름에 기록되어 있지만, 거기에는 이 장소의 정확한 위치에 관한 단서가 없었다. 그렇지만 우리는 다행스럽게도 두 명의 숲 감시원의 도움으로 산을 올라 키비에토 지역에 있는 칩쿤쿠어 동굴로 갈 수 있었다. 감시원들은 원래 우리의 안내인 역할을 했지만, 우리가 동굴 안에서 최근에 그 지역을 망쳐 놓았던 아프리카 코뿔소와 만날 때 도움을 주었다.

우리가 융이 들어갔던 동굴을 발견했는지는 확신할 수 없었지만, 그가 들어갔던 동굴이 이 근방에 있었다는 것은 확실하였다. 우리의 행로에는 캡삭워니에서 두 시간 동안 하이킹하는 것도 있어서, 우리는 엘곤 산 국립보호림([그림 4])의 경계를 따라갔다. 우리가 걸어갈 때, 거대한 상록수 나무 꼭대기에서 흑백 투구 모

[그림 4] 엘곤 산 숲

[그림 5] 엘곤 산의 키비에토 지역의 칩쿤쿠어 동굴 입구에 있는 프란시스 키보이와 슈레이만 나이바이 키무쿵

양의 코뿔새가 입을 벌리고 우리를 바라보았다. 이 원시림은 현재 무단 거주자와 벌목꾼들에 의해 위협받고 있지만 한때는 산 전체를 뒤덮었었다. 우리는 무단 거주자들의 커피와 옥수수 농장을 걸어서 지나 계단 단층애에 도달하였는데, 거기서 감시원들은 정글 도로 통로를 내어 울창하고 습한 정글을 헤치고 나갔다. 한 시간 더 미끄러운 절벽을 따라가서 우리는 그 동굴을 찾았다([그림 5]).

우리가 어두운 동굴로 이어지는 작은 입구로 힘들게 기어들어 가자 사방에서 박쥐가 날았다. 동굴 먼지가 발을 덮고 코로 날아들어 오며, 숲 속의 돼지 몇 마리가 안쪽 어두움 속으로 사라졌다. 그 순간 나는 1978년에 미국인 동굴 탐험가가 엘곤에서 겪은 불행한 일이 생각났다. 리처드 프레스턴이 쓴 『열대The Hot Zone』에 나오는 이야기인데, 그 탐험가는 분명히 마르부르크병(역자 주-고열, 발진, 소화기관 출혈 등을 수반하는 바이러스성 전염병)에 걸려서 동굴에 들어간 뒤 수일 만에 죽었다. 내가 키보이 신부에게 이 이야기를 묻자, 그는 웃으며 사람들이 수천 년 동안 이 치명적인 질환의 위협 없이 이 동굴에서 살아왔다는 점을 상기시켜 주었다. 우리의 동굴은 사방으로 끝없이 오르고 내리는 굴이 있는 거대한 것이었다. 이 야간 거주지는 한때 수백 명의 사바부트 가족을 보호했을 것이다. 우리는 입구에서 약 45m 되는 곳에서 오래전에 거주자들이 버렸을 불을 피웠던 흔적을 발견하였다. 아마도 MDR의 여행 장에서 주를 이루는 어두움과 빛, 무의식과 의식의 주제가 융이 이 엘곤 산 깊은 곳에 있는 동안에 그의 마음에 생겨났는지도 모르겠다.

나는 엘곤에서의 나머지 날은 캡삭워니의 사바부트 족 원로들과 면담을 하면서 보냈다. 나는 그들과 융이 MDR과 다른 곳에서 이들의 문화를 기술한 생각들에 관해 토론하는 데 특별히 흥미를 가지고 있었다. 나는 연구 시작부터 융이 토착민으로부터 배우려는 순수한 동기가 있었지만 기껏해야 피상적으로 사바부트 족을 이해했고, 그들을 그의 새로운 이론의 틀에 맞추며, 제국주의적인 언어로 표현된 이해를 얻었을 것이라고 느꼈었다. 나는 그의 관찰 중 일부는 부정확할 것이라고 가정하였다. 이 가정은 내가 인터뷰한 원로에 의해 확인되었다. 나는 나에게 사바부트 족의 언어, 스와힐리어 그리고 영어에 능통한 번역가들이 있다는 점에서, 내가 융보다 분명히 유리하다는 것을 밝혀야겠다(나 자신도 대화가 통할 정도의 스와힐리어를 알고 있지만 사바부트어 경험은 없다.).

특히 중요했던 것은 1908년에 동굴에서 태어난 음지 요코보 시키료와의 인터뷰였다([그림 6]). 그도 음지 사무엘과 마찬가지로 1925년, 그의 나이 17세 되던 해에 있었던 융의 사파리를 기억하지 못했지만, 그는 텐디이트가 MDR에 나오는, 융이 엘곤 산에 도착했을 때 만난 이름 없는 사바부트 족 '추장'과 동일인이라는 것을 확인해 주었다. 나는 음지 요코보와 다른 사바부트 족 원로들이 구술한 역사를 통해 사바부트 사회가 급변하고 소란스러운 기간 동안에 텐디이트가 한 역할에 대한 통찰을 얻을 수 있었다. 우리는 근처 농가에 살고 있었던, 이름이 알려진 융의 사바부트 족 정보제공자 지브로트도 알아냈다. 결코 기록된 바 없는 이 귀중한 정보들은 인터뷰를 주선하고 번역해 준 키보이 신부의 도움 없이는 얻을 수 없었다.

우리가 연구 마지막 날 산에 접근했을 때, 구름이 산 정상부터 걷혀서 처음으로 엘곤 산 전경을 보았다. 해발 4,267m나 되는 엘곤 산은 사방에서 완만한 경사로 융기한 모양이, 해변으로 끌어올려진 거대한 고래 같아 보였다. 킬리만자로나 케냐 산과 같이 바위와 눈 덮인 봉우리는 없었다. 모습을 드러내고 5분도 되지 않아 봉우리들은 다시 하늘로 솟아오르는 엄청난 양의 흰색과 검은색의 구름에 가려졌다. 나는 사바부트 족과의 짧은 만남과 융이 목격했던 오래된 과거를 잠시나마 보았다는 것이 기뻤다.

[그림 6] 사바부트 족의 정보제공자인
요코보 시키료

　이러한 고된 연구 일정이 끝난 뒤에, 나는 집으로 돌아가기 전 하루 휴식을 취하기 위해 빅토리아 호수 주변에 있는 리조트에 들렀다. 키수무 공항을 향해 출발해야 하는 날 아침에 나는 거대한 호숫가를 걷고 있었다. 그 호수는 크리스털처럼 맑고 거울 같이 고요했다. 그때 내 바로 앞 물속에서 머리가 주먹만 한 큰 뱀을 보았다. 그놈은 내게서 멀리 헤엄쳐 늘어져 있는 나무 밑 물가로 갔다. 나는 그것을 다시 볼 마음으로 아주 조심스럽게 그 나무 쪽으로 걸어갔다. 갑자기 내 앞 아주 가까운 곳의 높게 자란 풀 속에서 우산 모양의 목을 완전히 펼친 코브라 머리가 나타났다. 그 뱀은 분명히 물가로 갔다가 자신의 영역을 침범한 자가 누구인지 보기 위해 다시 돌아온 것이다. 잠시 동안 우리는 서로 마주 보며 서 있었다. 나는 코브라가 사람의 눈에 독을 뿜을 수 있다는 것을 생각하고 뒤로 도망쳤다. 그 뱀도 역시 물러났다.

그날 키수무로 차를 타고 가면서 이 경험을 마음에서 떨쳐 버릴 수 없었다. 그 뱀은 무엇을 하고 있었던 것일까? 나를 공격하려고 돌아오는 중이었을까? 그놈이 원했던 것은 무엇일까? 만일 내가 한 발짝만 더 갔었더라면?

우리는 온종일 적도지방의 비와 관리 소홀로 망가진, 먼지 날리고 울퉁불퉁한 길을 덜컹거리며 가고 있었다. 날이 어두워지면서 우리는 좋은 길에 들어섰고, 나는 이제 키수무가 48km밖에 남지 않아서 긴장을 풀기 시작했다. 나는 새 운전수 이브라힘의 뒷좌석에서 선잠을 자고 있었다. 그때 지나가는 트럭의 굉음을 들었다. 나는 그 트럭이 지나갈 때 본능적으로 팔을 창문 안으로 집어넣었다. 너무나 가까웠다. 트럭의 옆면을 두르고 있는 금속이 마치 통조림 따개가 양철통 조림을 따듯이 우리 푸조의 옆을 갈랐다. 금속을 가르는 소리가 날카롭게 들리면서 잘린 금속과 깨진 유리조각이 분사되어 창문을 통해 들어왔다. 그 트럭은 시속 128km로 달렸고, 우리는 말없이 도랑으로 돌진했지만 무사했다.

내가 한숨을 돌리고 우리가 다치지 않은 데 대해 하나님께 감사를 드리는 동안, 이브라힘은 떨어져 나간 사이드 미러를 복구하고 운전자 쪽 측면 유리를 타고 되돌아와(그의 문은 더 이상 열리지 않았을 것이다) 도망치는 트럭을 빠른 속력으로 따라갔다. 우리의 상처 입은 푸조가 시속 144km의 속도로 보행자, 자전거, 마타투 그리고 화물 자동차 등을 지나칠 때, 나는 숨을 죽이며 지켜보았다. 대략 10분간의 추적 끝에 마침내 용의 차량이 눈에 들어왔다. '우리가 지금 무엇을 하고 있는 거야?' 나는 밀려들어 오는 바람에 대고 소리치려고 하였다. 푸조 소유자의 피고용인인 이브라힘은 분명히 정의를 원했다. 아니면 아마 복수를 원했는지도 모른다. 그렇지만 나는 단지 살아서 집으로 가고 싶었다. 우리의 작은 푸조를 거의 전복시킬 뻔했던 트럭은 원목을 과적한 니싼 디젤 미니트럭이었다. 우리가 앞서 가려고 하자, 그 트럭 운전자는 우리가 추월하지 못하도록 추월선으로 이동하였다. 몇 번의 시도가 실패한 뒤에 우리는 앞에서 오는 차량을 잽싸게 피하면서 간신히 추월하는 데 성공하였다. 이제 우리는 우리 뒤에 있는 그 트럭이 시야에서 벗어나지 않도록 하면서 속력을 내어 계속 달렸다. 마침내 우리는 경찰 저지선을 발견하였고, 차에서 내려 어떤 일이 일어났는지를 두 명의 경찰에게 설명하였다. 내가 어떤 일이 일어났는지 알기도 전에 경찰 한 명이 뒷좌석으로 뛰어올라 내 옆에 앉았고 우리는 다시 그 트럭을 따라 출발하였다(케냐의 대부분의 경찰은 그들의 교통수단이 없다.). 일단 그 트럭을 보자 우리는 갓길로 갔고, 경찰이 밖으로 뛰어나가 그 운전자에게 멈추라는 신호를 보냈다.

그 운전자는 20세쯤 되어 보이는 젊은이로 운전면허증도 없었고 양심도 없어 보였다. 그와 일어났던 일에 대해 한 시간 동안 다툼을 한 끝에 우리는 트럭을 따라 아헤로 경찰서로 갔고, 거기서 그 젊은이는 조서를 작성하고 수감되었다. 조사가 진행되는 동안 나는 작은 사무실 밖 어둠 속에 서 있었다. 그곳은 수많은 찌그러진 마타투와 화물차 그리고 잔해들이 비틀어지고 타 버려 알아볼 수 없는 형태로 되어 있는, 이제 그늘 속에서 녹이 슬어 가는 로드킬의 지정 장소였다. 3~5cm만 더 가까웠더라면 우리 푸조도 저것들 사이에 있었을 것이다.

그날 밤늦게, 나는 여전히 흥분됐지만 다치지 않고 키수무에 있는 선셋 호텔에 체크인하였다. 내가 거실에서 터스커Tusker를 두 잔째 마시면서 앉아 있을 때, 그날 이른 아침에 있었던 코브라와의 만남이 떠올랐다. 아마도 아프리카 여행자 모두가 그렇지는 않겠지만, 내게는 그것이 이 대륙 구석구석을 여행해 왔던 25년 동안 죽음과 직면해 왔고 그것을 생각할 수밖에 없었다는 증거였다. 아마도 나에 대한 코브라의 관심은 우리가 아헤로 근처에서 죽을 뻔했던 일을 예고한 것인지도 몰랐다.

융은 아프리카를 여행하는 동안 분명히 뱀과 만났고 자신의 사멸성과도 직면하였다. 그는 정말로 이 여행의 대가로 생명을 지불해야 할지도 모른다고 생각하였다. 융의 미국인 여행 동료 조지 벡위드는 융이 아프리카에서 뱀에 물려 죽을 것이란 예감이 들었기 때문에 사파리 동안 내내 총을 들고 융 앞에서 걸었다. 벡위드는 결국 세상에서 가장 맹독성 있는 뱀 중 하나인 맘바 13마리를 잡았다. 그 맘바 중 한 마리는 그들이 엘곤으로 가는 중에 숨었다가 나타나서 공격하였다. 융은 두 개의 뱀 껍질(둘 다 벡위드가 쏘았다)을 가지고 스위스로 돌아왔다. 이 껍질은 돌도끼, 의자 하나 그리고 창 몇 개와 함께 그가 유일하게 기념품으로 집에 가져갔던 것이다. 재미있게도 융의 아프리카 여행에 관한 베이네스의 필름은 이집트의 뱀 다루는 사람이 코브라를 다루는 장면으로 끝을 맺는다.

빅토리아 호숫가에 있던 코브라가 나와 놀고 있었던 것일까? 일단 내가 가는 길에 생긴 독사의 첫 번째 위협이 사라지자, 나는 그 뱀이 내가 그 뱀을 궁금해했듯이 나를 궁금해했을 것이라는 인상이 강하게 느껴졌다. 우리는 숨바꼭질 게임을 했던 것이다. 그것이 사라지면 나는 그것을 미행했고, 그것이 나를 미행하면 나는 달아났다.

나의 생각은 융학파 분석가 M-L 폰 프란츠의 『영원한 소년Puer aeternus』에 관한 연구로 바뀌었다. 거기서 그녀는 생텍쥐페리의 『어린왕자The Little Prince』에 나오는 뱀에 대한 해석을 제시하였다. 그 이야기에서 어린왕자는 아프리카에서 뱀에 물려 죽었다. 폰 프란츠는 다음을 주장하였다.

이 뱀과 영원한 소년은 비밀스럽게 연결되어 있다. 이 뱀은 어린왕자 자신의 그림자다. 그것이 그의 어두운 측면이다. 그러므로 만일 이 뱀이 어린왕자에게 독을 주었다면, 이는 그림자의 통합을 의미할 것이다(von Franz, 1981, p. 79).

아프리카의 풍경은 아헤로 경찰서에 있는 자동차 무덤과 같이 이르게 죽음을 맞이한 영원한 젊은이로 인해 이지러졌다. 생텍쥐페리와 데니스 핀치-해턴의 비행기 추락에서 시작하여 헤밍웨이와 스피크의 충족된 죽음의 소망, 그리고 리빙스턴의 '순교'에 이르기까지 아프리카는 인간의 그림자 측면이 표현할 수 있는 지하계Nether Lands를 제공해 주었다. 아프리카는 극한의 삶을 살아갈 수 있는 타잔의 꿈을 꾸는 청소년의 세계를 위해, 속세를 떠나고 일과 가족에 대한 어른으로서의 책임감을 배척하는, 많은 비사교적인 개인을 유혹하였다.

폰 프란츠는 융의 사파리 기획자 피터 베이네스를 인용하였다. 그는 뿌에르(소년)의 존재를 '잠정적인 삶'(von Franz, 1981, p. 2)이라고 불렀다. 거기에는 그림자 통합이 없기 때문에 잠정적이다. 융학파 용어로 그림자는 우리 인격의 원치 않는 성질, 우리 문화가 거부하고 불필요하다고 하거나 심지어는 '악마적'이라고 알고 있는 자기Self의 측면 전체다. 그림자는 비사교적인 행위의 형태로 나타나고, 자아의 가면 또는 문화의 이상인 페르소나의 거울 이미지다. 융의 관점에서는 인생의 목표가 개성화 또는 전체성을 실현하는 것이기 때문에 그림자는 우리 의식의 삶에 통합되어야만 한다. 이 책에서는 융이 아프리카에서 하고 싶었다고 말하던, 식민지 아프리카에서의 '흑인화going black' 또는 '원주민화going native'로 알려진 현상이 거부된 그림자의 삶을 살기 위해 자아의 페르소나를 완전히 그리고 철저하게 버리는 것이었다는 생각을 탐색할 것이다. 일반적으로 서구 세계에서 '검은 대륙'으로 묘사하는 아프리카는 소위 말하는 '문명화된' 서구 사회의 집단적인 그림자에 완전히 객관적으로 대응한다. '흑인화'는 뿌에르가 영향 받기 쉬운 또 다른 형태의 죽음이었다. 그는 그의 문화를 버렸다.

융은 50세에 '유럽에서 벗어나고 싶은 은밀한 목적을 가지고' 아프리카에서 죽음과 유희를 했다. 그는 주역의 64번째 괘의 괘사 "그 남자가 나가서 돌아오지 않는다."를 염두에 두고 대륙 횡단 여행을 하였다. 그렇지만 융은 돌아왔고, 나머지 인생을 스위스에서 보냈다. 그는 아프리카에서 그의 존재 이유raison d'être를 찾아 일에 다시 몰두하였고, 나머지 인생을 그림자를 통합하고, 상징적으로 하위 척추동물을 나타내는 집단정신의 기층인 뱀과 대화를 나누려는 시도를 하면서 보냈다. 그렇게 하면서 그는 아마도 그 누구보다도 더 많이 인생의 후반기를 이해하는 길을 알려 주었다. 융이 적었다.

> 인생에서 정오의 은밀한 시간에 포물선이 역전하기 때문에 죽음이 탄생한다. 인생의 후반기는 상승, 전개, 증가, 번창이 아니라 죽음을 나타낸다. 마지막이 그것의 목표이기 때문이다. 삶의 충족을 거절하는 것은 그것의 끝맺음을 거절하는 것과 같다. 둘 모두는 살고 싶지 않다는 것을 의미하고, 살고 싶지 않다는 것은 죽고 싶지 않다는 것과 동일하다. 차고 기우는 것은 한 커브를 만든다(CW 8, p. 800).

융은 하강이나 쇠퇴를 받아들일 수 없고, 밀랍으로 된 날개를 가진 이카루스와 같이 태양과 너무 가깝게 올라가 진로를 태워 버리는 뿌에르의 유혹을 극복하였다. 마침내 '태초의' 아프리카에 빠지려는 융 자신의 욕망을 극복하였고, 이 이야기의 심리학적인 교훈과 도덕적인 가르침은 우리가 우리의 특수한 시대, 특수한 장소의 문제와 기회에서 도망치지 않고 돌아와서 그것에 참여하라는 부름을 받았다는 것이다.

이 책은 C. G. 융의 인생에서 중요한 경험 중 하나에 대한 역사적인 설명이 첫 번째 목적이지만, 나는 여기에 역사 이상의 것을 보여 주려고 하였다. 이 책은 개인적이고, 부분적으로는 아프리카의 영원한 젊은이들, 짧은 순간 동안 아프리카의 태양에 인생을 빛나게 불태웠던 이들, 젊음의 모험과 결별하기를 원치 않거나 할 수 없는 이들을 위해 바친다. 아마도 모든 여행기는 뿌에르에게서, 그리고 지평선을 탐색하고 외부 세계를 발견하며, 자아의 비상을 한껏 즐기고 외향화하려는, 충족될 수 없는 충동에서 나올 것이다.

내 서재의 책상 위에는 내 이름을 따온 종조부 존 윌리 카가 썼던 선장모자가 있다. 내가 그 모자를 써 보니 잘 어울렸다. 삼촌 조니는 텍사코사 유조선 선장이었고, 많은 시간을 카리브 해와 대서양 바다의 중미와 남미 여러 나라를 항해하면서 보낸 세계 여행자였다. 그는 1963년 파나마에서 갑작스러운 교통사고로 생을 마감하였다. 이 책의 일부분을 그에게도 바친다. 그리고 나 자신의 그림자 측면인 실제의 윌리에게도 바친다.

이 책을 쓰면서 나는 상상으로, 학자일 뿐 아니라 동료 순례자 그리고 영원한 젊은이로서, 융과 함께 여행하였다. 융은,

> 나는 내가 나의 부모와 조부모 그리고 보다 먼 조상들에 의해 불완전하게 남아 있고 대답하지 않은 일과 의문들의 영향하에 있다는 것을 매우 강하게 느낀다. ……
> 나는 항상 운명이 나의 선조에게 제기되었고 아직 대답하지 않았던 질문에 대답해야만 하며, 혹은 과거 시대에 끝내지 않고 남겨 두었던 것을 마친다거나 계속해야만 하는 것처럼 보인다(MDR, p. 233).

이 책은 부분적으로 나 자신과 아프리카와의 만남이고, 내 그림자와의 만남이다.

JUNG

IN

AFRICA

MER NOIRE
TURQUIE D'EUROPE
TURQUIE D'ASIE
Sardaigne
Sicile
Candie
Chipre
MEDITERRANEE
DESERT
ABISSINIE
Adel
Zendero
Machidas
Mujaco
Loango
Nimeamay
Ruengas
Congo
Angola
Massi
Benguela
Cimbebas
Pays des Hottentots
Kerman
Ispahan
I. Socotera
Ile de Cabo Verde
Madagascar

01
기러기

JUNG
IN
AFRICA

현대성의 '원시적인 열정'

카를 구스타프 융의 1925~1926년의 5개월간에 걸친 동아프리카 '심리학 원정'은 20세기 초 몇십 년 동안 헤아릴 수 없이 많은 유럽인이 되풀이했던 원형적인 여행이었다. 계몽주의, 산업혁명 그리고 자유 시장 자본주의 등의 결과로 일부 유럽인은 토착집단과 자연에게서 개인을 소외시키는 경향이 있는 현대성의 단일문화를 떠났다. 제1차 세계대전으로 인한 절망과 불안으로 많은 사람들은 자연과학, 산업, 자본주의, 개인주의 그리고 합리주의 등 서구 주도적인 세계기념비들을 의심하게 되었다. 대륙을 통과하는 수에즈 운하와 파나마 운하를 건설한 데 힘입고 지구 변방의 변화를 매개하는 자본주의자 권력의 하부 구조의 지원을 받아 유럽인들은 수천 명이나 집을 떠나 '원시적인' 곳을 찾았다. 그러나 영혼을 찾는 전형적인 목적지로 구미인의 상상력을 지배했던 곳은 아프리카였다. 마리안나 토고브닉은 『원시적인 열정Primitive Passions』(1997)에서 썼다.

자본가가 인간성, 건강, 또는 현대 세계에 부적응 등으로 인해 불안을 느꼈다면, 그는 주로 한 가지 처방을 받았다. 아프리카로 가라. ……혹은 또 다른 '원시적인 것'과 동일한 색다른 장소로 가라는 권고를 받았다. '원시적인 것'은 문화적인 소외와 정신적인 고통을 받고 있는 사람들을 위한 정거장 또는 온천장으로 널리 인정받았다. 그곳을 여행하는 것은 고갱 같은 화가, 로버트 루이스 스티븐슨과 루퍼트 부룩 같은 작가, 리처드 프랜시스 버턴과 헨리 M. 스탠리 같은 탐험가 등이 개척한 치료법이었다. 1920년대에는 앙드레 지드, D. H. 로런스, 카를 융, 미셸 레리, 앙토냉 아르토 그리고 많은 다른 사람들이 이 여행을 했다(Torgovnick, 1997, p. 23).

융의 아프리카 여행은, 비록 영국 외무성에서 '원정대'라는 그럴듯한 이름을 붙였지만, 잘 만들어진 경로를 따르는 '사파리'라고 하는 것이 더 적당하였다. 1907년과 1909년 각각에 있었던 윈스턴 처칠과 시어도어 루스벨트의 사파리가 동아프리카를 다닌 경로는 똑같았다. 수에즈 운하 아래로 내려간 뒤, 인도양 가장자리를 지나 몸바사로 가서, 케냐 고원지대를 통과하여 우간다 호수 지역으로 들어가고, 나일 강 수원지에서 항해하여 카이로까지 갔다.

융과 그의 동료들은 그 세대의 많은 사람들처럼 '원시적인primitive' 세계를 찾아 아프리카로 갔다. 현재는 '원시적인'이란 단어를 토착민, 특히 아프리카인을 묘사하는 데 사용하지 않는다. 그들에게 이 단어를 사용하는 것은 주도권을 가진 망치로 그들을 내리쳐 문화적이고 정치적인 복종을 강요하는 것이기 때문이다. 그렇지만 융은 이 용어를 보다 넓게 사용하였다. 융에게 '원시적인'이란 도처에 존재하는 무의식에서 생겨난 인간(그리고 동물) 정신의 미분화된 층을 가리킨다. '문명화된' 인간이 '종족'의 집단의식을 떠나면, 그는 분화된 자아를 발전시키고, 그것을 통해 보다 충분히 개성을 의식화한다. 그러나 융은 대가를 치루고 이 단계에 도달한다고 믿었다. 즉, 이런 진화 과정에서 '문명화된' 인간은 이 '원시적인' 층을 버리면서 영혼을 잃는다는 것이다. 융은 서구인들에게 점점 많아지는 여행을 위한 여행 습관을 이런 결핍의 징후로 보았다.

융의 생애에서 가장 길었던 아프리카 여행은 그 자신의 '원시성'을 회복하려는 강렬하고 개인적인 탐사 여행이었다. 토고브닉이 지적했듯이 당대의 유명한 작가, 화가, 인류학자, 모험가들과 함께 융은 "'원시적인' 장소를 가능성, 재생 그리고 재활 능력이 있는 장소로 보았다."(Torgovnick, 1997, p. 24) 그러나 이 '원시적인' 곳에 뛰어드는 것은 위험을 내포하였다. 융은 이미 무의식으로 하강했었고 (1913~1919), 의식의 표면 밑에 있는 정신의 층이 가지고 있는 가능성과 불완전성을 모두 이해하였다. 그의 아프리카 사파리는 그것이 갖는 황홀경과 공포라는 면에서 그 시기의 '하강'과 유비될 수 있을 것이다. 궁극적으로 두 여행은 모두 현시대의 자아에서 태어난 합리주의의 개인적이고 역사적인 층 밖에서 준거점을 찾으려는 시도들이었다.

융이 선배이자 동료였던 지그문트 프로이트와 1913년에 결별했을 때, 그는 의사이자 학자로서 자기 회의와 불확실성이라는 긴 휴지기에 들어갔다. 융은 이 '창조적인 질환'을 앓는 동안 정신의 무의식 수준으로 '떨어지려는' 의식적인 결정을 내렸다. 거기서 그는 목소리를 들었고, 환상을 보았으며, 자동적인 상들을 만나 그것들에 개인적인 이름을 붙였다. 그는 그것들을 절대 의식적으로 조절하지 않았다. 그는 이 상들을 그의 정신의 집, 그가 꿈에서 보았던 여러 층으로 된 집의 낮은 층에 살고 있는 것으로 생각하였다.

1층은 무의식의 첫 번째 층을 나타낸다. 내가 더 깊이 내려가면 갈수록 장면은 더 낯설어지고 어두워졌다. 나는 동굴 속에서 원시 문화의 잔해, 즉 내 안에 있는 원시인—의식으로 거의 도달할 수도, 밝힐 수도 없는 세계—을 발견했다. 선사시대 동굴에 일반적으로 인간이 그것에 권리를 주장하기 이전에 동물이 거주했었던 것처럼 인간의 원시 정신은 동물 영혼의 삶과 맞닿아 있다(MDR, p. 160).

융의 무의식과의 만남은 그에게 심리학자로서의 평생 작업을 위한 자료를 제공하였다. 그는 『회상, 꿈 그리고 사상Memories, Dreams, Reflections』에서 "그 밖의 모든 여행, 사람들 그리고 내 주변의 기억은 이 내면의 사건들에 비하면 희미해졌다."(MDR, p. 5)고 결론지었다.

그러나 1925~1926년의 융의 사파리는 그의 전형적인 삶과 개혁적인 생각을 만든 주요한 외적인 사건으로 자리매김한다. 융의 주요 저작 대부분은, 융이 살아 있는 인간이 거주했던 진짜 동굴로 내려가서 그들의 석기시대 연장을 만져 보았던 아프리카 여행을 따랐다. 그 동굴에서 그는 자신을, 그가 말했듯이, '원시적인' 것에 '정신적으로 감염되게' 내버려 두었다. 융의 아프리카와의 본능적인 동일시는 그의 생 마지막까지 유지되었던 풍부한 창조력의 샘물을 풀어 놓았다. 아프리카는 그의 많은 주요 개념을 만들어 냈거나 아니면 그것을 증류기에서 숙성시켰다. 융이 그의 존재 이유, 그 인생의 '신화', 에드워드 에딩거가 인간성 자체를 위한 '신기원'이라고 묘사했던 사건을 발견했던 곳이 아프리카였다. "융이 했던 자신만의 신화의 발견은 우리의 새로운 집단적인 신화의 첫 번째 출현이라고 증명될 것이다."(S 1, p. 12)

융은 이 '새로운 집단적인 신화'를 가리키기 위해 '뉴 에이지new age'라는 용어를 만들었는데, 현재 물리학, 생물학, 예술, 건축학, 문학, 철학, 생태학, 신학, 정치학 그리고 성 역할 연구 분야 등의 학자들이 이를 포스트모던postmodernity으로 규정하였다. 어느 하나의 개념으로 포스트모던 사고를 충분히 설명할 수는 없지만, 그것을 종종 오래 지속되어 온 서구 문화의 '대서사grand narratives'에 도전하는 회의주의적인 형태로 특징짓는다. 특히 포스트모던 사고는 인간 이성을 통해 이룩한, 진보할 수밖에 없고 절대적으로 확실하다는 계몽주의 신화에 도전한다. 1920년대에 모든 과학적 개념과 이론이 제한된 범위 안에서만 효용성이 있고 확실성을 제공할 능력이 없다는 것을 인식한 물리학에서 이런 지적인 위기가 심각하였다. 아인슈타인 등이 한때는 고정불변이라고 생각되었던 시간과 공간에 관한 법칙이 사실은 상대적이라고 큰 소리로 의문을 품기 시작했을 때, 과학적인 객관성이 의심받게 되었다. 물리학자들의 소립자 관점에서 보면 물질은 관련된 사건에 용해된다. 이렇게 포스트모던 사고의 또 다른 특징은 모든 사물의 상호 연관성의 주제라는 것이다.

같은 시기에 융은 "유럽 영역 밖에 있는 정신적인 관찰점"(MDR, p. 244)을 발견하고, 서구의 지적인 유산에 대한 급진적인 비판에 합류하여, 그 자신이 첫 번째 포스트모던 맨 중 하나가 되었다.[1] 융의 심리학적 연구에 대한 기여는 잘 알려져 있지만[2], 그의 영향력은 그가 창시한 분석심리학의 한정된 영역을 넘어 멀리 나간다. 융의 생각이 다양한 학문 분야에 많이 울려 퍼져서, 그는 영향력 있는 '포스트모던' 세계관의 입안자 중 한 사람으로 우뚝 서 있다. 융의 내면 정신작업 이론들은, 예를 들면 알버트 아인슈타인의 상대성이론, 닐스 보어의 상보성 원리, 볼프강 파울리의 양자역학의 해석, 불교의 연기철학, 도교의 음양론, 인류 기원에 관한 고생물학적인 발견, 노스럽 프라이의 문자해석학, 연금술과 신지학파의 비전된 서구 유산, 그리고 미르체아 엘리아데의 종교 현상 등과 서로 통하고 유비되는 담론이 있다. 심리학, 비교종교학, 인류학, 경제학, 신학, 물리학 그리고 철학 분야 등의 학자들이 참석하는 융의 에라노스 집담회는 새로운 패러다임의 중요한 촉매로서 융의 공헌을 확증한다.3 휴 월폴, H. G. 웰스, 아널드 토인비(처음으로 '포스트모던'이란 용어를 쓴 사람 중 하나), 제임스 조이스 그리고 로런스 반 데어 포스트 같은 작가들이 '대교수Professor' 융과 대화하려고 취리히로 이끌려 왔다.

제목에 관한 이야기

이 책은 1925~1926년에 있었던 융의 사파리에 관한 역사적인 설명이다. '부기슈 심리학 원정대'를 동아프리카 식민지 역사의 틀 안에서 설명하기 위해, 이 책에서는 우리가 아는 유럽인들이 아프리카 대륙에 관여한 것을 덧붙인다. 융의 사파리는 제국주의자 하부 구조의 산물이었고, 그렇기 때문에 어느 정도 시대의 편견과 무지를 내포하고 있긴 하지만, 이 여행은 20세기 가장 중요한 개인 중 한 명인 카를 구스타프 융에게는 생산적인 경험이었다. 사실상 이 5개월간의 여행은 융의 인생에서 가장 중요한 '외적인' 사건일지도 모른다. 이제는 인간 뇌의 조상이 태어난 곳으로 분명하게 확립된 아프리카가 융의 인간 의식에 관한 생각이 만들어지고 아마도 결정하는 산파 역할을 하였다. 이런 의미에서 이 책의 제목을 『융과 아프리카Jung in Africa』로 지었다.

세계 여행자

1920년대에 융은 "아프리카와 미국을 다시 가는 등 가만히 있지 못하는 세계 여행의 시기를 보냈다."(McLynn, 1996, p. 273) 그는 1920년 3월에 북아프리카를 여행했는데, 그때 알제리와 튀니지를 방문하였다. 거기서 그는 아내 엠마에게 '놀라운 아프리카'를 묘사하고, "나는 아프리카가 실제로 내게 무엇을 말하는지 알지 못하지만, 아프리카는 말한다."(Jung, 1963, p. 372)라고 결론짓는, 훌륭하고 감각적인 편지를 썼다. 여행은 그를 복잡한 가정사에서 벗어나게 해 주었다. '휴지기' 동안 융, 엠마 그리고 융의 평생 연인인 토니 볼프 사이의 삼각 관계가 발전되었다. 다른 '연애 사건'에 관한 루머도 있었다.

융은 취리히 호숫가의 볼링겐이라고 불리는 작은 소유지에 은둔하면서 피하려고도 했었다. 그는 볼링겐을 1922년에 구입하였다. 그는 처음에는 이 땅에 '원시적인' 아프리카 양식의 오두막을 지으려고 했지만, 결국에는 소박한 돌탑으로 결정하였다. 그는 1920년대에 여러 휴가 기간을 볼링겐에서 돌과 바위 작업을 하면서 보냈다. 거기서 그는 수도, 전기, 전화 또는 가족에 대한 책임 없이 단순하게 살 수 있었다.

아프리카 모험의 발단

1924년 12월 10일에 융은 한 달 동안 체류했던 미국 여행을 하였다. 집으로 돌아오기 전 그는 뉴욕, 시카고, 그랜드 캐니언, 산타페, 타오스, 뉴올리언스 그리고 워싱턴 D. C. 등지를 여행하였다. 전 여정 동안 파울러 매코믹과 조지 포터, 두 사람이 융과 함께하였다(Bair, 2003, p. 332). 프린스턴 대학교 4학년생인 매코믹은 융의 부유한 후원자였던 해럴드와 에디트 매코믹 부부의 아들이었다. 해럴드는 시카고의 기업인으로 국제농기구회사를 소유하고 있고, 존 D.

록펠러의 딸 에디트는 융에게 분석을 받은 적이 있으며 취리히 분석심리학협회에 재정 후원을 하였다. 매코믹 부부는 20세 연상의 기혼녀와 사랑에 빠진 파울러를 보게 하기 위해 융을 미국으로 초청하였다(Bair, 2003, p. 331). 포터는 "매코믹 가족의 친구였고 부유한 시카고 가문의 주요 재산 상속자였다."(Bair, 2003, p. 332) 포터가 융이 파울러를 상담하는 '전문적인 서비스'를 포함한, 전체 체류 기간의 여행 경비를 부담하였다(Bair, 2003, p. 332).

융은 뉴욕에 도착한 직후에 세계적으로 유명한 자연주의자이자 저술가인 카를 애클리를 소개받았다(MDR, p. 254). 애클리는 1924년까지 네 번에 걸쳐 광범위한 동아프리카 사파리를 다녀왔고, 그 당시에 다섯 번째를 계획하고 있었던 탐험가, 조각가, 박제술사, 발명가 그리고 자연보호론자였다. 애클리의 전기 작가 페넬로페 브로드리-샌더스는 "이들 둘이 각각의 원정을 떠나기 직전 융이 뉴욕에서 애클리를 만났고 동아프리카에 대해 의논했다."(Bodry-Sanders, 1991, p. 233)고 적었다. 융, 매코믹 그리고 포터를 처음으로 고무시켜 다음 해에 아프리카 사파리를 계획하게 했던 것이 애클리와의 이 만남임이 분명하였다. 융의 전기 작가 디어드리 베어에 따르면 매코믹과 포터가 여행 경비 일체를 준비했다고 한다(Bair, 2003, p. 341).

격렬한 감정을 불러일으킨 미국 여행에서 가장 기억할 만한 부분은 융, 매코믹, 그리고 포터가 분석심리학에 관심이 있는 캘리포니아 단체의 도움으로 마운틴 레이크라는 호피 인디언 지도자를 만난 일이었다. "그때 뉴멕시코 산타페와 타오스 지역에는 무엇인가 윌라 캐더와 D. H. 로런스의 소설에 자극받은 열기가 있었다."(McLynn, 1996, p. 273) 이 '원시적인' 문화와의 첫 만남이 갖는 두 가지 주제는 앞으로 있을 융의 아프리카 여행에서 더 탐구될 것이다. 첫 번째는 태양이 신이었다는 것이고, 두 번째는 '원시인들'에게는 영혼을 잃은 서구인들과는 달리 삶에 의미를 주는, 살아 있는 체계화된 신화가 있다는 것이다. 여기에 더해서 마운틴 레이크와의 대화는 융에게, 그가 말한 대로, "그의 인생에서 처음으로"(MDR, p. 248) '문명화된' 합리적인 서구 체계 밖에 있는 관점을 제공해 주었다. 그 만남에서 융은 전 지구적으로 토착의 심혼을 파괴하는 것으로 보였던 제국주의에 대해 본능적이고 지속적인 혐오를 느끼기 시작하였다. 뉴욕으로 돌아갈 때 융은 '미국 흑인'의 자연스러운 생활을 접하기 위해 남부 깊숙한 곳을 지나왔다.

일이 어긋나다

애클리, 아메리카 원주민 그리고 아프리카계 미국인 등과의 만남에 고무되어 사파리 계획은 그해 겨울과 1925년 봄 동안 계속되었다. 융은 2월부터 6월까지 "약간의 '소논문'을 쓰고, 밀려오는 소란스러운 환자들을 돌보며"(Bair, 2003, p. 339) 취리히에 머물렀다. 세부적인 사파리 계획은 매코믹과 포터에게 맡겨졌다. 그러나 갑자기 아무런 이유도 대지 않고 포터가 여행을 못하겠다고 하였다. 그 후 오래지 않아 "융은 신문을 통해 포터가 6월 8일에 결혼했고, 미지의 장소로 장기간의 신혼여행을 떠났다는 사실을 알고 충격을 받았다."(Bair, 2003, p. 342) 그렇지만 매코믹은 아직 함께하고 있었고, 1925년 7월 20일 자 『뉴욕 타임즈The New York Times』 기사에서 그들 계획의 진행 과정을 살펴볼 수 있었다.

국제농기구회사의 해럴드 매코믹의 아들 파울러 매코믹은 8월 1일 이후 곧바로 스위스 심리학자 카를 구스타프 융이 이끄는 원정대의 일원으로서 아프리카로 떠날 예정이다.

매코믹은 지난겨울 융이 미국 남쪽 지방을 여행하는 데 동행했었다. 융 박사는 지난겨울 남쪽 지방의 흑인 연구에서 시작된 광범위한 심리학 연구를 끝마치려는 계획을 가지고 있다.

매코믹은 최근에 그가 몇 달 동안 일했던 국제농기구회사의 자회사의 주간노동 부서를 그만두었다(1925. 7. 20, p. 1).

베어에 의하면 이런 보도는, 매코믹의 아버지가 그에게 여행 경비 주는 것을 단호하게 거부하고 이 나라에 머물러 있으라고 명령했던 때에, 매코믹의 상황에 기대치 않았던 영향을 미쳤다(Bair, 2003, p. 342).

대영제국 박람회

여행이 무산되려고 할 무렵, 융은 세 번째 영국 세미나를 하면서 도싯 주의 스워니지에 있었다. 이 세미나는 '꿈의 심리학'에 관한 것이었다. 8월 7일에 세미나가 모두 끝났을 때, 융은 웸블리에서 열리는 대영제국 박람회를 방문하였다. 이 방문이 여행 동료들의 불참에도 그를 자극하여 아프리카를 여행하겠다는 결정을 하게 했던 것 같다. 그는 "런던에서 웸블리 박람회를 방문했을 때(1925), 나는 영국 지배하에 있는 부족들에 관한 훌륭한 조사보고에 깊은 감명을 받았고, 가까운 미래에 적도 아프리카를 여행할 결심을 하였다."(MDR, p. 253)라고 적었다.4

대영제국 박람회는 1924년과 1925년 봄, 여름, 가을 대부분의 기간 동안 전 세계적인 규모로 거대하게 개최되었다. 전람회는 전체 대영제국의 업적을 나타냈고, 영국의 통치와 식민지배를 받고 있는 모든 사람의 문화, 장인의 솜씨, 농업, 무역 그리고 기술 등을 보여 주기 위해 기획되었다. 이 사치스러운 전시는, 인도, 캐나다, 호주, 뉴질랜드, 남아프리카, 뉴펀들랜드, 버마, 말라야, 사라와크 주, 실론, 몰타, 팔레스타인, 사이프러스, 홍콩, 버뮤다, 피지, 브리티시 기아나, 동아프리카, 서아프리카 그리고 서인도제도 등의 전시물로 265,000평의 부지와 24km의 도로를 차지하였다. 여기에 더해 '산업의 궁전' '예술의 궁전' '기술의 궁전' 그리고 120,000석의 웸블리 제국 스타디움도 있었다. 이 박람회는 비용이 1,581,905파운드나 들었고(Knight & Sabey, 1984, p. 18), 세계에서 가장 위대한 제국의 힘을 자랑하는 데 부끄럼 없는 전시를 보여 주었다. 박람회에 입장한 27,102,498명의 방문자들은,

> 그들 앞에 대영제국의 놀라운 현실, 힘과 규모—영국의 위대함과 영광이 펼쳐졌다. 부와 낭만, 현대의 진취적인 정신으로 꽃피운 고대 문명, 무한정한 활동과 성취. 이 장면은 인류 역사에서 유례를 찾아보기 힘들었다. 웸블리 주 관문 안에는 제국에 이르는 백 개의 문이 있다. 그들은 신비한 동양과 활동적인 서양, 완고한 북반구와 낭만적인 남반구 등 5대륙과 모든 바다를 만났다. 그들은 적도지방 정원의 전시물, 야자, 바나나, 오렌지 숲, 커피, 차, 설탕, 고무와 목화 농장, 채금지와 다이아몬드 광산, 타조 농장과 양 사육장 그리고 붐비는 오리엔탈 바자르와 조용한 올무사냥꾼의 소굴까지 볼 수 있었다. 과학의 문 뒤에서는 스티븐슨, 와트, 패러데이 그리고 아크라이트(역자 주-영국의 수력 방적기 발명자) 등의 발명품을 볼 수 있었고, 거대한 산업의 문 뒤에는 울, 솜, 철강, 가죽 전시물이 있었다. 웸블리는 생생하고 잊을 수 없는 제국의 현실과 함께 여러 색깔의 삶으로 고동쳤다 (Knight & Sabey, 1984, p. 1).

그렇지만 융이 기록으로 남긴 웸블리에 대한 인상은 동·서 아프리카 전시물에 국한되어 있었다. 동아프리카 전시관은 잘 조각된 잔지바르 대문을 복제한 문이 있는 고대 아랍 건물을 본떴다. 수단, 잔지바르(역자 주-아프리카 동해안 앞의 섬), 니아살랜드(역자 주-아프리카 남동부의 옛 영국 보호령, 말라위로 독립함), 세이셸(역자 주-아프리카 인도양 서부 마다가스카르 북동쪽에 있는 섬나라. 18세기 중엽 프랑스령이 되었고, 1814년 파리회의를 거쳐 영국령이 된 뒤, 1903년 모리셔스와 분리하여 영국 직할 식민지로 지내다 1976년 6월 독립), 탕가니카, 케냐, 우간다 그리고 모리셔스 등을 대표하는 것들, 사파리 사냥꾼의 큰 사냥을 조명하는 전시물과 현금이 되는 작물인 커피, 목재, 면화 등(Knight & Sabey, 1984, pp. 52-55)이 나타났다. 나이지리아, 황금해안 그리고 시에라리온을 나타내는 '서아프리카의 울타리로 둘러싸인 도시'는 동아프리카의 것보다 더 인상적인 전시물이었다. 주 건물은 나이지리아 자리아 시의 거대한 벽을 재생하였다. 울타리로 둘러싼 주택지구 안의 아프리카 마을이 "서아프리카 사람들이 살고 있는 것과 똑같은 조건으로 복원되었다."(Knight & Sabey, 1984, p. 69) "8명의 원주민들을 불러 전시회에 참여하게 했고, 그들의 부인들도 같이 있었다."(Knight & Sabey, 1984, p. 72) 낮 동안에 이들 원주민은, 햇볕에 말린 블록이나 진흙과 잔가지로 만들고 풀로 지붕을 올려 울타리로 둘러싼, 원주민 거주지 안에서 "세밀한 자수품을 수놓고, 나무를 깎으며, 매트와 바구니를 만들거나 금속작업을 하느라" 바빴다(Knight & Sabey, 1984, p. 69). 이 서아프리카 전시관에 서 있는 동안 융은 아프리카 사파리를 다시 한 번 다짐하였다(Protocols, box 2, folder 13).

교체 요원

이 무렵 융은 포터를 대체할 사람으로 그의 피분석자 중 한 명인 조지 벡위드를 찾았다. 벡위드는 파리와 취리히를 오가며 살고 있는 부유한 미국인 젊은이였다. 융은 벡위드를 그의 영국인 동료 중 한 명인 피터 베이네스에게 분석 받도록 하였다. 베어는 "벡위드가 아프리카 여행 경비를 지불하겠다고 하자 융이 받아들였다."(Bair, 2003, p. 432)고 하였다.[5] 베어는 또 "베이네스가 그들과 합류한다고 벡위드가 말했을 때, 융이 마지못해 받아들였다."(Bair, 2003, p. 343)고 주장하였다.

실제로 사정이 어떠했든, 여행의 주된 조직자 역할을 했던 베이네스가 없었더라면 융의 사파리가 실행될 수 있었을까 하는 의문이 든다.[6] 여행을 조직하는 일이 그에게 잘 맞았다. 외향적인 베이네스는 1920년대에 취리히에서 융의 첫 번째 조수였고, 방금 마친 참여율이 높았던 스와니지 세미나를 책임졌다. 융학파의 역사가 토마스 키르슈, H. G.에 따르면 '피터' 베이네스(1882~1943)는 "융의 세 명의 전문가 아들 중 하나였다. 나머지 두 명은 C. A. 마이어와 에리히 노이만이었다."(Kirsch, 2000)[7] 베이네스는 "융과 그의 정신작업 방식에 깊이 몰두했고, 융을 전문가와 일반인 청중에게 소개하는 데 특출났다."(Kirsch, 2000, p. 39) 베이네스는 영국의 융학파 사람들 사이에서 중요한 지도적인 역할을 했고, 그의 융 저작 번역본은 "여러 해 동안 영국에서 얻을 수 있는 주된 융 저작이었다."(Kirsch, 2000, p. 38) 그는 이라크에서 낙타군단에서 복무한 경력이 있는 영국 시민으로서 그리고 융의 분석심리학 전문가로서, '심리학 원정대'의 병참 업무와 철학적인 측면 모두를 조직하는 이상적인 사람이었다. 베이네스는 융의 원정대에 참여하면서 영국식민부에 공식적인 허락을 받는 일을 책임지게 되었다. 그렇게 해야만 이 일행이 우간다 토착민들을 연구할 수 있었다. 베이네스는 "그들의 연구에 흥미를 갖고 있던 식민청 차관(W. G. A. 옴스비-고어 MP 각하)에게서 동아프리카 총독들에게 소개하는 편지"(EAS, 1925. 11. 19. p. 5)를 확보하였다. 이 여행에 '부기슈 심리학 원정대'라는 이름을 정한 것이 아마도 옴스비-고어였을 것이다. 정부에서 받은 작은 수당이라도 연구에 도움이 되었다(Bair, 2003, p. 343).

파울러의 참여가 불확실해졌음에도 융은 여전히 그가 결국에는 그들과 합류할 것이라는 희망을 버리지 않았다. 그래서 베이네스는 꾸준히 네 명에게 필요한 사파리 장비를 확보하려고 하였다. 런던의 육군과 해군 상점에서 구매한 장비들이 배편을 이용해 케냐로 부쳐질 것이었다.

주역에 의뢰하다

원래 계획은 10월 중순에 떠나서 4월 초에 돌아오는 6개월간의 여행이었다. 이렇게 하면 짧은 우기가 끝나면서 케냐에 도착하고, 연구 사파리를 건기인 12월에 하며, 가장 적절한 시기인 1, 2, 3월에 나일 강을 내려갈 수 있을 것이었다. 그렇지만 일이 다시 어긋날 것 같아 보였다. 파울러의 참여는 이미 불확실해졌고, 융의 조수 역시 재고를 하고 있었다. 우울증과 신경증을 심하게 앓고 있던 베이네스의 아내 힐다는 그가 새로 태어난 아이와 그녀를 남겨 두고 떠나는 것을 원치 않았다.

이런 불확실한 상황에서 융은 주역에 의뢰하기로 하였다.[8] 융은 인생의 중요한 순간에 중국의 신탁인 '역경'을 이용하는 일을 1920년대 초반부터 시작하였다. 융은 신탁의 답과 실제 상황 사이에 유사성이 존재하는 것에 강한 인상을 받았다. 이것이 융이 '동시성' 또는 두 사건이 심리학적으로 중요하게 연결되는 의미 있는 일치라고 부르는 현상이다. 이 신탁에 대한 융의 관심은 중국학자 리하르트 빌헬름과의 우정을 점화시키는 계기가 되었다. 빌헬름은 1923년에 역경의 독일 어 번역본을 냈고, 그것에 대해 융이 서문을 썼다. 게르하르트 베어에 따르면,

전통적으로 서양톱풀 줄기나 동전으로 하는, 주역에 의뢰하는 일은 반드시 평정 심과 침착성을 제공하는 환경에서만 의미가 있다. 볼링겐 은둔처가 그것을 하기 에 확실히 가장 적합한 장소였다. 중국의 톱풀 줄기 대신에 융은 같은 수(50에서 하나를 뺀)의 작은 갈대를 조심스럽게 잘랐다. 그리고 그는, 그가 여러 해 동안 신 탁의 기술을 터득하는 데 보냈던, 100년 된 서양배 나무 아래 앉았다(Wehr, 1987, pp. 234-235).

전형적으로 질문자가 문제를 제출하고, 막대기를 던진 후, 64괘의 원문 중 하 나에서 답을 얻는다. 이들 괘사는 에너지 장을 묘사하고 있고 여러 가지 의미로 해석될 수 있다.

융이 신탁에 의뢰했을 때, 53번째 괘가 그에게 떨어졌다. 빌헬름의 번역을 보 면 이 원문은 '점漸(발달Development)'으로 불리고, '점진적인 진행'을 가리킨다. 아 마도 "내가 지금 아프리카로 가야 하나?"였을 융의 질문에 대한 일차적인 판단 은 "인내를 더 할 것을 주장하면서 길吉하다."(Wilhelm, 1967, p. 204)는 것이었다. 융에게 이것은 무의식이 아프리카 사파리에 찬성한다는 것을 의미하였다. 이 괘 는 그의 상황을 미지의 것에 대해 지속적이고 단계적으로 접근하여 점차 목표를 성취한다는 것으로 묘사하고 있다. 그래서 본질적인 해석은 진행하는 것이 시기 에 적절하다는 것이었다. 그는 가야만 했고 움직여야만 했다. 뜻하지 않게 이 신

탁의 비유적 묘사가 물을 건너고, 고원에 오르며, 산꼭대기 근방까지 다가가는 등을 포함하는 여행으로 그려졌는데, 그것은 이 사파리가 계획했던 경로와 똑같은 것이었다.

그렇지만 신탁의 한 효가 융에게 근심을 가져다주었다. 빌헬름 번역의 서문에서 융은 "주어진 괘의 효 중 하나가 6(음) 또는 9(양)의 가치를 갖는다면, 그것이 특별히 강조되고, 그렇기 때문에 해석에 중요하다."(Wilhelm, 1967, p. xxvi-xxvii)고 하였다. 융은 세 번째 효에서 9를 받았는데, 이는,

> 기러기가 서서히 고원 근처에 다가간다. 그 사람은 앞으로 나아가고 돌아오지 못한다. ……불행(Wilhelm, 1967, p. 206).

융은 이 진술을 이 여행이 위험할 것이고, 그가 여행의 대가로 생명을 바쳐야 할지도 모른다는 것으로 해석하였다.

여기서 이 효에 대한 빌헬름의 주석을 인용할 필요가 있다. 이것이 '원시적인' 아프리카를 만났을 때, 융에게 필요한 처방을 보여 주는 것 같다.

> 높은 고원은 건조하고 기러기에게 적합하지 않다. 만일 기러기가 그곳에 간다면, 길을 잃고 너무 멀리 가게 된다. 이것은 발전의 법칙에 역행한다.
> 인간의 삶도 똑같다. 만일 우리가 일이 조용하게 발전하도록 하지 않고 너무나 경솔하게 발버둥 치면서 선택한다면 불행한 결과가 온다. 그 사람은 자신의 삶을 위험에 빠르게 되고 그것으로 인해 그의 가족은 망한다. 그렇지만 그것이 반드시 필연적인 것은 아니다. 그것은 단지 자연의 발전 법칙을 위반한 결과다. 만일 의도적으로 갈등을 야기하지 않고, 애써서 그 자신의 위치를 지키며 정당하지 않은 공

격을 피하는 데 자신을 한정한다면 모든 것이 잘된다(Wilhelm, 1967, p. 207).

1995년의 주역 번역본 텍스트에는 '영혼과 영적인 소망의 상징'인 기러기가 그것의 자연스러운 거주지인 '습지와 다른 높고, 건조한 땅'에 접근하는 것으로 묘사되었다(Ritsema & Karacher, 1995, p. 571). '호된 원정'에서 낯선 환경으로 '향하는 경향'이 '해롭고' 잠재적으로 파멸을 가져다줄 수도 있다(Ritsema & Karacher, 1995, p. 571). 아프리카 사파리 동안 내내 융은 반복해서 이 신탁의 경고를 고려하여, 그가 너무 앞으로 나아간 것 같고, 자신의 위치를 조절할 수 없어 보이면 그 상황에서 철수한 것 같다.

이렇게 여행 동반자들의 복잡한 사정과 그가 집으로 돌아오지 못할 수도 있는 가능성이 있었지만, 융은 1925년에 아프리카로 가지 않을 수 없었다.

미 주────────────

1. 텍사스 주의 달라스에 살고 있는, 취리히에서 수련 받은 융학파 분석가 테스 캐슬맨이 '첫 번째 포스트모던 맨'은 융이라는 생각을 내게 주장하였다.

2. 융이 심리학에 한 공헌은 콤플렉스, 바이오피드백, 원형, 유형론, 놀이치료, 보상적인 꿈 해석, 양성구유, 목회상담, 영적인 방향, 알코올 중독 그리고 교육분석 분야에서 특히 주목할 만하다.

3. 에라노스 참가자의 이름을 종교 분야에서만 본다면, 마틴 부버, 폴 틸리히, 미르치아 엘리아데, D. T. 스즈키, R. C. 쩨흐너, 하인리히 짐머, 조지프 캠벨, 장 다니엘루, 어윈 굿이너프, 프리드리히 하일러, E. O. 제임스, 캐롤리 케레니, 제라더스 반 데어 리우브, 라파엘 페타조니, 폴 라딘, 게르숌 숄렘 등이다.

4. 흥미롭게도 융은 그가 웸블리를 방문했던 날이 대영제국 박람회가 원래 개최되었던 1924년이었다고 말하였다(Protocols, box 2, folder 13).

5. 루스 베일리와의 인터뷰에서, 그녀는 융 사파리의 참가자들은 각자의 경비를 지불했다고 하였다(Bailey, 1969, pp. 35-36). 실제로 융의 방식으로 참여하는 사람에게는 5개월간의 사파리 비용이 상대적으로 비싸지 않고 재정적인 지원도 필요하지 않았을 것이다. 존 패터슨은 '3개월간' 동아프리카 단기 여행 경비를 왕복으로 계산해서 400파운드로 산정하였다(Patterson, 1924, p. 183). 그는 "절약하는 스포츠맨은 의심할 바 없이 덜 쓸 것이고, 사치스러운 사람은 훨씬 더 많이 쓸 것이다."(Patterson, 1924, p. 183)라고 적었다. 1924년에 나이로비에서 카이로까지의 운임이 약 100파운드밖에 안 됐다(Kenya, 1924, p. 28).

6. D. B. 얀센(개인적인 정보 교환, 2002. 11. 6). 키르슈(Kirsch, 2000, pp. 38-39)도 보시오.

7. 2004년 10월 14일에 한 개인적인 서신에서 키르슈는 비록 마이어, 노이만 그리고 베이네스가 융의 가장 중요한 전문가 아들 세 명이었지만, 그들이 그의 유일한 전문가 아들은 아니었다고 적었다.

8. 융이 주역에 의탁한다는 이야기는 바버라 해나의 『융: 그의 삶과 업적Jung: His Life and Work』(1976)에 처음 나타났다. 그녀가 이 이야기의 출처를 기록하지는 않았지만 융의 피분석자 중 하나였던 그녀가 직접 융에게 들었을 것 같다. 디어드리 베어가 그녀의 광범위한 전기에 이 이야기를 완전히 뺀 것은 흥미롭다. 이 이야기의 출처에 관한 적절한 기록이 없긴 하지만 나는 내 이야기에 이것을 넣었고 그것을 뺄 만한 이유가 없다고 생각한다. 이 이야기가 그럴듯할 뿐 아니라 그것의 진실성도 융의 사파리에서 일어났던 사건들에서 실현된 듯하다.

02

길고 붉은 고랑

JUNG IN AFRICA

JUNG
IN
AFRICA

길고 붉은 고랑

주역으로 인증받았음에도 10월 15일 사우샘프턴에서 보어만 증기선에 올라탔을 때, 융이 이 여행을 다시 한 번 생각하지 않았나 하는 의심이 든다. 승객 명단에 'Baines(철자가 잘못됨)'와 융의 이름이 있었지만, 그들이 여행을 취소한 것 같이 그들의 이름에는 줄이 그어져 있었다(PRO BT 27/1106). 사실 베이네스는 빠져 있었다. 마지막 순간에도 그는 런던 병원에 힘없이 누워 있던 힐다와 함께 남아 있으라는 압력을 받았다. 영국 것이 아닌 독일 승선권이 예약된 것에 드러내 놓고 화를 냈던 벡위드는 베이네스와 함께 남았다. 매코믹의 보급품이 오는 중이었지만 그의 이름은 승선권 예약 장부에 없었다. '외국인 승객'이라는 제목의 두 번째 승객 목록에 융의 이름이 'Charles Jung', 50세, 직업 '의사'라고 다시 나타났다(PRO BT 27/1106).

그러나 융은 그날 긴 미지의 곳으로 출발하면서 아마도 가족, 일 그리고 국가를 뒤에 남겨 두고 편안해했을 것이다. 19세기 아프리카 탐험가 리처드 버턴은 '미지의 땅으로 향하는 긴 여행의' 출발은 '인생에서 가장 기쁜 순간' 중 하나였다고 말하였다(McLynn, 1992, p. 342). 융이 이 불안정한 순간에 그의 길을 늦추지 않았다는 것은 그의 근시안적인 약속이 엠마, 토니, 의료 행위 그리고 유럽의 정치 등을 뒤에 남기고 떠나는 것이었음을 가리킨다.

왕고니호

융은 22명의 영국인 승객과 함께 왕고니Wangoni라는 이름의 7,768톤급 독일 증기선에 승선하였다. 독일 함부르크에서 항해해 온 이 배에 타고 있는 전체 승객은 264명이었다. 융은 사우샘프턴에서 출발한 유일한 '외국인' 일등실 승객이었다. 영국연합왕국에서 출발하여 기항하는 항구는 포르투갈 리스본, 스페인 말라가, 프랑스 마르세유, 이탈리아 제노바, 이집트 포트사이드, 그리고 케냐 몸바사였고, 정확히 4주간의 여행이었다. 이것은 영국연합왕국에서 출발하여 몸바사로 가는 전형적인 항해보다 최소한 1주일은 더 걸리는 일정이었다.1 이 배의 최종 목적지는 모잠비크 해협에 있는 포르투갈령 동아프리카 도시 베이라였다. 왕고니호는 베이라에서 다시 독일로 돌아가는데, 전 항해 기간이 105일이나 되었다.

융은 세계에서 가장 큰 해운회사 중 하나인 보어만 해운의 일등석을 타고 여행하였다. 함부르크 상인이며 선주인 카를 보어만(1813~1880)은 식민지 제국주의의 엄청난 사업을 창업한 사람이었다. 보어만은 유럽과 무역하게 될 서아프리카의 잠재력을 예측한 최초의 유럽인 중 한 명이었다. 원래 이 회사는 서아프리카의 야자유, 상아 그리고 금을 수입하는 선적회사로 여겼었는데, 식민시대가 활발해지면서 아프리카 동서 해안을 다니는 여객선을 운항하였다. 20세기가 시작되면서 보어만 선적회사는 선적 화물과 승객의 기록을 세우고 있었다. 1914년에 제1차 세계대전이 발발했을 때, 이 독일 아프리카 항로는 총 등록 톤수가

263,000톤에 달하는 72척의 선박을 보유하고 있었다. 전쟁이 끝나면서 이 독일 선적회사는 하나의 작은 연안 증기선만 남기고 실질적으로 없어졌다. 그렇지만 1920년대에 재건이 시작되었고, 1923년까지 총 등록 톤수가 39,000톤이 되는 9개 선박으로 운행하는 보어만 선박회사로 성장하여, 아프리카에 9개 노선을 운항하게 되었다. 이것들은 좋은 평판을 받고 있는 멋진 대형 선박이었다(Hermann & Federau, 1974, pp. 127-133).

  융의 아프리카 여행은 식민 지역 여행의 '황금기'가 끝나 갈 무렵에 행해졌다. 그 후 몇십 년 동안에는 항해 산업의 출현과 식민지 지도를 다시 그리게 된 제2차 세계대전의 여파, 그리고 정치적으로 독립을 요구할 수 있는 자의식을 갖게 된 아프리카인 등의 영향으로 엄청난 변화를 보게 될 것이다. 그렇지만 융은 지금 동아프리카와 관련된 약 70여 명을 포함한 264명의 동료 승객과 함께 있다. 그들의 양심은 식민지배가 아프리카에게 자비로운 선물이라는 견해에 고취되어 있었다.2 아마도 왕고니호 선상에서, 사우샘프턴에서 출발한 영국인 승객들에게만큼 '백인의 책무'가 첨예하게 느껴지는 곳은 없었다. 24세 농부 다니 글로버와 그의 25세 아내 낸시, 54세 법률가 앨런 홈, 34세 상인 제임스 로슨과 40세인 그의 아내 로라, 41세의 또 다른 상인 클로드 레벤스크로프트, 29세 근로감독관 윌리엄 빌링턴과 28세인 그의 아내 베아트릭스, 41세 소송대리인 앵거스 로스, 32세 정부 관리 리처드 고든, 그리고 케냐에 머무르고 있었던 육군 장교의 아내인 32세 에델 스틸 등은 동아프리카에서 가정을 이루기 위해 떠났다(PRO BT 27/1105). 이들 정착민과 정부 관리 이외에도 독일, 영국, 스페인, 프랑스, 이탈리아 등지에서 온 여행자, 전문적인 그리고 사적인 사냥꾼, 선교사 그리고 군종사자 등이 있었다. 1925년 10월에 케냐로 향한 정착민 중 한 명이 18세의 영국 시민인 마이클 부룬델이었다.3 부룬델은 옥스퍼드 학위를 포기하고 융의 연구 목적지에서 멀지 않은 서부 케냐의 첫 번째 농장 중 하나에서 일하기 위해 그곳으로 출발하였다. 그는 나중에 유명한 케냐 시민이며 정치가이자 저술가가 되었는데, 1925년에 케냐로 향하는 승객들을 "나 자신과 같은 모든 정착민들은 흥분했고 새로운 국가를 건설하는 계획에 열중하였다."(Blundell, 1964, p. 18)라고 묘사하였다. 그들은 마지막 미개척 지역으로 나아갔다.

왕고니호 선상 여행은 즐겁고 편안했으며 다른 승객들을 만날 기회가 수없이 많았다. 저녁 식사 후 흡연실에서 또는 한낮의 태양이 차가운 지중해의 산들바람을 누그러뜨리는 오후에 갑판에서, 황제폐하 정부에 관한 열띤 토론, 큰 사냥에 관한 긴 이야기, 식민지 관리들의 연금에 관한 자유로운 이야기, 증권시장 거품에 관한 생각, 그리고 케냐 정착민 정책에 대한 전망 등이 계속 이어졌다. 내향적인 융은 매일 행하는 아침 식사, 차, 점심, 차, 그리고 저녁 식사 의례에서 여행 동료들의 상호 교류를 바라보는 것을 즐겼다. 영국인 승객들은 '두 사람씩 조를 만들어 손과 발을 한데 묶고, 각 조가 머리와 몸통을 사용하여 서로 원 밖으로 밀어내는' 이른바 '닭싸움' 같은 '단순한 갑판 게임'에 몰두하였다(Bodry-Sanders, 1991, p. 113).

융은 손님들을 관찰하는 것 이외에 한 나이 많은 정착민에게 스와힐리어를 배우느라 아주 바빴다(Bailey, 1969, p. 2). 그는 이 사람과 거의 대부분의 시간을 보냈다(Bailey, 1969, p. 2). 융의 연구 계획에는 스와힐리어로 인터뷰를 하여 부기슈족 사람들의 꿈과 신화를 연구하는 팀이 필요했다. 외국어에 특별한 재능이 있는 융은 독일어, 프랑스어, 그리고 영어에 능통하였고, 라틴어와 그리스어를 읽고 쓸 줄 알았다. 그는 또한 아랍어도 실제로 사용할 수 있는 지식을 가지고 있었다. 아마도 그는 "어린 시절에 신학자가 아닌 아랍학자로 졸업한 아버지 폴 융 목사에게 이를 배웠을 것이다."(Jaffé, 1979, p. 122) 스와힐리어 단어 중 많은 수가 아랍어 어원을 가지고 있기 때문에 그가 스와힐리어를 배우는 데 아랍어를 아는 것이 도움이 됐을 것이다. 그렇지만 융은 스와힐리어는 "그가 이전에 배우려고 했던 어느 언어보다 어려웠다."(Hannah, 1991, p. 166)고 말하였다. 언어학자로서 융의 능력을 과소평가해서는 안 된다. 융학파 역사가 토마스 키르슈는 융이 영어를 사용하는 사람들과 영어로 하는 단어 게임을 하곤 했었는데, 융의 방대한 어휘력 때문에 그가 늘 이겼다고 보고하였다(Kirsch, 2002). 로런스 반 데어 포스트는 "융이 몸바사에 상륙했을 때, 그는 흑인 포터와 승무원들에게 동아프리카의 오래된 에스페란토어로 인사를 하여 그들을 놀라게 했다고 내게 말했다!"(van der Post, 1978, p. 52)고 썼다. 융은 사용할 정도의 스와힐리어 지식을 습득하게 되었고, 그 이후 저서와 강의에서 스와힐리어 단어와 문장을 종종 사용하였다. 분명한 것은 융이 왕고니호 선상에 있을 동안에 한 4주간의 스와힐리어 공부로, 그가 아프리카의 정보제공자들과 접촉하는 데 적절한 준비가 됐을 것이라고 확신했다는 것이다. 그렇지만 이 가정은 잘못된 것이었다.

융이 긴 항해를 위해 책을 가져갔다는 증거는 없다. 이 배에는 도서관이 있었고, 융의 독서 취향을 감안하면 그가 모험을 좀 더 준비하는 데 방해받지 않는 시간을 이용했을 것이다. 아마도 그는 H. 라이더 해거드의 유명한 아프리카 3부작, 『솔로몬 왕의 광산King Solomon's Mines』(1885), 『그녀She』(1887)와 『앨런 쿼터마인Allan Quatermain』(1887)을 다시 읽었을 것이다. 이들 3부작은 초간 된 이래 인쇄본이 모두 남아 있다. 1925년에 융이 항해를 떠나기 몇 달 전에 죽은 해거드는 가장 유명한 후기 빅토리아풍 소설가 중 한 명이었고, 그의 책에는 남쪽의 어두운 풍경 이미지와 함께 유럽인의 환상이 담겨 있다. 베이네스는 『그녀: 모험의 역사She: A History of Adventure』가 융이 좋아하는 소설 중 하나였다고 보고하였다(Baynes, 1941, p. 58). 그리고 취리히에서 그가 했던 분석심리학에 관한 1925년

봄 학기 세미나에서 융은 그와 함께 이 소설을 분석할 참가자들을 초청했었다. 공교롭게도 엘곤 산(융의 연구를 위한 주요 목적지가 되었다)의 엘고니 족 사람들을 처음으로 접한 유럽인인 조지프 톰슨이 해거드 소설의 주인공 앨런 쿼터마인의 모델이었다. 융은 아버지가 '여행서'를 좋아해서(MDR, p. 94) 윈스턴 처칠의 『나의 아프리카 여행My African Journey』(1908), 시어도어 루스벨트의 『아프리카 사냥로 African Game Trails』(1910), 또는 J. H. 패터슨의 『차보의 식인종Man-Eaters of Tsavo』 (1907) 등과 같은 20세기 초의 여행서적을 골랐을지도 모른다. 보다 학구적인 취향에 따라, 노먼 레이의 갓 출판된 역사서 『케냐Kenya』(1925)를 읽었을 수도 있다. 혹은 레비-브륄의 『원주민은 어떻게 생각하나How Natives Think』(1910)나 P. A. 탤벗의 『수풀의 그림자 속에서In the Shadow of the Bush』(1912)와 같은 인류학적 성과물을 검토하였을 것이다.

선상의 분위기

배가 푸른 지중해를 지나 수에즈 운하를 향하고, 유럽인의 마음에 알려진 세계, 그리고 익숙한 서양의 질서와 이성의 세계 남쪽에 있는 보다 어두운 곳을 향해 나아가면서, 융은 왕고니호 선상의 집단적인 기분을 감지하였다. 이 '분위기'는, 그가 말한 바에 따르면, 특히 태양이 낮게 가라앉고 물결이 일렁이는 바닷속으로 잠기는 저녁 식사 시간에 식탁을 타고 흘렀다. 그들은 '어두운 대륙', '야만'인, '원시'인, '정글', 그들의 어린 시절 상상력의 '보고'의 땅을 향해 천천히 움직이고 있었다. 갑판 게임의 유쾌한 기분과 정중한 대화의 친근한 농담이 사라졌을 때, 여행자들 각자는 이 미지의 땅terra incognita, '검은 아프리카'

에 대한 두려움과 환상을 만나게 되었다.

공포에 질린 검은 얼굴은 부분적으로는 문화적인 투사였지만, 이 기분은 아프리카의 실제적인 위협으로도 살아났다. 실제로 융은 "몇몇은(여행 동료) 그 후 두 달이 지나는 동안 열대지방에서 죽음을 맞이했다."(MDR, p. 254)고 하였다. 그는 그들이 '열대 말라리아, 아메바성 이질 그리고 폐렴' 등으로 죽었다고 썼다. "죽은 사람 중에는 식탁 맞은편(그의)에 앉았던 젊은이도 있었다."(MDR, p. 254)

의학의 발달로 이 위협은 줄어들었지만, 융과 함께 여행했던 모험심 있는 영혼들의 가장 커다란 공포는 여전히 질병으로 인한 죽음이었다.4 노먼 레이는 1925년에 케냐를 여행한 사람들의 생명을 앗아간 '첫 번째 그리고 가장 큰' 파괴자는 말라리아, (세균성 그리고 아메바성) 이질, 딸기종, 문둥병, 십이지장충증 그리고 수면병 등(Leys, 1925, pp. 282-286)의 풍토병 같은 질병이었다고 기록하였다. 이러한 원인 이외에도 융이 탐험한 몸바사에서 카이로로 가는 경로에는 (융이 걸렸었던) 모래파리 열, 흑수열, 사상충증, 주혈흡충증, 강江사상충증, 기니아충 감염, 지거 벼룩 감염, 황열, 천연두, 흑사병, 장티푸스, 트라코마 결막염, 콜레라, 각기병, 매독, 임질 그리고 상피병 등의 병들이 있었다. 식민지 고용자나 선교단체들이 병든 피고용인들을 치료하느라 이렇게 많은 돈을 쓴 곳은 세계 어디에도 없었다(Leys, 1925, p. 283).

아프리카의 질병은 아주 오래전부터 침입자들을 저지하는 역할을 했었다. 19세기에 "모든 유럽인 탐험가와 여행자는 최소한 1번의 열병"(McLynn, 1992, p. 229)을 앓았었다. 20세기로 접어들 때까지 의학은 말라리아의 비밀을 알지 못했다. 별의 작용에서부터 벼락의 전류, 고여 있는 물을 마시는 것, 달빛을 받고 잠들기 등에 이르기까지 그것의 원인에 관한 다양한 이론이 발전되어 왔다. 가장 두드러진 19세기의 견해는 '독기 이론'이었는데, 이 이론은 늪지대에서 썩어

가는 식물이 만들어 내는 대기가 열을 일으키는 독성 화학물질을 가지고 있다고 주장하였다(McLynn, 1992, pp. 229-230). 데이비드 리빙스턴이 말라리아가 모기와 관련이 있다고 생각했던 유일한 초기 탐험가였다(McLynn, 1992, p. 230). 식민지시대를 거치면서 말라리아가 아노펠레스 모기에 의해 운반되는 인간 혈액 기생충에 의한다는 것을 알게 되었다. 그 기생충은 생식을 위해 인간의 피를 필요로 한다. 열대지방을 여행하는 유럽인들은 키니네로 이 질환과 싸울 줄 알았고, 그 결과는 즉시 나타났다. 융과 일행은 말라리아 지역에 들어갈 때 매일 키니네를 복용했을 것이다.

아프리카 탐험가의 죽음의 충동

왕고니호 선상에서 융이 죽음의 느낌을 인지한 것은 예언적이면서 동시에 예상 가능한 것이었다. 물론 열대지방의 죽음의 위협은 잘 알려졌고, 아프리카로 가는 배의 전체 승객 중 일정한 수는 돌아오지 않는다는 것이 통계로 밝혀졌다. 그렇지만 사하라 이남 지역 모험은 이들 세계를 여행하는 영혼들에게는 확실히 위험을 무릅쓸 가치가 있었다. 죽음이 심지어는 아프리카가 주는 매력의 한 부분일 수도 있었다.

프랭크 맥린은 『어두움의 중심부Hearts of Darkness』의 '탐험가들의 심리'라는 제목의 장에서 "'어두운 대륙'의 다양한 위험과 겨루려는 열망이 죽음을 향한 무의식적인 끌림을 가리고 있음을 아는 것이 예외적인 통찰은 아니다."(McLynn, 1992, p. 351)라고 주장하였다. 맥린의 이런 평가의 좋은 예가, 빅토리아 호수와 나일 강의 수원지를 '발견한' 것으로 간주되는 탐험가, 존 해닝 스피크였다. 그는 이 대륙으로 가는 첫 번째 원정에서 동료 탐험가 리처드 버턴에게 자기는 죽기 위해 아프리카에 왔다고 말하였다. 그런 다음 그는 세 번의 아프리카 원정 모두에서 거의 죽을 뻔한 위험에 처했었다. 맥린은 그가 영국의 지식인 사회 앞에서 버턴의 나일 강 '발견'에 관해 심의하기로 했던 전날에 '사고로' 자신을 총으로 쏘았을 때, '어떤 의미에서는 아프리카가 마침내 그를 죽인' 것이라고 지적하였다 (McLynn, 1992, p. 353). 아프리카에서 죽은 19세기 탐험가 목록은 길다. 그중에서 선교사이자 탐험가인 데이비드 리빙스턴의 아프리카에서의 '순교'가 가장 잘 알려졌다. 사실상 대부분의 탐험가들은 50세가 되기 전에 죽었다(McLynn, 1992, p. 337).

50세의 융 또는 같은 이유로 매코믹, 베이네스나 벡위드가 이 죽음의 충동을 가지고 있었을까? 그들의 아프리카 탐험에는 위험 요소가 분명히 있었다. 융은 후에 사파리 동안의 매일매일이 삶과 죽음을 넘나드는 대담한 일들이었다고 회상할 것이다(Protocols, box 1, folder 13, p. 374). 여행의 한 지점에서, 융이 일행을 불필요하게 위험한 곳으로 가게 했을 때, 베이네스가 그에게 너무 멀리 갔다고 경고를 하였다. 영국 관리들은 여행 내내 융을 무모한, 심지어는 미친 것으로 보았다. 벡위드는 부주의한 태도로 죽음과 장난을 쳤고, 몇 번은 가까스로 죽음을 모면했다.

막간: 아프리카의 영원한 젊은이

여행과 탐험이 쉽게 지루함을 느끼는 사람들의 마음에 호소력이 있다는 것은 잘 알려져 있다. 거기에는 생과 사의 기로에서 살아가는 데 활기를 불어넣어 주는 것이 있다. 어니스트 헤밍웨이가 발견한 바와 같이 아프리카가 이런 극단을 위한 남성적인 놀이터를 제공해 준다. 융학파의 입장에서 이런 현상은 영원한 젊은이puer aeternus의 문제로 가장 잘 이해될 수 있다. 마리 루이즈 폰 프란츠의 『영원한 젊은이: 어린 시절의 낙원과 갈등하는 어른의 심리학적인 연구Puer Aeternus: A Psychological Study of the Adult Struggle with the Paradise of Childhood』(1981)가 왕고니호 선상의 많은 젊은이에게 아프리카 모험의 매력을 설명해 주는 데 도움이 된다. 융의 수제자 중 한 명인 폰 프란츠는 "영원한 젊은이 원형과 동일시한 남자는 청소년의 심리에 너무 오랫동안 머무른다."(von Franz, 1981, p. 1)고 하였다. 그렇기 때문에 그는 약속을 어기는 경향이 있고(특히 여자와의), 일을 회피하며, 높이 나는 모험을 찾는다. 폰 프란츠는 이런 심리학적인 문제를, "집에서는 지나치게 문명화되었고, ……임시로 완전한 야생으로 달리는"(von Franz, 1981, p. 129), 어머니와 결합된 아들의 결과로 서구 문화에서 유행하는 것으로 보았다. 길들여지는 것에 반발하는 사람들에게 아프리카는 완전한 해방을 보장해 주었다.

폰 프란츠 책의 많은 부분은 생텍쥐페리의 『어린왕자The Little Prince』를 분석한 것이다. 흥미롭게도 생텍쥐페리 이야기 속 어린왕자는 아프리카에서 뱀에 물려 죽는다. 반면에 생텍쥐페리 자신은 아프리카 해안에서 이륙한 뒤 비행기 추락으로 젊은 나이에 죽었다. 폰 프란츠는 영원한 젊은이들은 보통 "30~45세 사이에"(von Franz, 1981, p. 164) 죽는다고 하였다. 왜냐하면 이카루스와 같이 그들의 왁스로 된 날개가 높은 곳에서 빨리 녹기 때문이다. 그들은 "비행기 추락으로 죽음을 맞이하거나 산악 사고 또는 자동차 사고로 죽고, 아니면 억울하게 감옥에 갇힌다."(von Franz, 1981, p. 129)

1920년대 케냐 식민지의 영원한 젊은이 중 한 명이, 유명한 큰 사냥의 사냥꾼인 데니스 핀치-해턴이었다. 포도와 포도주의 신인 디오니소스의 별명으로 이름을 지은, 이 매력적이고 멋진 영국 신사는 아프리카의 매력에 푹 빠졌고 방랑벽을 가졌다. 다른 사람들은 아무런 야망이 없어 보이는 이 옥스퍼드 졸업생이 재능을 낭비하는 것을 애석해했던 반면에, 그는 "매우 완고했고, 사람은 인생을 한 번 사는 데 이 인생을 그보다 더 잘 살았던 사람은 없다고 간주했다."(Cranworth, 1939, p. 192) 『아웃 오브 아프리카Out of Africa』의 저자인 그의 연인 카렌 블릭센이 그에 대해 적었다.

> 그는 집이 없지만, 여기저기를 돌아다녀야 했다. ……그가 영국에 남겨졌을 때, 그는 그의 존재에 대해 자책했다. 마치 그가 그것을 지루해했기 때문에 그의 친구들은 묵묵히 견디는 의무에서 도망치고 있는 것 같았다. ……그는 어느 곳에도 완전히 들어맞지 않았다. 영국에 있는 그의 친구들은 항상 그가 돌아오기를 원했고, 그에게 영국에서의 그의 경력을 위한 계획을 적어 편지를 보냈다. 그러나 아프리카는 그를 놓아주지 않았다(Blixen, 1985, pp. 222-225).

핀치-해턴은 1931년 케냐의 보이 근처에서 코끼리 떼를 추적하다가 비행기 추락으로 죽었다. 그의 비행기는 비행장을 이륙하고 "두 바퀴 선회한 다음 땅으로 곤두박질치며 추락하여 불타 버렸다."(Markham, 1989, p. 124)

융의 남성 친구들 중 많은 수는 수명을 다하지 못하고 죽을 운명에 있는 영원한 젊은이들이었던 것으로 나타날 것이다. 요절은 1925년 동아프리카 여행의 동료 벡위드와 베이네스[5] 그리고 1920년 북아프리카 여행에 동행했던 헤르만 지그[6] 등에게 닥칠 운명이었다. 융 사파리의 원 멤버였다가 철회했던 조지 포터는 1927년에 45세의 나이로 자살하였다(McGuire, 1995, p. 311). 가장 분명한, 영원한 젊은이는 조지 벡위드였다. 실제로 융은 벡위드를 생텍쥐페리 소설의 '어린 왕자'와 같게 보았다(Protocols, box 1, folder 13, p. 377). 이 멋지고 매력적이며 부유한 미국인은 파리에 집사가 딸린 플랫주택을 가지고 있었다. 거기서 그는 많은 시간을 친구들과 여가를 즐기며 보냈다(Bailey, 1969, p. 26). 그는 종종 그를 아들처럼 대했던 융을 만나러 취리히에 갔다. 조지는 때로 융의 집에 머물렀는데, 엠마가 특히 그를 좋아하였다. 그는 현실에서 일할 필요가 없었기 때문에 결코 시민의 의무나 직업적인 책임을 지지 않은 채 목표 없는 삶을 살았다. 그는 인생을 지루해하였다.7 융은 그의 문제의 깊이를 알았고 그에게 미안함을 느꼈다(Bailey, 1969, p. 26). 융은 그를 사랑했노라고 말하였다(Bailey, 1969, p. 157).

외향적 직관형인 벡위드는 뿌에르puer로서의 운명을 감지했고 융의 자문을 구했다. 융은 그에게 수명이 길지 않을 것이라고 말했고, 벡위드는 이를 받아들였다. 융은 나중에 그들이 아프리카에서 뱀을 만났을 때마다 벡위드가 맨 앞에 있었다고 기록하였다(Protocols, box 1, folder 13, p. 374). 아프리카인들이 이를 보고 그가 뱀을 유혹했다고 말하였다(Protocols, box 1, folder 13, p. 374). 그는 심지어 어느 날 아침 잠에서 깨어났을 때 팬티 안에서 뱀을 발견하기도 했었다(Protocols, box 1, folder 13, p. 374). 융은 '어린왕자'가 아프리카에서 뱀에 물려 죽었다는 것을 상기시키면서 이 사건을 1도에 해당하는(가장 가벼운) '신화적 만남'이라고 해석하였다(Protocols, box 1, folder 13, p. 377). 예상할 수 있는 바와 같이 벡위드는 아프리카 사파리를 마친 뒤 얼마 되지 않아 자동차 사고로 죽었다. 그때 그의 나이는 30대 초반이었다. 융에게 그는 아프리카 태양의 '희생자'였다(Protocols, box 1, folder 13, p. 377).

카를 애클리의 죽음

융은 왕고니호에 같이 '승선했던 몇몇 동행자들의 운명'을 적으면서 미국의 자연주의자 카를 애클리 박사를 언급하였다. 그는 중앙아프리카 고릴라 보존센터의 창설자로 유명하였다(MDR, p. 254).[8] MDR의 이런 언급 때문에 애클리가 융과 함께 왕고니호에 승선했을 것이라고 생각할 수 있지만, 사실은 그렇지 않았다. 애클리는 (융이 떠난 후) 3개월 뒤인 1926년 1월 30일까지 아프리카를 향해 출발하지 않았다(Mary Akeley, 1940, p. 246). 언급한 바와 같이 융은 애클리를 1924년 12월에 뉴욕에서 만났다. 융의 마음에 아프리카 사파리의 씨앗을 처음으로 뿌린 책임이 일부 그에게 있다. 처절하고 황량한 헨리 스탠리의『가장 어두운 아프리카에서In Darkest Africa』(1890)에 비해 아프리카의 낙원적인 조망을 표현한 애클리의 저서『가장 밝은 아프리카에서In Brightest Africa』(1924)는 융이 여행을 준비하면서 읽었을 만한 책이었다.

애클리는 아프리카의 열성팬으로, 1906년에 백악관 만찬에 참석하는 동안 시어도어 루스벨트 대통령에게 아프리카 여행을 하도록 확신을 주었다. 애클리는 이 만남을 회상하였다.

> 나는 그 백악관 만찬을 결코 잊을 수 없을 것이다. 나는 여러 코스 요리가 나왔는데 한 입도 먹지 못했다. 대통령께서 내게 쉬지 않고 아프리카 이야기를 하게 했기 때문이다. 하고 싶은 말을 다할 시간은 없었지만 나는 충분히 이야기했던 것 같다. 우리가 만찬장을 떠나고 있을 때 대통령께서 나를 보시더니 "내가 대통령직에서 물러나자마자 아프리카로 갈 것이야."라고 말씀하셨기 때문이다(Carl Akeley, 1924, pp. 158-159).

루스벨트의 아프리카 원정은 1909년에 있었는데, 애클리도 참여하였다. 애클리는 융의 원정을 부추겼을 뿐 아니라, 융에게 기술적 민속지학 면담조사를 할 장소에 대해 제안을 했을 것 같다. 애클리는 1909년에 엘곤 산을 방문했었다. 거기서 그는 수컷 코끼리를 잡으려고 하는 동안 융 원정대가 이름을 딴 부기슈족과 융도 만나게 될 동굴에 거주하는 산악 종족인 엘고니 족을 만났다(Bodry-Sanders, 1991, p. 128). 야생마를 길들이는 루스벨트와 같이 융도 '백인을 전혀 보지 못했던' 아프리카인의 이야기를 들으면서 애클리의 마력에 이끌렸을 것이다(Bodry-Sanders, 1991, p. 128).

애클리가 왕고니호 선상에 융과 함께 있지는 않았지만, 두 사람은 같은 시기에 아프리카에 있게 되었다. 동료 승객들이 '그들의 운명에 들어가고 있다.'고 한 융의 느낌은 애클리의 마지막 아프리카 여행에 대한 정확한 묘사였다(MDR, p. 253). 융의 사파리와 동시에 이루어진 애클리의 원정은 탐험가의 죽음의 욕구를 가장 잘 나타내 주는 것이었고, 뿌에르 상태의 고전적인 증상을 담고 있었다. 애클리는 1926년 원정 이전에 아프리카에서 죽을 뻔했던 적이 몇 번 있었다. 1896년에 처음 아프리카를 여행할 때 그는 36.2kg이 나가는 표범의 공격을 받았고, 악전고투 끝에 맨손으로 이 짐승을 죽였다(Bodry-Sanders & Johnson, 1987, p. 81). 이 여행에서 그는 아프리카에서 돌진하는 코끼리의 모습으로 죽음이 그를 기다리고 있다는 징조를 느꼈다(Bodry-Sanders & Johnson, 1987, p. 80). 이 환상은 1909년에 그가 케냐 산에서 수컷 코끼리의 공격에 가까스로 살아남았을 때 현실로 경험하였다. 그때 그는 갈비뼈가 몇 개 부러졌고, 코뼈도 부서졌으며, 턱 부위에 개방 자상을 입었다(Bodry-Sanders & Johnson, 1987, pp. 79-81). 그렇지만 아프리카에서 애클리의 최후는 예고 없이 또는 급작스럽게 오지 않을 것이고, 천천히 거의 의도적으로 다가올 것이었다.

1926년 원정에서 애클리는 뉴욕 자연사박물관에 전시할 야생 파노라마의 멋진 장면을 찾기 위해 케냐에서 사파리를 하면서 몇 달을 보냈다. 그는 한 사파리에서 '열병'을 앓았고, 그것 때문에 쇠약해져 케냐의 요양소에서 몇 달을 보냈다. 건강이 악화되었지만 애클리는 우기에 케냐와 우간다를 지나 그가 아끼는 산악 고릴라가 사는 벨기에령 콩고의 미케노 산으로 갔다. 애클리는 그 산에서 놓칠 수 없는 약속이라도 있는 것처럼 미친 듯이 길을 재촉하였다. 산길에 들어서자 진흙탕 습지와 빽빽한 대나무 숲 정글을 지나가며 그들의 행렬은 기진맥진하였다. 애클리는 그가 처음 고릴라를 만났던 '구 야영지'에 도착하고 몇 시간 지나지 않아 차갑고 산소가 희박한 고산지대 공기로 인해 쇠진하여 죽었다. 그 장소는 애클리가 '세계에서 가장 아름다운 곳'이라고 불렀던 곳이다(Bodry-Sanders, 1991, pp. 250-253). 애클리의 일행은 그의 죽음에 '충격'을 받았지만, 되돌아보면 그는 미케노 산에 죽으러 온 것이었다. 5년 전 '바로 그날' 바로 그 장소에서 애클리는 박제하기 위해 집으로 가져갈 큰 고릴라를 쏜 다음 그 자리에 있는 사람들에게, "나는 자기의 화장용 장작을 패는 저놈이 부러워. 내가 죽으면 여기에 묻힐 수 있으면 좋겠어."(Bodry-Sanders, 1991, p. 253)라고 말했었다. 그리고 그는 그렇게 되었다. 애클리의 무덤은 아프리카 정중앙에 있는 산비탈의 높은 곳에 있다. 시멘트 관에는 그의 이름과 1926년 11월 17일이 적혀 있다.

베이네스와 '미개한 아프리카인, 어두운 측면'

융이 항해한 지 약 2주가 지난 뒤 피터 베이네스와 조지 벡위드가 이탈리아 제노바에서 왕고니호에 승선하였다(D. B. Jansen, 개인적인 교류, 2002,

11. 11).9 선상의 어두운 분위기에 대한 융의 예민한 감각은 베이네스의 도착으로 고조됐음에 틀림이 없었다. 베이네스는 아내 힐다 데이비드슨의 비극적인 죽음 직후에 합류하였다. 누구나 이해할 수 있는 그의 상실감은 5개월간의 원정 기간 내내 일행을 무겁게 눌렀을 것이다. 그가 배에 오른 직후 며칠은 당연히 힘들었고, 베이네스는 위로받기 위해 융을 찾았다. 그렇지만 융은 베이네스가 힐다를 너무 많이 언급하면 불끈하여 선실로 돌아갔다(Bair, 2003, p. 344).

아마도 베이네스에 대한 융의 반응은 힐다의 죽음에 미친 융의 역할과 관련이 있어 보였다. 젊고 예쁜 힐다 데이비드슨은 캔터베리의 대주교인 랜들 데이비드슨의 조카딸이었다. 그녀는 타고난 피아니스트였지만, "심한 우울증을 앓았고 그로 인해 아무것도 할 수 없었다."(D. B. Jansen, 개인적인 교류, 2002. 11. 11) 피터의 상황은 다음과 같은 그의 개인 일지로 알 수 있다.

> 나의 문명화된 측면은 (내 아내를) 봉사와 헌신의 대상으로 삼는 의무감을 강하게 지향하고 있다. 그러나 나의 미개한 아프리카인, 어두운 측면은 그녀와 완고하게 분리되어 있고 ⋯⋯나는 육욕적인 여인의 능력과 지식이 전혀 없는 병약한 ⋯⋯ 아내와 금욕적이고 정숙한 삶을 살아야만 하거나 그렇지 않으면 완전한 육욕적인 경험을 하려는 남자의 '자연스러운 권리'를 허용하고 그런 욕구에 반응할 수 있는 정부를 취해야만 했다(Jansen, 2003, p. 162).

힐다는 만일 피터가 융과 함께 아프리카로 간다면 자살할 것이라고 분명히 위협했었다. 피터가 이 문제로 융의 조언을 구했을 때, 융은 만일 그가 "그녀의 '감정적인 협박'에 굴복한다면 그는 점점 더 그것에 갇히게 될 것이라"(D. B. Jansen, 개인적인 교류, 2002. 11. 11)고 응답하였다. 힐다는 남편을 집에 있게 하려는 싸움에서 졌다는 것을 알았을 때, 런던에 있는 캠프덴 힐 스퀘어 하우스 지붕에서 몸을 던졌다. 그날이 왕고니호가 출발하기 며칠 전이었다(D. B. Jansen, 개인적인 교류, 2002. 11. 13).[10] 그녀는 곧바로 죽지 않았고 병원에서 목숨을 연명하다가 10월 21일에 죽었다. 그녀는 10월 24일에 화장되었고, 그날 오전 11시에 장례식이 열렸다. 그날 오후 베이네스는 이탈리아의 기항지 제노바에서 왕고니호를 만나기 위해 빅토리아 역에서 기차를 탔다. 베이네스가 아내를 묻은 바로 그날 한 살 된 아들을 여동생에게 맡기고 아프리카를 향해 출발했다는 것이 믿기 어려워 보이긴 하지만(Jansen, 2003, p. 167), 만일 그가 떠나지 않았더라면 융의 사파리는 취소되었을 것이다. 왜냐하면 베이네스가 '원정대의 실제적인 면'을 책임지고 있었기 때문이다(D. B. Jansen, 개인적인 교류, 2002. 11. 6).

베이네스가 힐다를 묻은 바로 그날 아프리카를 향해 출발했다는 사실은 융에 대한 그의 헌신을 보여 준다. 나중에 베이네스는 바버라 해나에게, "그가 할 수 있는 귀여운 자기비판을 하면서, 여행 중에 그는 아니마가 수중에서 완전히 사라졌고 이런저런 나쁜 기분에 빠졌었기 때문에, 끔찍한 절망에 있었다."(Hannah, 1991, pp. 166-167)고 이야기하였다. 이런 이해할 수 있는 감정적인 동요는 특히 힐다의 죽음으로 인한 비극적인 상황에 비추어서 이 팀에 무거운 짐으로 인식되었는데 특히 백위드가 그것을 힘들어했다. 일행이 엘곤 산에 있었을 때, "근처 숲에서 총소리가 들렸고, 백위드가 '저것이 베이네스가 총으로 자살하는 것이라고 생각했어요.'라고 다소 언짢은 기분으로 융에게 논평했다."(Jansen, 2003, p. 194)[11] 베이네스의 사별과 우울증은 케냐로 가는 항해를 우울하게 하였다. 선상의 다른 승객들은 고통스러워하는 베이네스와 까다로운 백위드, 그리고 학구적인 융을 이상하게 바라보았다. 두 명의 선상 '면화 담당' 레슬리 옴과 새미 프레스턴은 그들을 그 당시에 유행했던 음악당의 노래를 본떠 '오바디야들Obadiahs'

이라고 불렀다(Bailey, 1969, p. 16). "젊은 오바디야가 늙은 오바디야에게 말했다—오바디야, 오바디야 나는 술을 마시지 않아." 융은 후에 뇌종양으로 61세에 죽은 베이네스가 아프리카의 태양을 받아 미쳤다고 언급하였다(Protocols, box 1, folder 13, p. 377).

루스 베일리—융의 네 번째이자 마지막 동료

　　　　　　루스 베일리라는 이름의 명석하고 쾌활한 젊은 영국 여자가 그 배에 타고 있었는데, 그때는 융이 그녀를 몰랐다. 루스는 28세의 간호사로 여동생 버사와 같이 있었다. 버사는 케냐에 있는 리처드 쿠퍼 가우솔페라는 이름의 철도 기술자와 약혼하였다. 버사는 왕고니호 선상에서 결혼하기 위해 나가는 '5명의 신부' 중 하나였다(Bailey, 1969, p. 2). 버사와 리처드는 가능하면 빨리 결혼하고 싶어 하였다. 그러나 그는 그녀를 식민지까지 데리고 오려고 영국으로 돌아갈 수 없었다. 버사의 어머니는 그녀의 남자 형제들이 갈 수 없었기 때문에 루스가 케냐까지 동행한다는 조건으로 결혼을 승낙하였다. 루스가 집안을 대표하였다(Bailey, 1969, p. 2). 이 여행은 루스의 인생 경로를 바꾸게 되었다. 그녀가 융 사파리의 네 번째 구성원이 되었을 뿐 아니라 이것이 융과 오래 지속되는 관계의 시작이 되기도 하였다.

　아프리카 여행 뒤 네 명의 멤버들은 각자의 길을 갔는데, 루스는 다양한 정도로 융에게 헌신했던 여자들, 즉 융의 여자들jungfrauen 중 하나가 되었다.[12] 우선 루스는 여름휴가를 융의 가족과 함께 쿠스나흐트에서 보냈다. 그 후에 융은 로턴 미어에 있는 그녀의 집, 체셔Cheshire 주에 있는 베일리 가문의 집을 방문하였다(Brome, 1978, p. 211). 브롬은 융의 인생에서 루스의 존재감은 점차로 커져 갔고, 1946년 이후에는 그녀가 "가족의 일부가 되었다."(Brome, 1978, p. 257)고 주장하였다. 1955년에 엠마가 죽었을 때, 융은 루스에게 동료-간호사-주부의 역할로 그에게 와 달라고 초청하였다. 그녀에게 이런 인생의 극적인 변화를 요청할 때, 융은 "와서 나를 끝까지 지켜봐 주오. 당신은 사람을 배웅하는 일을 잘하지 않소."(Brome, 1978, p. 262)라고 간청하였다. 자신의 죽음을 예견한 융은 "그의 자녀들처럼 가족을 소홀히 했다는 비난에 구애받지 않을 조력자와 동료"(Wehr, 1987, p. 424)를 원했다.

이렇게 융이 '아프리카에서 발견한' '소녀' 루스 베일리는 그의 생애 마지막 6년 동안 가장 가까운 동료가 되었다. 융은 실제로 그녀에게 그녀가 다른 "어느 누구보다도 나와 가깝다."(Bailey, 1986, p. 180)고 말하였다. 그는 "당신은 내 바이올린과 같아요. 나는 당신을 연주하고 선율을 얻습니다."(Bailey, 1986, p. 180)라고 말하였다. 쿠스나흐트에서 루스는 그의 침실과 연결된 문이 있는 엠마의 침실에서 잤다(Brome, 1978, p. 269). 융은 말년까지 글을 쓰는 감각은 왕성했던 반면에 건강이 좋지 않아서 루스가 그의 부족한 모든 것에 충실하게 관여하였다. 루스와 파울러 매코믹(뉴멕시코 여행의 동행자이고 현재 '부기슈 심리학 원정대'에서 탈락된 멤버)이 융을 데리고 몇 차례 스위스 알프스로 자동차 여행을 갔을 때, 그의 모험 감각이 되살아났다. 이것이 융이 오래된 사파리 동료들과 즐겁게 함께한 마지막 모험이었다. 루스와 융은 산 사이로 나아가면서 아프리카의 모험을 회상하였고, 매코믹은 그의 자리를 맡았던 루스를 통해 대리 경험을 했음에 틀림이 없었다. 만일 그가 갈 수 있었더라면, 루스는 그 팀의 네 번째 구성원이 되지 못했을 것이고, 결코 융도 알지 못했을 것이다.

융이 죽기 얼마 전, 루스는 "카를 구스타프는 내가 그의 생명을 붙잡고 있다고 원망한다. 그는 떠나고 싶지만 내가 못하게 한다고 하였다. 그렇지만 나는 그가 아직은 살고 싶어 한다고 생각한다."(Serrano, 1966, p. 98)라고 적었다. 융은 1961년 5월과 6월에 몇 차례의 풍을 맞았다. 그가 루스에게 한 마지막 말, 결국 그가 마지막으로 한 말은, "오늘 밤 진짜 좋은 적포도주 한 잔 합시다."(Brome, 1978, p. 273)였다. 그날 저녁 그녀가 와인 창고에서 돌아오자, 그는 잠들었다. 그 다음 날인 1961년 6월 6일에 그는 조용히 숨을 거두었다. 그 후 얼마 되지 않아 루스는 적었다. "이제 나의 일—'카를 구스타프'를 돌볼 수 있었다는 것은 정말로 엄청난 은혜였다—은 끝났다. 나는 상실감과 적막감을 느낀다."(Serrano, 1966, p. 104) 융의 사후에 미겔 세라노는 루스에 대해 말하였다.

> 루스는 마하트마 간디의 임종 때까지 그와 함께했던 영국인 제자 미라벤을 생각나게 한다. 그 후 미라벤은 간디가 없는 인도를 견딜 수 없다는 결정을 하고 그리스에 정착하였다. 밝혀진 바와 같이 베일리 양도 융의 사후에 스위스를 떠났고, 지금은 영국에 살면서 빈곤한 어머니들을 위한 사회사업을 하고 있다. 그들이 존경했던 인물 없이 홀로 계속 살아야 했던 이 두 여인의 운명에는 어떤 슬픔이 있다(Serrano, 1966, p. 97).

그렇지만 바로 지금 왕고니호 선상에서 루스는 단지 '게임을 하고, 같이 춤을 추는' 또 다른 한 명에 불과하였다(Hannah, 1991, p. 167). 융, 베이네스 그리고 벡위드는 그녀에게 관심이 없었다. 루스는 배에 있는 동안 그들에게 말을 걸지 않았다. 그렇지만 그녀는 그들이 몸바사에 거의 다 왔을 무렵 벡위드가 갑판 밑 선실로 통하는 승강구를 내려가다가 그녀 앞에서 넘어졌고, 그녀가 그 장면을 보고 웃음을 터트렸다고 말하였다. 그렇지만 벡위드는 즐겁지 않았다(Bailey, 1969,

p. 2). 루스는 여행이 끝나기 전 백워드와 사랑에 빠질 것이었다. 또 다른 경우에 루스가 갑판에 혼자 서 있을 때 융이 그녀에게 다가왔었다. 그녀는 그가 마치 그녀를 꿰뚫어 보듯이 보았다고 말하였다. 융의 이 눈빛은 그녀에게 결코 잊혀지지 않는 강한 인상으로 남아 있다(Bailey, 1969, p. 27).

미지의 아프리카로 여행을 가는 다른 사람들처럼 루스도 "그녀의 운명에 들어가고 있었다."(MDR, p. 253) 융의 원정대가 끝나기 전 그녀는 야전 의사와 사교적인 책임자로 팀의 네 번째 구성원이 될 것이었다. 그녀가 없었더라면 융의 사파리는 취소되기 쉬웠을 것이다.

포트사이드

왕고니호는 11월 7일 이집트 포트사이드에 도착하였다. 배는 날씨 좋은 날 밤에는 33.7km 밖에서 볼 수 있는, 도시의 등대가 있는 북쪽에서 직접 접근하였다. 포트사이드는 배들이 항로를 잘 찾도록 하기 위해 세계 최초로 길에 가스등을 설치해 놓은 곳 중 하나였다. '한동안 세계에서 가장 불을 잘 밝힌 도시'가 아프리카 대륙에 있었다(Modelski, 2000, p. 31). 20세기에 수에즈 운하를 통과한 여행자들에게 아프리카 대륙은 포트사이드에서 시작하거나 끝난다. 도시 북쪽과 동쪽의 경계를 이루는 거리가 합쳐 한 점을 형성하는데, 이것이 아프리카의 끝이다.

포트사이드는 원래 수에즈 운하 회사가 건설하고 운영하는 곳이기 때문에 '기업 도시'였다. 수에즈 운하 건설은 아마도 "19세기의 가장 규모가 큰 다국가 사업이었다."(Modelski, 2000, p. 7) 수에즈 운하가 개통된 1869년까지 포트사이드는

3개 대륙에 이르는 세계의 관문이었고, 해를 거듭할수록 세계 여행자들이 꼭 거쳐야 할 기항지가 되었다. 포트사이드는 실제로 사방이 물로 둘러싸였고 이집트와 아프리카 모두와 분리된 섬이었다. 이것은 물리적으로뿐 아니라 문화적으로도 사실이다. 1920년대에 100,000명의 인구는 이집트인, 아랍인, 소말리인, 베르베르인, 수단인, 터키인, 그리스인, 슬라브인, 레바논인, 러시아인, 몰타인, 인도인, 이탈리아인, 프랑스인 그리고 영국인 등으로 구성되어 있었다. 이탈리아인이 운하를 디자인했고, 프랑스인은 링구아프랑카(공통어)를 주었으며, 영국인은 (1882년부터) 법률과 질서를 제공하였다. 포트사이드는 팍스 브리타니카(역자주-19세기의 영국에 의해 유지되는 평화)의 마지막 몇 해 동안의 전초 기지로서, 이집트 국수주의의 불안한 정세에 영향을 받지 않는 "잘 나가는 평화로우면서 고립된 장소"(Modelski, 2000, p. 131)였다.

왕고니호는 대략 20여 개에 달하는 다른 노선의 배들과 정박지를 찾기 위해 경쟁을 했을 것이다. 왕고니호가 운하회사 수로 안내인에 의해 정박하려고 인도될 때, 항구에는 이미 화이트 스타, 블루 퍼넬, 니폰 마루, 캐나디안 퍼시픽, 오리엔트 캐슬, 케디비알, 유니언 캐슬, 앵커, 브리티시 인디아, 함부르크-아메리카, 로이드 트리에스티노 그리고 메사주리 마리팀 등과 같은 수송회사의 화물선과 여객선들이 있었다(Modelski, 2000, p. 98). 닻이 내려지고 배가 확보되면 "선박용구 상인, 행상인, 잠수부, 방문객, 번역사 그리고 중개인"(Modelski, 2000, p. 97) 등을 태운 작은 배가 나타나서 왕고니호 직원들과 협상을 시작하였다. 준비가 다 끝나면 승객들은 현문으로 상륙하고 상업지구로 갔다. "상점들은 밤이나 낮이나 어느 요일이나 충분한 예고 없이 불을 밝히고 문을 열었을 것이다."(Modelski, 2000, p. 98) 여러 나라 말을 구사하는 민간인 여행 안내인이 '흠결 없는 낙낙한 긴 겉옷을 입고' 나타나 여행자들을 도시로 안내하였다. 융, 베이네스 그리고 벡위드가 아프리카에 첫발을 내디딘 곳은 이 다문화적인 도심이었다. 상업지구는 치장 회반죽을 한 전면과 화려하게 장식된 발코니를 가진 우아한 호텔이 몇몇 보이는 절충된 유럽풍이었다. 배에서 걸어갈 수 있는 거리 안에 우체국, 찻집, 카페, 기차역, 스포츠클럽, 여러 종류의 백화점, 높은 미너렛이 있는 모스크, 교회 그리고 유대교회당 등이 있었다. 상업지구 도로를 따라 걷는 것은 서커스 '한가운데'를 걷는 것 같았다. 상점 주인, 길가 노점 상인, 곡예사, 점쟁이 그리고 마술사 등이 여행자들을 유혹하였다. 융과 일행은 필경 노변 카페에 앉아서 즐거운 식사, 아마도 프랑스 요리를 즐겼을 것이다. 행상인들은 순간의 신호가 떨어지면 지체 없이 나무 조각품, 산호 보석, 향수, 비단, 태피스트리(역자 주-색실로 짠 주단), 얼룩말 가죽 또는 타조 알 등을 가지고 달려갈 준비를 하며 식사하고 있는 여행객들을 주시하였다. 식사가 끝나면 여러 배에서 내린 승객들이 테라스에서 커피를 마시고 담배를 피우는 동안 길거리 오케스트라가 연주를 하였다.

융은 왕고니호로 돌아와서 운하를 통과하기 위한 횃불 보급품을 구매한 다음 '배에 석탄을 싣는 작업'을 보았을 것이다. 배의 모든 현창과 출입문이 닫히고, 갑판을 보호하기 위해 무거운 판을 걸었다. 바지선들이 배와 나란히 묶여졌다. 각각의 바지선에는 두꺼운 널빤지가 급경사를 이루면서 세워져 있고 그 위로 "허리를 두르는 한 줌의 옷 이외에는 벌거벗은 원주민들이"(White, 1913, p. 24) 석탄이 담긴 바구니를 재빨리 배로 옮기는 일을 하고 있는 긴 줄이 보였다. 왕고니호에 짐을 싣고 있는 아프리카인들은, 현재 이 대륙을 끝없이 변화시키고 있는, 식민지 경제에 종사한 첫 세대의 아프리카인에 속하였다. 대부분이 소말리아와 수단 출신이었을 '석탄 싣는' 팀이 융이 식민지 아프리카 여행에서 첫 번째로 관찰한 일하는 흑인이었다. 이 장면은 그에게 이제는 어쩔 수 없이 현대 세계로 들어갈 수밖에 없는 아프리카인의 운명에 대해 곰곰이 생각하게 했을 것이다. 1956년에 이집트 대통령 나세르가 수에즈를 국영화하려고 시도한 다음 영국인과 프랑스인들이 운하지대를 침공했을 때, 융은 이들 유럽의 무력 행위를 비난하였다. 나중에 MDR에서 그는 적었다.

> 우리가 우리의 관점에서 식민지화, 미개인에 대한 선교, 문명의 전파 등이라고 부르는 것은 또 다른 얼굴을 갖는다. 즉, 멀리 있는 사냥감을 향해 잔인한 의도를 갖고 먹이를 찾는 새의 얼굴, 해적과 노상강도 족속에나 어울리는 얼굴이다. 우리의 문장에 장식된 독수리와 그 밖의 육식동물들이 내게는 모두 우리의 진짜 본성의 심리적인 표상에 적당한 것으로 보인다(MDR, pp. 248-249).

길고 붉은 수에즈 운하의 고랑

1925년에 포트사이드에 기항했던 수천 명의 여객들 중에는 20세의 프랑스 작가 폴 니장이 있었다. 니장은 그해에 수에즈 운하를 거쳐 가정교사로 일하기로 한 아덴으로 여행하고 있었다(White, 1913, p. 52). 그는 썼다. "장사하는 여인들, 사는 아이들, ……황토빛 물, 석탄을 옮기는 하급노동자로 가득 찬 꿀벌 색깔의 정기선 등을 뒤로하고 포트사이드를 출발하자, 운하회사가 시야에서 사라지고, 배는 수에즈까지 모래 제방을 따라 끌려간 다음 홍해로 빠져 들어갔다."(Nizan, 1967, p. 77)

일요일인 11월 8일 이른 시각 어느 때에 왕고니호는 닻을 올리고 어두운 운하 속으로 서서히 끌려갔다. 포트사이드에서 몸바사까지는 대략 5,800km이고 5일이 걸렸다. 첫 80km는 7.92m 깊이의 좁은 운하에 속했다. 융이 해 뜨기 전에 깨어나서 밖을 내다보았더라면, 그는 선실 창문을 지루하게 스쳐 지나가는 높은 모래 제방 이외에는 아무것도 보지 못했을 것이다. 이 긴 사막의 도랑을 단조롭게 지나가는 일은 종종 여행자들이 '운하열canal fever'이라고 부르는 우울한 기분을 만들어 냈다. 운하를 통과하는 속도는 배 하나가 정지하지 않으면 다른 배가 그것을 지나 통과할 수 없기 때문에 엄청나게 느렸다. 두 배가 마주치면 하나는 모래 언덕 중간 지점 높이에 세워져 있는 '급제동하는 기둥'에 묶였다. 일단 배 하나가 확보되면 다른 배는 단지 몇 피트의 틈을 두고 통과하였다. 왕고니호는 열대지방 전초 기지에서 돌아오는, 햇볕에 그을린 승객들을 싣고 있는 많은 수의 정기선을 통과하였다. 보다 지혜로운 북쪽으로 향하는 승객들이 캔버스천 갑판의자에 기대어 바라보면서 아직 검증되지 않은 남쪽으로 향하는 '풋내기들'과 인사를 나누었다. 여객선 이외에도 왕고니호는 인도나 중국에서 오는 거대한 화물선, 여러 나라의 군함, 끝없이 바닥의 진흙을 긁고 있는 준설선, 그리고 지방의 화물을 운송하는 연안 항해용 아라비아 범선 등과 마주쳤다.

에리스리안 해[13]의 마술

　　　수에즈 시 오른쪽을 지나 그들은 홍해로 들어갔다. 이제 왕고니호의 세상이 바뀌었다. 그들은 물결이 일렁이고 차가운 11월의 지중해를 뒤로하고, 덥고 잔잔하며 꿈같은 홍해 바다로 들어갔다. 융은 아프리카에서 보낸 편지에 이 열기에 대해 적었다.

　그런 다음 우리는 양쪽에 높은 절벽과 풀 한 포기 없는 사막이 있는 홍해를 지나고 있다. 밤 기온은 섭씨 30도였고 낮에는 32도였다(CL 1, pp. 42-43).

　그리고 몇 년 뒤에 그는 이 항로를 회상하면서 "홍해 지역은 뜨겁기로 유명하다."라고 적었다. 여기서 여행자는 "지옥과 같이 뜨거워진다. 왜냐하면 그는 '판, 사티로스, 개머리 비비원숭이 그리고 반인' 등이 거주한다고 말할 수 있는, 그런 정신의 영역에 가까이 가고 있기 때문이다."(CW 14, p. 279)

　따듯하고 노곤한 공기는 하룻밤 만에 이 배의 문화를 바꾸어 놓았다. 살롱의 의자에는 이제 흰 덮개가 덮여졌고, 선풍기가 단조롭게 윙윙거렸으며, 승객들은 라임스퀴시를 얻으려고 바에 들락거렸다. 배가 열대지방을 항해할 때는 다른 에티켓이 필요하였다. 아침 8시 이전까지는 "파자마를 입고 갑판을 마음대로 돌아다녀도 되고, 꽁지머리를 하고 기모노를 입은 숙녀들과 상냥하게 대화를 해도 되며, 부끄러워할 필요가 없었다."(White, 1913, p. 31) 그 시간이 지나면 옷을 잘 챙겨 입어야 했다. '점심 후에 한 시간 선잠을 자는' 것이 관습이었다. 오후 1시 30분에서 3시까지는 선상의 모든 활동이 정지되어 보였다. "의자에 앉아 책을 보세요. 규칙적인 엔진 소리와 부드럽고 따뜻한 공기가 볼을 스치는 것을 희미하게 의식하면서 천천히 깊고 편안한 잠에 들고……."(White, 1913, p. 32) 낮잠을 잔 다음에는 선상의 게임, 아주 상쾌한 선수루로 가는 도보 탐방, 날아다니는 고기나 연안 항해용 아랍 범선 관찰 등을 하면서 다과 시간이 될 때까지 시간을 보냈다. 다과 시간부터는 찬란한 일몰을 기다렸고, 그다음에는 선실로 가서 저녁 만찬을 위해 깨끗한 '흰옷'을 입었다. 저녁 식사와 밤의 어두움은 낮 동안의 강렬한 아라비아 태양광선으로 느려졌던 마음과 몸을 다시 회생시켰다. 융은 매일 저녁 동료들과 함께 한 병의 적포도주를 즐겼다. "저녁 식사 후 갑판은 선선해지고, 우리가 전진하면서 산들바람을 머리로 느끼며, 붉게 타는 담배가……."

(White, 1913, p. 33) 파이프 애연가인 융은 브라질 시가인 그루너 하인리히 시가릴로스와 스위스의 브리사고라는 상표의 시가를 좋아하였다(Jaffé, 1971, p. 129). "약간의 담배는 집중력을 높여 주고 마음의 평화에 기여한다."(Jaffé, 1971, p. 129)가 담배 피는 것에 대한 융의 정당화였다. 10시나 11시가 지나면 승객들은 잠자리에 들기 위해 선실에 들어가서 옷을 벗기 시작하였다. 그렇지만 대부분의 사람은 방에서 잠을 자지 않았을 것이다. 그들은 더웠기 때문에 매트리스를 들고 "배가 전진하면서 생기는 바람을 한 몸에 받을 수 있는"(White, 1913, p. 33) 갑판으로 갔다. "바람이 너무 세고 강하게 불어서 파자마 소매와 바지가 펄럭였지만, 부드럽고 따듯한 바람이 손가락으로 감싸듯이 스치기도 하였다."(White, 1913, p. 33) 밤중에 갑판에서 자는 잠은 종종 방해를 받았다. 바다는 항상 유리 같긴 하였지만, 달빛이 비치는 갑판은 "담배를 피우고 뱃전 난간에 기대어 뜨거워진 바다를 바라보고 있는 ……움직임이 없고 흰옷을 차려입은 형상의"(White, 1913, p. 34) 그림자를 크게 보이게 하였다. 떠오르는 태양이 밤을 밝히기 시작하면, 종업원들이 매트리스 위에 있는 몽롱하고 불면의 밤을 보낸 승객들에게 '맑은 차와 크래커'를 가져다주었다(White, 1913, p. 35). 이 의식이 하루가 시작되는 신호가 되어 매트리스를 치워야 했다. 그리고 모든 일상이 다시 시작되었다.

막간: 3의 네 번째 것

융이 홍해 바닷물을 지난 지 30년이 지난 후, 그는 그의 마지막 역저 『융합의 신비: 연금술에서의 정신적 대극의 분리와 통합에 관한 연구 Mysterium Coniunctionis: An Inquiry into the Separation and Synthesis of Psychic Opposites in

Alchemy』(이하『융합의 신비』)를 출판하였다. 융은 연금술을 그의 심리학적 방법론에 대한 역사적인 전례로 보았다. 융은『융합의 신비』에서 연금술 작가 마이클 마이어(1566~1622)의 신비한 아프리카 여행을 추적한다. 마이어는 북으로 유럽을, 서로 아메리카를, 그리고 동으로 아시아를 여행하는 등 세 방향으로 여행을 한 다음 홍해에 도착한다. 그런 다음 그는 남쪽의 아프리카로 방향을 돌린다. 융은 네 방향을 "의식의 네 기능의 상징적 등가물"(CW 14, p. 276)로 해석한다. 그는 마이어가 홍해에 도달한 시간까지 세 기능(사고, 감정 그리고 감각)을 의식화하였다고 주장한다. "이것이 그를 네 번째이고 마지막인, 모든 것 중 가장 어둡고 가장 무의식적인, '열등'기능으로 데려다 준다." 융은 "'아프리카'가 네 번째 기능, 직관에 맞지 않는 이미지는 아니다."(CW 14, p. 276)고 강조한다. 마이어는 홍해에서 아프리카로 들어가려고 하는 동안 원초적인 전체성의 이미지를 가진 환영을 본다. 융은 이 환영을 마이어가 찾고 있고, 뜨거운 지역 아프리카에서 마침내 발견하게 될 연금술의 목표로 해석한다.

  융의 1925년의 원정은 마이어의 신비한 여행과 잘 맞는다. 지금 홍해를 건너고 있는 융은 아프리카에서 그가 그의 개인적인 신화, 존재 이유raison d'être라고 부를 수 있는 것을 발견하기 직전에 와 있다. 그리고 이 경험에서 그의 인간 의식에 관한, 완전히 성숙한 이론이 생겨날 것이다. 융은 30년이 지난 뒤 연금술적인 세계 여행자 마이어에 관해 글을 쓰면서 "신비한 여정의 목적은 세상의 모든 부분을 이해하는, 가능한 한 가장 커다란 의식의 확장을 이루려는 것이다."(CW 14, p. 284)라고 말하였다. "단어의 전체적인 의미에서 자기 인식은 일방적이며 지적인 유희가 아니라, 우리가 땅, 바다, 공기 그리고 불 등 모든 위험에 노출되는, 네 대륙을 통하는 여행이기 때문이다."(CW 14, p. 283) 이런 진술은 자서전적으로 해석할 수 있다. 융은 홍해를 지나가면서 마이어의 아프리카로 표상되는 연금술의 열 속으로 막 들어가려고 했었던 것이다.

『융합의 신비』의 '홍해'라는 제목의 절에서, 융은 이 물이라는 실체의 연금술적인 상징을 논하고 있다. 탈출하는 히브리인들과 쫓는 이집트인들에 대한 성경 구절을 상기하면서, 그는 "홍해는 '무의식적인' 사람들에게는 죽음의 물이지만 '의식적인' 이들에게는 재생과 초월의 세례수다."(CW 14, p. 257)라고 적었다. "정화되지 않고 깨달음의 안내인 없이 바다를 건너려고 하는 '무의식적인' 국민, 이집트인들은 익사한다. 즉, 그들은 무의식에 고착되어 있고 영적인 죽음을 겪는다."(CW 14, p. 257) 그러나 이스라엘의 자녀와 같이 "그의 무의식의 한 부분까지도 의식하는 사람은 누구나 시대와 사회적인 계층을 벗어나 일종의 고독"(CW 14, p. 258), 사막 또는 황무지에 이르게 된다. 우리는 오직 황무지에서만 '구원의 신'을 만날 수 있다. 융은 홍해를 건너는 것을 심리학적으로 "무의식의 내용물이 부화되고 소화되는 내향화의 상태"(CW 14, p. 262)라고 해석한다. 융 자신의 삶에서 이런 무의식과의 만남은 그가 외부 세계와의 연결을 단절한 1913~1919년 사이에 격렬하였다. 이제 1925년에 그는 다시 "황무지, 나와 유럽 사이에 수천 마일이 놓여 있고, 전보도, 전화도, 편지도, 방문자도 없는"(MDR, p. 264) 곳으로 다시 들어가고 있다. 융은 아프리카에서 "해방된 정신적인 힘을 자비롭게 원초적이고 광활한 공간에 되돌려 붓기 위해"(MDR, p. 264) 그의 시대 밖으로 그리고 그의 유럽인 인격 밖으로 가게 될 것이었다. 마이어와 같이, 아프리카와의 만남은 궁극적으로 자기Self와의 만남이었다. "아프리카 야생에서 심리학자 융에게 일어나려는 것은 무엇일까?"(MDR, p. 273)

진지[14] 해안

왕고니호는 시속 25kn(노트)의 속력으로 홍해를 천천히 통과하면서 제다(그리고 그것 넘어 메카), 수단 항과 마사와 항 등을 지났다. 이 바다는 작열하는 사막의 태양을 받아 빛나는 모래가 흘러 융기한 높고 험한 산맥에 접해 있다. 11월 10일에 이 배는 아덴 만을 통과하고 아프리카의 뿔을 돌아 남으로 방향을 돌려 인도양으로 들어갔다. 홍해의 기후는 덥긴 했지만 습기가 많지는 않았다. 이제 해안 사주에 부딪쳐 거품을 일으키는 백파 바로 너머 서쪽에 소말릴란드가 보이고, 왕고니호는 습기 찬 열대 바다 속으로 항해하고 있다. 낮 기온이 31.1도를 넘고, 밤 기온은 23.9도 밑으로 내려가지만, 열기 지수는 의미 있게 상승하였다. 융은 안개 때문에 흐려진 안경을 계속해서 닦아 내고 있었고, 습한 공기 때문에 파이프의 불을 계속 유지하기 어려웠다. 습한 열기는 매일 간헐적으로 내리는 소낙비에 의해서만 사라졌는데, 그 비는 이른 아침이나 늦은 오후에 내리기 시작해서 공기를 전보다 더 무겁게 해 놓고 빨리 그쳤다.

왕고니호는 남서쪽 항로로 계속 진행하면서 초기 아랍의 탐험가들이, '검은'을 의미하는, 진지Zinj 해안으로 불렀던 아프리카 해안선을 따라갔다. 그들은 이제 내륙으로 가는 관문인 몸바사와 몇 시간 거리에 와 있었다. 융과 이곳을 처음 방문하는 사람들은 때 묻지 않은 해변의 흰 모래사장 너머에 있는 녹색으로 뒤덮인 숲이 스쳐 지나가는 것을 보려고 애를 썼다. 그들은 쌍안경을 통해 코코넛 나무 숲, 어두운 맹그로브 숲 입구 그리고 때로는 초가지붕과 요리하는 불에서 피어오르는 푸른 연기가 보이는 마을 등을 볼 수 있었다.

배는 라무, 펨베, 말린디 등과 같은 '무어인'의 옛 도시국가를 지나갔다. 이것들은 현재 소말릴란드, 케냐, 탕가니카에 이르는 해안선 띠 지역에 주로 살고 있는 스와힐리 사람들의 오래된 집이었다. 그들이 몸바사 바로 북쪽에 있는 말린디 시를 지나갈 때, 승객들은 바다 끝의 짧은 융기 지점에 있는 큰 원뿔형 흰색 기념비를 볼 수 있었다. 포르투갈을 출발하여 아프리카를 돌고 인도로 항해했다가 돌아온 최초의 유럽인 바스코 다 가마가 1498년과 1499년에 말린디에 정박하였는데, 거기서 그는 무슬림과 기독교도인 그곳 주민들에게 따뜻한 환영을 받았다. 말린디의 왕은 이 성령에게 바쳐지는 기념비를 세우는 것에 동의하였다. 이 기념비는 산호석으로 만들어졌고 꼭대기에 포르투갈 문장이 새겨진 십자가가 있다. 다 가마는 일기에 이 도시를 "집들은 높고 희며 깨끗했고, 창문이 많았다. 육지 쪽에는 야자수 숲이 있고 그 주위에는 온통 옥수수와 채소가 재배되고 있다."(Gama, 1898, p. 46)라고 묘사하였다. 말린디는 1925년에도 다르지 않았다.

11월 12일, 아마도 동쪽에서 떠오르는 태양 주변 하늘이 붉게 물드는 이른 아침에 왕고니호는 천천히 대륙과 몸바사 항을 향해 방향을 틀었다. 마침내 오랜 항해가 끝나 가고 있었다. 배가 몸바사 해협의 빛나는 청록색 바닷물로 진입하면서, 융은 태초의 파수꾼인양 대지에 고정되어 있는 잎사귀 없는 거대한 회색 바오바브나무를 배경으로, 야자수 숲과 일정하게 불어오는 계절풍 바람에 흔들거리는 코코넛 나무를 보았다. 활력 넘치고 상큼한 녹음이 우거진 해안가 정글이 스와힐리 도시의 빛바랜 붉은 지붕을 한 밝은 흰색 건물의 틀이 되어 주고 있었다. 28일 동안 바다에서 북아프리카의 그은 바위와 가시덤불을 돌아 통과한 뒤에, 몸바사의 빛깔은 승객들을 잠에서 깨어나게 하였다. 승객들은 모두 숨죽이고 갑판에 서 있었다. 이 정기선은 경사가 급한 제방가의 12.2m 깊이의 강 같은 석호 속으로 천천히 표류해 들어가 마침내 닻을 내리고 엔진을 껐다. 근처 미너렛에서 들려오는, 기도하는 사람들을 깨우는 소리가 적막을 깨트렸고, 그 너머에는 태양광선이 해안선을 따뜻하게 비추어 주었으며, 멀리서 노래하고 드럼

치는 소리가 들려왔다. 수많은 귀뚜라미의 합창 소리가 사라지면서 이 야상곡이 들려왔다. 그들은 지금 아프리카에 있다.

미 주

1. 『케냐: 산업, 무역, 스포츠 그리고 기후Kenya: Its Industries, Trade, Sports and Climate』(1924)에서는 "런던에서 킬린디니까지는 대략 3주가 걸린다."(p. 23)고 보고하였다. 패터슨(1924)은 런던에서 몸바사까지의 여행은 평균적으로 '18일'이 걸린다고 하였다(p. 181). 왕고니호가 최소한 7일 늦게 도착한 것은 아마도 기계적인 문제나 궂은 날씨 때문일지도 모른다고 생각하는 것이 합리적이다.

2. 1925년 10월 19일에 기록된 영국에서 왕고니호에 승선한 유명한 승객의 명단은 공공기록보관소의 자료다. 참고번호: BT 27/1106. 1925년 11월 9일판 『동아프리카연감East African Standard』에는 '11월 12일에 왕고니호를 타고 유럽에서 킬린디니에 도착한 승객의 명단'이 있다. 64명의 이름이 있는데, 거기에는 B. 베일리 양, R. 베일리 양, H. G. 베이네스 박사, 조지 벡워드 씨, 그리고 C. G. 융 박사가 포함되어 있다. 남자 이름 중 세 명에는 '그리고 가족'이 함께 기록되어 있는 것으로 보아 대략 70명의 승객이 몸바사로 향했던 것으로 추정된다.

3. 브룬델은 왕고니호로 여행하지 않았고 또 다른 배 마티아나호를 타고 왔다.

4. 나중에 융은 아프리카에서 가족을 잃은 사람들에게 민감했다. 그는 1939년에 아프리카에서 동생이 사고로 죽은 목사에게 장문의 편지를 썼다. 융은 사고가 일어난 시간에 그 목사가 죽은 동생과 동시성적인 교신을 했다는 사실을 매우 흥미 있어 하였다(CL 1, p. 256).

5. H. G. 베이네스는 네 명의 아내가 있었다. 배우자가 여럿 있다는 것은 구속받기 싫어하는 영원한 젊은이의 징후다. 공교롭게도 베이네스는 두 번째 아내가, 그가 그녀를 집에 놓아두고 떠나는 것에 대한 복수로 자살하여 죽은 직후 아프리카로 향하였다.

6. 프랭크 맥린은 융의 가장 가까운 남성 친구들의 죽음은 융이 '남자와의 우정을 유지할' 수 없기 때문이라고 주장하였다(McLynn, 1996, p. 319). 융이 영원한 젊은이들을 끄는 매력이 있다는 이론이 보다 그럴듯한 답 같아 보인다.

7. 벡위드에 관해 참조할 만한 기록이 거의 없긴 하지만, 몇 개의 자료에서 그가 종종 '지루해'하는 것으로 나타난다. 1925년에 동아프리카에서 벡위드를 만났던 부지방행정관 히스롭은 그가 그들의 대화를 '지루해했다'고 말하였다(Hislop, 1960, p. 34). 빈센트 브롬은 융이 그의 환자인 벡위드에게 "난 때로 지루해하는 사람들이 미친 사람들보다 치료가 더 시급하다는 결론을 내릴 수밖에 없어."(Brome, 1978, p. 200)라고 말한 것을 인용하였다.

8. MDR에서 융은 Akeley를 'Akley'로 철자를 잘못 썼다. 탐험가, 조각가, 박제사, 발명가 그리고 자연보호론자인 카를 애클리는 아프리카에 대한 미국인의 이해와 오해 둘 모두에 중요한 획을 그었다. 오늘날 케냐가 가장 앞선 사파리 여행자들의 목적지라는 사실은 부분적으로 애클리의 영향에 기인한다. 미국의 어린 학생들이 아프리카 하면 '사자'와 '정글'을 떠올리는 것도 역시 애클리 유산의 증거물이다. 그는 원래 태곳적의 때 묻지 않은 아프리카 보존을 위한 열정적인 개혁운동가였다. 그는 30년 이상 동안 동아프리카와 중앙아프리카를 다섯 번 원정하였고, 거기서 박물관에 전시용 박제로 보존하려고 동물을 사냥하였다. 애클리는 박제술사 기술을 이전의 그 어떤 사람보다도 높은 수준으로 끌어올렸고, 때문에 표본들을 실제와 흡사하게 보존하고 전시할 수 있게 되었다. 텔레비전과 컬러 사진이 없었던 시기에 그의 파노라마는 생생한 실제 현실이었고, 어린이와 어른 모두의 상상력을 담을 수 있었다. 아마도 그의 가장 위대한 두 가지 업적은 중앙아프리카에 첫 번째 국립공원, 국립앨버트공원을 벨기에령 콩고에 만든 것과(1925), 현재에도 유지되는 미국의 국립자연사박물관에 아프리카 홀을 만든 것이다.

9. 베이네스가 원정대에 합류했던 장소에 대한 기록에 일치하지 않는 부분이 있다. 베이네스의 딸 다이애나 얀센은 할아버지의 일기에서 베이네스가 제노바에서 그 배를 만났다고 읽었음을 보고하였다. 배에 있었던 루스 베일리와 바버라 해나는 그가 마르세유에서 그들과 합류했다고 하고, 프랭크 맥린은 그가 말라가에서 그들과 합류했다고 말한다. 벡위드가 융과 함께 사우샘프턴에서 출발했는지에 대해서도 이견이 있다는 것을 알았다. 베일리와 해나는 맥린이 가리킨 바와 같이 그가 베이네스와 같이 도착했다고 한다. 나는 사우샘프턴에서 승선한 승객 명단에 벡위드의 이름이 없기 때문에 후자를 선택했다.

10. 다이애나 베이네스가 아버지에 관해 쓴 책『융의 도제: 헬턴 고드윈 베이네스의 전기Jung's Apprentice: A Biography of Helton Godwin Baynes』에서 그녀는 힐다가 10월 21일에 자살했다고 썼다. 그러나 그녀는 2002년 11월 13일에 내게 보낸 개인적인 서신에서 "자살시도는 10월 15일 이전에 있었고, 그 후 그녀는 21일에 병원에서 죽었다고 전체 사정을 설명해 주었다. 그녀의 죽음에 관한 유일한 기록은 헬턴 베이네스(피터의 아버지)의 일기인데, 그(헬턴)는 그녀의 죽음에 대한 진실을 듣지 못했다."

11. 베이네스의 딸 얀센은 융의 피분석자 중 한 명인 카테이 캐벗이, 융이 그녀에게 이 이야기를 해 준 것을 보고하였다고 적었다. 융은 같은 이야기를 'Protocols'에 보고하였다(Protocols, box 1, folder 13, p. 377).

12. 융의 여자들은 흔히 심리적인 문제를 가지고 융에게 분석 받았던 여자들을 말한다. 이들은 그의 연인, 토니 볼프와 그 밖에 욜란드 야코비, 크리스티네 만, 아니엘라 야훼, 힐데 키르슈, 코르넬리아 브루너, 바버라 해나 그리고 마리 루이즈 폰 프란츠 등과 같이 유명한 융학파 분석가가 된 사람들을 포함한다. 루스 베일리가 융에게 분석을 받았다거나 분석심리학에 관심이 있었다는 증거는 없지만, 그녀의 융에 대한 헌신과 우정은 그녀를 융의 여자들 중 하나로 자리매김할 수 있게 하였다.

13. 역자 주-그리스와 로마인들은 인도양과 홍해, 페르시아 만을 통틀어 에리스리안 해Erythraean Sea라고 불렀다.

14. 역자 주-동아프리카 해안을 가리키는 고대 아랍어다.

철사 鐵蛇 **03**

JUNG
IN
AFRICA

JUNG
IN
AFRICA

킬린디니: 물이 깊은 곳

길이가 4.82km이고 너비가 3.22km인 작은 산호섬 몸바사는 양 옆에 소금기 있는 두 개의 샛강, 튜더와 킬린디니가 흐르고 있다. 이 강은 천연 항구를 이루고 있다. 왕고니호가 닻을 내린 킬린디니 항은 부두가 없어서 승객들은 그들의 "수하물과 거룻배에 의해 실려 온 화물"(Kenya, 1924, p. 22)과 함께 조그만 배를 타고 들어왔다. '물이 깊은 곳'이란 의미의 킬린디니는 1925년에 영국령인 동아프리카로 들어가는 관문이었다. 이 항구의 선창이 곧바로 우간다 철도와 연결되어 있다.[1] 거대하고 신선한 물의 바다인 빅토리아 호 주변의 식민지와 보호령에 들어가고 나오는 모든 사람과 상품이 이 진기한 입구를 통과해 갔다. 20년 전에 그곳에 상륙했던 윈스턴 처칠의 기록이다.

문명화된 정부와 기업이 남부 아비시니아와 탕가니카 호수 사이, 루돌프 호수와 루엔조리 호수 사이, 콩고 강의 원류까지 아주 먼 서쪽과 라도 소수민 거주지까지 아주 먼 북쪽 사이의 거대한 영역에서 끄집어낼 산물이 무엇이건 간에, 그 경계선

안을 포함하는 수많은 사람의 필요와 요구가 무엇이건 간에, 이 소박한 킬린디니
선창을 통해 전체 교역이 이루어져야 한다(Churchill, 1908, p. 8).

동아프리카가 '예외적으로 번성했던' 해인 1925년에 약 500,000톤의 교역품
이 킬린디니 항을 통해 통관되었다. 올라가는 화물은 가솔린, 등유, 건축 자재,
노끈, 비료, 자동차, 소금, 도자기 그리고 석탄 등이었고, 내려가는 화물은 옥수
수, 커피, 사이잘삼, 소다회, 면화, 땅콩, 설탕 그리고 고무 등이었다(Hill, 1949,
pp. 448, 459).

킬린디니 항은 실제로 해협의 육지 쪽에 있고, 몸바사 섬에서 서쪽으로
1.61km 떨어져 있다. 그들의 수하물이 크레인에 실려 넓은 바지선에 옮겨지고
철로에 싣도록 쌓아 놓은 것을 지켜본 뒤, 융, 베이네스 그리고 벡위드는 시내로
들어갔다. 그들은 스와힐리 청년이 끄는 인력거나 아니면 수입된 포드 자동차
로 새롭게 시작하는 택시 서비스인 '소형버스jitney' 중 하나를 선택할 수 있었다
(Johnson, 1928, p. 12).[2] 자신을 18세기의 사람이라고 생각하는 융은 아마도 인력
거를 선택했을 것이다.

융 일행은 여행자들 사이에 유명했던 그랜드 호텔에 머물렀을 것 같다.[3] 구도
심의 중심지에 있는 그랜드 호텔은 '줄리엣' 발코니와 스와힐리 건축물의 전형적
인, 아름답게 조각된 출입문으로 장식되고 치장 회반죽으로 만들어진 2층짜리
건물이었다. 호텔 로비에는 세이블 영양, 딕딕스(역자 주-작은 영양), 그리고 워터
벅스(역자 주-남아프리카산 큰 영양) 등의 뿔이 회벽에 있는 어두운 색의 티크목 몰
딩으로 짜인 틀에 걸려 있다. 길게 늘어뜨려진 흰 겉옷을 입고 흰 모자를 쓴 스
와힐리인 종업원들이 잠에 빠지기 좋은, 천장에 매달아 끈으로 움직이는, 큰 야
자 잎 부채를 부치고 있다. 저녁 식사 후 손님들은 일반적으로 인도양에서 불어

오는 산들바람의 살랑거리는 소리를 듣기 위해 위층에 있는 베란다의 티크목 의자에 앉았다. 11월은 해안가에 비가 특히 많이 내리는 달이라 더 습했다. 밤은 더웠고 손님들이 방에 가서 침대에 들면, 모기장이 무더운 공기를 더 힘들게 하였다. 해안에서 오는 몬순 바람이 모기의 수를 줄여 주었지만, 여기는 말라리아 지대였다.

융은 집으로 보내는 편지에, 잠 못 이루는 밤이었음에 틀림이 없었을, 열기에 대해 적었다. "우리는 11월 12일에 동아프리카 몸바사에 도착했소. 해 뜨기 전이지만 벌써 기온이 28도라오."(CL 1, p. 43) 융, 베이네스 그리고 벡위드는 목요일인 11월 12일 하루 종일 그리고 13일 대부분을 몸바사에서 보냈다. 그들은 도심을 걷거나 차를 타며 시간을 보냈을 것이다. 융은 "도시 전체는 어디를 가나 풀로 엮은 오두막, 흑인 그리고 인도 사람 등으로 이루어져 있다. 키 큰 코코넛 나무"(CL 1, p. 43) 융의 몸바사에 관한 이 묘사는 거의 완전하지 않다.

몸바사

1925년에 "약 만 명의 인구"(Johnson, 1928, p. 12)가 있던 몸바사는 하나의 다문화적인 용광로였다. 주요 종족으로는 스와힐리인과 소말리아, 아랍, 페르시아 그리고 파키스탄의 혈통을 지닌 반투 종족이었다. 여기다가 또 다른 반투 집단(예를 들면, 기리아마), 아랍인, 인도인 그리고 유럽인 등이 있었다. 이 하구에 둘러싸인 국제적인 도시는 길이가 1,207m 되는 솔즈베리 다리로만 본토와 연결되어 있었다.4 이 다리는 영국 외무장관의 이름을 따서 지었는데, 우간다 철로가 원래 그의 소유로 시작된 것이었다. 융이 언급한 대로 코코넛 잎으로 엮은 집

makuti, 장방형의 코코넛 잎사귀로 지붕을 엮은 기리아마와 스와힐리의 폴과 다가 pole-and-daga 진흙 건축물이 '여기저기'에 있었지만, 그들이 묵었던 '구도심'은 아랍 세계의 특징적인 좁은 길과 회칠한 집으로 되어 있었다. 옛날 집들은 항상 들어오는 햇빛을 차단하도록 청동 못으로 장식을 단 두꺼운 문이 있고 천장이 높았다. 방은, 아랍인들에게 유명한, 호의를 베풀기 위한 넉넉한 공간을 위해 널따랗다. 이 두 종류의 주거지의 중간지대에는 인도 상인들의 다 쓰러져 가는 주거지가 있었다. 그들 집의 낡은 붉은색 지붕에는 밝은 흰색과 보라색의 부겐빌레아 덤불과 붉은 아카시아 꽃들이 웃자라고 있었다.

금요일 아침 적도의 태양이 아직 정점에 달하기 전에 몸바사를 걸어가면서, 융은 포트사이드에서 경험한 인종 혼합을 다른 스케일, 즉 보다 오래된 양식으로 경험하였다. 포트사이드는 현대 기업도시였던 반면에 몸바사는 고대도시였다. 섬의 튜더 입구에서 북쪽에 만들어진 '구도심'은 AD 150년에 톨레미의 지도에 표시되었다. 이 지역은 1593년에 포르투갈인들이 건설한 산호 핑크빛의 지저스 성채 근처에 있다. 융은 MDR에서 "(몸바사)에 세워진 오래된 포르투갈의 성채"(MDR, p. 254)를 언급하였다. 그랜드 호텔은 지저스 성채와 그리 멀지 않지만 융이 감옥으로 변한 그 성채에 들어간 것 같지는 않다.5 몸바사의 토착적인 이름인 키시바 음비타Kisiwa M'vita 또는 '전쟁의 섬'은 지저스 성채에서 포르투갈인, 아랍인 그리고 아프리카인 사이에 있었던 피비린내 나는 전쟁을 가리켰다. "이 오래된 흰 성채의 벽에서 갈등의 흔적을 아직도 볼 수 있다. 심지어 지금도 종종 모래 속에 묻힌 해골과 녹슨 고리를 발굴한다."(Johnson, 1928, p. 12) 이 녹슨 고리 중 어떤 것은 융이 도착하기 불과 20년 전에 그 벽을 지나갔던 노예들이 실제로 찼던 금속 목걸이였다. 노예 제도는 1907년까지는 위법이 아니었다.

깨끗한 흰색의 벽, 발코니 그리고 조각된 문이 있는 집들과 좁은 산호빛깔 거리가 미로처럼 있는 구도심은 아랍인, 인도인 그리고 상위계층 스와힐리인들의 집이다. 아침과 늦은 오후에는 좁은 거리와 높은 집들이 태양 빛을 가려 이 섬의 상업이 이루어지는 장소를 마련해 주었다. 거리는 신선한 물고기와 건어물, 망고, 파파야, 시계풀 열매, 대추야자, 바나나 그리고 코코넛 등을 파는 상인과 카페트, 수납함 그리고 청동그릇 등을 만드는 장인, 울긋불긋한 캉가kanga(여성 의류)와 칸주kanzu(남성 의류)를 만드는 재단사 등으로 붐볐다. 이곳이 소말릴란드, 오만, 아라비아, 페르시아 그리고 인도에서 온 헤아릴 수 없이 많은 연안범선들이 2,000년 이상 정박하였던 '오래된 항구'였다. 11월에 이 계절에서 첫 번째로 도착한 범선을 보았다. 10월부터 3월까지 북동풍 카스카치kaskazi가 불어서 범선이 향신료, 금속 도구, 단지, 무기 등을 싣고 남쪽으로 갈 수 있게 해 주었다. 남동풍 쿠시kusi는 4월에서 9월까지 불었는데, 이 고대의 배가 상아, 유향, 방향 고무, 맹그로브 막대 그리고 오래전에는 노예 등을 싣고 집으로 돌아갈 수 있게 해 주었다. 왕고니호는 홍해와 아프리카 해안선을 따라오면서 남쪽으로 내려가는 범선을 많이 지나쳤다. 그것들은 '구도심'에 있는 옛 몸바사 항구로 향하고 있었다.

적도의 한낮의 태양이 백악색 거리를 눈부신 흰빛으로 변화시키고 그림자가 모두 사라지면, '구도심'에서의 비아샤라biashara('상업')가 몇 시간 동안 중지되었다. 여행자들은 점심과 낮잠을 위해 그랜드 호텔로 돌아갔다. 사고, 팔며, 기도하고, 욕지거리를 하는 등의 시끌벅적한 소리가 있었던 곳에 이제는 키 큰 코코넛 나무 아래에서 살랑거리는 바람 소리만 들려왔다. 몸바사가 무더위 속에 잠들었다. 아마도 융은 점심 후에 호텔 발코니에서 꿈꾸듯이 파이프 담배를 피우면서 처음으로 아프리카의 시간을 경험했던 1920년의 튀니지 여행을 회상하였을 것이다. "사하라 사막에 더 깊이 들어가면 갈수록, 시간은 느리게 느껴졌다. 심지어는 뒤로 가려고 위협하기도 하였다."(MDR, p. 240)[6] 이 몸바사에서의 낮잠 시간에 지금 융에게서 떠나기 시작하고 있는 것은 그가 벗어나려고 했던 유럽의 '악마'였다.

3시경이 되면 직사광선이 더 이상 좁은 거리를 내리쬐지 않아 그늘이 생기면서 도시는 다시 깨어났다. 그랜드 호텔은 '구도심' 항구에서 철로로 화물을 싣는 선상에 있다. 발코니에서 스와힐리인 인부들이 이 화물을 다루는 것을 볼 수 있다. 그들은 짐을 실은 넓고 평평한 트럭을 거리의 좁은 트랙을 따라 밀었다. 그들의 벌거벗은 등은 땀으로 번들거렸고, 그들의 무거운 짐은 소리치고 노래하면서 앞으로 이동한다.

감독(날카로운 음성으로): '헤이 에이 몬!Hay ay mon!'
미는 사람들(리듬에 맞추어 걸걸한 목소리로): 탕! – 탕! – 탕!(White, 1913, p. 69)

이 아프리카 리듬이 비록 지금은 낯설고 이국적이지만 점점 더 융에게 익숙해져 마침내 여행이 끝날 무렵에는 그 역시 이 노래를 함께하게 될 것이다. 지금 그는 엄청난 호기심을 가지고 이 스와힐리인 남자들에게 귀를 기울였음에 틀림이 없다.

스와힐리인: 내륙으로 가는 안내인

몸바사가 동아프리카로 들어가는 관문이라면, 스와힐리 사람들7 자신은 더 깊숙한 내부, '어느 백인에게도 알려지지 않았던' 곳으로 들어가는 열쇠였다. 스와힐리 문명은 융에게 내륙에서 사용할 의사전달의 매개 언어를 제공해 주었고, 더욱 중요하게는 사파리 안내인, 매니저 그리고 통역자 역할을 하는 조수assistant(전형적으로 '하인servant' 또는 '사환boy'이라고 불렸던)를 제공해 주었다.[8]

몸바사는 다른 해안도시인 페이트, 만다, 라무, 말린디, 게디, 와시니, 펨바, 잔지바르, 마피아 그리고 킬와 등과 함께 수천 년 동안 국제적인 방문객들이 묵는 곳이다. 이 섬 도시국가들은 그들의 연안 문화, 언어(스와힐리어) 그리고 종교(이슬람) 등으로 연결되어 있었다. 스와힐리인은 동아프리카 인구의 일부만을 대표하고 있지만, 동아프리카 역사에 엄청난 영향을 끼쳐 왔다. 최소한 서기 2세기 이래로 아랍인들과 페르시아인들이 동아프리카 해안을 따라 무역 집단을 형성해 왔다. 이 도시국가들은 지중해, 메소포타미아 그리고 아시아로 수출입 운송을 하면서 동아프리카 내륙지방과 문명 세계를 연결해 주었다. 7세기에 이슬람의 등장으로 해안을 따라 정착했던 아랍인들이 그들의 종교를 도입하였고, 이것은 스와힐리 해안의 한 부분이 되었다. 원래는 아프리카 사람들과 해안가 무역상들 사이의 소통을 원활하게 하기 위한 무역 도구였던 스와힐리어가 발전하였다. 토착 반투어가 있었음에도 스와힐리어는 아랍어, 인도어 그리고 유럽의 언어 등에서 단어를 편입시켰다.

융 사파리는 스와힐리인(그리고 소말리인) 조수를 고용할 것이었다. 내륙 탐험을 위해 스와힐리인을 고용하는 일은 19세기에 시작되었다. 동아프리카 내륙을 탐험한 첫 번째 유럽인은 선교사 요한 루드비히 크라프와 요하네스 레브만이었다. 그들은 1840년대에 몸바사의 스와힐리인 조수를 데리고 몇 번의 트레킹을 했었다. 눈 덮인 킬리만자로를 처음으로 본 유럽인인 레브만은 돌아와서 내륙에 거대한 호수가 있다는 소문을 보고하였다. 이들 보고서는 가장 유명한 아프리카 탐험가 중 한 명인 리처드 버턴에게 원정을 부추겼다. 그는 나일 강 발원지를 찾는 데 골몰해 있었다. 버턴과 존 해닝 스피크가 해안가의 아랍인과 스와힐리인을 안내인과 짐꾼으로 고용하고 잔지바르에서 출발하여, 함께하기도 하고 각자

따로 하기도 하면서 몇 차례의 원정을 하였다. 스피크가 1862년에 나일 강의 주요 수원지로 빅토리아 호수를 '발견하였다'. 19세기 대부분의 내륙 원정대는 몸바사보다는 잔지바르에서 출발하였지만, 해안가 사람들, 특히 스와힐리인은 입구를 찾는 유럽인들에게 연결 고리와 관문의 역할을 하였다. 리빙스턴, 스탠리, 버턴, 스피크, 톰슨, 존슨 그리고 텔레키 등의 원정대는 이 해안 출신 아프리카인 조수들에게 많은 신세를 졌다.9

융이 아프리카 땅에 발을 디딘 시기에 탐험의 시대는 끝났지만, 융 사파리는 19세기 탐험가들의 트레킹과 실질적이고 상징적인 유사점이 있었을 것이다. 이 지나간 시대와의 주요한 연결 고리는 스와힐리 해안의 '흑인 동료'들과 함께했다는 점이다. 이것은 필요하기도 했고 유행이기도 했다. 20세기 초의 유럽인과 미국인 원정대는 19세기 원정대와 식민시대 이후의 고급스러운 여행 패키지 사이의 중간에 있었다.10 20세기에 접어들면서 대부분의 아프리카 탐험가들이 죽었다. 흥미롭게도 이들 중 마지막은 1860년대에 콩고를 탐험하고 나일 강에서 하르툼까지 여행한 독일인 의사 조지 슈바인푸르트였는데, 그는 융이 아프리카에 들어간 1925년에 죽었다. 스와힐리인이 늦게는 1920년대까지 사파리 전문가로 일했는데, 융은 이런 관계의 마지막 날을 목격한 것이다. 실제로 일부 사파리는 이미 자동차로 했었다. 1926년에는 런던과 나이로비 사이에 항공 서비스도 정착될 정도였다(Hemsing, 1974, p. 34).

내륙 속으로

융 일행은 몸바사에서 이틀을 보낸 뒤 나이로비로 향하는 야간

JUNG IN AFRICA

열차를 타고 출발하였다. 그때가 11월 13일, 금요일이었다. 그 기차는 일반적으로 오후 5시에 530km의 여행을 출발하여 22시간 30분 후에 나이로비에 도착하였다(Kenya, 1924, p. 23). "그렇지만 헨리 시턴이 '지독한 시간표의 모순'이라고 불렀던 것 덕분에 승객들은 보통 6~24시간을 추가로 여행하는 것으로 계산할 수 있었다. 이런 기차 여행은 어디에도 없을 것이다."(Miller, 1971, p. 508)[11]

기차 여행이 진정한 의미로 '부기슈 심리학 원정대'의 첫 번째 여정을 나타내었다. 그들이 이제 그들의 목적인 내륙의 '원시적인' 아프리카로 향했기 때문이다. 융은 "저녁 무렵 내륙의 나이로비로 향하는 협궤 열차를 타고, 열대의 밤 속으로 빨려 들어가면서, 그들이 출발하였다."(MDR, p. 254)라고 적었다. 한편으로는 융이 기차의 경로에 대해 사실적인 진술을 하고 있지만, 다른 한편으로 그는 '내륙'과 '밤'을 동일시하고 있다. 그는 지금 스탠리의 '가장 어두운 아프리카'로 들어가고 있다. 융은 부분적으로 이 '어두움'을 경험하고 그것이 그에게 어떤 영향을 끼치는지를 보기 위해 아프리카에 갔다. 머지않아 융은 아프리카의 풍경을 조심스럽게 바라보면서, 밤과 낮, 어둠과 빛, 일몰과 일출 등의 대극을 탐색할 것이다.

기차는 이 섬과 본토를 연결하는, 18m 높이의 지주 사이에 21개의 경간이 있는 아름다운 솔즈베리 다리를 건너 몸바사를 빠져나갔다. 길 앞쪽으로 해가 지고 있었고, 그들은 어두워지는 숲 속으로 샛강이 이어지는 부드러운 은빛 물이 있는 항구를 지나갔다. 첫 번째 해안가 정글을 지나 올라가는 동안 그림자는 점점 더 길어졌고, 그들은 크고 출렁거리는 수풀이 융단처럼 깔려 있는 코코넛, 야자수, 바오바브나무 숲을 통과하였다. 첫 32km는 이 숲으로 된 공원을 통과할 것인데, 몸바사의 멋진 풍경이 펼쳐지며, 그 너머로 지는 해의 마지막 햇살이 반사되는 인도양이 보였다. 융은 창문을 통해 "사람들이 모닥불 주변에 모여 앉아

이야기를 나누고 있는 수많은 흑인 마을"(MDR, p. 254)과 "원숭이가 나무에 앉아 있는 정글"(CL 1, p. 43)을 보았다고 하였다. 융, 베이네스 그리고 벡위드는 아마도 전체 대영제국의 제국주의에서 가장 유명하고 값비싼 '연회'였던 기차를 타고 있었다.

루나틱 익스프레스(광기의 특급열차)[12]

　　　　　실제로 달빛 속 광란의 질주였다. 20세기로 접어들면서 초기의 철도 포스터에는 창문에 기댄 행복한 여행자가 기차 주변에 모여 환영하는 사자, 코끼리, 원숭이, 표범, 기린, 뱀, 하이에나 그리고 하마 등을 바라보는 모습이 그려져 있었다. 그림에 대한 설명은 "귀족들의 겨울 별장: 우간다 철도의 관찰 열차가 세계에서 가장 멋진 자연보호구역을 통과하고 있다."(Hemsing, 1982)였다.

　게시판에는 흰색 상의와 흰색 넥타이를 한 영국 신사, 푸른 터번을 두른 수염 난 시크교도, 카키색 사파리 상의를 입은 여행자, 분홍과 푸른색 사리를 입은 우아한 힌두 여인, 바나나를 담아서 불룩 튀어나온 사이잘삼 바구니를 들고 있는 아프리카인 가족 그리고 해변으로 2주간의 휴가를 다녀와서 한껏 여유로워 보이는 늙은 정착민 등이 그려져 있었다. 내륙으로 향한 출발에는 사육제적인 분위기가 있었다. 유럽과 나일 강 상류 사이를 패키지로 여행하는 유럽인들에게 이 철도는 '볼거리'였다(Miller, 1971, p. 508).

　기차의 속도는 굼떴고, "마치 세상의 종말에 약속한 것처럼 짐을 꾸렸다." (Blixen, 1985, p. 16) 이것은 부분적으로 가파른 경사, 홍수로 인한 철로 유실, 들이대는 코뿔소와 장난치는 기린 등의 자연적인 방해물 때문이기도 하였다. 그리고 일부는 장작을 때는 엔진 때문이기도 하였다. 왜냐하면 연료와 물을 보충하기 위해 여러 차례 정지해야 했기 때문이다. "어떤 역에서는 물을 먼 강에서 파이프로 끌어와야 했고, 스팀 펌프와 수압기의 피스톤이 규칙적으로 부러졌다."(Miller, 1971, p. 509) 때로 열차 승무원과 역장 사이에 "적재함 청구서, 영수증, 송장 기재, 선적 명령서"(Miller, 1971, p. 509) 등과 관련해 실랑이가 생기기도 하였다. 아마도 더 중요하게는 느린 속도가 단순히 아프리카의 특성이었을 것이다. "철도는 케냐에서 가장 생동감이 있는 사교 기관이었다." 기차가 정차하면, "승객과 정착민들이 여유 있게 뉴스와 잡담을 나누는 기회가 되고, 정착민들은 단지 그런 목적으로 기차를 만나 왔다."(Miller, 1971, p. 509) 이런 사교적인 정차는 특히 케냐 고원지대에서 전형적이었다. 그렇지만 대평원을 지나는 동안 장총을 든 승객이 버팔로나 얼룩말을 보았을 때에 예고치 않은 정차가 더 자주 일어났다. 처칠은 "우리는 ……총을 들고 엔진 정면에 앉아서 우리가 쏠 무엇인가를 보면 바로 수신호를 보내 기차를 정차시키게 하였다."(Miller, 1971, p. 510)라고 적었다.

이 루나틱 라인(광기의 노선)이 비록 부자와 유명인을 위한 제국의 장난감이 되긴 하였지만, 이것은 원래 노예무역을 없애고, '원주민' 경제를 발전시키며, 나일 강 상류를 지배하려는 독일인을 막기 위해 영국이 시행한 거대하고 귀중한 업적으로 여겨졌다. 독일인들은 영국의 계획이 공개되기 전에 탕가니카와 빅토리아 호수를 연결하는 철길을 만들기 시작하였다. 하원에서의 열띤 토론 끝에 당시 '영국령 동아프리카 영토'에서 영국의 철도 건설이 1896년에 시작되었다. 이 일은 19세기의 가장 위대한 기술적인 성취 중 하나였다. 그것은 해안 동쪽에 있는 거친 사바나를 완만하게 오르면서 통과하고, 동아프리카 대협곡 동쪽 사면을 위험하게 내려가며, 그것의 서쪽 면을 가파르게 올라가고, 다시 빅토리아 호수로 내려가는 936km의 롤러코스터 라인이다.

원래 계획은 이 선로가 우간다 중부까지 연장되도록 하는 것이었다. 예산 초과와 2,493명의 아시아인 건설 노동자 또는 '하급 노동자cooly'의 죽음, 그리고 마지막 노선을 결정하기 전에 두세 개의 트랙이 제시되는 등 기술상의 어려움 등으로, 이 노선의 첫 단계는 1901년에 빅토리아 호수의 플로렌스 항에 도달하였을 때 완공되었다(Hardy, 1965, p. 315). 들어간 경비는 5,500,000파운드였다! 1.6km당 10,000파운드라니! 케냐 영토는 별 가치가 없게 여겨졌고, 독일인들이 빅토리아 호수에서 나가는 상류를 조절해서 어떻게 나일 강의 흐름을 막을 수 있을까를 아무도 설명하지 못했기 때문에, 이 철로는 '광기의 특급'이라고 이름 지어졌다. 시작한 지 30여 년이 지난 1925년에도, 해안가에서 우간다까지 연결하려는 원래의 과제를 마치기 위해, 건설은 아직도 진행 중이었다. 융은 케냐 서부에 있는 이 노선의 종착지까지 기차를 타고 가서 우간다까지 걸어갈 것이었다.

이 작업은 미친 짓이었지만 이 철로는 동아프리카를 세상에 알렸고, 그곳 사람들의 미래를 영구히 변화시켰다. 여러 점에서 이 철로의 역사가 케냐 식민지의 역사였다.

차보의 붉은 먼지

기차는 해안가 숲의 라바이 언덕 마루에 오른 다음, 붉은 미세먼지층이 표면을 덮고 있는, 햇볕에 그은 돌밭에 자라는 키 작은 나무와 잡목이 있는 황무지, 그리고 타는 듯한 타루 사막으로 들어갔다. 융은 기록하였다. "그곳의 토양은 아주 붉었고, 붉은 먼지가 기차로 날아와 우리의 흰옷이 완전히 붉게 되었다."(CL 1, p. 43) 융이 과장하고 있는 것은 아니었다. 96~378km 사이에 있는 철로는 자갈을 깔지 못했다. 주변 지역에 적당한 돌이 없었기 때문이다. 이 것은 철길이 흙 위에 바로 놓여 있다는 것을 의미하였는데, 그것은 "잘 유지되어 있겠지만, 기차가 지나갈 때마다 엄청난 붉은 먼지 구름을 일으켰다."(Hill, 1949, p. 312)라고 1923년의 한 여행자는 적었다. "그러나 (기차) 시설물들의 원래 색깔 을 거의 알아볼 수 없었다. 왜냐하면 시트, 바닥, 선반 등이 모두 우리가 통과 한, 붉은 점토로 된 지방에서 온 먼지가 낀 오렌지 색깔이었기 때문이다. 심지어 일반적으로 새까만 얼굴의 포터들도 선홍색 라커 칠을 하였다."(Johnson, 1928, p. 12) 승객들은 창문을 닫고 너무나 뜨거워 숨쉬기도 힘든 공기 속에서 땀을 흘 리고 있거나 아니면 창문을 열어 놓아 옷과 물건들이 붉은 먼지층으로 뒤덮이게 하였다. 대부분은 후자를 택했다. 이 구간에서는 침대 칸을 뒤덮은 붉은 먼지 구 름을 피하기 위해 고글이 필요하였다.

나이로비로 향하는 기차 여행 중 12시간은 어둠 속에서 진행되었다. 11월이 해안에 비가 가장 많이 내리는 계절이라 구름이 짙게 끼어 있어 승객들은 밤하 늘의 남십자성이나 아프리카 달에 비치는 눈 덮인 킬리만자로와 같은 멋진 장 면을 볼 수 없었다. 이 기차는 오락 시설이 없었기 때문에 많은 승객들이 밤늦도 록 카드놀이로 시간을 보냈다. 승객들은 직접 샌드위치, 과일, 소다수, 맥주 그리 고 위스키 등을 준비하였다. 몸바사에서 약 160km 떨어진 보이에 정차를 하였 는데, 거기서 승객들은 "식당 칸을 대신하는 역전 방갈로"(Miller, 1971, p. 510)에서 저녁 식사를 할 수 있었다.[13] 이곳 황무지 한가운데에 "소믈리에, 흰옷을 입은 웨 이터 그리고 바텐더"(Miller, 1971, p. 510)가 있었다. 주요리는 "거의 변함없이 철판 에 익힌 소고기와 고무로 으깬 감자 그리고 메뉴에서 양배추라고 불린 어떤 요 리였다."(Miller, 1971, p. 510) "앙트레(역자 주-전채요리와 스테이크 사이에 먹는 요리)는 모두 벌레로 고명을 곁들였다. 사람들은 한 손으로 먹고 다른 한 손으로는 모기

떼를 쫓아냈다."(Miller, 1971, p. 510) 방갈로 베란다에서 술 한 잔을 마시고 담배를 핀 뒤 승객들은 객실로 가서 잠자리를 보았다. 그리고 기차는 천천히 올라갔다. 차보Tsavo 평원을 지나는 동안 기차의 덜컹거리는 움직임과 소리는 모래투성이의 좁은 매트 침상에서 불편하게 잠자고 있는 승객들에게 자장가가 되어 갔다.

보이를 지난 바로 다음부터 풍경은 덤불숲이 있는 침식된 반 사막지대에서, 남쪽으로는 타이타 언덕을 그리고 북쪽으로는 음동구 단층애를 경계로 하는 메마른 삼림지대로 변하였다. 1907년에 J. H. 패터슨이 『차보의 식인동물The Man-Eaters of Tsavo』을 출판한 뒤로, 바로 이 구간에서 우간다 철도는 세계적인 명성을 얻었다. 육군 중령인 패터슨은 1898~1901년 사이에 나이로비의 철도 건설 구간을 담당한 기술자였다. 차보 역에는 아주 오래전부터 카라반에게 물을 공급해 주었던 강 오아시스가 있었다. 키킴바어로 '살육의 장소'를 의미하는 차보는, 기차역의 카라반 짐꾼이 물가로 내려갔다가 종종 사라졌기 때문에, 현지 아프리카인들에게는 무섭기로 소문이 나 있었다. 두 명의 죽은 그 지방 추장의 혼령이 그들의 땅을 철도가 지나는 것에 대한 항의로 그 장소에 저주를 내렸다는 소문이 있었다.

패터슨이 1898년에 차보에 도착하였을 때, 인도인 노동자가 매일 밤마다 한 명씩 사라지고 있었다. 그는 처음에 그들이 도망쳤거나 아니면 동료 '하급 노동자들'에게 죽임을 당했을 것이라고 생각하였다. 그렇지만 노동자들은 사자가 텐트로 들어와 잠자고 있는 사람들을 수풀 속으로 끌고 가서 먹어 버렸다고 보고하였다. 『차보의 식인동물』은 이 악몽의 기록이다. 그것은 실제로 한동안 철도 건설을 중단시켰다. 전 세계의 신문들은 "철로를 중단시킨 사자들"(Patterson, 1924, p. 57)에 관해 보도하였다. 패터슨이 잡으려고 무진 애를 썼음에도 교묘히 피해 다니던 사자 두 마리를 죽일 때까지는 몇 달이 걸렸다. 영웅으로 대접받은 패터슨은 적었다. "이 식인동물 두 마리가 이 모든 명성을 가져다주었다. 그것들은 28명의 인도 노동자와 공식적인 기록이 없는 다수의 불행한 아프리카 원주민을 잡아먹었다."(Patterson, 1924, p. 59) 1908년에 패터슨은 카를 애클리와 함께 백악관을 방문해 루스벨트의 1909년 사파리를 부추길 것이었다.

막간: 의안義眼

인도인 이주 노동자들의 피가 물든 이 구간을 지날 때 융은 아마도 잠을 자고 있었을 것이다. 그는 나중에 유명한 동아프리카 노선 건설에 관한 이야기를 읽었다. 융은 말하였다.

> 몸바사에서 나이로비로 가는 철로가 건설되는 동안 많은 현지 노동자들이 고용되어야 했다. 백인 기술자들은 그들이 감독 없이도 일하게 하는 데 어려움을 겪었다. 기술자가 등을 돌리자마자 그들은 일손을 놓았다. 어떤 한 사람이 그것을 고칠 수 있다고 생각하였다. 그는 의안을 가지고 있었다. 그는 떠나야 할 때 원주민들을 모아 놓고 "나는 갈 것이지만, 당신들을 감시하기 위해 내 눈을 남겨 놓을 것이다."라고 말하고는 눈을 빼서 테이블 위에 올려놓았다. "당신들은 계속 일하시오. 만일 중단하면 이 눈이 볼 것이요." 그가 돌아왔을 때 놀랍게도 그는 아무도 일하고 있지 않은 것을 알았다. "우리가 이 눈에 모자를 덮어 놓아 그것이 우리가 빈둥거리는 것을 볼 수 없어요."라고 원주민들이 그에게 말하였다(CGJS, p. 215).[14]

융은 아프리카인의 '원시적인' '비논리적인' 사고와 유럽인의 '문명화된' 합리적인 사고와의 분명한 차이점을 예시하기 위해 이 철도 이야기를 하였다.[15] 융이 부분적으로는 유럽 중심적인 사고에서 벗어나기 위해서 이 여행을 했지만, 단순히 여행 그 자체가 그가 '취할 수 있는 외부의 관점'을 얻을 보장이 되지는 못하였다. 아프리카 여행 내내 융은 아프리카인과 유럽인 사이의 차이점을 강조하는 자기민족지상주의와 싸웠다. 융의 아프리카인에 대한 풍자가 유럽 집단의식의 인종주의적 경향에서 결코 자유로울 수는 없었지만, 그렇게 하려는 그의 시도는 일관적이었다. 그는 적었다. "(게으른 아프리카인 철도 노동자와 같은) 다른 사람에게서 우리를 성가시게 하는 것은 모두 우리가 우리 자신을 이해하게 해 줄 수 있다."(MDR, p. 247) '의안' 이야기를 유럽인 청중에게 말해 준다면 그들은 무식한 '야만의' 방식에 대해 경멸하고 젠체하는 웃음을 낄낄거릴 것임이 틀림없다. 그러나 같은 이야기를 아프리카인 청중에게 해 준다면 그들은 아프리카 민간인의 불복종을 인지하지 못한 반장님인 유럽인 감독자에 대해 크게 웃었을 것이다.

마사이 전사: 주목의 대상

'첫 햇살이 하루의 시작을 알릴 때' 융은 잠에서 깨어났다. "붉은 먼지 구름에 싸인 기차가 가파른 붉은 절벽을 막 돌아가려고 하고 있었다." (MDR, p. 254) 붉은 먼지가 있다는 것으로 보아 그들은 아직 나이로비 남동쪽의 대초원에 가지 못하였다.[16] 아마도 그 어느 다른 승객도, 이 오지에서 밤과 낮이 바뀌는 사이에 융이 창문을 통해 아프리카 내륙을 처음으로 보았던 만큼의 감동을 받지는 못했을 것이다. 거기에 그가 있었다. "높이 쳐다본 곳의 뾰족한 바위 위에 검은 갈색의 날씬한 형상 하나가 긴 창에 기대어 서서 기차를 내려다보며 움직이지 않고 있었다. 그의 옆에는 거대한 나뭇가지 모양의 촛대 같은 선인장이 솟아 있었다."(MDR, p. 254) 그의 창문에 담긴 이 원초적인 아프리카 그림은 몇 초 사이에 지나갔지만, 이 이미지는 융에게 깊고 오래 지속되는 인상을 주었다. 바버라 해나는 이것을 융이 아프리카에서 한 '첫 번째 깨달음'이라고 부른다 (Hannah, 1991, p. 170).

그날 아침 융의 시선에 마주친 아프리카인은 분명히 마사이 모란moran 또는 전사였다. 융은 그를 '사냥꾼'으로 불렀지만, 대규모 목초지를 소유한 마사이 족은 거의 사냥을 하지 않았다. 그가 들고 있던 창은 마주칠지도 모르는 육식동물을 물리치기 위한 것이었다. 그는 혼자였고, 아마도 한 만야타manyatta17에서 다른 곳으로 가는 중에 서서 철사鐵蛇, iron snake를 바라보고 있었을 것이다. 케냐 사람들 중 외부에 가장 잘 알려져 있을 마사이 족은 반 유목생활을 하는 평야 닐로트 족이다. 그들은 한때 동아프리카 대협곡의 경로를 따라 케냐 중부와 탕가니카 북부까지 퍼져 나갔었다. 그렇지만 1910~1911년에 식민청이 마사이 족을 강제로 케냐 남부의 보호구역 안에 거주하도록 하였다. 이 기차가 방금 이 거대한 방목지의 북쪽 끝에 진입한 것이다.

마사이 족은 사납고 호전적인 종족으로 알려졌다. 맥린에 의하면, 19세기 탐험가들과 선교사들은 이러한 명성이 "유럽인들이 케냐에 들어오지 못하게 하려는 아랍 무역상들에 의해 만들어진 '정략적인 과장'의 산물"(McLynn, 1992, p. 124)이라고 주장하였다고 한다. 이러한 계략이 작용하여 케냐는 동부와 중부 아프리카 지역 중 가장 나중에 탐험되었다.18 마사이 족은 남아프리카 줄루 족과 함께 대륙 전체 종족 중 가장 무서웠지만, 그들은, 케냐의 다른 많은 인종이 했던 것처럼, 유럽인들과 결코 큰 싸움을 하지 않았다. 그런 이유 때문에 마사이 족은 자신들을 정복되지 않은 국민으로 여겼고, 영국인들은 그들을 아주 조심스럽게 대했다. 마사이 족의 품위와 도도함은 잘 알려졌다. 이러한 태도는 탐험가들과 식민지배자들의 여행 안내서에 의해 강화되었다. 그것에는 그들이 '흑인 종족'에 비해 신체적·정신적으로 우월하다고 묘사되어 있다. 마사이 족은 신체적으로 유럽인이나 에티오피아인과 닮은 멋지고 지적인 종족이라고 묘사되었고, 때로는 '잃어버린 이스라엘 종족'을 가리키기도 하였다. 카렌 블릭센은 "턱을 앞으로 내민 ……강건하고, 수동적이며, 거만한 ……마사이 족의 '머리 자세'는 ……주목받는 대상이었다."(Blixen, 1985, pp. 141-142)라고 썼다.

융이 목격한 이 멋진 전사는 키가 약 182cm였고 윤이 나는 청동색 피부를 가지고 있었다. 그의 유일한 옷가지는 가슴에 착용한 삼각형 모양의 동물 가죽과 단검을 걸어 놓은, 구슬로 장식한 가죽 벨트였다. 그의 귓불은 길게 늘어져 있고, 붉은 구슬과 놋쇠 고리로 장식된 긴 고리가 매달려 있었다. 머리카락은 어깨까지 늘어져 있었는데, 줄로 엮어서 가늘게 땋고, 붉은 황토로 염색되어 있었다. 한 손에는 가장 자랑스러운 소유물인 182cm 정도 되는, 길고 좁은 날을 가진 창을 들고 있었다. 그것의 날카로운 날은 필요하다면 아프리카 물소의 두꺼운 가죽을 뚫도록 만들어졌다. 다른 손에는 나무로 만든 무거운 곤봉, 룽구rungu와 붉은색과 검은색으로 치장한 타원형의 방패를 들고 있었다.

융은 이 전사의 삶이 변해 가고 있음을 인식하였다. 마사이 족 평화조약(역자 주-진압)은 이 전사들이 상업적으로 내몰렸다는 것을 의미하였다. 더 이상 부족 간의 전쟁은 없다. 가끔 그들의 목초지를 침범하는 이웃 아캄바나 정착민 농부들이 가축을 습격하는 일이 있을 뿐이다. 블릭센은 그들이 "싸우는 것을 그만둔 투사들이고, 발톱 깎은 죽어 가는 사자이며, 거세된 민족"(Blixen, 1985, pp. 137-138)이었다고 적었다.

첫 번째 깨달음: 5,000년 된 기억

융은 이 광경이 '아주 낯설고 내 경험 밖의 어떤 것'이었는데, 어떤 면에서는 익숙했다고 적었다.

> 나는 이 순간을 이미 경험한 것 같았고, 시간상으로 나와 멀리 떨어진 이 세계를 늘 알아 왔던 것 같은 느낌이었다. 마치 내가 이 순간에 유년시절의 땅으로 돌아간 듯했고, 5,000년 동안 나를 기다리고 있었던 저 검은 피부의 남자를 알고 있었던 것 같았다(MDR, p. 254).

일견 융이 그가 1913년 12월 18일에 꾸었던 꿈을 기억하고 있는지도 모른다. 그는 그 꿈을 묘사하였다.

> 나는 인가에서 멀리 떨어진 바위산에 미지의 갈색 피부의 남자, 원시인과 함께 있었다. 동트기 전이었다. 동쪽 하늘은 이미 밝았고, 별이 사라지고 있었다(MDR, p. 180).

안토니 스티븐스는 이 꿈의 형상은 "원초적인 인간, 우리 모두의 내면에 있는 200만 년 된 사람, 긍정적인 그림자, 다른 말로 하면 아직 실현되지 않은 잠재적인 자기Self, ……무의식의 창조적인 힘"(Stevens, 1995, p. 122)이라고 하였다. 융의 이 꿈에는 엄청난 치유적인 능력이 있음이 증명되었고, 이 꿈이 프로이트와의 결별 후에 뒤따르는 '창조적인 질병'의 시작임을 알렸다. 이 꿈에서 "갈색 피부의 남자와 원시적인 그림자의 화신은 ……실제로 꿈의 상인 지크프리트를 죽이는 데 주도적이었다."(MDR, p. 181) "융은 꿈속에서 지크프리트를 죽이면서 그와 프로이트 사이의 화해의 환상을 마침내 깨부수고 있었다."(Stevens, 1995, p. 118) 융은 이 내면의 '원시인'과 만남의 결과로, "내 안에서 무의식과의 실험이 결론에 이를 수 있도록 도움을 주는 새로운 힘이 생겼다."(MDR, p. 181)라고 하였다. 비록 융은 이 오래된 꿈의 상과 창밖에 서 있던 마사이 족의 상을 동일시하지는 않았지만, 이들 내면과 외부의 장면들은 서로의 복제품에 가깝다.

해나는 그가 내륙에 도달하자마자 일어났던 이 첫 번째 '깨달음'이 "그가 그곳에 체류하는 전체 여정의 제시부"(Hannah, 1991, p. 171)라고 하였다. 그녀는 아프리카가 융에게 그가 제1호와 제2호 인격이라고 불렀던 것들을 동시에 만날 수 있게 해 주었다고 하였다. 자아ego 중심적이고, 시간에 한정된 인격인 제1호 인격은 '야생의 마사이 족'을 전혀 본 적이 없었지만, 자기Self 중심적이고, 시간을 초월한 집단적 무의식의 인격인 제2호 인격은 대번에 이 전사를 알아보았다. 해나에 의하면 이 경험은 아프리카가 융에게 준 선물, 즉 전체 여정에서 지속될 "자기Self와 자아ego의 완벽한 배열"(Hannah, 1991, p. 171)이었다. 융은 "이 이상한 경험의 감정적인 색조는 아프리카를 두루 여행하는 동안 내내 나와 함께했다." (MDR, p. 254)라고 적었다.

남아프리카의 융학파 분석가인 로저 브룩은 융의 이 첫 번째 '깨달음'을 개성화 과정 그 자체의 상징으로 보았다.

> 목표이자 근원으로 돌아간 것 같은 이 느낌이 여행 내내 융에게 남았다. 그러므로 이것은, 구체적인 용어로, 개성화 과정의 근본적인 주제 중 하나를 실행하는 효과가 있었다. 즉, 심리적인 발달의 목표로서 자기의 실현은 우리 인생 본래의 모체를 형성하는 자기로 돌아가는 것이기도 하다(Brooke, 1990, pp. 81-82).

융은 아프리카가 그를 기다리고 있었고, 그가 고향으로 돌아가고 있다는 것을 인식하였다. 그러나 이 회귀가 목표이기도 했다는 것도 인식하였다. 여기서 브룩은 융의 첫 번째 '깨달음'을 융이 자신의 운명 혹은 신화를 발견하였던 두 번째 '깨달음'(4장에서 이야기될 것이다)과 연결하였다.

융의 '깨달음'을 해석하는 또 다른 보다 급진적인 방법은 그가 자신을 한 꺼풀 벗기면 아프리카인이라고 느꼈다는 것이다. 그가 "내가 마치 유년의 땅으로 돌아가고 있는 것 같다."고 적었을 때, 그는 호모 사피엔스는 동아프리카에서 기원한다고 하는 현재(1925년은 아닌) 고생물학의 확정된 사실을 진술하고 있는 것이다. 우리는 지금 우리 모두가 아프리카인이라고 알고 있다. 융은 본능적으로 그가 그의 조상의 고향에 도착했다는 것을 알았다. 그는 단지 그의 아프리카인 사촌이 그를 기다리고 있었던 시간을 가늠하는 데서 실수를 했을 뿐이다. 그는 거기서 5,000년이 아니라 약 200,000년 동안 있었던 것이다. 그것이 "우리 종의 일부가 아프리카의 고향에서 나와 세계로 영역을 확장하기 시작한"(Stringer & McKie, 1996, pp. 141-142) 대략적인 시간이었다. 융은 20세기 초의 진화론 모델을 배운 학생으로 (케냐의 루이즈와 메리 리키의 발견으로 시작된) 현재 확립된 것—인류는 생물학적으로 매우 균질하고 우리는 아프리카 조상의 한 작은 그룹에서 진화했다는 것—을 몰랐을 것이었지만, 융의 심리학적인 이론도 근원이 같다는 생각을 지지할 것이다. 융은 부분적으로 아프리카 사파리의 결과로, 호모 사피엔스는 '종족'과 관계없이 동일한 집단적 무의식을 공유하고 있다고 믿게 되었다. 융은 20세기 후반 고생물학자들이 증명하게 될, 전화선, 자동차, 성당 등 우리 문명의 이기의 겉옷을 벗기면 '백인'은 아프리카 사바나의 산물이고, '흑인'과는 다른 새롭게 만들어진 생물학적 유기체가 아니라는 것을 직관적으로 이해하였다. 이것은 1920년대에는 급진적인 견해였다.

융의 소감은 한편으로 급진적이고, 예기치 않은 것이며, 예언적이었다. 떠돌아다니는 이 마사이 족을 스쳐 지나간 기차를 건설한 식민지 권력은 아프리카인과 유럽인과의 차별성을 강조하였다. 그러한 견해는 식민지시대를 통해 계속될 것이다. 1940년대 말 케냐의 통치자 필립 미첼 경이 아프리카인에 대해 적었다.

> 그들은 숫자가 없고, 역서나 달력이 없으며, 시간 표기법이나 거리, 능력, 무게의 척도가 없고, 화폐가 없으며, 노예와 상아를 제외하고는 수출품이 없고, 쟁기가 없으며, 땅에는 인간의 머리 이외에는 수레바퀴나 운송수단이 없고, 강과 호수에는 통나무배밖에 없다. 이들 종족은 진흙, 막대기 그리고 초가보다 더 오래가는 어떤 재료로 집을 지을 수 없다. 대부분의 사람은 거의 옷을 입지 않았다. 나머지 사람들은 나무껍질 옷이나 동물 가죽을 입었다(Coughlan, 1970, p. 109).

이렇게 유럽인을 아프리카인과 구별하는 것이 전형적이었다. 훌륭한 기술적인 업적이 된 기차도 이 엄청난 차이의 증거로 여겨졌다. 처칠은 이 기차는 "태초 혼동의 세계로 연결되는 하나의 과학 문명, 질서, 권위 그리고 제도의 희미한 끈이었다."(Churchill, 1908, p. 11)라고 적었다. 산업혁명에서 패권주의적인 관점이 생겨난 유럽인에게 아무것도 만들지 못하는 아프리카인은 비교할 가치도 없이 열등하였다. 어떤 사람은 아프리카인을 진화 과정에서 유인원과 인간의 중간에 존재했다고 가상하는 동물이라고 느꼈다. 그런 생각들이 미국에서 불과 몇십 년 전에 끝난 노예 제도를 정당화하였다.

반면에 융의 소감이 드문 것은 아니었다. 아프리카에 새로 온 사람들이 그곳을 편안하게 느끼고 아프리카인을 가족familia으로 알았던 예는 종종 있었다. 융의 기시감은 동아프리카를 처음 방문한 사람에게 특별한 것이 아니었다. 실제로 동아프리카 사바나가 호모 사피엔스의 원래의 고향이라면 이런 직관은 놀랍지 않다. 최근에 사람들이 선호하는 풍경 유형에 관해 시행한 연구가 인간은 우리가 분명히 진화했던 사바나에서 가장 편하게 느낀다는 것을 지지해 준다(Balling & Falk, 1982, pp. 5-28). 루스벨트는 1909년에 아프리카를 방문했을 때 그 지형에 대해 기시감 같은 느낌을 언급하였다. "이 풍경은 반복해서 내가 잘 알고 있는 것 같은 느낌을 주었다."(Roosevelt, 1924, p. 39) 1925년에 케냐에 와서 케냐 서부에 있는 농장에 정착한 마이클 부룬델은 적었다.

> 나는 종종 윤회 이론을 생각해 왔다. 왜냐하면 도착한 순간부터 내게 일어난 모든 일과 내가 본 모든 것이 그렇게 자연스럽고 조금도 놀랍지 않았기 때문이었다. 마치 내가 정말로 이미 그곳에 있었었고 과거에 그것을 모두 받아들였었던 것 같았다. 모든 것이 내가 이미 익숙했던 양식의 일부인 것 같이 보였다(Blundell, 1964, p. 19).

이런 생각들은 식민시대부터 현재까지의 아프리카 여행기 여러 곳에서 발견된다. 그러므로 융이 "그 한 명의 검은 사냥꾼을 보았을 때, 내 안에서 어떤 끈이 나를 잡아당겼는지를 가늠할 수 없었다. 나는 단지 그의 세계가 헤아릴 수 없는 시간 동안 나의 것이었음을 알 뿐이었다."(MDR, p. 255)라고 적었을 때 그는 외롭지 않았다.

심바 역

해가 뜬 뒤 처음 도착한 역이 대평원 가장자리에서 368km 거리에 있는 심바Simba, '사자의 장소'였다. 그들은 이제 해발 약 1,524m 높이로 올라왔고, 그곳의 아침 공기는 차가웠다. 열대 열기 속에서 몇 주를 보낸 다음, 이 스위스 심리학자는 고산지대 공기를 심호흡해야만 했다. 승객들은 추위에 떠는 손을 따뜻하게 할 차나 코코아 같이 뜨거운 아침 음료를 구하러 담요를 뒤집어쓰고 몸을 웅크리며 비틀거리면서 승강장에 나왔다. 사바나의 사향 냄새가 분명히 나는 신선한 공기와 어두움과 붉은 먼지 속에서 12시간을 보낸 다음 날 아침의 태양은 기분을 상쾌하게 해 주었다. 블릭센은 그녀의 책 『아웃 오브 아프리카Out of Africa』에서 적었다. "이 고지대 공기에서 당신은 힘찬 확신과 경쾌함을 받아들이며 편하게 숨을 쉬었다. 고산지대에서 당신은 아침에 일어서 '여기 내가 있어야 할 곳에 내가 있다.'고 생각하였다."(Blixen, 1985, p. 4) 기차가 나이로비로 향하는 마지막 160km를 출발하자, 용감한 사람들은 이 세상에서 가장 장엄한 야생동물 쇼를 보기 위해 객차 지붕 위로 올라갔다. 융은 "그런 다음 우리는 끝없는 평원에 도착했다. 거기서 우리는 영양과 얼룩말 떼를 보았고, 두 마리의 타조가 우리 기차와 경주를 하기도 하였다."(CL 1, p. 43)라고 적었다. 1920년대의 카피티와 아티 평원은 간간히 아카시아 숲과 검은 에보나이트의 노출부와 리지가 보초처럼 서 있는 대초원 평원지대였다. 이 기차는 정부가 수렵금지구역으로 지정한 녹색 목초지를 부드럽게 돌아 통과하고 있었고, 이 구역에는 엄청난 수의 얼룩말, 기린, 임팔라, 가젤, 코브(역자 주-사하라 남쪽에 사는 영양), 하테비스트(역자 주-남아프리카산 큰 영양), 누, 그리고 오릭스(역자 주-큰 영양) 등의 무리가 살고 있었다. 융은 나중에 곡예를 부리는 가젤을 기억할 것이다.

가젤 떼를 만날 때, 우리는 항상 그들이 도망가는 방식에 경탄한다. 그들은 엄청 난 도약을 하면서 하늘을 난다. 아프리카에는 놀랍게도 6~10m를 도약하는 영양 이 있다. 마치 그들이 날개를 달고 있는 듯하다. 그들은 우아하고 순하며 아주 가 는 다리와 발을 가지고 있다. 그들은 거의 땅에 닿지 않고, 새들과 같이 공중에서 최소한의 움직임으로 날아가기에 충분하다. 그러므로 가젤에게는 새와 같은 특성 이 있다. 그것은 공기같이 가볍고, 오직 드물게 땅에 닿는다. 그것은 땅의 동물이 지만 중력으로부터 거의 자유롭다(S 3, p. 52).

이들 무리 근처에는 자칼, 하이에나 그리고 야생 개들이 어슬렁거렸다. 때로 흑멧돼지와 타조가 기차 앞을 지나갔다. 이 연두색 평원은 동물의 삶으로 가득 하였다. 때로 한 종의 동물 500~1,000마리가 일 분 내에 창문에 스쳐 지나가기 도 하였다. 많은 수의 동물들이 철로에서 수십 센티미터 안에 있었다. 밀러는 "비틀거리며 지나쳐 가는 불 뿜는 미사일을 거의 의식하지도 않으면서, 수많은 동물 떼가 마치 인간의 출현이 그들의 조용하고 단조로운 삶을 결코 오염시키지 않고 있는 것처럼 풀을 뜯으며 뛰놀고 있었다."(Miller, 1971, p. 512)라고 적었다. 기민한 승객들은 맑은 날에 약 320km 남쪽에서 흰 구름으로 모습을 드러내고 있는 킬리만자로 산의 눈을 알아보았다.

해안에서 시작한 이 긴 여정의 마지막 몇 시간은 승객들이 풍경에 매혹되어 있었기 때문에 더 빨리 지나갔다. 물을 보충하기 위해 예정된 정차를 하면, 승객 들은 가벼운 발걸음으로 차에서 내려 그들이 본 동물에 대해 이야기하였다. 어 떤 나이 든 시간 노동자가 사자나 코뿔소 같은 것들을 보았다고 했는데 사람들 은 믿지 않았다. 11월은 짧은 우기가 바로 끝나 풀이 웃자라 있어 동물을 보기에 가장 좋은 시기는 아니었지만, 융은 너무나 인상적이어서 나이로비에 도착한 직후에 아티 평원으로 다시 돌아올 것이었다. 융이 이 동물들을 관찰하면서 그에게 다가온 두 번째 '깨달음'을 얻을 곳이 바로 이 평원이다.

기차는 팡파르 없이 한 겹의 철조망 담을 통과하였고, 그다음 곧바로 수도 나이로비로 들어갔다. 동물 떼는 도시 가장자리까지 있었는데, 거기서 그들은 그들의 끝없는 평원에 침입한 것에 자리를 내주었다. 유럽인들이 살고 있고 정부 청사가 위치해 있는, 도심의 숲이 우거진 높은 지대에서 쌍안경으로 사냥감을 오랫동안 관찰할 수 있었다. 사자와 표범들이 가끔 밤중에 철조망 담을 넘어 나이로비에 어슬렁거렸다. 531km 되는 협궤 열차로 해안과 연결되어 있는 이 수도는 실제로 아프리카 야생의 한가운데에 있었다. 동쪽은 끝없는 평원이었고, 북쪽은 케냐 산 쪽으로 융기한 키쿠유 숲이며, 서쪽은 차와 커피 농장이 있는 아프리카의 녹색 언덕이고, 남쪽은 터키에서 남부 아프리카까지 이어지면서 상처를 내고 있는 동아프리카 대협곡이었다. 융은 나이로비에 '다소 마음을 빼앗긴 상태로' 도착하였다.

미 주─────────────

1. 1926년 2월 3일에 철도 이름이 우간다 철도에서 케냐와 우간다 철도로 바뀌었다.

2. 이 택시 또는 마타투는 오늘날 케냐 전국에서 사용되고 있다.

3. 융은 몸바사에 머무는 동안에 묵었던 호텔에 관해 아무런 언급을 하지 않았다. 융이 실제로 몸바사로 들어갔고 그곳에 머물렀는가에 대한 정보에는 이견이 있다. 융은 MDR과 서신에서 몸바사에 '이틀간' 머물렀다고 하였다. 그렇지만 베일리는 그녀와 그녀의 여동생은 '의사들'과 벡

위드와 함께 첫 번째로 배에서 내렸고, 같은 날 기차로 나이로비를 향해 떠났다고 회상하였다(Bailey, 1970, p. 1). 1974년에 베일리를 인터뷰했던 브롬은 "항해가 계속되면서 점차로 승객의 수가 줄어들었다. 그리고 그들이 몸바사에 도착했을 때 세 남자와 루스 베일리만 남아 나이로비로 향하는 야간열차를 기다렸다."(Brome, 1978, p. 202)라고 하였다. 반 데어 포스트도 융이 몸바사에 도착한 날 기차에 올랐다고 하였다(van der Post, 1978, p. 52). 베일리의 기억이 확실하다면, 융은 몸바사에 들어가지 않았거나 밤을 그곳에서 보내지 않았을 것이다.

4. 이것은 나중에 마쿠바 둑길이라고 이름을 바꾸었다.

5. 영국은 지저스 성채를 1895년에서 1958년까지 감옥으로 사용하였다.

6. 융의 아프리카 시간에 관한 논평은 뒤이어 아프리카 사람이 쓴 같은 주제의 저서와 비교하면 흥미롭다. 시간이 '거꾸로' 간다는 융의 궁극적인 진술은 아프리카 신학자 존 음비티의 유명한 견해 '아프리카에서 시간은 거꾸로 흐른다.'를 예견한다. 음비티의 『아프리카 종교와 철학African Religions and Philosophy』(1970)은 20세기의 아프리카 종교에 대한 어떤 책보다도 많이 번역되었는데, 전통적이고 2차원적인 아프리카의 시간을 기반으로 만들어졌다. 내가 음비티 박사에게 그의 것과 유사한 융의 1963년의 논평에 관해 물었을 때, 그는 융의 아프리카 시간에 대한 경험을 알지 못했다고 대답하였다(J. S. Mbiti, 개인적인 교신, 2003. 3. 31).

7. 최근에 '종족tribe'이라는 용어는 '사람들people' '집단community' '인종집단ethnic group' 아니면 '토착인구indigenous population' 등의 용어를 더 선호하여 사용을 중단하였다.

8. 나는 식민시대에 유행했던 '사환boy'보다 '조수assistant'라는 용어를 사용하기로 하였다. 성인 아프리카인에게 '사환'이라는 용어를 사용하는 것은 오늘날 분명한 인종차별주의자를 암시하는 것이기 때문에 매우 모욕적이다.

9. 프랭크 맥린은 『어두움의 심장부: 유럽인들의 아프리카 탐험Hearts of Darkness: The European Exploration of Africa』에서 스와힐리인이 내륙으로 들어가는 '자의식적인 엘리트' 아프리카 안내인을 구성하는 유일한 인종집단은 아니었다고 하였다(McLynn, 1992, p. 151ff).

10. 케냐가 식민시대 이후에 사하라 남부 아프리카에서 여행자들에게 가장 인기 있는 목적지가 될 것이다.

11. 융은 실제로 기차를 탔던 시간에 관해 모순된 정보를 제공하였다. 그는 편지에서 "24시간을 여행하였다."(CL 1, p. 43)라고 썼지만, MDR에는 "나는 나이로비에 정오경에 도착했다."(MDR, p. 255)라고 적은 것으로 보아 19시간 여행한 것이 된다.

12. 역자 주—우간다 철도를 말하는 것으로 1971년에 찰스 밀러가 그의 책 『광기의 특급열차: 제국주의의 오락The Lunatic Express: An Entertainment in Imperialism』에서 처음 사용하였다. 아프리카인들은 이것을 철사Iron Snake라고 불렀다.

13. 1927년이 되어서야 여행객들을 위한 복도식 객차와 식당 칸이 추가되었다. 그때까지는 가는 길을 따라 있는 '역의 식당'이 유일한 기차의 음식을 조달하는 곳이었다(Hill, 1949, p. 471).

14. C. W. 호블리가 그의 책 『케냐: 특허 회사에서 영국 직할 식민지로Kenya: From Chartered Company to Crown Colony』(1929, p. 181)에서 이 이야기를 하였다.

15. 융의 '문명화된'과 '원시적인' 사고의 이런 이분법은 프랑스 인류학자이며 철학자인 뤼시앵 레비-브륄(1857~1939)에게서 왔다.

16. 자갈이 깔려 있지 않은 구간은 96~378km 사이였다. 이 구간은 1927년에 자갈이 깔릴 것이다.

17. 만야타는 20~30가구가 원을 그리며 모여 사는 거주지다.

18. 케냐는 1880년대에 조지프 톰슨, 해리 존스턴 그리고 사무엘 텔레키의 원정이 있을 때까지 유럽인들에게 충분히 탐험되지 못하였다.

04

아티 평원

JUNG
IN
AFRICA

JUNG
IN
AFRICA

04

아티 평원

나이로비: 태양의 도시

정오경에 나이로비 역에 도착한 융은 기차에서 내려 그가 "눈부신 빛의 과잉"(MDR, p. 25)이라고 묘사했던 곳 속으로 들어갔다. 해발 1,622m에 있는 나이로비의 햇빛은 그에게 스위스 동부 엥가딘 계곡의 겨울 '얼음의 빛나는 매끈한 표면'을 기억나게 하였다. 맑은 적도의 태양광선은 회백색 자동차 배기가스를 통과하고, 아프리카인 짐꾼의 검고 땀 흘리는 얼굴에 반사되어 투명하게 달아오르는 빛이 되었다. 어두운 것에 대한 빛의 그리고 빛에 대한 어두운 것의 인상은 가장 보편적인 융의 해외여행 기억이었다. 승객들은 햇살이 쏟아져 내리는 승강장을 걸어가면서 지친 기차 주변에 무리 지어 우글거리는 다양한 군중과 마주쳤다. 클립보드와 호루라기를 든 제복 입은 역무원, 가죽옷을 입고 벌거벗은 아이를 안고 있는 마사이 족 여인들, 에비앙 생수병을 팔고 있는 키쿠유 행상인들, 여행용 가방을 대기해 놓은 자동차로 옮기는 카비론도 족 짐꾼들, 그리고 우아하게 차려입고 꽃 장식 모자를 쓰고 남편을 찾고 있는 영국 부인들 등이 모두 한꺼번에 승강장으로 몰려나왔다. 시크교도 보초가 입구에 무표정하게

서 있었다.

약 30,000명의 인구를 가진 나이로비는 짧은 기간에 생겨나 빠르게 성장한 전 세계 수많은 식민지 도시 중 하나였다. 융이 방문하기 30년 전만 하더라도 나이로비는 한때 고대 카라반의 이동로였던 아티 평원의 가장자리에 있는, 모기가 서식하는 파피루스 습지대에 불과하였다. 마사이 족 언어로 '차가운 강'을 의미하는 니아로브Nyarobe는 1896년에 우간다 철도 차량 보관소로 시작되었다. 그러던 것이 1899년에 관리자들이 이곳을 이 철도의 주요 역으로 만들려는 결정을 했을 때 영구 정착지가 되었다. 1925년의 나이로비는 바퀴 자국이 난 길과 계절에 따라 눈앞을 가리는 먼지, 아니면 진흙 덩어리의 골목길이 있는 변경도시였다. 정부 건물은 대부분 빛바랜 주름이 있는 지붕을 얹고 돌과 철로 된 작은 주택이었다. 크게 관리와 정착민으로 구분되는 작은 유럽인 집단은 마사이 족 거주지였던 도시 남쪽에 있는 숲이 우거진 '언덕'에 살았다. 사자가 밤중에 가끔 거주민들의 베란다에 나타나곤 하였다. 주로 무역상, 상점 주인 그리고 장인들로 구성된, 보다 인구가 많은 인도인 주민들은 빅토리아 가 서쪽 끝에 있는 시장bazaar에 인접한 인도인 상업지구에 살았다. 이 구역은 "전 세계 모든 인도 시장과 같이 더럽고 냄새가 많이 났다."(Buxton, 1927, p. 24) 그리고 "그것으로 인해 나이로비의 첫 번째 위생 감시관을 골치 아프게 하였다."(Hemsing, 1974, p. 7) 유럽인보다 12배나 많았던 아프리카인 주민들은 동네로 나누어졌다. 다른 아프리카 식민 도시처럼 나이로비도 근처와 멀리서 원주민 거주자들을 끌어들였다. 도시 경계에는 동네가 미로처럼 얽혀 있었다. 가장 큰 두 동네가 소말리 족과 스와힐리 족 집단이었는데(White, 1913, p. 126), 이들은 역사적으로 군사 원정, 식민청 그리고 사파리 사업 등에 그들의 전문지식과 서비스를 제공해 주었다. 이들 동네와 그 밖의 키쿠유 족과 카비론도 족[1]의 동네들은 햇빛에 달궈진 기름통을 펴서 만든 오두막이나 전통적인 진흙과 초가로 된 거주지로 되어 있다. 이곳을 방문한 사람들은 흔히 쥐가 분뇨 구덩이를 지나다니는 것을 볼 수 있는 '힘들고 비참한' 동네의 분위기를 지적하였다. 거기서는 "손을 다친다면 한 시간 이내로 부패할 것이다."(Hardy, 1965, p. 241)

베이네스는 뉴 스탠리 호텔을 예약해 놓았었고, 호텔의 대표자가 그들을 맞이하기 위해 역에서 기다리고 있었다. 노래를 부르며 일하는 짐꾼들은 그들의 짐을 흰말이 끄는 호사스러운 전세 무개사륜마차에 실었다. 이 사륜마차는 운전석이 높았고, "깊고 화려한 조개 모양의 뒷좌석은 하층민들의 추종을 받도록 뒤쪽으로 기울어져 있었다."(White, 1913, p. 117) 나이로비를 처음 방문하는 사람들에게는 가장 인상적으로 입장할 수 있도록 호텔에서 사륜마차를 보냈다. 이런 극적인 것에 대한 배려가 케냐를 20세기 전 기간 동안 사하라 이남 여행자들의 수도가 되게 하였을 것이다. "이 영광의 짧은 순간은 독특했고 ……첫 키스, 본질상 반복될 수 없는 어떤 ……것처럼 지나간다."(White, 1913, p. 117) 융, 베이네스 그리고 벡위드는 줄지어 서 있는 나무로 된 작은 상점들duka에 그늘을 드리운 유칼립투스 나무와 부겐빌레아 관목이 서 있는 진흙탕 거리를 지나 호텔까지 1.6km를 왕족처럼 마차를 타고 갔다.

뉴 스탠리 호텔

융과 동료들은 뉴 스탠리의 두 개의 화려한 바 중 한 곳에서 오후 차를 제공하는 시각에 객실에 들어갔다. 케냐의 절반을 건너오는 긴 여행에 지치고 더러워진 상태에서 뜨거운 목욕과 찬 음료는 그들에게 좋은 안식을 주었다. 탐험가 헨리 모턴 스탠리의 이름을 따서 지은 뉴 스탠리 호텔은 1913년에 열었고, 케냐의 기준에서는 "야심차고, 견고하며, 매우 화려하였다."(Hemsing, 1974, p. 25) 높은 아치형 기둥이 있고 붉은색 타일로 된 지붕을 한 2층짜리 석조 건물로 60개의 객실이 있었다. 위층 객실에는 베란다가 있었는데, 거기서 6번 가(현재의 케냐타 가)와 하딘지 가(현재의 키마티 가), 도심지가 내려다보였다. 제1차 세계대전 동안에 뉴 스탠리는 세계적인 주목을 받았었고(Hemsing, 1974, p. 31) 현재는 노펙과 함께 케냐에서 가장 유명한 호텔이다. 나이로비에서 최상의 대접을 받기 위해 손님들은 숙식을 포함해서 하루에 3달러도 안 냈다(Hemsing, 1982, p. 68).

1925년 A. E. 워터맨 부부가 경영했던 뉴 스탠리 호텔은 신생 케냐 식민지에 여러 방식으로 기여하였다. 고원지대 정착민들의 농업과 제조업을 지원했던 이 호텔은 사업가와 여행자들이 급격히 발전하는 경제를 바라볼 수 있는 창이었다. 이 호텔은 인근 유럽인 정착민 농장에서 필요한 차, 커피, 야채, 고기 그리고 가금류를 구입하였다. 매일 자체의 냉장 공장과 얼음 공장에서 수입된 에어셔(역자 주-스코틀랜드 남서부의 주)산 젖소에서 짠 순수한 낙농유로 아이스크림과 버터를 신선하게 만들었다. 빅토리아 호수에서 나는 신선한 틸라피아(역자 주-아프리카산 담수어의 총칭)와 몸바사에서 오는 참새우도 늘 준비되어 있었다. 이 호텔은 "케냐 양조법인이 보증하는 최상급으로 납품을 받았다."(Hemsing, 1974, p. 33) 양조장 설립자 찰스 허스트가 코끼리에게 살해당한 뒤 '투스커Tusker(역자 주-큰 엄니가 있는 코끼리라는 뜻)'라는 이름이 붙여진 맥주는 현재까지 케냐에서 팔리고 있다 (Hemsing, 1974, p. 33).

뉴 스탠리는 식민지의 사교적인 그리고 정치적인 생활의 중심이기도 하였다. 이 호텔은 휴가와 특별한 주일이면 즐기기 위해 도심으로 나온 정착민, 농장주, 개척자, 사업가 그리고 사냥꾼 등으로 예약이 꽉 찼다. 이런 경우에, 특히 1월과

7월에 있는 말 경주 주간에 소란스러운 일이 있었다. 뉴 스탠리의 한 손님이 적었다.

> 시끄러운 무리들이 늘 술을 마시고 호텔 현관 주변을 서성거렸다. 정말로 케냐의 모든 국민이, 정치적으로 완고하다면, 사회적으로 흠잡을 데가 없다는 나의 기대는 소박한 충격을 받았다. 내가 볼 수 있는 한 나이로비는 주로 코듀로이 니커스나 반바지와 짙은 녹색, 오렌지색, 청색 그리고 보라색 셔츠를 입고 스테트슨 모자(역자 주–창이 넓고 운두가 높은 펠트 모자)를 쓴 사람들로 넘쳐 났다. 일부는 벨트에 권총을 차고 있었다. 그들은 도시에 어떤 거친 야생의 서부 분위기를 부여하였다. 그러나 그들 중 일부는 차림으로 보아 거의 기술적으로 남아프리카적인 의미에서 '가난한 백인'이 되지 않을까 하여 매우 조심스러웠을 것이다(Perham, 1976, p. 24).

뉴 스탠리는 융에게 '원시 문화' 속에서 소수자로 살아가는 것이 '문명화된' 유럽인에게 미치는 영향을 관찰할 수 있는 기회를 주었다.

환락곡–'반성과 속박이 없는'

11월 14일, 융이 나이로비에서 보낸 첫 번째 밤에 제1차 세계대전 휴전기념일 무도회가 이 호텔에서 열렸다. 원래 11월 11일(제1차 세계대전 휴전기념일)에 계획됐었던 성 던스탄(남녀 피에로) 무도회가 마지막 순간에 연기되었었다(EAS, 1925. 11. 11, p. 10). 이 덕분에 융은 아마도 식민지 역사상 가장 규모가 크고 성대한 연회를 목격할 수 있었다. 수익금으로 '우리를 위해서 시력을 바쳤지만 그 빚을 충분히 보상받지 못한' 실명한 퇴역군인을 위한 성 던스탄의 집을 돕기 위해 480명의 사람들이 그날 저녁에 모였다(EAS, 1925. 11. 16, p. 5).

무도회, 경마 또는 교회 봉사활동 등과 같은 사회적인 모임이 케냐 식민지의 작은 유럽인 사회에서는 아주 중요했었다. 당시는 '광적으로 즐거운' 나이로비 클럽의 시기였다. 1925년에 '모든 계급의 남성 인구를 위한 ……네 개의 유럽인 (사교) 클럽'이 있었다. 축구, 럭비, 크리켓, 폴로, 테니스, 골프, 사냥 그리고 승마 등과 같은 스포츠클럽과(Kenya, 1924, pp. 35-38), 성 조지, 아일랜드와 스코틀랜드인 등과 같은 사교 모임(Hemsing, 1982, p. 62)이 그것이었다. 사회적인 교류는 유럽의 국가보다 훨씬 더 자유롭고 덜 세련됐었다. 1924년에 웸블리에서 열렸던 대영제국 박람회의 케냐 전시 소개 인쇄물은 "사회적인 에티켓이 까다로운 사람들에게"(Kenya, 1924, p. 37) 적응이 필요한, 보다 단순하고 덜 의례적인 삶의 방식을 예찬하는 '사회생활'을 소개하는 데 한 장을 할애하였다. "여기서 볼셰비스트들이 말썽을 일으키지 않고, 직능별 노동조합도 쉬며, 잘 짜여진 존재의 진부한 일상에서 완전한 변화를 추구하는 사람들은 케냐의 '행복한 사냥터보다' ……더 좋은 곳을 찾는 것이 어렵다는 것을 알게 될 것이다."(Kenya, 1924, p. 27)

케냐 식민지의 12,500명 유럽인들 중 약 1/3은 나이로비와 인근 구릉지대에서 살았다(Hobley, 1970, p. 226; Leys, 1925, p. 140). 식민지의 이 지역은 향락의 유행과 더불어 즐거운 20년대 동안 '환락곡歡樂谷, Happy Valley'으로 악명을 떨치게 되었다. 이런 명성을 얻게 된 데 주된 책임이 있는 정착민들은 나이로비 북쪽, 비옥한 '백인 고원지대'의 약 1,300명에 달하는 영국인과 보아인 지주들이었다. 이 경솔한 농장주와 목장주 패거리들은 아내 바꿔 치기, 내밀한 관계, 치정 범죄, 아편, 나이로비 클럽과 호텔에서의 거친 파티 등으로 알려졌다. 영국 황태자와 어니스트 헤밍웨이의 사파리에 동행했던 '백인 사냥꾼' 바론 브로르 폰 블릭센-피네케와 같은 어떤 정착민은 여색에 빠진 사람으로 국제적인 명성을 얻었다. 브로르는 한때 사파리에서 고객의 딸을 바라보면서, "그녀는 오늘 밤 내 것이야."(Pelensky, 1991, p. 91)라고 말하였다고 알려졌다. 브로르가 마사이 거주지에서 매독에 걸려 아내 카렌 블릭센에게 옮겼다는 소문도 있었다(Pelensky, 1991, p. 92).2 환락곡 사회의 가장 유명한 여자 중 한 명은 난디 족 어린이들과 함께 맨발로 뛰어 놀면서 성장한 베릴 마컴이었다. 이 자유분방한 비행기 조종사이자 경마기수는 그녀를 '매혹적인 사람'으로 알았던 고원지대 '신사들'과 흥청댔다(Pelensky, 1991, p. 117). 베릴의 연인 중 한 명인 데니스 핀치-해턴은 관계에 있어 "어떤 도덕적 죄악에서도 벗어나는" "죄책감을 의식하지 않는"(Pelensky, 1991, p. 121) 것을 평생 신조로 삼았다. 이 세대는 유럽의 산업화가 가져온 획일화와 빅토리아 시대 예절의 제약에서의 해방을 발견하였다. 그들은 이전에 그들이 오로지 꿈속에서만 알아 왔던 자유의 희박한 공기 속에서 들떴다.

무타이가 클럽이 가장 유명한 '주정꾼들의 환락'의 장소였지만, 11월 14일 토요일에는 그 장소가 뉴 스탠리 호텔이었다. 여기에 대해 『동아프리카 스탠다드지East African Standard』는 "권위에 관심이 없고, 나이와 그에 따른 책임에 무관심한, 그리고 완전히 정상적이고, 단정하며, 적절한 주인이 방종에 굴복하는"(1925. 11. 16, p. 5)이라고 보도하였다. 고객들은 라운지와 무도회장 입장권을 얻기 위해서 10실링짜리 티켓을 사는 것 말고 피에로 복장을 입는 것이 '요구되었다.'3 재미있게도 루스 베일리는 "손님 중 25%만이 귀여운 옷으로 바뀌었다."(Brome, 1978, p. 202)고 기억하였다. 그렇지만 신문기자는 모든 사람들에게 그들의 '신분'과 관계없이, '반성과 속박' 없이 즐기는 특권을 부여하는 것이 피에로 복장이었다고 하였다. 거기서는 "그들 중 더 이상 젊지 않은 사람이 몇 시간 동안 박력 있는 젊음을 부여받았고" "아직 젊은 사람은 더 젊어졌으며, 그들의 젊음은 견줄 데 없을 만큼 밝게 타올랐다."(EAS, 1925. 11. 16, p. 5) "웃자란 어린이들이 밤새도록 춤을 추었던" "무도장 구석구석은 변화하고, 넘치며, 뒤섞인 색의 향연이 있었다."(EAS, 1925. 11. 16, p. 5)

'백인 고원지대'에서 온 시골벽적한 정착민들은 그들의 농장에서 수주 또는 수 개월간 고립된 다음 절박하게 대화를 갖고 싶은 마음에 수다를 떨며 테이블 사이를 돌아다녔다. 흰색의 칸주스kanzus(남자 의복)를 입은 맨발의 아프리카인 종업원이 감자칩과 땅콩이 든 병을 테이블에 가져다주었다. 술은 자유롭게 따라 마셨다. 테이블 주변에서는 최근 런던에서 발행한 데번셔 백서에 관한 열띤 토론이 들려왔고, 최근에 있었던 '백인 사냥꾼'의 코끼리 사고에 대해 큰 소리로 웃는 소리, 단기간의 비가 커피 농장에 미치는 영향에 관해 이야기하는 술 취한 목소리, 최근에 있었던 폴로팀의 승리를 축하하는 건배 소리, 브로르 폰 블릭센–피네케와 카렌 블릭센의 이혼에 관한 가십을 속삭이는 소리 등이 들려왔다. 이러한 사례들은 지방 정착민들이 도착한 지 얼마 안 되는 여행자들을 장황한 이야기로 놀라게 해 줄 거리를 제공해 주었다. 융은 나이로비 정착민에게서 들은 그런 이야기 하나를 기억하였다. 그는 융에게 난디지방에서 나비와 난초를 채집하는 중에 있었던 일을 이야기하였다.

> 그는 희귀 식물로 가득 찬 계곡을 걷고 있었다. 그가 피곤함을 느꼈고, 땅에 누운 나무줄기 위에 앉으려 하는 순간, 그의 애완견이 짖기 시작하였고, 나무줄기가 서서히 움직여 달아났다. 그것은 거대한 보아왕뱀이었는데, 어두운 수풀 속에서 그것이 썩어 가는 나무로 보였던 것이다(S 2, p. 122).

여행자들은 아래위로 사파리 복장을 우스꽝스럽게 차려입고 있어서 쉽게 구별되었다. "가장 유행했던 차림 중 하나는 넓고 부드러운 챙이 달린 중절모, 박차, 목도리, 그리고 벨트에 달린 칼집 속에 있는 긴 칼 등으로 치장한 버펄로 빌(역자 주-미국 서부 개척시대의 전설적 인물) 차림이었다."(Bodry-Sanders, 1991, p. 115) "다른 이들은 제국의 군주처럼 우아한 복장에 아름답고 또렷한 카키색 옷과 토피(역자 주-자귀풀의 줄기 속으로 만드는 헬멧 모양의 가벼운 햇빛가리개)를 차려입었고, 다른 사람들은 들판에서 바로 도착했기 때문에, 호텔에서 광고했던 '뜨거운 또는 찬물 목욕'을 하기 전인, 더럽고 꾀죄죄한 차림이었다."(Bodry-Sanders, 1991, p. 115) "파리와 런던의 최신 의상을 입은 시골 부인들, 그리고 흠결 없이 차려입은 그녀들의 파트너가 카키색 반바지를 입고, 코트나 반코트는 입지 않았으며, 붉은색 계통으로 선명한 색깔의 셔츠를 입고, 목 단추를 풀어 제쳤으며, 셔츠를 말아 올려 강한 구릿빛 팔뚝을 드러내 놓은, 멋지고 햇볕에 그은 젊은 남자, 중년의 그리고 노년의 남자들 사이에 흩어져 있었다."(Hemsing, 1974, p. 35) 이 쾌락주의의 밤에 도시에서 목장, 밀림지대에 이르기까지 모든 종류의 정착민 사회가 케냐 재즈 밴드가 연주를 하자 자유롭게 뒤섞였다.

융은 이 축전에 참석한 많은 여행자 중 한 명이었다. 그는 분명히 베이네스와 벡위드 없이 참석하였다.4

막간: 조상의 혼을 상속받기-
정착민 문화의 '흑인화'

　　　　　미국과 아프리카를 여행하면서 융의 관심을 끌었던 것은 '흑인'

이 백인 미국인과 유럽인들에게 미치는 무의식적인 영향이었다. 그는 특히 이주한 정착민들의 문화, 기질 그리고 생리에 미친 '원시인들의 전염'에 놀랐다. 융은 자신이 아프리카에 있는 동안 "정신적으로 전염됐다고"(MDR, p. 242) 믿었다. 그는 이 현상을 "외국 땅을 정복한 사람들은 '그들의 몸을 가지고 갈지는 모르지만 그들의 영혼을 가지고 가지는 못한다.'"(CW 10, p. 926)고 가정하면서 설명하였다. 영혼이 없으면 정착민은 변화한다.

흑인이 소수민족인 미국에서, 앵글로 색슨계 미국인의 사회적 행동에서 '홀리롤러Holy Roller(역자 주-20세기 초 미국에서 시작한 근본주의에 가까운 펜테코스트파의 신자를 경멸적으로 가리키는 말)' 부흥집회, 재즈, 댄스, 거리낌 없는 웃음, 군집성, 순진한 유아성, '그칠 줄 모르는 재잘거림', '프라이버시의 완전한 결여' 그리고 '명랑함' 등의 "흑인화Negro-ization"(CW 10, p. 95)가 보였다. 이것은 융이 아프리카 '흑인마을'에서 관찰한 특성이었다. 그래서 그는 백인 미국인들 사이에 그러한 특성이 있는 것이 흑인의 영향 때문이라는 결론을 내렸다. 융에게 앵글로 색슨계 미국인은 "부분적으로 유색인종 국가에 속하였다."(CW 18, p. 94) 미국에 있는 이런 백인 영혼의 흑화가 융의 견지에서 보면 반드시 부정적인 것만은 아니었다.

융의 생각에 따르면, 압도적으로 소수민족이었던 아프리카의 유럽인 정착민들에게는 이 문제가 전적으로 다르다. "원시인이 백인보다 수적으로 많은 곳에서의 인종 간 전염이 가장 심각한 정신적이고 도덕적인 문제다."(CW 10, p. 966) 앵글로 색슨계 미국인들이 "자신에게는 거의 위험이 없이 원시인의 영향을 동화할" 수 있는 반면에, 아프리카 정착민은 "흑인화"(CW 10, pp. 966-967)될 위험이 있다. '흑인화'는, 7장에서 충분히 다룰 것인데, 융에게는 심각한 문제였다. 그는 적었다.

오늘날까지도 유럽인들은, 비록 고도로 발달되었지만, 아프리카의 흑인들 사이에서 손실 없이 살 수 없다. 흑인의 심리가 인식되지 않은 채 그에게 동화되고, 그는 무의식적으로 흑인이 된다. 이것에 대항하는 투쟁은 없다. 아프리카에는 이에 관한 잘 알려진 기술적인 표현, '흑인화going black'가 있다. 영국인들이 식민지에서 탄생한 사람은 누구나, 비록 그들이 최고의 혈통이라고 하더라도, '약간 열등하게' 여기는 것이 단순히 속물근성 때문만은 아니다. 이런 견해를 지지하는 사실들이 있다(CW 10, p. 249).

여기서 융이 생각하고 있는 사실이 무엇일까? 아마도 그가 이것을 썼을 때 나이로비를 생각했을 것이다. 1925~1931년간 케냐의 총독을 지낸 에드워드 그리그 경은 "이 버펄로 빌 개척-전진 기지의 배경이 내게는 나빠 보였다. 그것은 젊은이에게 자신의 가치와 그들이 향상되고 부유하게 태어난 유산을 가르치는 대신에, 젊은이의 미래를 펼치는 데 장애를 초래할 입에 풀칠하고, 가난하며 무식한 하급계층 백인의 더러움과 나태를 조장하였다."(Altrincham, 1955, p. 224)고 기록하였다. 융은 '흑인화'를 위험하고 '전염력이 강한' 감염으로 보았다. 그것은 보다 큰 사회 집단에 집단적 무의식이 배열된 결과로 "혁명이나 전쟁 또는 그와 비슷한 종류의 것으로 이르게 하는 일시적인 대중적인 열광, 정신적인 유행병"(CW 18, p. 93)을 일으킬 수 있다. 그가 이 환락곡을 그런 대유행으로 상상했을까?

정착민들이 '흑인화' 또는 '센치shenzi'[5]라고 불렀던 현상은 분명히 1920년대 케냐에서 대화의 주제였다. 11월 19일과 25일 자 『동아프리카 스탠다드지』는 융과 '부기슈 심리학 원정대'에 관한 기사를 실었다. 두 기사는 모두 융의 원정이 탈문명화 현상을 이해하기 위해 행해졌다고 주장하였다. 그 기사는 이렇다.

심리학과 인종학에 관한 새로운 생각은 점점 더 분명하게 문명은 겉포장에 불과하고, 모든 사람은 피부 색깔과 인종이 무엇이건 간에, 그의 피가 파랗든 아니면 그의 지능이 높든 간에, 원시적인 층이 있다고 가정한다. 케냐에서 그 증거는 종종 무서운 심리학적인 사실과 힘으로 우리 눈앞에 나타났다. 그것은 아프리카의 비극 중 하나다. 우리는 누가 '원주민과 같이 됐다.'라고 말할 때, 그것의 결과를 인식한다. 문명인은 늘 자제하며 살기 때문에 그런 사례는 적고 극히 드물다. 그러나 어떤 사람이 '탈문명화된다면' 그것은, 심리학자에 의하면, 그의 몸의 원시적인 유산이 활성화되었기 때문이다(1925. 11. 19, p. 5).

'탈문명화'는 아이들을 동아프리카에서 키우기 위해 데리고 왔던 유럽인 부모들의 커다란 걱정거리였다. 어느 한 기사에서 케냐의 장학관 블리스 씨는 융의 '원정'이 케냐 교육에 미치는 전망에 대해 지대한 관심을 보였다. 『스탠다드지』와의 인터뷰에서 그는 말하였다.

지금 막 진행하려고 하는 연구는 우리 아이들의 교육과 관련하여 매우 중요한 것이기도 하다. 나 자신은 지방에서 일 년도 살아 보지 않았다. 그러나 내가 관찰할 수 있었던 것으로 보아 나는 케냐에서 아이들을 키우는 데 있어서 어려운 점은 기후 조건이나 학교 용도로 사용되는 심하게 나쁜 건물 등에 있는 것이 아니라, 우리 아이들이 이른 시기에 그리고 때로는 지속적으로, 지적이고 도덕적인 기준이 아무래도 우리 사회의 것보다 분명히 낮은 원시적인 사람들과 교류를 하는 데 있다고 본다. 나는 이 말을 하면서 그들의 기준을 그렇게 묘사한 사람들을 모욕하거나 동정하는 것은 아니다.

교육은 결국 마음의 마음에 대한 작용의 결과물이다. 만일 발달하고 있는 유기체가 도덕적이고 지적으로 높은 기준을 가지고 있는 다른 비슷한 유기체와 접촉을 한다면, 그것의 발달은 같은 유기체가 낮은 기준과 접촉해서 얻을 수 있는 것보다 분명히 질적으로 높아질 것이고 보다 높은 수준에 도달할 것이다.

케냐에 있는 매우 많은 유럽인 아이들이 어쩔 수 없이 원주민과 오랫동안 가까이 교류할 수밖에 없다는 것이 분명하다. 그래서 그들은 최고의 행복을 추구하는 사람들이 인정할 수 없는 생각과 대화에 익숙해졌다(EAS, 1925. 11. 25, p. 1).[6]

정착민이 '흑인화'를 이해하는 것은 그들의 아프리카인에 대한 가장 짙은 두려움과 편견을 투사하는 데에서 생겨난 것이 분명하였지만, 이 현상 자체는 사실이었다. 어떤 정착민들은 아프리카 문화에 동화하려고 애를 썼다.

궁극적으로 '흑인화' 현상은 융에게 있어 '현대인'이 영혼을 잃었다는 여러 증거 중 하나였다. 의미의 상실이 있는 곳에 집단적 무의식 속에 있는 '원시적인' 또는 격세유전적인 내용물의 활성화가 일어난다. 그 배경이 나치 독일이든 아니면 영국령 동아프리카든 별 차이가 없다. 영혼을 상실하면 우리는 집단에 의한 접촉을 막을 수 없다. "당신은 당신의 피부 밑에 아프리카 또는 그와 유사한 다른 나라를 갖지 않고서는 그곳에 살 수 없다. ……어느 곳에서인가 당신은 흑인과 같기 때문이다. ……당신은 모두 인간일 뿐이다."(CW 19, p. 93) "어떤 아주 원시적인 종족은 외국 영토를 강탈할 수 없다고 확신한다. 그곳에서 낳은 아이들은 그 나라의 나무, 바위 그리고 물에 살고 있는 나쁜 조상의 영혼을 물려받을 것이기 때문이다. 이 원시적인 직관에는 어떤 미묘한 진실이 있는 것 같다."(CW 10, p. 969)

아마도 융은 그날 밤 뉴 스탠리 호텔에서 술 취한 영국인 정착민들 테이블 너머로 울려 퍼지는 미국의 재즈 리듬 속에서 이 아프리카 조상들의 목소리를 들었을 것이다.

내가 카를 구스타프를 선택했는지 그가 나를 선택했는지 확실하지 않다[7]

왕고니호를 타고 케냐에 도착한 루스 베일리는 여동생 버사와 새 제부 리처드 가우솔페와 함께 뉴 스탠리 호텔에 묵고 있었다. 버사와 리처드는 그날 정오에 올 세인트 교회에서 결혼하였다(EAS, 1925. 11. 1, p. 4). 이 부부는 성 던스턴 무도회에 참여하는 것으로 그 밤을 축하하기로 하였다. 그리고 루스가 약간 유난스럽게도 그들과 함께 갔다.

요조숙녀로 성장한 루스는 많은 사람들이 무도복을 갖추어 입지 않았거나 적절하게 입지 않은, 이 떠들썩한 인간 군상을 흥미롭게 바라보았음에 틀림이 없었다. 그녀는 테이블에 혼자 앉아 있었고, 버사는 조금 떨어진 곳에서 리처드의 팔에 안기어 안전하게 춤을 추었다. 이 군중을 알고 있던 그녀의 제부는 루스를 주의 깊게 살펴보았다. 걱정을 끼치는 것이 불편했던 루스는 마침내 이 부부에게 자기는 배에서부터 알았던 융 박사의 테이블에 가 앉겠노라고 이야기하였다. 그들도 좋아해서 그녀는 융의 테이블로 다가갔다(Bailey, 1969, p. 3).

혼자서 책을 읽으며 앉아 있던 좋은 의사 선생님이 루스가 앉자 위로 쳐다보았다. 밴드의 음악 소리가 들리는 가운데 루스는 제부가 자기를 걱정하지 않게 하기 위해 그와 함께 앉아 있어도 괜찮겠냐고 물었다. 그녀는 파티가 너무 재미있어서 단지 앉아서 그것을 보기만 할 것이라고 하였다(Bailey, 1969, p. 3). 젊은 여인들이 관여하는 것에 전혀 부끄러워하지 않는 융은 다소 열정적으로 조금도 염려하지 말라고 대답하였다(Bailey, 1969, p. 3). 이렇게 방금 배에서 내린 이 순진한 영국 소녀는, 거친 사람들에서 벗어나, 순진해 보였지만 그렇지 않았던 융과 함께하는 안전한 테이블을 찾았다. 융의 여성 편력은 그에게 이 환락곡 클럽의 일원이 되는 자격을 부여했을 것이다.

한 시간 뒤 융은 서류에서 눈을 떼고 루스에게 지도에 관심이 있냐고 물었다. 그녀가 지도를 좋아한다고 대답하자, 그는 케냐 지도를 꺼내서 함께 보자고 하였다. 융이 그의 부기슈 심리학 원정대가 가게 될 경로와 목적을 이야기하면서, 몇 시간 동안 지도가 그들 대화의 중심이 되었다. 그들은 11시경까지 쉬지 않고 이야기하였고, 마침내 융이 "우리는 당신이 이런 호텔에서 얻게 될 것보다 이 나라에 대해 많은 것을 알게 될 것입니다."(Brome, 1978, p. 202)[8]라는 말을 하였다. 이 말은 융이 이미 원정대의 네 번째 멤버를 추가하려는 생각을 하고 있었고, 아마도 루스가 그 사람이라는 것을 암시하였다. 루스는 그 당시에는 그것을 깨닫지 못했지만, 그가 그날 밤 그녀에 관해 많은 것을 알게 되었다고 기억하였다(Bailey, 1969, p. 4).

융이 무도회에서 혼자 앉아 있었다는 사실 자체가 무언가를 보여 주는 것이다. 네임체 대담에서 루스는 융은 항상 끊임없이 그와 이야기하기를 원했던 베이네스, 벡위드와 떨어져 시간 갖기를 원했다고 설명하였다(Bailey, 1969, p. 20). 베이네스와 벡위드는 서로를 좋아하지 않았고 서로가 융과 더 많은 시간을 가지려고 해서 일을 더 꼬이게 만들었다.[9] 벡위드는 지금까지 힐다의 죽음에 뒤따르는 베이네스의 성질에 너무나 싫증을 내어, 융에게 자기는 이 팀에 네 번째 멤버를 추가하지 않는다면 나일 강까지 원정을 끝마칠 수 없을 것이라고 말하였다(Bailey, 1969, p. 23). 이렇게 부기슈 삼인조는 삐걱거렸다. 융은 지금 동생을 아프리카까지 수행하는 임무를 끝마친 신선하고 쾌활한 루스 베일리와 함께 앉아 있으면서 마음속으로 이 모든 것을 가늠질하였다.

당신은 아프리카에서도 두 아내를 가질 수 없다

다음 날 아침 융, 베이네스 그리고 벡위드가 식당에 들어갔을 때, 루스, 버사 그리고 리처드는 이미 아침 식사 중이었다. 융은 곧바로 그들의 식탁에 가서 리처드의 어깨에 손을 얹고는, 루스가 그들과 함께 식사를 해도 좋으냐고 물었다(Bailey, 1969, p. 4). 루스는 이 부부에게 둘만의 시간을 주는 것이 무엇보다 기뻐서 이 남자들과 합류하였다.

'원정대'의 출발이 며칠밖에 안 남아서 마지막으로 준비할 시간이 거의 없었는데, 그 일도 대부분은 베이네스가 할 것이었다. 자신만의 시간을 갖게 된 융은 루스에게 그날 무슨 계획이 있냐고 물었다. 루스는 버사, 리처드와 함께 "명부에 서명하러"(Bailey, 1969, p. 4) 총독관저에 갈 계획이 있다고 하였다. "흥겹게 마시고 떠들어 댄 충성스러운 국민의 경건한 의무는 총독관저에 있는 명부에 자기 이름을 적는 것이었다."(Buxton, 1927, p. 31) 그렇지만 융은 루스의 경우에는 이 식민 지역에 정착하여 살지 않을 방문객에 불과하기 때문에 그럴 필요가 없다고 지적하였다.

그런 다음 융은 "나와 함께 쇼핑을 갑시다."라는 제안을 하고, "그러나 우리는 조심하는 것이 좋아요—당신은 아프리카에서도 두 명의 아내를 거느릴 수 없어요."(Brome, 1978, p. 202)라고 하였다.[10]

융은 그 주의 대부분의 시간을 루스와 함께 나이로비 시장에서 쇼핑하면서 보냈다. 모두 뉴 스탠리에서 걸어갈 수 있는 거리였지만, 루스는 그들이 인력거를 이용했다고 하였다(Bailey, 1969, p. 5). 이것은 식민지시대에 잘 알려진 '습관'이었다. "누가 세 블록을 가야 한다면, 그는 그 거창한 여행을 위해 인력거를 탄다. 백인은 열대지방에서 일을 해서는 안 된다는 전설이 이것을 정당화한다."(White, 1913, p. 123) 비싸지 않고 편리한 인력거는 동틀 무렵부터 땅거미가 질 때까지 사발 모자를 쓰고 뉴 스탠리 호텔 근처에서 기다리고 있던, 옷을 거의 입지 않은 아프리카 젊은이들이 끌었다. 그들은 고객의 관심을 끌기 위해 빛나는 귀걸이를 하고 벨 소리가 나는 발목 장식을 하였다. 융은 MDR에서 이들의 사발 모자가 "내가 엥가딘에서 사람들이 쓴 것을 보았고 나 자신도 썼던 구식의 회백색 울로 된 스키 모자"(MDR, p. 255)를 생각나게 했다고 하였다.

융은 백위드와 베이네스에게서 벗어나 바클레이 은행에서 영국 파운드화를 새로 발행된 케냐의 실링화[11]로 교환하고 도심을 구경하러 나섰다. 나이로비는 식민지 자체가 그러하듯이 현대 유럽이 토착의 아프리카와 만나고, 전통적인 인도가 소박한 미국과 만나는 다양한 문화와 대조적인 것들이 섞여 있는 별난 사람들의 집단이었다. 1925년에 나이로비에는 모든 종류의 상점이 있었다. 진흙탕인 6번 가를 따라 3, 4층 높이의 인상적인 석조 건물이 양철 지붕을 한 작은 목조 건물로 된 인도 사람의 작은 상점과 나란히 있었다. 거기서 "여러분은 캐비어에서 그랜드 피아노까지, 한 묶음의 편지봉투에서 전등 기구, 쟁기 또는 잠옷까지 모든 것을 구할 수 있다. 늘 충격적인 가격으로 말이다."(Buxton, 1927, p. 30) 런던, 프랑크푸르트 그리고 봄베이에서 온 물건을 비축해 놓은 두꺼운 판유리 창문이 있는 가게들은, 모든 토착 물건들을 찾을 수 있는 인도인과 아프리카인의 목제 진열대 행렬로 가득 찬 도심의 시장 다음에 문을 열었다.

융과 루스가 대부분의 시간을 보냈던 시장은 "도시의 중심에 한 번 서는 것이었는데, 있어야 할 곳이 아니었고, 늘 차단당했으며, 쫓겨날 위험에 있었다."

(White, 1913, p. 126) "시장의 구역이 넓지 않았기 때문에 엄청나게 많은 사람들" (White, 1913, p. 126)을 수용하여, 나이로비의 쭉 뻗어 엎드려 있는 아프리카 사람들을 위해 뙤약볕 아래에서 모든 것을 팔고 있는 구멍가게에 정신이 팔려 길을 잃어버릴 수도 있었다. 그 당시 융과 루스는 알지 못했지만 전염성 폐렴이 이 시장에서 막 창궐하려고 했었다. 그들의 집중적인 쇼핑이 있은 지 불과 1주일 뒤에 "전염성 폐렴: 나이로비에서 발생" "지난 며칠 사이에 가장 위험한 전염병이 인도인 시장에서 생겼다. 즉, 폐렴 ……사례들이 보고되었고, 사망자가 생겼다." (EAS, 1925. 11. 19, p. 1)는 『동아프리카 스탠다드지』의 머리기사가 있었다. 보건 당국은 이 질병을 다스리기 위해 하루에 수천 명씩 예방접종을 하기 시작하였다. 이 전염병이 20년 전에만 발생했어도, 보건 당국은 차보의 유명한 J. H. 패터슨이 20세기 초에 했었던 것처럼 이 시장을 불태워 버렸을 것이다. 흥미롭게도 '나이로비 역사에서 가장 처참했던 화재'가 융이 이 도시를 떠난 지 수주 뒤에 발생하였다. 그 화재는 뉴 스탠리 호텔 앞과 매키넌 모퉁이라고 알려진 구역 일련의 상업 건물들을 모두 태워 버렸다(EAS, 1925. 12. 10, p. 1).

나이로비 거리와 인도는 늘 붐볐다. 비즈니스 복장을 하고 서류가방을 든 유럽인들이 어깨에 장총과 탄약창을 걸친 사냥꾼들과 인도에 섞여 있었다. 머리에 숯을 인 밝게 치장한 키쿠유 족 여인들, 양 옆에 창과 방패를 든 마사이 전사들, 지휘봉을 휴대한 잘 차려입은 아스카리스('원주민' 경찰), 그리고 사리로 몸을 감은 품위 있는 인도 여인들 등이 모두 인도를 걷고 있었다. 인력거가 자전거, 말, 노새마차, 사륜마차, 낙타 짐마차 그리고 황소가 끄는 농장의 운송수단 등과 함께 길을 차지하고 있었다. 현재 수입된 수백 대의 자동차가 근무 시간에 거리를 채웠다.[12] 자동차로 밤을 새며 여행하는 것이 케냐에서 유럽인들의 전형적인 행동이었다. "수십 대의 헨리 포드, 루비스, 시보레 그리고 힙모빌, 닷지, 에식스 그리고 크라이슬러, 약간의 오스틴과 모리세스, 그리고 아마도 빛나고 흠결 없는 롤스로이스 등이 많은 여행을 하여 후드까지 더럽혀졌고, 보닛과 바퀴, 흙받이 그리고 발판에도 진흙이 말라 있었으며, 번호판과 바람막이가 흐릿해진 채로 서 있었다."(Buxton, 1927, pp. 29-30)

융은 외향적이고 허세 부리지 않으며 자발적인 루스 베일리와 함께 시간을 보내는 것을 분명히 좋아하였다. 그녀는 흥겨운 나이로비에서 편안해 보였다. 루스에 따르면 그녀가 융과 처음 3일간 함께하는 동안 내내 융을 웃게 만들었다고 하였다. 자신을 '순진하다'고 했던 루스는 융의 업적이나 명성에 관해 아무것도 알지 못했었다. 그녀는 네임체 대담에서 그 당시에는 지그문트 프로이트의 이름조차 들어 보지 못했었다고 인정하였다. 그녀가 융에 관해 안 것은 그가 '괜찮다'는 것이 전부였다. 브롬은 "베일리 양의 '점잖은 도회지의 현학과 허세가 없는' '완전한 자연스러움'에는 그에게 훨씬 더 매력을 끄는 무엇이 있었다."(Brome, 1978, p. 203)라고 기록하였다.

융 자신의 여성 편력 역사와 환락곡 분위기를 놓고 보면, 분명히 융이 자신의 나이에 절반밖에 안 되는 영국 소녀와의 관계를 구한 동기를 의심할 수 있다. 아마도 융이 루스에게 다가가 "당신은 우리와 함께 가야 해요. 그러나 무슨 역할로 가는지는 모르겠소."(Brome, 1978, p. 203)라고 말했던 곳이 "맛있지만 비싼 에클레어(역자 주-안에 크림을 넣고 설탕을 뿌린 과자)와 얼음, 신선한 초콜릿"(Buxton, 1927, p. 31)을 전문으로 파는 6번 가 찻집에서였을 것이다. 사실은 융이 루스에게 사 파리에 함께 가자고 청했을 때 생각했던 것을 우리는 전혀 알지 못한다. 아마 그 역시도 몰랐을 것이다.

베일리 사건

그렇지만 우리가 알고 있는 것은 MDR에서 이 '원정대'에 루스를 포함하는 상황을 기술하는 부분을 융 아니면 다른 누군가가 지어냈다는 것이다. 이런 짜 맞춤은 알란 엘름스가 그의 책『삶의 진실을 밝히기Uncovering Lives』에서 'C. G. 융의 아줌마 만들기Auntification[역자 주-신조어 unclify, auntify는 어린아이들 앞에서 성숙하거나 도움이 되거나 아니면 책임 있는 행동을 하는 것을 말한다. 이것은 세련되고 멋지며 놀기 좋아하는 사람이, 특히 친구들이 주변에 있는 상황에서, 아저씨(또는 아줌마) 같은 상으로 변하는 것을 말한다.]'에 관한 장에서 처음으로 지적하였다. 이 장에서 엘름스는 아니엘라 야훼, 융의 가족 또는 MDR 편집자들이 행한 삭제, 누락, 변경 그리고 위조 등의 목록을 만들었다. 이 중 일부는 융 사후에 이루어진 것이다. 현재 국회도서관에 보관되어 있는 볼링겐 재단의 융의 편지 철에 기록된 이들 변화는, 엘름스가 지적했듯이 분명히 융을 보다 더 '스위스 부르주아지'의 분위기에 맞게 만들기 위해 그 텍스트를 '아줌마 만들기auntify' 또는 '노처녀 만들기old-maidify' 하려는 시도였다(Elms, 1994, p. 58). 가장 긴 위조는 미국판 출판물의 260~261쪽에 있다. 엘름스는 "보이지 않는 손에 의해, 이미 완성된 영어 번역에 주변과는 다른 글씨체로 3단락이 삽입되었다."(Elms, 1994, p. 65)라고 주장하였다. 텍스트에서 문제가 되는 이 세 단락은 융, 베이네스 그리고 벡위드가 엘곤 산 기슭에 도착했을 때 나타난다. 이 부분의 일부를 인용하였다.

우리에게 수단을 거쳐서 이집트로 돌아가고 있는 한 영국 숙녀를 보호해서 데리고 가 달라고 요청하는, 우간다 총독의 편지가 우리를 기다리고 있었다. 그 총독은 우리가 같은 여행 계획을 하고 있었고, 이미 나이로비에서 그 숙녀를 만났었기 때문에 그녀가 마음에 맞는 동료가 될 것이라는 점을 알고 있었다. 거기다가 우리는 총독이 여러모로 우리를 도와주었기 때문에 어느 정도 의무감도 가지고 있었다. ……나는 내게 오는 기회를 받아들이는 편이기 때문에, 그 숙녀를 우리 남자 세 명의 그룹에 기꺼이 받아들였다(MDR, pp. 260~261).

이 구절이 '유감스럽게도 잘못되었다.'는 엘름스의 발견은 분명히 옳다. 우간다 총독(1925~1932) 윌리엄 가우어스 경이 그런 편지를 썼다는 것은 상식적으로 납득이 가지 않는다.13 반대로 네임체 대담에서 루스는 이 상황에 관해 완전히 다른 이야기를 하였다. 그녀는 결코 수단과 이집트를 경유하여 영국으로 돌아가려고 하지 않았었고, 그녀의 동생과 6개월간 함께 있다가 몸바사를 거쳐 배로 돌아갈 계획을 했었다.

일견해서 이 위조는 개인적인 가족 문제를 보호하려는 가족 검열관에 의한 또 다른 '아줌마 만들기'로 나타났을 것이다. 융의 성인 자녀들은 편집자에게 MDR에서 융의 잘 알려진 정부 토니 볼프와 관련된 것의 거의 모두를 삭제해 달라고 요구하였다. 그렇지만 더 자세히 조사해 보면 이 이야기는 융 자신의 창작물인 것 같기도 하다. 왜냐하면 1960년에 한 유진 롤프와의 대담에 같은 내용이 나타난다.

나는 융에게 베일리 양이 엘곤 산으로 가는 ……원정대에 관심이 없었느냐고 물었다.
대답으로 융은 "당신이 그녀—금발의 여인을 만났나요?"라고 내게 물었다.
"예." 나는 말하였다.
계속해서 융은 "그녀는 우간다 총독에 의해 내게 맡겨졌어요. 그녀는 수단을 거쳐 집으로 가려고 했었고, 그 당시에 여자가 혼자서 또는 단지 '사환들'과 동행하여 여행을 하기는 불가능했었기 때문이죠. 수단은 당시에 영국과 이집트의 공동 관리하에 있었지요."라고 말하였다.

"그러면 그것이 그녀에게는 운명의 시간이었나요?"라고 나는 물었다(그녀가 융과 운명을 함께하였다는 의미에서).

나는 융이 이 표현에 대해 어떻게 생각했는지는 확실치 않다. 그러나 그는 ⋯⋯ 일반적인 의미에서 동의를 표시하였다(Jung, 1989, p. 201).

MDR에 있는 위조가 루스와의 불륜을 위장하는 것일까? 루스가 "기분이 최고로 좋아 웃고, 농담하며 캠프를 성큼 걸었던 크고, 구릿빛의 멋진 남자"로 기억했던 말년의 한 대담에서, 그녀는 "어쨌든 우리는 ⋯⋯행동을 아주 올바르게 하려고 애썼어요. 그런 상황에서는 아주 잘한 일이지요, 믿어 주세요!"(Brome, 1978, p. 206)라고 말하였다. 그리고 그들은 아마도 어떻게든 했을지도 몰랐다. 엘곤 산 현지 아프리카인들이 종종 루스가 그의 '아내'였다고 주장했었지만, 융과 그녀와의 관계(평생 지속될 것이다)가 플라토닉 하지 않았다는 증거도 없다.[14]

비록 가우어스 총독이 융이 루스를 '보호하여' 우간다, 수단 그리고 이집트에 가게 하는 생각을 제안하였다는 것이 상식에 어긋난다 하더라도, 이 총독이 루스에게 부기슈 심리학 원정대에 합류하라는 공식적인 문서를 발급하였다는 것은 충분히 가능한 일이었다. 사실 루스는 융이 당국에게 그녀를 데리고 나일 강을 따라 내려가는 것에 대해 허락을 받았다는 점을 지적하였다(Bailey, 1969, p. 15). 원정대가 여행자들에게는 출입이 금지되었던 '제한구역'에 들어갔었기 때문에 이것은 꼭 필요했을 것이다.

아티 평원

       그들이 나이로비에 머물던 어느 날, 이 일행은 "광활한 수렵금 지구역인 아티 평원을 방문하기 위해 작은 포드차"(MDR, p. 255)를 빌렸다. 현재는 사라진 수렵 채집으로 살아가는 종족의 이름을 딴 이 평원은 도시 바로 남쪽 몸바사로 가는 철로를 따라 펼쳐진다. 이 끝없이 완만한 구릉으로 이어지는 평야는 한때 마사이 족의 목초지였는데 최근에는 케냐의 첫 번째 수렵금지구역이 되었다.15 11월의 '짧은 우기'16 동안 야생화와 풀이 가득한 햇볕에 탈색된 황금빛 초지가 무성하고 높게 자랐다. 흰색과 노란색 꽃으로 레이스를 단 연녹색의 아카시아 나무가 늘어선 긴 선을 따라 멀리서 공원을 가로지르는 아티 강을 희미하게 분간할 수 있었다. 꽃술이 넓게 퍼져 악어와 하마가 한낮 햇볕을 쐬며 잠자고 있는 저지대 잡목 숲으로 이어졌다. 서쪽으로는 평평한 대지에 보초 같이 서 있는 네 개의 낮은 구릉이 있는 은공 언덕의 구부러진 외곽선이 있다. 남동쪽으로는 루케니아 언덕에 바위 절벽이 있는데, 이곳에서는 몇 달 후에 미국 자연사박물관의 아클레이 야생생활 파노라마를 위한 연구가 있을 것이다. 북동쪽으로 32km에는 엘 도이뇨 사북이 홀로 솟아 있고, '백인의 고원지대' 훨씬 더 위의 적도 한가운데에는 해발 5,199m인 흰색 빙하가 반짝이는 쌍둥이 이빨 같이 생긴 케냐 산 봉우리들이 서 있다.

  "이 드넓은 사바나의 작은 언덕에서 엄청난 전망이 우리 앞에 펼쳐졌다. 우리는 수평선 가장자리에서 가젤, 영양, 누, 얼룩말, 혹멧돼지 등 거대한 동물의 무리를 보았다."(MDR, p. 255) 융이 본 가장 큰 무리는 '누'이거나 보통 윌더비스트(역자 주-아프리카산 큰 영양의 일종)였다. 기괴한 모습과 재미있는 동작 때문에 '평원의 광대'라고 이름 붙여진 이 푸른빛이 도는 회색의 생명은 소 같은 뿔이 있는 커다란 머리를 가지고 있고, 움푹 패인 가슴, 짧은 목 그리고 가늘고 호리호리한 다리를 가지고 있어, 그들이 달릴 때면 우스꽝스러워 보였다. 1925년에는 아티 평원에 대규모로 이동하는 서부 흰 수염 윌더비스트 떼가 아직 있었지만, 융은 이들의 수가 놀랄 만큼 줄어드는 이동의 막바지를 목격하였다(Mary Akeley, 1928b, p. 186). 보다 규모가 작은 무리를 짓고 다니는 것으로는 기품 있고, 목이 길며, 날씬한 황갈색과 붉은색의 영양, 임팔라가 있고, 떼 지어 사는 까다로운 톰슨가 젤과 제왕적이고 몸집이 큰 그랜트가젤이 있으며, 두드러진 높은 어깨와 선반받이 모양의 뿔 그리고 긴 머리를 가진 황갈색 영양의 조상으로 하테비스트가 있다. 얼룩말 무리는 변화무쌍한 꼬리로 이 장면에 양념을 더했다.

가시나무 덤불 속에 딕딕, 클립스프링어, 워터벅, 리드벅 그리고 일런드 등과 같은 또 다른 영양이 있었다. 언덕 위에서 평원을 본 융은 이 숲의 거주자들을 보지 못했을 것이다. 그러나 그는 보다 예리한 눈으로 그의 시선 안을 돌아다니는 케이프 버펄로, 코뿔소, 기린, 혹멧돼지 그리고 타조 등을 분간했을 것이다. 그는 눈에 띄지 않게 높게 자라난 풀 속에서 자고 있는 사자, 표범, 치타, 하이에나, 자칼, 그리고 들개 등과 같은 평원의 포식자를 언급하지 않았다. 이 "고요한 적막"(CW 9i, p. 177) 속에서 그는 '맹금의 음울한 울음소리'를 들었다. 아마도 코리 버스타드거나 아프리카산 피시 이글이었을 것이다.

두 번째 깨달음

융은 "동료들 곁을 떠나 그들이 보이지 않을 때까지 걸어갔다. 그리고 완전히 홀로 있는 느낌을 맛보았다."(MDR, p. 255) 이 언덕 위에서 융은 마치 그들이 '수억 년을 지나는 동안' 해 왔던 것처럼 그의 앞에서 꾸불꾸불 움직이는 평원의 동물들이 만든 '서서히 흐르는 강'을 명상하였다. "이것은 영원한 태초의 고요함이었다. 그것은 언제나 비존재 상태로 있어 온 세계였다. 왜냐하면 그때까지 아무도 그것이 이 세계라는 것을 아는 사람이 존재하지 않았기 때문이다."(MDR, p. 255)

융의 아프리카 여행에서 이것보다 더 많이 분석되어 온 사건은 없었다. 이것은 '깨달음' '계시' '발견' '존재론적 환영' '신비한 운반mystical transportation' 등으로 불려 왔다. 토고브닉이 이 경험은 "프로이트에 반하는 융의 경력의 미래 과정"(Torgovnick, 1997, p. 33)에 맞추어졌다고 주장했는데, 이것은 과장이 아니다. 이것은 융의 중년에 있었던 대전환의 순간이었다. 이 사건에서 우리는 그의 무의식과의 대면, 프로이트와의 결별, 그의 초기 경력, 그의 교육 그리고 어린 시절 등을 되돌아본다. 그리고 이 사건에서 우리는 그의 가장 인상적인 출판물, 연금술과의 만남, 에라노스 집담회의 창설, 저명한 지성인들과의 지속적인 대화, 그의 세계적인 명성, 그의 학문적인 지위 그리고 그의 명예박사학위 등을 기대한다. 여기 아티 평원에서 융은 그의 존재 이유raison d'être, 그의 '신화'를 발견하였다.

융의 발견은, 지적해 왔던 것과 같이, 1913년에 그가 프로이트와 결별하면서 시작된 중년의 위기에서 출발하였다. 융에게 이 결별은 개인적으로 그리고 직업적으로서의 파멸이었고, 그로 하여금 오랜 기간 동안 휴지기에 들어가게 하였다. 이 기간 동안 그의 생산성은 사실상 정지하였다. 분명히 우울했고 정신분열적이기도 했던 융의 질환이 직업적인 의무 중 많은 것을 줄이도록 하였다. 그는 1921년에 『심리학적 유형론Psychological Types』이 나오기까지 중요한 것을 거의 출간하지 못하게 될 것이었다. 거기다가 사생활에서는 다가올 토니 볼프와의 염문으로 명예가 실추되었다. 그가 '무의식과의 대면'이라고 불렀던 이 붕괴의 시기 동안 그는 직업상의 명료함을 추구하였다. 꿈, 환상, 그림, 놀이 그리고 돌세공 등의 내면생활에 열정적으로 몰두함으로써 그는 그가 "그 자신의 신화를 발견하는 길에 있다."(MDR, p. 175)는 '확신'을 느꼈다.

융은 수개월 전인 1925년에 뉴멕시코 호피 족을 방문하는 동안 그의 신화를 인식하기 시작하였다. 마운틴 레이크와 나눈 대화를 통해 그는 서구 문화의 정신적인 빈곤에 대한 기존의 인식을 더 절실하고 분명하게 느꼈다. "융은 신화 상실을 현대인의 문제로 공식화한 첫 번째 사람이었다."(Edinger, 1984, p. 11) 이것은 무엇보다도 자가 진단이었다. 1912년에 그는 자신에게 썼다.

> "이제 네가 신화로 가는 열쇠를 가지고, 무의식의 정신의 문을 모두 열어도 된다." 그러나 그때 무엇인가가 내 안에서 속삭였다. '왜 문을 모두 열까?' 그리고 곧바로 내가 해 왔던 것이 결국 무엇인가 하는 의문이 생겨났다. 나는 과거 사람들의 신화를 설명했었다. 나는 그 안에 인간이 늘 살아왔던 신화인 영웅에 관한 책을 썼다. 그러나 요즈음에 인간은 어떤 신화에 살고 있나? 기독교 신화에 그 대답이 있을 수 있다. "당신은 그 안에 사나요?"라고 나는 자문한다. 솔직히 그 대답은 "아니요."였다. 내게 있어 그것은 내가 의거해 사는 것이 아니다. "그러면 우리는 더 이상 어느 신화도 가지고 있지 않은가?" "그래, 우리는 더 이상 어느 신화도 가지고 있지 않아." "그러나 그러면 당신의 신화—당신이 살고 있는 그 신화는 무엇인가?" 이 지점에서 나 자신과의 대화가 불편해졌고, 생각을 멈추었다. 나는 막다른 곳에 도달하였다(MDR, p. 171).

융은 마운틴 레이크에게서 자신의 토착 신화로 살고 있는 분명한 문화의 대변인을 발견하였다. 마운틴 레이크가 말한 바에 따르면, 호피 족은 "세계의 지붕

위에 살고, 아버지 태양의 아들이며, ……우리는 매일 온 세상을 위해 아버지가 하늘을 건너가도록 도와준다."(MDR, p. 252) 융은 이 아메리카 원주민의 확신에 찬 '침착함'은 "그가 심지어 신에게 필수적인 것을 돌려줄 수 있고" 그렇게 하여 "인간 개인을 형이상학적인 요소의 권위로 높일 수 있다."(MDR, p. 253)는 믿음의 결과였다는 것을 이해하였다. 이와 대조적으로 유럽계 미국인들은 마운틴 레이크가 볼 때 방향을 잃은 사람들이었다. "그들의 눈은 응시하는 표정이고, 그들은 늘 무엇인가를 찾고 있으며, 늘 불편해하고 안절부절못한다."(MDR, p. 248) 이 비서구인과의 대화가 융이 그의 인생이 답해야만 하는 것으로 생각했던 의문, 즉 '현대인은 어떤 신화로 살 수 있을까?'를 밝혀 주었다.

20만 년 전 인류가 이 평원에서 처음 직립한 이래 실질적으로 변하지 않은 세계를 혼자서 바라보면서 융은 "여기서 나는 지금 이것이 그 세계라는 것을 인식한 최초의 인간이었다. 그러나 그는 이 순간 그가 그것을 현실에서 처음으로 창조하였다는 것을 알지 못하였다."(MDR, p. 255)라는 생각이 떠올랐다. 얼마나 많은 인간의 눈이 바로 그 언덕에서 그런 생각을 하지 않은 채 윌더비스트를 관찰했을까? 융은 이 경험을 회상하면서 1938년과 1961년에 각각 썼다.

나는 수억 년 뒤에 누군가가 이 산과 바다, 해와 달, 은하수와 성운, 식물과 동물이 있는 아름다운 세계가 존재한다는 것을 인식해야만 한다고 믿는다. 동아프리카 아티 평원에 있는 낮은 언덕에서 나는 수많은 무리의 야생동물이, 마치 그들이 태곳적부터 오로지 태초 세계의 숨결로만 접촉하면서 해 왔던 것처럼 소리 없이 고요하게 풀을 뜯고 있는 것을 보았다. 그때 나는 내가 이 모든 것이 존재한다는 것을 아는 첫 번째 인간, 첫 번째 피조물인 것처럼 느꼈다. 나를 둘러싼 세계는 모두 태초의 상태로 고요하였다. 그것은 그것이 과거에 존재하였다는 것을 알지 못하였다. 그리고 그때 내가 알게 된 그 순간에, 그 세계는 존재를 드러냈다. 그 순간이 없었더라면 그것은 결코 존재하지 않았을 것이다. 만물은 이 목표를 찾고 그것이 인간 안에서, 그렇지만 오직 가장 고도로 발달되고 충분히 의식화된 인간 안에서 충족되는 것을 발견한다. 이 의식적인 실현의 경과를 따르는 모든 진보는, 가장 작은 것까지도, 이 세계에 그러한 것을 많이 보탠다(CW 9i, p. 177).

거기서 의식성의 우주적인 의미가 내게 거스를 수 없을 정도로 분명해졌다. 연금술사는 "자연이 불완전하게 남긴 것을 예술이 완전하게 한다."고 말한다. 인간인 나는 보이지 않는 창조 행위로 이 세계에 객관적인 존재를 부여함으로써 그것에 마침표를 찍는다. 우리는 보통 그렇게 함으로써 인생을 남김 없이 계산된 하나의 기계, 인간 정신과 함께 미리 알고 결정된 법칙에 따라 진행되는 기계로 보게 된다는 것을 미처 생각하지 못하고, 이 행위를 창조주에게만 돌린다. 그러한 무미건조한 시계 장치 같은 환상에는 인간, 세계 그리고 신의 드라마가 없다. 거기에는 '새로운 나라'에 이르게 하는 '새로운 날'이 없고, 미리 계산된 과정을 따르는 황량함만 있을 뿐이다. 나의 늙은 푸에블로 친구가 생각났다. 그는 푸에블로 족의 존재 이유가 매일 그들의 아버지인 태양이 하늘을 건너는 것을 도와주는 데 있어 왔다고 생각하였다. 나는 그 믿음에 대한 그의 의미 충족을 부러워하였다. 그리고 아무런 기약 없이 나 자신의 신화를 찾아 돌아다녀 왔다. 이제 나는 그것이 무엇인지, 그리고 그것보다 더 많은 것을 알게 되었다. 즉, 인간이 창조의 완성에 필수 불가결하다는 것을 말이다. 사실상 그 자신이 두 번째 세계 창조자이고, 그 혼자서 이 세계에 객관적인 존재를 부여하였다. 객관적인 존재가 없으면 그것은 수백만 년 동안 듣지 못하고, 보지 못하며, 묵묵히 먹고, 낳으며, 죽고, 고개를 끄덕이며, 비존재의 깜깜한 밤을 알지 못하는 끝을 향해 하염없이 갈 것이다. 인간의 의식성은 객관적인 존재와 의미를 낳았고, 인간은 위대한 존재 과정에서 그의 필수 불가결한 위치를 발견하였다(MDR, pp. 255-256).

새로운 신화의 해석

분석심리학자들은 융이 아티 평원에서의 경험에 관해 서술하면서 자기Self를 발견한 것에 초점을 맞추어 왔다. 융은 1918년에서 1920년 사이에 '정신적인 발달의 목표'가 자기라는 것을 이해하게 되었다. "직선적인 진화는 없다. 자기의 순환적 발전circumambulation이 있을 뿐이다."(MDR, p. 196) 융의 자기는 자아, 의식, 개인과 집단적 무의식을 포함하는 인격 전체를 의미하였다. 전기 작가 바버라 해나는 융이 아프리카에서 한 '두 번째 깨달음'은 "아마도 1호 인격(자아)이 2호 인격(자기)을 필요로 하는 만큼 2호 인격도 1호 인격을 필요로 하고 있다는 진리를 충분히 인식한 첫 순간이었을 것"(Hannah, 1991, p. 171)이라고 말하였다. 다른 말로 하면, 한정된 자아 없이는 영원한 자기가 "외부 현실에서 경험될"(Hannah, 1991, p. 171) 수 없다는 것이다.

에드워드 에딩거의 저서인 『의식의 탄생: 융의 현대인을 위한 신화The Creation of Consciousness: Jung's Myth for Modern Man』가 이 주제를 가장 철저하고 열정적으로 다룬다. 에딩거는 거의 성인聖人전기 같은 언어로 융을 "새로운 존재 양식을 경험하고 충실히 체계화한 첫 번째 사람인 신기원적인 인물"(Edinger, 1984, p. 12)로 기술하였다. 이 새로운 신화의 중요한 생각은 "인생의 목표가 의식의 탄생"(Edinger, 1984, p. 17)이라는 것이다. 이런 식으로 인간 의식은 우주 최고의 업적이고, 진화가 가리키는 기적으로 이해된다. 『새로운 신의 형상The New God-Image』

(1996)에서 에딩거는 융의 새로운 신화를 두 원리로 요약하였다. 첫 번째는, "창조주는 인간 의식의 눈을 통해 자신을 바라본다."(Edinger, 1996, p. 89)이다. 융은 "존재는 그것이 누군가에게 의식이 될 때에만 진실하다. 이것이 창조주가 의식적인 인간을 필요로 하는 이유다."(CW 11, p. 575)라고 적었다. 의식적인 인간이 없으면 창조주, 그리고 창조를 알 수 없다. 두 번째는, "의식성이 두 번째 세계 창조자다."(Edinger, 1996, p. 90) 융은 생물학자 토머스 헉슬리(1825~1895)와 철학자 조지 버클리(1685~1753)의 생각에 공감하면서 정신이 공동 창조자이고, 의식성이 없으면 물질세계는 스스로 인식하지 못하기 때문에 존재하지 않는다고 주장하였다. 오직 인간의 의식성을 통해서만 자연 세계가 스스로 인식하고 자신이 존재하는 것을 인지하는 데까지 진화할 수 있다. 물론 이것이 일어나지 않았던 시점이 있었다. 융은 그 시간 동안 세계가 '비존재'의 상태에 있는 것으로 이해하였다. 에딩거는 융이 이런 전체적인 관점을 이해하고 언명한 첫 번째 인간이라고 주장하였다.

이 주제에 관해 또 다른 열성적인 사람이 물리학과 천문학 교수인 빅터 맨스필드다. 그는 『동시성, 과학, 그리고 영혼-만들기Synchronicity, Science, and Soul-Making』(1995)에서 아티 평원의 경험은 "그것이 보다 넓은 배경에서 의미를 자리매김하였기 때문에 그의 자서전 『C. G. Jung의 회상, 꿈 그리고 사상Memories, Dreams, Reflections』과 「융합의 비의Mysterium Coniunctionis」둘 모두에서 가장 중요한 부분"(Mansfield, 1995, p. 209)이었다고 주장하였다. 맨스필드에게 융의 신화는 유심론자의 철학적 체계와 공명하고, 정신과 물질 사이의 분열의 치유를 위한 희망을 제공한다. 정신과의사이며 분석가인 안토니 스티븐스는 『개인의 신화: 꿈과 꿈꾸기Private Myths: Dreams and Dreaming』(1995)에서 "이런 통찰로 융은 충분한 의식성으로 향한 개성의 발달 여정을 우주적인 맥락과 영원의 맥락 안에서 생겨나는 것으로 보는 것에 이르렀다."(Stevens, 1995. p. 329)라고 강조하였다. 그 이전의 많은 철학자들과 같이 융은 "이런 초월적인 견해로" "이 지구에서의 인생의 진화 전체를 존재의 본질, 모든 것의 하나 됨, 윤회의 사슬을 철저히 인지하려는 ……목적을 가진 의식의 점진적인 출현"(Stevens, 1995. p. 330)으로 보았다.

어떤 해석자들은 아티 평원의 경험을 표현하는 데에서 융이 심하게 팽창되었다고 비난해 왔다. 역사학자 프랑크 맥린은 융이 "스스로 신 같은 환영, 말하자면 그가 세계를 창조했고, 그래서 그가 특별히 독특한 통찰력을 가지고 있으며, 특별하고 신적으로 축복받은 존재라고 하는 느낌"(McLynn, 1996, p. 278)을 가졌다고 보고하였다. 전기 작가 빈센트 브롬은 융이 "유일하게 하나님의 직통전화를 가진, 그리고 보통 인간의 삶을 풍요롭게 해 주려는 어떤 계시를 가진 위대한 구루의 역할"(Brome, 1978, p. 203)에 빠졌다고 주장하였다. "아마도 그날 사바나에서 있었던 그의 자기과시는 오직 그의 제자들만이 관용으로 그를 따를 수 있을 지점까지 이르렀다. 하나님-융은 ……'그 자신의 신성을 믿었다.'"(Brome, 1978, pp. 203-204) 리처드 놀은 『융 숭배The Jung Cult』(1994)에서 "1925년에 융이 한 개인적인 신화의 전개는 그의 열정적인 제자들에게 그를 전설로 만드는 데 필요한 모든 자료를 제공해 주었다. ……베버가 길을 알려 준 '전형적인 예언자'와 동일시하였던 것이 하나의 사례다."(Noll, 1994, pp. 283-284)라고 하였다.

아프리카인의 해석: 세계의 회복

로저 브룩이 융의 아티 평원의 경험에 대해 독특한 아프리카적인 해석을 제시하였다. 그는 "한편으로 그것은 분석심리학의 중심 주제인 자기실현의 경험이지만, 다른 한편으로는 융이 일단 유럽으로 돌아가면 그것의 존재론적인 의미를 기억에서 잊어버릴 경험이다."(Brooke, 1990, p. 82) 여기서 브룩의 해석이 의미하는 것은 무엇일까? 융학파 분석가와 학자들이 잊어버린 것은 무엇일까?

브룩은 1990년에 남아프리카 아파르트헤이트(역자 주-인종차별주의정책)의 맥락에서 글을 쓰면서, 자주 이야기되었던 분석심리학에 대한 비판을 지적하였다. 즉, 그것은 사회의 부정에 침묵한다는 것이다. 그 대신 그것은 이 지구의 고통을 외면하고 개인 자신만을 구하는 엘리트적이고 현학적이며 자기애적인 테크닉을 대표한다. 이 테크닉은 자아중심주의를 극복해야 할 자율적인 내면의 콤플렉스와 동일시하지만, 자아중심주의를 외적인 관계망 안에 자리매김하는 것을 분명히 하지 못한다. 자아의 죽음은 사회적인 고립에서 일어날 수 없다. 식민주의, 인종주의, 제국주의 또는 아파르트헤이트 등을 버리지 않고 자아를 버릴 수 있을까? 치료 분석이 압제 체제에 의해 유지되고 지지받는다면 개성화가 중요할까? 브룩은 이것을 "모든 심리학이 가지고 있는 치명적인 결함"(Binswanger, 1946, p. 193)이라고 부른 루트비히 빈스방거를 인용하였다.

융의 아티 평원의 사건에 관해 잊힌 것은 "심리학적인 삶의 본질은 그것의 세계-관계성"(Brooke, 1990, p. 82)이라는 것이다. 이 "본질적인 세계-관계성은, 만일 아프리카에서 한 융의 경험이 그 자체로 이해되어야 하고, 분석심리학이 지나친 내면으로 향하는 경향에서 구원받아야 한다면, 우리가 여기서 회복해야 할 필요가 있는 것이다."(Brooke, 1990, p. 83) 브룩은 융이 '의식의 요청과 세상의 요구 사이에 있는 돌이킬 수 없는 관련성'을 발견했고, 그 결과로 "의식의 발달이 세계 밖에서 일어나는 과정을 가리키는 것이 아니고, 세계 그 자체가 의식이라고 불리는 인간의 빛을 통해 존재를 드러내는 과정을 가리킨다."(Brooke, 1990, p. 83)라고 주장하였다. 브룩의 견해는, 비록 자신은 그렇다고 인정하지 않았지만, 문투Muntu 철학으로 표현되는 아프리카 주제와 상통한다. 은투Ntu 또는 존재Being는 그 안에 모든 사물이 응집되는 힘이다. "남자와 여자(문투), 개와 돌(킨투Kintu), 동쪽과 어제(한투Hantu), 미美와 웃음(쿤투Kuntu)은 힘이고 모든 것은 이렇게 서로 관계한다."(Jahn, 1961, p. 100)

막간: 인생의 직물

확실히 아프리카적인 관점인 '세계-관계성'은 사회적인 관계망을 보다 넓은 생물권으로 확장시킨다. 융의 발견은 1920년대에 시작하여 지금도 진행 중인 보다 광범위한 패러다임 변화의 맥락 안에서 이루어졌다. 프리초프 캐프라는 이 변화를 "심층 생태학Deep Ecology(역자 주-모든 동식물의 생존권을 주장하는 운동)"(Capra, 1996, p. 3f)이라고 부른다. 이 새로운 패러다임은 모든 현상 사이에 존재하는 근본적인 상호연관성을 인식하는 전체론적인 세계관을 제시한다. 부분적으로 융도 책임이 있는 이 서구 사고의 혁명적인 변화는, 지금까지 견고히 유지되어 왔던, 우주는 기본적인 건물 벽돌로 구성되어 있는 기계적인 체계이고 인간의 몸을 기계라고 보는 데카르트식의 사고에 도전한다. 1920년대에 양자물리학, 시스템 사고(역자 주-사물이 전체 안에서 어떻게 서로 영향을 미치는가를 이해하는 과정), 게슈탈트 심리학 그리고 프로세스 철학(역자 주-형이상학적인 현실을 변화와 발달과 동일시하는 유기체의 철학)의 출현으로 '세계를 하나의 기계로' 보는 오래 지속되어 온 비유를 믿지 않게 된다. 그 대신에 블레이크와 괴테의 낭만주의적 견해 그리고 아프리카 문투 철학과 어우러져 전 지구를 하나의 살아 있는 존재로 보게 된다. 융과 세계적으로 유명한 양자물리학자인 볼프강 파울리와의 교류는 (1932~1958) 이들의 물리학과 정신을 관련지으려고 시도한 개척자적인 작업을 보여 준다.

브룩은 아티 평원 경험 이후에 "융의 정신적인 삶은 더 이상 그의 유럽인 머릿속, 즉 데카르트의 생각하는 것res cogitans과 같이 미라화된 내면의 세계 안에 갇힐 필요가 없었다."(Brooke, 1990, p. 83)라고 지적하였다. "만일 융의 심리적인 삶이 (아프리카에서) 고향을 느꼈다면, 그때 '고향'은 그 과정에서 변환되었다. 그것은 유럽인 마음으로 상상하는 것과는 전혀 다른 세계로 출현하였다."(Brooke, 1990, p. 84) "그가 사실이고, 변할 수 없으며, 피할 수 없다고 인정한 유럽인의 세계는 ……계통발생학적으로 인간과 단절되고 그렇기 때문에 낯설다."(Brooke, 1990, p. 84) "그것은 기술적 인간의 세계이고, 거기서 일을 강요받으며, ……그것은 목적을 잃은 미몽에서 깨어난 세계이고, 자연법칙의 거친 불가피성에 따르면 거기서는 인생조차도 에너지와 물질의 의미 없는 움직임으로 용해된다."(Brooke, 1990, p. 84) 브룩이 보기에 융은 아프리카에 영웅적인 정복자가 아니라 숭배하는 순례자로서 접근할 수 있었기 때문에 그에게는 이 세계가 사원이 되었다. 융은 그런 '생태학적 감수성'으로 1920년대에 서구 세계관의 기본에 도전한 심오한 물음을 던진 다른 분야의 거물들과 나란히 섰다. 그리고 그는 우리가 '뉴 에이지 New Age'에 들어왔다는 것을 정확히 예견하였다.

마지막 준비

아티 평원 나들이와는 별도로 베이네스와 벡위드는 엘곤 산으로 가는 사파리를 최종 준비하면서 그 주를 나이로비에서 보냈다. 융은 분명히 이 일의 대부분을 두 동료, 그중에도 특히 이 여행을 조직한 베이네스에게 맡겼다.『동아프리카 스탠다드지』에 따르면 베이네스가 단기간 동안 나이로비에 체류하고 있었던 우간다 총독 윌리엄 가우어스 경 각하를 만났다. 베이네스는 "그들의 연구에 관심을 가지고 있었던 식민청 차관(Hon. W. G. A. 옴스비-고어 MP)이 동아프리카 총독에게 쓴 소개 편지"(EAS, 1925. 11. 19, p. 5)를 가지고 갔다. '프로토콜'에서 융은 그들이 총독에게 초대되어 야외 저녁 식사에 갔었다고 기억하였다(Protocols, box 1, folder 13, p. 373). 이 일행이 케냐 총독 그리그를 만났다는 것을 가리키는 것은 없다. 그들의 계획이 우간다 부기슈 족과 수행해야 할 연구였기 때문에 그리그에게 공식적인 문서를 받을 필요는 없었을 것이다.

그들의 캠핑 물품 대부분은 런던의 론과 아들러에서 구입하였고(Bailey, 1969, p. 34), 그들이 출발하기 몇 주 전에 나이로비의 세관 보세 창고로 선적하였다.[17] 이것은 거의 불필요했고 아마도 케냐에서 간단히 준비하는 것보다 더 비싸고 복잡했을 것이다. 1920년대에 식민지의 사파리 산업이 번성했었기 때문이다. "사파리 가는 사람이 원한다면, 그는 칫솔만 가지고 나이로비에 도착할 수도 있었다. 뉴랜드와 탈턴이 그가 바로 다음 날 숲으로 떠날 수 있도록 모든 것을 준비해 놓고 있기 때문이다."(Bodry-Sanders, 1991, p. 114) 웸블리 박람회의 공식적인 케냐 간행물에는 "나열한 개인 휴대품만 가지고 와서 여기서 상점을 돌아다니면서 직접 고르거나 중개인을 통하여 모든 것을 사거나 임대하는 것이 결국에는 더 싸게 먹힐 것"(Kenya, 1924, p. 26)이라고 주장하였다.

가장 유명했던 회사가 뉴랜드와 탈턴 유한회사였는데 "그것은 값비싼 곡예와 같은 개인 원정을 하였고 고객을 왕이 된 것처럼 만족시켜 주었다."(Miller, 1971, p. 513) 사파리 참가자들은 "넓은 이중 지붕의 리지 텐트에서 생활하였고, 낮 동안 사냥감 추적에서 생긴 먼지를 빳빳한 천으로 만든 욕조에서 닦아 내었으며, 부풀 려진 고무 매트리스 위에서 사냥꾼 담요를 덮고 잤고, 매 끼니마다 고급 포도주를 즐겼다."(Miller, 1971, p. 513) 이것이 최고급 사파리였긴 하지만, 대부분의 회사들 은 성공적으로 야생에 진출하는 데 필요한 장비, 물자, 짐꾼 등을 합리적인 가격으로 제공할 수 있었다. 준비하는 데 회사를 이용하는 것은 편리할 뿐 아니라 현명 한 선택이었다. 사파리가 위험할 수 있으므로 부실한 준비는 사파리의 실패뿐 아 니라 숲에서의 죽음을 의미할 수도 있다. 특정한 품목을 잃어버렸다거나 잘못 챙 기는 것이 용서받을 수 없을 수도 있다. 보호받지 않고 길을 잘못 들었다거나 제 한구역을 돌아다니는 것은 치명적일 수 있다. 이것이 융의 사파리에 특히 맞는 말 이었다. 그들은 장비를 챙기는 자세한 세부 내용을 준비해 줄 사람을 고용하지 않 았고, 짐꾼을 고용하지도, 세부 계획을 입안하는 데 도움을 받지도 않았다. 베이네 스의 여행 계획에는 172km와 160km에 달하는 두 번의 도보 사파리가 있었다. 이것은 이 세계에 대한 경험이 없는 팀에게는 야심찬 계획이었다.

베이네스는 보관되어 있던 짐을 풀고 분류하였다. 어떤 품목이 분실됐거나 고 장이 났다면 그가 그것을 나이로비 상점에서 대체했을 것이다. 그가 나이로비에 서 사기를 기다렸던 품목이 몇 개 있었다. 융은 집으로 보낸 편지에서 그들이 나 이로비에서 "권총 두 자루와 탄약창 400개를 구입하였다."(CL 1, p. 43)라고 언급 하였다. 그렇게 해서 킬린디니 세관의 폭발물에 대한 엄격한 규제를 피할 수 있 었다(Kenya, 1924, p. 22). 융은 "그들이 네 명의 흑인 하인과 요리사 한 명을 고용 하였다."(CL 1, p. 43)라고도 언급하였다. 벡위드가 산에서 도움을 줄 아프리카인 조수를 선발하는 데 관여하였다(Bailey, 1969, p. 5).

네 명의 '하인'을 고용하였다는 것이 융이 루스를 팀의 일원으로 포함하려고 조율하는 데 애썼다는 것을 보여 주는 증거다. 매코믹이 그의 장비를 미리 선적한 뒤 마지막 순간에 취소하였기 때문에, 네 번째 멤버를 위한 텐트와 보급품이 준비되어 있었다. 융에게 네 번째 멤버 없이는 이 일정을 모두 소화할 수 없다고 통보했던 벡위드는 루스가 베이네스와 그 사이에 존재하는 지속적인 긴장에서 그를 벗어나게 하여 편하게 해 줄 것으로 생각하였다. 반면에 베이네스는 벡위드가 그만두기를 원하는 것을 기뻐하였다. 그는 루스가 참여하지 않는다면 나일 강을 따라 내려가는 2개월 동안 그가 융을 독차지할 것이라는 상상을 하였다. 루스는 베이네스가 그녀에게 함께 가지 말라고 설득하려 했다고 하였다(Bailey, 1969, pp. 23-24). 그렇지만 루스는 아직 사파리에 합류하지는 않았다. 그리고 융은 그녀를 설득하기 위해 계속 쇼핑에 데리고 다녔다.

짐 목록

사파리 장비와 물품은 모두 나이로비에서 일행과 함께 출발했을 것이다. 여행 구간이 기차, 배, 승용차로 되어 있어 짐꾼은 필요할 때까지 고용되지 않았을 것이다. 전형적인 사파리의 주요 야영 장비는 참가자 개개인마다 다음 품목으로 구성되어 있었다. 그것은 10×8 이중 지붕 리지 텐트, 깔개, 모기장, 캔버스 해먹, 간이침대, 접이식 의자, 갑판용 접의자, 자물쇠와 바가 달린 잡동사니 주머니, 장식용 구멍과 코드가 달린 바닥이 둥근 녹색 가방, 에나멜 세면대, 작은 베개, 촛불 랜턴, 석유등, '우간다' 물병, 목욕 수건, 세안 수건, 밀봉 상자, 낙타 털 담요 등이다. 루스는 이 텐트가 두터운 캔버스 바닥으로 잘 만들어져서 작은 동물이나 뱀이 들어오지 못할 정도로 치밀했다고 하였다(Bailey, 1970, p. 7). 공용 장비는 식사 테이블, 식당 텐트, 부엌용 천막, 조리용품(단지, 팬, 부엌 용기), 식기(에나멜 접시, 에나멜 채소 접시, 에나멜 그릇, 컵, 받침 접시, 그 밖의 용기), 망치, 손도끼, 로프 그리고 정수 필터 등이다. 면으로 된 가리개 텐트와 요리 단지가 고용된 다섯 명의 짐꾼마다 필요하였다(Patterson, 1924, p. 179). 개인 휴대 품목은 다양했지만 나침반, 야외 안경, 주머니칼, 사냥칼, 코르크 병따개, 깡통따개, 드라이버, 시계, 성냥, 부싯도구 그리고 담배 등으로 되어 있었을 것이다. 우리는 베이네스가 16mm 흑백 필름 카메라를 가지고 있었고, 벡위드는 자신의 옷에 특히 신경을 썼으며, 융은 늘 파이프를 가지고 있었다는 것을 알고 있다. 이 일행은 필기도구도 가지고 있었지만 분명히 책은 없었다(Bailey, 1970, p. 22). MDR에 보면 그들은 "구경 9mm 만리커 장총 한 정과 권총 한 정"(MDR, p. 258)을 가지고 갔다. 사냥꾼이며 사격 솜씨가 좋았다고 기록된 벡위드가 아마도 찰스 A. 헤이어 회사에서 발견할 수 있었을 이들 품목을 구입하는 책임을 맡았을 것이다. 이 나이로비의 상점은 매일 『동아프리카 스탠다드지』에 다양한 고속 구경의 만리커, 쇼나우어, 모제르 그리고 BSA 장총들을 광고하였다.

남자들의 복장은 보통 카키색 코트 상의, 셔츠와 반바지, 무명 셔츠, 가죽 부츠, 무릎까지 올라오는 모스키토 부츠, 모카신(역자 주-뒤축이 없는 구두)과 같은 가벼운 캠핑용 신발, 두터운 스타킹, 명주 속옷, 여벌의 두터운 모직 양말, 따뜻한 파자마, 두터운 양모 스웨터, 따뜻한 외투, 레인코트, 토피(역자 주-헬멧 모양의 햇빛 가리개) 그리고 손수건으로 되어 있다. 흥미롭게도 19세기 탐험의 시기 이래로 무명으로 된 옷이 사파리에서 가장 중요하게 여겨져 왔다.[18] 베이네스의 필름에서 융과 베이네스는 반바지를 입었고 캔버스천으로 된 각반을 찼지만 벡위드는 긴

스타킹을 신고 그것을 입었다고 분명히 나온다. 사파리에 나선 여자들은 일반적으로 면이나 실크 속옷에 카키색의 니커스(역자 주-무릎 부분에서 매는 헐거운 스포츠용 반바지)와 미디(세일러복 옷깃을 한 헐거운 블라우스)를 입었고, 부츠, 캔버스천 레깅스 그리고 부드러운 챙의 모자를 착용하였다.19 베이네스의 필름에서 루스가 긴 부츠를 신고 커다란 펠트 모자를 쓴 것을 볼 수 있다.

식량은 런던의 론과 아들러가 조달하였는데, 이것들은 매주 나이로비로 이 일행에게 선적되어 '관인 상자chop boxes'로 왔다. 열쇠와 자물쇠가 달린 이 나무 상자는 하나에 27.2kg이 나갔는데, 이는 포터 한 사람이 들 수 있는 최대한의 무게였다(Bradley, 1922, p. 259). 루스가 이 상자에 관해 열심히 설명했는데, 그녀는 그것을 '음식물 상자chuck boxes'로 잘못 발음했고 그것에는 계란, 베이컨, 소세지 그리고 사과 링 등이 담겨 있었다고 하였다(Bailey, 1969, p. 34). 그 상자에서 구할 수 있는 것은 여러 종류의 살코기 캔(언더우드 매운 양념 햄, 황소 혀말이, 소고기 국물, 훈제 정어리, 훈제 청어), 과일과 야채 통조림(하인츠 구운 콩과 토마토, 블랙 레스터 버섯, 아스파라거스 팁, 푸룬, 설타나 건포도), 양념(설탕 분말, 세레보스 소금, 가루로 된 흰 후추, 카레 가루, 우스터 소스, 겨자), 아침 음식(월트셔 베이컨, 스카치 오트밀, 캠프 비스킷, 던디 마멀레이드, 구색을 갖춘 잼, 처트니), 디저트(초콜릿, '캠프 파이', '크리스마스 푸딩', '캡틴 비스킷'), 그리고 음료(실론 차, 커피 가루, 코코아) 등이었다(Bradley, 1922, pp. 259-262). 엘곤 산에서 일행은 이 보급품들을 옥수수, 얌, 감자, 양배추, 양파, 파, 토마토, 바나나, 달걀, 닭고기 그리고 소고기 등과 같은 신선한 그 지방 음식과 함께 보급받았다.

전형적인 의료 상자에는 접착 반창고, 접착 테이프, 붕대, 피하주사기, 다양한 약이 든 아연 약통, 요오드, 키니네, 브랜디, 위스키 그리고 치과 키트 등이 들어 있었을 것이다(Bradley, 1922, p. 262; Galton, 1893, pp. 14-15). 루스는 벡위드가 캠프를 설치하자마자 의료용 위스키와 브랜디를 다 마셔 버려서 융에게 호되게 꾸지람을 들었다고 기록하였다(Bailey, 1969, p. 157). 약에는 구토제, 하제, 강장제, 발한제, 장뇌, 석탄산 그리고 클로로다인 등도 포함되었을 것이다. 키니네는 아프리카에서 1854년에 말라리아를 치료하기 위해 처음 사용되었는데, "그것의 성공적인 사용은 유럽인의 아프리카 원정에 전환점이 되었다."(McLynn, 1992, p. 56) 그렇다 하더라도 그것이 항상 말라리아 감염을 예방했던 것은 아니었다.

제4의 요소

융은 마지막 순간까지 루스를 팀의 네 번째 구성원이 되도록 설득하는 작업을 계속하였다. 그렇지만 그녀를 합류시키려는 그의 계획은 베이네스뿐 아니라 루스의 제부 리처드 가우솔페의 반대에 부딪혔다. 리처드와 버사는 그들이 결혼한 뒤 나쿠루 호수로 신혼여행을 가는 동안 어쩔 수 없이 루스를 나이로비에 남겨 놓았다(Bailey, 1969, p. 5). 이틀 뒤 루스는 이 부부와 합류하여 나머지 신혼여행을 그들과 함께 보냈다. 신혼여행이 끝난 뒤 이들 셋은 리처드가 주재하고 있는 서부 케냐로 여행을 갔다. 이것은 루스가 융의 사파리와 함께 나이로비를 떠날 수 없다는 것을 의미하였다. 루스는 융과 나이로비를 뒤로하고 떠나는 리처드의 계획에 마지못해 동의했었다고 하였다(Bailey, 1969, p. 5).

그렇지만 운명이 그러하듯이 리처드는 케냐 서부의 우아신 기슈 철도의 터보 전진 기지에 상주하는 기술자로 체류했었다. 터보는 엘곤 산 구릉지대에서 남동쪽으로 48km밖에 안 되는 곳이다. 부기슈 심리학 원정대의 공식적으로 인가된 계획은 엘곤 산 남서쪽 구릉지대 경계 바로 너머에 있는 우간다 부기슈 족에게 민속지학적인 면담을 하는 것이었다. 분명히 이 점에서 융이 루스를 합류시켜 '원정대'가 해체되지 않도록 하기 위해 이 팀의 목표에 수정을 가하기 시작했던 것이다. 만일 그들이 케냐의 터보 근처에서 '원시' 부족을 찾을 수 있다면, 아마도 루스가 그들과 합류할 수 있을 것이었다. 이 가정은 나중에 융 일행이 철로가 끝나는 지점에서 기차에서 내린 다음에 생길 분명한 혼란을 설명한다. 그들은 어느 방향으로 가야 할지 아무런 생각이 없어 보였다.

이렇게 루스는, 비록 다른 경로로 갔지만, 융의 사파리가 나이로비를 출발한 것과 같은 시간에 서부 케냐로 향했었다. 루스, 버사 그리고 리처드는 승용차를 타고 나쿠루에서 우아신 기슈 지역의 작은 터보 전진 기지로 여행을 떠났다 (Bailey, 1969, pp. 5-6).[20]

미 주 ─────────────

1. '카비론도'라는 용어는 한때 뤄, 루야와 같이 케냐 서부에서 닐로트 족과 반투 족을 가리켰었지만 더 이상 사용되지 않는다.

2. 바론 브로르 폰 블릭센-피네케와 바론니스 카렌 블릭센은 브로르의 애정 행각으로 인하여 1925년에 이혼하였다.

3. 『동아프리카 스탠다드지East Africa Standard』는 피에로 복장에 필요한 것으로 다음을 묘사하였다. 짧게 깎아 끝이 뾰족한 중절모자, 이것은 일반적으로 솜털 모양의 방울 술과 자루 모양의 헐렁한 바지와 연결된다. 그렇지만 둘 다를 분명히 갖추어야만 되는 것은 아니다. 그런데 왜 피에로 복장일까! 여성들의 기분과 취향은 이전 세대에서 내려온 한정된 패션에 제한될 수 없다. 피에로와 피에레트 복장은 입는 사람이 되려고 원하는 것 모두 될 수 있다. 그러나 그것은 색깔

이 화려해야 하고, 쾌락의 정신이 깃든 건물 내부에 잘 어울리는 짐이어야 한다. 그것이 실제로 성공하는 조건이다(EAS, 1925. 11. 16, p. 5).

4. 이것은 융이 그날 밤 혼자 앉아 있었다는 루스 베일리의 기억에 근거한 가정이다.

5. 센치shenzi는 '탈문명화uncivilized'를 의미하는 스와힐리어다.

6. 블리스 씨는 다음 제안을 하면서 계속 말하였다.
   닥터 융과 베이네스를 설득하여, 그들에게 폐가 되지 않은 한도 내에서, 어린 시절에 원시인의 마음과 교류하는 것이 유럽인 아이들에게 미치는 영향을 연구하게 한다면, 그 결과는 식민지 유럽인 아이들의 부모와 선생님들에게 비교할 수 없을 정도로 값질 것임에 틀림이 없다.
   나는 이 순간 (블리스 씨는 결론지어) 이들에게 취해야 할 조치를 준비하지는 않았다. 그러나 관심이 있는 개인이나 협회는 이 유명한 과학자들에게 그들의 관심이 이런 경로로 향하도록 접근할 것이라는 기대로 이런 제안을 했을 뿐이다(EAS, 1925. 11. 25, p. 1).
   융과 동아프리카에 살고 있는 유럽인 사이에 이 목적으로 마련된 만남은 분명히 없었다. 융은 1932년 세미나에서 "아프리카에서 그들은 내가 왜 원주민들을 연구하러 거기에 왔는가, 하고 물었다. 그들은 내가 백인을 연구한다면 훨씬 더 많은 것을 배울 것이라고 말하였다. 그 후에 이 생각은 완전히 확증되었다."(S 2, p. 617)

7. 루스 베일리가 말한 이 인용문은 그녀가 글린 베넷과의 대담에서 뉴 스탠리 호텔에서 융을 처음 만난 것을 회상하면서 한 말이다(Bailey, 1986, p. 178).

8. 브롬의 인용은 1974년에 그가 베일리와 한 대담에 근거한다.

9. 베이네스는 실제로 융의 사파리에 있으면서도 백위드와는 대립하였다(Bailey, 1969, p. 23).

10. 브롬의 이 인용은 1974년 베일리와의 대담에 근거한다. 그렇지만 1969년의 네임체 대담에서 루스는 융이 이 말을 그가 버사의 약혼자에게 루스가 그들과 함께 아침 식사를 해도 좋냐고 물었을 때 했다고 하였다(Brome, 1978, p. 4).

11. 케냐의 실링화는 1922년에 케냐 식민지에서 유통하는 화폐로 인도의 루피화를 대신하였다.

12. 1922년에 케냐에는 134대의 자동차밖에 없었지만, 1924년에는 약 1,000대가 있었다(Hemsing, 1982, p. 62).

13. 융의 전기 작가 중 누구도 이 위조를 찾아내지 못했었다. 일부는 심지어 이 이야기를 확장하기까지 했다. 한 사람은 총독이 루스를 그들의 '안내인'으로 보내 주었다고 썼을 정도다(Wehr, 1987, p. 237)!

14. 피터 베이네스의 딸, 다이애나 얀센이 적었다. "내 부모가 융과 토니 볼프와의 관계에 관해 공공연히 말했던 것에 비추면, 나는 루스와의 관계에 대해 아저씨를 넘어선 것이 아니었나 하는 말을 들었을 것 같다."(D. B. Jansen, 개인적인 교류, 2002. 11. 13)

15. 이 지역의 일부는 현재 나이로비와 경계에 있는 수렵금지구역인 나이로비국립공원이다. 임팔라 관찰초소에서 보면 이 공원을 넓게 조망할 수 있다. 이곳이 융이 관찰했던 지점인 것 같다.

16. 짧은 우기는 보통 10월 하순에서 12월 초순까지다. 『동아프리카 스탠다드지』는 1925년 11월의 짧은 우기에 특히 비가 많이 내렸다고 보고하였다(EAS, 1925. 11. 23, p. 8).

17. 사파리 물품을 유럽에서 구입하였다면 킬린디니 세관에서 지연되는 것을 피하기 위해 그것을 미리 선적하는 것이 필수적이었다. 융 일행이 몸바사에 도착하자마자 출발했던 것으로 보아 그들의 장비가 먼저 도착했음에 틀림이 없다.

18. 프랜시스 골턴은 『여행의 기술Art of Travel』 제8판에서 다음과 같이 썼다.
   피부에 닿는 무명의 중요성은 아무리 강조해도 지나치지 않는다. 그것은 이제 통계의 문제가 되었다. 원정이 진행되는 동안 그들 중 명주를 가지고 있는 사람과 그렇지 않은 사람의 이름을 기록하였다. 병에 걸렸거나 죽은 사람의 명단은, 항상 아주 많은 부분에서, 후자의 명단에 속했었다(Galton, 1893, p. 111).
   융이 좋아하는 소설 중 하나인 『그녀She』의 화자가 그의 아프리카 사파리 복장을 이야기하였다. "우리 복장의 대부분은 잘 수축되고 아주 질긴 회색 무명으로 만들어졌다. 그것이 이들 장소를 여행하는 데 탁월하다는 것을 알았다. ……그것은 따뜻하고 태양광선을 잘 막아 주며, 갑작스러운 기온의 변화로 오기 쉬운 오한에 그 어느 것보다도 좋다."(Haggard, 1982, p. 104)

19. 이 목록은 브래들리(Bradley, 1922, p. 258), 밀러(Miller, 1971, p. 512), 골턴(Galton, 1893, pp. 111-129), 그리고 케냐(Kenya, 1924, pp. 24-25) 등을 포함하는 사람들의 짐 목록에서 수집하였다.

20. 이들 사건에 대한 루스의 말 바꾸기가 네임체 대담에서 혼동을 일으켰다. 그녀는 여동생과 제부와 나쿠루에서 합류한 다음 진자에서 터보까지 승용차로 갔다고 말하였다. 이 순서는, 거의 482km가 떨어져 있는 우간다 진자까지의 전 여정을 기차와 배로 갔다가 험한 길 322km를 돌아서 건너와야 했다는 것을 의미했기 때문에, 그러했을 것 같아 보이지 않는다. 그렇지만 나쿠루와 터보 사이는 160km밖에 안 된다. 루스가 대담 중 많은 장소와 이름을 혼동했던 것으로 보아 그녀가 '나쿠루'를 '진자'로 잘못 말했을 것이다. 보다 혼란스러운 것은 루스가 네임체 인터뷰에서 했던, 터보는 엘곤 산의 융의 캠프에서 가장 가까운 동네인 키밀리리에서 402km 떨어져 있었다는 진술이었다. 사실상 그것은 약 40km밖에 안 됐다. 아마도 루스는 인터뷰에서 '40km'라고 이야기했는데, 이것을 네임체 씨가 '402km'로 들었을지도 모른다.

JUNG

IN

AFRICA

05

동아프리카
지구대地溝帶

JUNG
IN
AFRICA

동•아프리카 지구대地溝帶

지구地溝를 통과하여

      11월 하순에 융과 일행은 나이로비 역에서 '미지의 지역으로 가
는' 우간다 철도에 승차하였다. 그들의 사파리 장비는 모두 하인 네 명과 요리사
한 명으로 구성된 그들의 아프리카인 종업원과 함께 기차에 실렸다. 이 열차는
대략 오후 4시에 출발하였다(Huxley, 1991, p. 96).

  이 열차는 나이로비 위쪽의 수풀이 많이 자라나 있는 녹색 언덕에 오르면서
해발 2,400m에 올라섰다. 그러는 동안 승객들은 아직 밝은 대낮에 비옥한 '백인
고원지대'의 경치를 즐겼다. 그들은 천혜의 정착민들 농장을 지나갔다. 거기에
는 햇감자, 옥수수, 완두콩, 콩, 상추 그리고 양배추 등 즙이 많은 곡물들이 유럽
의 토양에서와는 다른 크기로 자라고 있었다. 윤이 나고 살찐 가축이 깊고 습한
목초지에서 조용히 풀을 뜯고 있었다. 해가 지면서 기온이 쌀쌀해졌고, 그때가
11월이었기 때문에 저녁 땅거미가 질 무렵에 폭우가 쏟아졌다.

  불행히도 융은 5개월간의 전 여정에서 가장 극적인 경치를 보지 못하였다. 어
둠이 짙어지고 두터운 안개가 그들을 감싸고 있는 동안 기차는, 지각에 나 있는

6,400km에 달하는 균열인, 동아프리카 지구대(그레이트 리프트 밸리) 바닥으로 내려가기 시작하였다. 여기 나이로비 북서쪽에서 48km 되는 곳의 짙은 녹색 숲에서 600m 아래의 햇빛에 그은 평원으로 떨어지면서 거대한 협곡이 입을 벌렸다. 가파른 절벽 같은 벽이 눈에 보이는 한 끝없이 남북으로 이어졌다. 식생이 습한 숲에서 갑자기 수천 종류의 아카시아가 있는 마르고 성장을 멈춘 덤불로 변하였다. 협곡 바닥에 사화산인 롱고노트 산이 어렴풋이 나타났다.

기차는 단층애를 내려가 따듯하고 먼지 많은 계곡 바닥에 도착한 다음, 밤중에 일련의 호수를 통과하였다. 대부분의 협곡 호수들은, 지난 수억 년 동안의 화산 활동으로 탄산나트륨이 풍부한 토양을 만들었기 때문에, 소다수였다. 염분이 있음에도 이 호수들은 펠리컨, 백조, 왜가리, 황새, 가마우지, 노랑부리저어새, 물총새, 따오기, 거위, 오리 그리고 피시 이글 등 멋진 새들의 서식지가 되었다. 가장 멋진 새 떼, 홍학은 청록색 조류가 번성한 소다수에서 잘 자랐다. 이 수백만 홍백색 새들은 지구대의 전망이 좋은 벽 사이의 호수를 잇는 이동 경로를 따라 매년 이동하였다. 융은 어두움 때문에 나이바샤 호수와 엘멘타이타 호수를 구경할 수 없었지만, 다음 날 아침 햇살에 비친 나쿠루 호숫물을 건너 흐르는 홍학이 만드는 핑크빛 구름을 알아보았을 것이다.

우아신 기슈선

나쿠루 호수에서 서쪽으로 6.4km 되는 곳, '백인 고원지대'의 주요 허브에서 기차는 우간다 철도에서 우아신 기슈선으로 갈아타고 엘곤 산으로 향하는 북서쪽 길에 올랐다. 1925년에 이 선로는 아직 공사 중이었다. 우아신 기슈 선로는 1924~1928년 사이, '동아프리카 발전에 커다란 진전이 있었던', 케냐의 '대호황시대'에 수행했던 야심찬 계획 중 하나였다(Hill, 1949, p. 443). 루스베일리의 제부인 리처드 가우솔페 같은 기술자들이 아프리카의 심장부에 이런 기술적인 기적을 가져다주기 위해 고용되었다.

2,375,763파운드 아니면 마일당 16,731파운드의 경비를 들여서 마무리한 이 우아신 기슈선 철도 건설은 논란거리가 아주 많았다. 원래 이것은 증가하는 케냐 우아신 고원 정착민들의 농산물을 시장으로 운송하는 것을 돕는 수단으로 여겨졌는데, 결과적으로 우간다 수출입 교통의 주요한 통로가 되었다. 이 철도가 건설되기 전 이 고원 정착민들은 그들의 상품을 황소가 끄는 수레에 싣고 이 지역 행정 중심지인 엘도레트에서 103km를 여행하여 론디아니에 있는 우간다 철도까지 갔다. 엘도레트는 당시 64, 소구획지 64 또는 농장 64로 알려졌었다(Hemsing, 1982, p. 60). 어느 정착민도 감히 혼자 하지 않았던 이 힘든 여행을 하기 위해서는 2,743m 정상을 하나 기어올라야 하였다.

유럽인들의 우아신 기슈 정착은 1905년에 영국에서 온 다수의 정착민들이 도착하면서 시작되었다. 빠른 정착을 돕기 위해 영국 외무성은 다른 나라에서 온 정착민들도 장려하였다. 남아프리카에서 온 보아 인종이 1908년에 도착하기 시작하였다. 남아공 동북부 지방의 트란스발 초원의 고지대 농법 전문가인 이 남아프리카 백인Afrikaner들은 우아신 기슈 고원에서 밀을 재배하고, 아파르트헤이트 정책을 유지하려고 하였다. 보다 이상한 결정 중 하나는 외무성이 유태인의 고향을 꿈꾸고 있는 시온주의자들에게 우아신 기슈를 주려고 하였다는 것이다. 유태인 위원회가 1904년에 조사차 도착했지만, 결국 이 제안을 거절하였다. 제1차 세계대전 뒤 식민지 정부가 케냐의 땅을 퇴역군인들에게 무상 증여하면서 정착민 인구가 크게 늘어났다. 1919년에 시작된 군인 정착 계획은, 지원자들이 당첨되면 보호령 고원지대의 개발되지 않은 수풀이나 초원의 한 소구획지를 받았던 로또복권이었다. 1920년에 케냐가 영국의 직할 식민지가 되었을 때, 철도의 필요성이 시급해졌고 우아신 기슈선의 건설이 시작되었다.

당초 예상과는 다르게 이 선로는 1925년에도 여전히 건설 중이었고 많은 노동자 문제와 부닥쳤다. 현지 아프리카인들은 열악한 조건 때문에 이 선로에서 일하려 하지 않았다. 1922년에 사망률이 "매년 1,000명당 83명이라는 끔찍한 수준"(Hill, 1949, p. 450)에 달하였다. 지방행정관이 1925년 10월에 터보를 방문하였을 때, "노동자 대부분은 우간다(부기슈 등지)에서 온 것으로 보인다."(Chamier, 1925, p. 13)라고 보고하였다. 그해 이 선로의 작업이 노동자 부족으로 심하게 영향을 받자, 식민 당국은 그 지방 아프리카인을 징집하여 이 선로에서 3개월 동안 일하게 하는 전례 없는 조치를 취하였다(Hill, 1949, p. 451). 남부 카비론도 구역의 줄로족 원주민들이 장관의 승인 아래 우아신 기슈 철도 건설 작업에 강제로 동원되었다(Hemsted, 1925, p. 36). 이 철도는 1928년 1월 15일에서야 개통하였고, 그럼으로써 "인도양과 나일 강 수원지 사이를 직접 연결하는 철도"(Hill, 1949, p. 473)가 완성되었다.

막간: 기사인가 아니면 뱀인가

케냐 총독 에드워드 그리그 경은 철도 연결을 완공하면서 제국의 성과를 다루기 힘든 여인을 유혹하는 기사(Knight)로 비유하면서 이야기하였다.

또 다른 관점에서 이 성취를 봅시다. 우리는 이것을 기술적인 조직의 업적이라고 이야기해 왔습니다만, 여기 아프리카에 있는 철도 종사자들은 단순한 철도 종사자들만이 아닙니다. 그들은 진정, 철도에 근거하고 그것 없이는 오래 생존할 수 없는, 우리 문명을 수행하고 보증하는 사람들입니다. 대영제국의 관점에서, 철도는 고대 영국에서 길이 로마에게 중요했던 것처럼 아프리카에서 중요합니다. 잠자는 공주의 성 안을 돌아다니는 기사처럼 이 철도는 사랑스러운 케냐의 고원지대를 드러내고, 우리로 하여금 그곳에 영국 인종의 전진 기지를 건설할 수 있게 해 주었습니다(Hill, 1949, p. 474).

대영제국이 케냐의 처녀지를 수태시켰다. 그런데 이것이 유혹이었을까 아니면 강간이었을까? 철도 건설이 시작되기 전 엘고니 족이라고 불리는 산악 종족의 예언자 삼부리는 꿈에서 이 땅으로 들어올 쇠로 된 뱀을 보았다(F. Kiboi, 개인적인 교류, 2003. 11. 13). 1925년에 이 뱀은 엘곤 산 기슭에까지 도달했었다.

사실 영국은 그 제국이 아프리카와 아프리카인들에게 야기하고 있는 잠재적인 질환을 의식하고 있었다. 정부 당국은 유럽인들의 정착과 경제적인 발전을 부추기면서 '아프리카 원주민들'의 이익을 지키려고 하였다. 1923년 영국정부는 식민청 장관 데본셔 공작이 서명한 백서를 발표하였다. 그것은 케냐에서 아프리카인의 이익이 '가장 중요하다'고 주장하였다. 유럽인의 양심은 1924년에 하원 위원회가 정착민과 '토착' 인구의 상보적인 발전을 위한 케냐 총독의 '이중 정책'을 채택하면서 한층 더 개선되었다. 그렇지만 숲과 들판을 가로지르는 뱀처럼 구불구불한 우아신 기슈 철도는 삼부리의 꿈이 현실로 되면서 그의 예측을 확인해 주었다.

식민시대 이전에 우아신 기슈('줄무늬 있는 가축'을 의미함)는 마사이 족과 난디 족 같은 닐로트 족의 대규모 목축업자들에게는 최상급 목축지였다. 이들 두 강력한 국가에 더하여 그곳에는 작고 수줍음 많은, 숲 속에 거주하는 수렵-채집인 집단인 도로보 족이 살았다. 카비론도 족 같은 서부 케냐의 농경민들과는 달리 목축인과 수렵-채집인들은 식민지배자들이 다루기가 더 힘들다는 것이 입증될 것이었다. 20세기에 접어들면서 이 풀 많은 평원에 유럽인이 정착하기 위한 공간을 마련하기 위해 영국은 우아신 기슈의 강력한 마사이 족을 이 지역에서 나가도록 조율하였다. 마사이 족 대추장 레나나가 분명히 이것을 받아들였다. 그는 "그의 종족이 영국인 농장 블록에 의해 나누어지기보다는 하나의 확대된 남부 보호구역 안에 함께 있는 것이 더 나을 것"(Trench, 1993, p. 43)이라고 생각하였다. 난디족은 그들의 가축을 습격하는 적들이 떠나는 것을 좋아하였다.

그렇지만 난디 족에게 문제는 점점 커졌다. 영국은 일련의 전투에서 그들을 물리친 뒤 1905년에 그들을 '원주민 보호구역'으로 보냈다. 1920년까지 우아신 기슈에 있는 그들의 주요 거주지는 "소개되었고 유럽인들의 농장으로 분할되었다."[케냐토지위원회 보고서(KLCR), p. 2038] 그 결과로 난디 족은 어쩔 수 없이 우아신 기슈 고원의 서쪽과 남서쪽에 있는 구릉지대와 숲으로 가게 되었고, 거기서 그들은 낯선 정치 구조, 종교적인 방식 그리고 문화적인 가치를 수용할 수밖에 없었다. 본래의 목축생활 습관을 버리고 일부는 생계 수단으로 식민지배자들의 대농장에서 노동자로 있거나 불법 거주자가 되었다. 거기다가 그들은 그들을 사회계층 사다리의 맨 밑바닥으로 배정한 정부에게 세금을 낼 것을 요구받았다. 난디 족은 그들의 천적, 반투 카비론도 족을 보호하고 좋아했던 영국을 원망하였다.

동아프리카 역사 연감에서 가장 슬픈 것 중 하나가 도로보 족에 관한 장이다. 이 수렵-채집인 집단은 우아신 기슈 고원의 남쪽면, 틴도렛 론디아니 숲 속에 살았다.[1] "고대 수렵 종족이 있었다는 역사적인 증거와 도로보 족이 동아프리카 토착 거주자라는 난디 족과 마사이 족의 견해에 대한 확실한 증거"(KLCR, p. 2036)가 있다. 대부분은 도로보 족이 동아프리카 원주민이라는 데 동의한다. 쇠로 된 뱀과 '피할 수 없는 문명의 행진'이 도로보 족을 말살하였다. 식민 당국은 그들의 존재를 한 종족으로 인정하지 않았을 것이고 그들 조상의 고향을 '정부 보호림'으로 주장할 것이었다. 1932년 케냐토지위원회 보고서에는 "도로보 족은 이제 사냥을 금지당했다. 그래서 그들의 유일한 생계 수단이 없어졌다. 그들은 숲에서도 쫓겨났고, 틴도렛-모 숲 보호구역 주변 땅은 모두 유럽인 농장이기 때문에 쫓겨난 사람들은 정착할 곳이 아무 데도 없다."(KLCR, p. 2041)라고 적혀 있었다. 1930년대 초반까지 250명의 도로보 족만이 이 지역에 남아 있었다. 이들은 결국 난디 족이나 다른 인종집단에 흡수되었다. 그들의 숲 속 생활기술, 의학지식, 종교적인 방식 그리고 사냥꾼과 사냥물을 추적하는 사람으로서의 탁월한 기술 등이 역사 속으로 사라졌다.

도로보 족의 파멸과 함께 백인 고원지대 전체에 걸쳐 있던 우림지대 역시 파괴되었다. 우아신 기슈의 남쪽 경계는 홍적세(빙하가 후퇴하고 인류가 출현한 시기)부터 살아 있는 유물, 카카메가 숲이었다. 1923년에 그곳에서 금이 발견되자, 식민 정부는 이 구역을 '주 의회 숲'으로 선정하고 엘곤 올리브, 무코마리와 아프리카 마호가니 등과 같은 가치 있는 경목을 벌목하면서 상업적인 채광을 시작하였다. 이것이 이 자연의 보고를 황폐화시키는 것으로 드러났다.[2]

우아신 기슈에 유럽인이 정착하면서 낳은 또 다른 효과는 이 지역에 야생을 재배치시키고 없애 버렸다는 것이다. 20세기에 접어들면서 이 고원에는 수많은 얼룩말, 윌더비스트, 가젤, 기린, 이랜드 등이 그들의 포식자들과 함께 득실거렸다. 정착민들이 유입되기 전에 우아신 기슈 평원에 가 보았었던 자연보호론자 카를 애클리가 1926년에 융이 지나간 지 불과 몇 개월 뒤에 이곳을 다시 찾았다.

그의 아내 메리 L. 조브 애클리가 그 당시 엘도레트에서 보어인 정착민 중 한 명과 만난 일을 기록해 놓았다.

> 우리가 늦은 오후에 햇살을 받으며 차를 마시고 앉아 있을 때, 갑자기 크게 소리치고 채찍질하는 소리를 들었다. 곧 건장한 보어인 농부 한 명이 16마리 황소가 끄는 사륜마차를 타고 와서 근처에 멈추어 소를 마차에서 끌렀다. 그는 서둘러 우리에게 질문을 하고는 차를 마시면서 서툰 영어로 자기가 얼룩말 200마리를 죽인 이야기를 하였다. 그는 그렇게 해서 곡물 생산을 늘리고 추수할 수 있었고, 그것으로 정부가 농부에게 주는 장려금 400실링을 받았노라고 이야기하였다.
> "얼룩말은 모두 사살되어야만 해요. 곡물 생산을 늘려야 합니다!"라고 그는 소리쳤고 책상을 주먹으로 쳐 접시가 춤을 추었다. 그런 다음 그는 "곧 어두워집니다."라고 하면서 나무 밑창을 한 구두를 신고 떠들썩하게 사라졌다. 아름다운 저녁노을과는 조화롭지 못한 무섭고 잔인한 현상이었다. 우리 앞에는 구름으로 모자를 쓴 엘곤 산 위쪽의 황금빛 아름다움 속에 넓고 완만하게 오르내리는 고원지대가 펼쳐졌다. 그러나 그것의 야생성은 결코 돌아오지 않도록 사라졌다(Mary Akeley, 1940, pp. 322-323).

늙은 보어인이 그들에게 그 이유를 말해 주었다. 요약하자면, 철도의 도입으로 말미암아 지난 천 년 동안 존재해 왔던 우아신 기슈의 토착 생활방식이 파괴되었다. 사람들은 조상의 고향을 잃어버렸고 서구의 정치 제도와 문화적 가치를 받아들이도록 강요받았다. 많은 사람들은 유럽인 농장의 임금 노동자나 토지 불법 점유자가 될 수밖에 없었고, 다른 사람들은 강제로 '원주민 보호구역'에 가게 되었다. 쟁기와 담이 우아신 기슈를 밀, 보리 그리고 아마 등 돈이 되는 작물의 곡창지대로 바꾸면서, 동물들은 해충처럼 살육당했다. 거대한 숲들은 남김없이 약탈당했다.

운명과 좋은 관계를 맺고

　　　　1925년 11월에 쇠로 된 뱀은 64번 역까지 뻗어 나갔다. 융은 "우리는 그 당시에 건설 중이었던 우간다 철도를 이용해 임시 종착역, 시지스티포(64) 역까지 여행하였다."(MDR, p. 256)라고 기록하였다. 시지스티포 역은 나이바샤 주 우아신 기슈 지역의 중심지인 엘도레트 읍이었다. "양철지붕 방갈로와 풀로 엮은 오두막, 그리고 아담한 은행 건물과 정육점이 하나씩 있는 작은 마을dorp"(Huxley, 1991, p. 96)이었던 이 읍은 철도가 들어오면서 이제 막 급성장하기 시작하였다. 철도역은 양철지붕의 커다란 창고 같은 붉은 벽돌 건물로, 넓은 승강장 위에 서 있었다. 우기에 이 승강장은 보어인 농부의 황소 마차가 휘젓고 간 진흙 바다에 떠 있는 섬이 되었다. 그 당시 지방행정관은 술에 취해 혼수상태로 엘도레트의 진창에서 잃어버린 고무신이나 의치를 찾고 있는 모습을 쉽게 볼 수 있는 주정뱅이였다 (Trench, 1993, p. 88).

　융과 일행이 기차에서 내린 시각은 정오였다. 융에게 '문명'을 나타냈던 철도를 떠나면서 그는 진정으로 또 다른 세계에 들어가는 것처럼 느꼈다. 그는 MDR에 기록하였다.

　　소년들이 우리의 많은 짐을 내렸다. 나는 사람이 머리로 나를 정도의 무게가 나가
　　는 식량을 담은 관인 나무 상자 위에 앉아 파이프에 불을 붙이고, 우리가 여기 사

람들이 거주하는 땅, 그곳에서 대륙으로 끝없이 길이 펼쳐지는, 말하자면, 오이쿠메네noikumene(그리스 사람들이 살고 있는 땅)의 끝에 와 있다는 사실을 곰곰이 생각하고 있었다. 잠시 후, 공유지의 정착민이 분명한 한 연로한 영국인이 합류하였다. 그는 앉더니 똑같이 파이프를 꺼냈다. 그가 우리에게 어디로 가고 있느냐고 물었다. 우리의 여러 목적지를 대강 설명하자, 그는 "아프리카가 처음입니까? 나는 40년째 이곳에 살고 있습니다."라고 물었다.

"최소한 아프리카의 이 지역은 처음이요." 내가 그에게 말하였다.

"그렇다면 내가 당신에게 충고 하나 해도 되겠소? 당신도 아시다시피, 선생님, 이곳은 사람의 나라가 아니고, 신의 나라요. 그러니 무슨 일이 생겨도 가만히 앉아 있고 아무 걱정하지 말아요." 그 말을 하고 그는 일어나서 더 이상 한마디 말도 없이 우리 주위에 우글거리는 흑인의 무리 속으로 사라졌다.

그의 말은 중요해 보였다. 그리고 나는 그것에서 생겨난 심리학적인 상태를 그려 보려고 애썼다. 그것은 분명하게 그의 경험의 정수를 나타내었다. 인간이 아니고 신이 이곳을 지배한다. 다른 말로 하면, 의지도 의도도 아닌 보이지 않는 계획이 지배한다(MDR, pp. 256-257).

재미있게도 융은 이 사건이 있은 지 6년밖에 안 된 1931년에 쓴 보다 이른 저작에서 이 정착민을 "아프리카에 사는 백인"(CW 10, p. 127)이라고 하였다.3 이 정착민은 아프리카에 40년간 있었기 때문에 남아프리카에서 케냐로 이주한 보아인 중 한 명이지 '영국인'은 아니었을 것 같다.

40년간의 아프리카 경험으로 이 아프리카 백인이 이곳은 신의 나라라고 말하는 것이 무엇을 의미할까? 식민지에서 정착민의 역할은 '문명'과 진보라는 이름으로 처녀지에 그들의 의지와 의도를 강요하는 것이었다. 그러나 이것은 결코 완벽하게 가능하지 않았다. 정착민의 가축은 지속적으로 치명적인 열, 마사이 족의 습격이나 몹시 굶주린 사자들에게 위협받았다. 울타리는 끊임없이 떼를 지어 몰려오는 얼룩말이나 먹을 것을 찾아 돌아다니는 코끼리에 의해 망가졌다. 농작물은 질병, 영양, 기근, 홍수, 메뚜기 또는 우박 등에 의해 한꺼번에 잃을 수 있었다. 로런스 반 데어 포스트는 아프리카를 '신의 나라'라고 부르는 것이 무엇을 의미하는가, 하는 질문을 받고는 이렇게 대답하였다.

> 융이 '아프리카'에 관해 이야기할 때, 그것은 여러분이 알고 있는 아프리카가 아니었다. 그는 1925~1926년에 아프리카에 갔다. 그 시기 아프리카는 지구상에 남아 있는 자연스러운 삶을 위한 최고의 안전지대였다. 이 자연스러운 삶이 그에게는 심오하게 종교적이었다. 그가 어떻게 동물들이 그들의 의지가 아니라 신의 의지를 행하기 때문에 그들은 신의 사제라고 생각했는가를 기억하라. ……동물이 신의 의지를 행한다—그는 신의 봉사자다. ……아프리카에서 인간은 책임이 없다. 자연—즉, 신의 자연—이 책임이 있다. ……인간적으로 이해할 수 없는 일, 즉 인간이 조절할 수 없는 일이 늘 일어나고 있다. 홍수가 난 강에 도착했고 건너갈 다리가 없었다. 그러면 당신은 그것을 건널 수 있도록 물이 빠지기만을 기다려야 했다. 이것이 융에게 엄청난 기쁨을 주었다. 인간이 완전히 지배하는 듯이 보였던 유럽인의 삶을 뒤로하고 그는 신과 그의 창조가 조절하는 장소에 있었다(van der Post, 1986, p. 33).

이 아프리카 백인은 융이 사파리 생활 중에 재난을 당하면서 곧 외치게 될, "아프리카에서 확실한 것은 없다!De Africa nihil certum!"를 알았다.

바버라 해나는 "받는 사람에게 이보다 강한 인상을 주었던 충고 한마디는 결코 없다."(Hannah, 1991, p. 172)라고 말하였다. '정글이나 수풀'에 적용하는 것을 '무의식에도' 할 수 있기 때문에, 융은 계속해서 이 충고를 그의 환자들에게 알려주었다(Hannah, 1991, p. 172). 해나는 이 아프리카 백인의 이야기를 다음과 같이 번역하였다. 아프리카는 "자아ego의 나라가 아니고 자기Self의 나라다."(Hannah, 1991, p. 172) 그러므로 융은 그가 자기를 대하듯이 아프리카를 대하였다. 그는 "스스로 드러나는 보이지 않는 계획을 받아들였고, 결코 그 자신의 방식으로 밀어붙이려 하지 않았다."(Hannah, 1991, p. 173) 우리는 '통제할 수 없는' 것을 조절할 수 없다.

이전에 했던 융의 '무의식과의 대면'이 이 아프리카 수풀과의 만남을 위해 그를 준비시켜 왔지만, 이런 견해를 가지고 미지의 세계에 들어가는 그의 탁월한 능력은 '풋내기' 탐험가에게는 대단한 것이었다. 40년간 초원에서 경험한 아프리카 백인과 같이 융은 사파리의 우발적인 사고를 '즐길' 수 있었다. 변덕스러운 자연의 세계에서 편안할 수 있는 능력이 아프리카인의 기질이다. 카렌 블릭센에 의하면 아프리카인은,

> 예측하지 않은 것에 적응되어 있고, 기대하지 않은 것에 익숙하다. 여기서 그들은 백인과 다르다. 백인은 대부분 미지의 것들과 운명의 장난에게서 자신을 지키려고 애를 쓴다. 흑인은 운명과 좋은 관계를 이루고 있다. 그는 항상 운명의 손아귀에 있다. 그에게 운명은 어느 면에서 고향이다. ……그는 삶의 어떠한 변화에도 냉정을 잃지 않고 직면한다(Blixen, 1985, p. 24).

융학파의 환상의 특징은 그 안에서 물질과 정신, 우주의 내적인 측면과 외적인 측면이 결합하는 의미 있는 세계의 환상이라는 것이다. 융학과 치료의 맥락

안에서 피분석자에게 일어나는 모든 것은 의미를 내포하고 있다. 왜냐하면 '미리 마련된 계획design'을 따라 그리고 필요성에 의해, 인생은 개인의 정신적인 성장을 위해 필요한 문제와 과정을 제시하기 때문이다. 자아가 생각하고 의도하지 않았던 사건이 우연이라고 여겨지지 않는다. 융의 잘 알려진 동시성의 개념, 즉 의미를 통한 비인과적인 연결이 이 환상의 산물이다—융의 아프리카에 의해 강화된 환상.

무슬림의 엄호 아래

융은 그들 '여덟 남자들이' 두 대의 자동차로 엘도레트를 떠났다고 하였다(MDR, p. 257).[4] 세 명의 와중구wazungu(유럽인들) 외에 다섯 명의 아프리카인—네 명은 개인 조수[5][각 음중구mzungu(유럽인)당 한 명씩]로 고용되었고, 한 명은 요리사로 고용되었다. 융의 개인 조수인 "키 크고 마른 소말리인" 이브라힘도 "사파리 감독"(CW 18, p. 1288)이었다. 이브라힘은 "수피파 신앙 속에서 성장한"(CW 9i, p. 250) 무슬림이었다. 그는 제1차 세계대전 때 "연락 장교로 영국군에 복무하여 몇 개의 훈장을 받았다."(S 2, p. 472) 융은 그를 "매우 지적이라고"(S 2, p. 472) 묘사하였다. 재미있게도 루스는 이브라힘이 두 명의 아내를 데리고 왔다고 말하였다. 남자와 여자의 역할이 고도로 분화된 소말리 족 문화를 고려하면, 이 시나리오는 매우 비상식적일 것이다. 이브라힘이 오는 길 어디에선가 매춘부 두 명을 고용하였다는 것이 더 그럴듯해 보인다. 이것은 남자들이 오랜 기간 동안 가족들하고 떨어져 있을 때 전형적으로 해 오던 카라반 문화였다. 루스가 아마도 숙녀로서 입에 담지 못할 말을 피하려고 그들이 '그의 아내'였다고 말했을 것이다.

이브라힘은 식민지 케냐에서 소말리 남자들의 전형적인 직업의 과정을 따르고 있었다. 자존심이 강한 소말리인은 가정의 하인이 되는 일이 거의 없고, 그 대신에 "무역상, 말馬 장사, 총 운반인, 낙타몰이, 노동자 중개인, 그리고 그와 유사한 비정규적인 직업 등의 자유로운 삶"(White, 1913, p. 133)을 선호하였다. 소말리인은 자신을 '문명화되지 못한' 아프리카인보다는 위에 있지만 마호메트의 자손인 고귀한 아랍인보다는 아래에 있다고 생각하였다. 아랍인과 '아버지가 다른 형제'인 그들은 "혈통의 결손을 열정적인 무슬림이 됨으로써 메꾸었고, 아랍인보다 예언자의 계명에 대한 신심이 더 강하다."(Blixen, 1985, p. 155) "그들은 잘생겼고, 위풍당당하며, 자존심이 강하고, 미덥지 않으며, 용감하고, 호감이 가며, 믿을 수 없었다."(White, 1913, p. 133) "사막과 바다에서 단련되고, 본래 금욕적이며, 음식과 음료 그리고 개인의 안녕 등에 무관심한 마르고 강인한 민족"(Blixen, 1985, pp. 187, 189)으로, 그들은 유능한 사파리 동료가 되었다. 베이네스의 필름에 이브라힘이 밝은 사파리 정장을 입고 울 스타킹 모자를 쓰고 있는 것이 보인다.

루스가 나머지 세 명의 조수 중 두 명이 우수프와 살리라고 확인해 주었다 (Bailey, 1970). 이들 세 명은 지금은 나이로비에서 사파리 사업으로 먹고사는 해안가 출신 스와힐리 족 무슬림이었다(MDR, p. 265). 루스는 요리사를 단순히 스와힐리어로 요리사인 음피쉬Mpishi라고 불렀다. J. H. 패터슨은 사파리에서 경험한 스와힐리인을 "부주의하고, 속 편하며, 앞일을 생각하지 않는 사람들이고, 이 세상의 좋은 일들을 너무 좋아하며, 기회가 생길 때마다 그것들을 완전히 즐긴다." (Patterson, 1924, p. 65)라고 묘사하였다. "어느 것도 지금껏 스와힐리인의 영혼을 무디게 하는 것 같지 않다. ……그의 삶이 지금까지 아무리 힘들었고, 짐이 아무리 무거웠다고 하더라도, 그가 그것을 내려놓는 순간 그리고 그가 음식을 먹어 치우는 순간, 즉시 모든 근심을 잊어버리고, 마치 그가 가장 행복하고 복이 많은 인간이었던 것처럼 웃고 노래하며 동료들과 농담을 주고받기 시작한다."
(Patterson, 1924, p. 66)

소말리인과 스와힐리인은 마호메트와 무슬림 형제애에 대한 충성심이 모든 아프리카인의 충성심보다 더 많은 와이슬라무Waislamu(무슬림)였다. 이 조수들은 융의 코란에 대한 지식 때문에 그를 '코란의 대가'라고 불렀다. 그리고 '숨어 있는' 무슬림으로 그들과 하나로 여겼다(MDR, p. 265). 그들이 케냐 서부 토착민보다는 융, 베이네스 그리고 벡위드와 더 많은 공통점을 발견했던 것이 자연스러웠을 것이다. 그들은 토착민들을 "포경을 하지 않은 더러운 검둥이"(Trench, 1993, p. 48)라고 생각하였다. 이런 식으로 '부기슈 원정대'는 리빙스턴, 스탠리, 버턴, 스피크, 베이커 그리고 톰슨 등이 무슬림 안내인의 도움을 받은 원정 양식을 따랐다. 유럽인들의 내부 지역 진출은 무슬림의 엄호 아래 이루어졌다. 무슬림은 백인 탐험가들을 아프리카 야만의 어두운 정글에서 문명화된 동료로 환영하였다. 융의 사파리는 이브라힘의 안내를 받았다. 그는, 비록 융이 최근에 스와힐리어 지식을 얻기는 했지만, 아프리카인과의 면담 대부분을 통역해 주었다. 그는 스와힐리인 조수들과 함께 사파리에서 영어를 약간 할 줄 아는 유일한 아프리카인이었다. 베이네스의 필름에서 이브라힘이 융의 옆에 앉아서 융이 지역주민들과 팔라베르(백인과 아프리카인과의 교섭)를 하는 동안 대화에 열중하고 있는 것을 볼 수 있다. 융이 연구했던 아프리카인에 대한 그의 이해와 평가는 소말리랜드에서 온 수피파, 이브라힘의 눈과 신념으로 걸러졌을 것이다. 융에 의하면, "이브라힘은 아직도 지구가 평평한 판이고 그 위에 태양이 돌고 있으며, 그 판 아래로 천사가 그것을 운반하여 저편으로 가지고 간다고 믿고 있었다."(S 4, p. 850)[6]

길을 잃을 뻔하다

　　융, 베이네스 그리고 벡위드는 선도차를 타고 앞서서 나아갔고, 이브라힘이 몇 가지 세부적인 사파리 일을 처리하기 위해 아프리카인 다섯 명은 잠시 엘도레트에 남아 있었다. 도보 카라반에서 짐꾼을 모집하는 일은 감독의 책임이었다. 유럽인들이 이 중요한 책임을 그에게 위임하였다. 엘도레트의 지방 행정관 사무실에서 '부기슈 원정대'가 임무를 수행하려고 했던 엘곤 산 지역에 심부름꾼을 보냈다. 그는 48명의 짐꾼을 모집하는 일을 맡았다. 이 짐꾼들은 엘곤 산으로 향하는 도보 카라반이 출발한 카카메가에서 이 일행과 만나기로 되어 있었다. 식민청 차관과 우간다 총독의 소개 편지를 가진 베이네스는 케냐, 우간다 그리고 수단을 통과하면서 영국 지방행정관의 도움을 받기를 원하였다. 루스는 네임체 대담에서 지방행정관들이 융을 한 장소에서 다음 장소로 보내 주었다고 하였다. 융이 말했듯이, 그들은 '반 공식적인 원정'을 위해 병참 지원과 경호를 제공해 주었다.

　이 '원정대'의 허가된 목적지는 우간다의 엘곤 산 남서쪽 사면에 있는 부기슈 족의 땅이었다. 우간다 부기슈 족의 지역 중심지는 엘도레트에서 직선거리로 약 160km 북서쪽에 있는 부불로였는데, 그 길은 힘들고 때로는 우기가 지난 다음에 통행할 수 없는 길이었다. 이 일행은 자동차를 타고 남서쪽의 카카메가로 가서 그곳에서 도보 사파리를 시작하라는 조언을 받아들인 것 같다. 카카메가로 가는 길에 영국인 관리를 만나서 이 원정대의 진행 방향을 명확히 하였다.

　1960년에 『코로나: 여왕폐하의 해외근무 잡지Corona: The Journal of Her Majesty's Overseas Service』에 프랜시스 다니엘 히스롭과 융의 사파리와의 우연한 만남을 묘사한 "융 박사로 추정한다."라는 기사가 나왔다. 이 만남은 엘도레트에서 48km

남쪽에 있는 니안자 주의 난디 지역 정부의 위수지인 캡사벳에서 일어났다. 은퇴한 주 정부행정관이고 오랜 기간 동안 해외 근무 경력으로 중위의 칭호를 얻은 히스롭은 1925년에 34세의 부지방행정관이었다.

히스롭은 그의 '작은 주택' 근처에서 '세 명의 유럽인들'이 '커다란 사파리 박스차' 안에 앉아 있는 것을 발견했다고 하였다. 그들은 "길을 잃어버린 것 같았다." (Hislop, 1960, p. 236) 다른 운송수단에 관한 언급은 없다. 히스롭은 그들이 "아프리카인 하인을 데리고 있지 않았다."(Hislop, 1960, p. 236)는 것을 강조하였다. 히스롭이 차에 다가가서 자신을 소개하였다. "세 명 중 가장 크고 붉은 얼굴을 한 남자" 베이네스가 "우리는 엘곤 산으로 가려고 하는 중이오. 가장 좋은 길을 알고 싶소."(Hislop, 1960, p. 236)라고 말하였다. 히스롭은 캡사벳에서 그 산으로 직접 가는 길은 없고, 해지기 전까지 그 산에 도착할 수 없을 것이라고 설명하였다. 그는 그들이 엘도레트로 가서 밤을 보낸 뒤 다음 날 아침에 다시 출발하라고 권유하였다(Hislop, 1960, p. 236). 확신하건대 그들은 너무 당황해서 히스롭에게 그들이 바로 엘도레트에서 왔노라고 말하였다!

히스롭은 "붉은 갈색의 시골풍 얼굴을 한 중년의 건장한 남자" 융, 그리고 그들의 '비서'로 소개된 "운동선수 차림의 신비로운 멋을 풍기는 25세쯤 되어 보이는 젊은 남자" 벡위드와 인사를 하고 나서 이 일행을 그의 '작은 주택'에 초대해 차를 대접하였다. 그 후 곧 히스롭은 융이 "취리히에 사는 ⋯⋯위대한 유럽의 사상가"(Hislop, 1960, p. 237)라는 것을 알아보았다. 히스롭의 기사가 출간된 직후, 1960년에 한 유진 롤페와의 대담에서 융은 히스롭과의 대화를 회상하였다.

예! 히스롭 씨, 기억납니다. 통행허가증과 규제에 관한 어려움이 많았어요. 그를 만나야 했었죠. 점심을 함께했어요. 나는 그의 아내가 내 책 몇 권을 가지고 있었던 것이 생각나요. 아프리카에서 그것을 발견하였다는 것이 흥미로웠어요(Jung, 1989, p. 200).

융의 진술은 그들이 그날 겪고 있었던 분명한 문제를 지적한다. 그들은 어디로 가고 있는지를 몰랐었던 것이다.

히스롭에 따르면 이 일행은 "카라모종 족이나 세바이 족과 만나는 것을 생각하고"(Hislop, 1960, p. 237) 있었다. 재미있게도 그들이 부기슈 족에 대해서는 아무 이야기도 하지 않는다. 카라모종 족은 반 유목생활을 하는 거친 닐로트인종으로 엘곤 산 북서쪽 평원에 있었던 반면에, 엘고니 족과 관련이 있는 닐로트인종인 세바이 족은 엘곤 산 북서쪽 사면에 살았다. 히스롭은 "이들 종족이 우간다, ……제한구역에 살고 있기 때문에, 그들은 우간다 음베일에서 주 행정관에게 출입 허가를 받아야만 할 것"(Hislop, 1960, p. 237)이라고 지적하였다. 이 사실이 아마도 융이 "통행허가증과 규제에 관한 많은 어려움"이라고 했던 부분일 것이다. 엘곤 숲은 안전하지 않다는 것이 일반적인 견해였다. "그곳에는 어둡고 신비한 길과 코뿔소와 코끼리가 출몰하는 지역이 있고, 혼자서 그곳의 길을 가던 많은 사람들이 보이지 않는 손에 의해 살해당했다."(Buxton, 1927, p. 134)

세바이 족은 우간다에 있지만 그들의 사촌인 엘고니 족은 그 산의 남쪽인 케냐 쪽 사면에 위치해 있었다. 이 일행은 결국 엘고니 족에 자리를 잡을 것이다. 아마도 그들은 엘곤 산에서 '경계 임무를 마치고' 방금 돌아왔고 머지않아 그곳을 여행할 계획을 하고 있는 히스롭에게 엘고니 족에 관해 배웠을 것이다. 그는 1926년 초에 엘곤 보호림에서 두 달을 보낼 것이었다(Chamier, 1926, p. 1).

히스롭의 기록에 의하면, 그들의 대화는 베이네스가 '원주민'의 꿈에 대한 그들의 '과학적' 연구 목표와 방법론을 설명하면서 당황스럽게 이어졌다. 히스롭이 그들이 토착민들과 의사소통하려는 수단이 스와힐리어라는 것을 알았을 때, 그는 지방의 아프리카인들은 스와힐리어를 거의 하지 못한다는 것을 알려 주었다. 이 말을 듣고 융은 놀랐다. 거기다가 그는 스와힐리어는 꿈과 관련된 "추상적인 관념이나 정동을 표현하는 데 좋지 않은 매개 언어"(Hislop, 1960, p. 237)일 것이라는 점을 지적하였다. "이 지점에서 닥터(베이네스)는 이 상황을 예상하지 않았던 것은 아니었고 그들이 결과를 얻기 위한 그들만의 방법을 가지고 있다는 것을 알아챘다."(Hislop, 1960, p. 237) 그는 그 방법이 무엇인지는 드러내지 않았다. 그때 융이 주제를 바꾸었고 엘곤 산의 동굴에 관해 물었다. 히스롭이 그것에 대해 약간의 정보를 주었다.

융과의 만남에 관한 히스롭의 회상으로 두 가지가 드러난다. 첫 번째, 이 팀은 부기슈 족으로 가는 우간다 임무를 버리려는 준비가 되어 있어 보였다. 그들은 이제 루스가 '원정대'에 합류할 수 있도록 터보에서 더 가까운 인종 그룹에 자리 잡으려 하고 있었다. 두 번째, 이 팀은 민속지학적 면담을 수행하기에는 한심할 정도로 준비가 안 되어 있었다. 융의 간단한 스와힐리어를 제하고는 의사소통 수단을 가지고 있지 못하였고, 그것마저도 그들이 선택한 인종 그룹 대부분의 사람들이 말할 수 없었다.

내가 생각했던 것보다 훨씬 더 멀었다

히스롭은 그가 "그들을 엘도레트로 가는 (북쪽)길로 데려다 주었다."(Hislop, 1960, p. 238)라고 기억하였다. 여기서 히스롭의 기억이 옳든 그르든 간에 이 사파리는 서쪽으로 방향을 돌려 스클레이터로7에 있는 북부 카비론도8

지역의 중심지, 카카메가로 향하였다. 카카메가까지는 약 40km밖에 안 되지만, 그곳에 도착하기까지는 뼈가 흔들거리고 신경이 녹초가 되는 시간을 보냈을 것이다. 융은 적었다.

> 그다음 몇 시간 동안 너무나 흔들거려서 나는 생각할 여유가 전혀 없었다. 다음 장소인 카카메가까지는 내가 생각했던 것보다 훨씬 더 멀었다. 저녁이 다가오고, 순식간에 밤이 되었다. 갑자기 거의 그침이 없는 천둥, 번개를 동반한 열대폭풍이 몰아쳤고, 우리를 단번에 머리에서 발끝까지 적셔 버리고 도랑을 모두 격렬히 흐르는 급류로 만들어 버리는 폭우를 쏟아 부었다(MDR, p. 257).

1925년 11월의 단기간의 우기에 비가 많이 내렸다. 『동아프리카 스탠다드지 East African Standard』의 기사를 보면,

> 줄어들지 않고 계속되는 호우는 밀을 수확해야 할 농부들을 몹시 불안하게 하고 있다. 도로 사정은 많은 경우에 우기가 심할 때와 같이 나쁘다. 론디아니로가 특히 아주 나쁜 상태에 있다는 보고가 있다. 나이로비에서 고원지대로 가려는 사람들은 사바티아에서 차를 철도로 수송할 것을 권유받는다(EAS, 1925. 11. 23. p. 8).

캡사벳에서 카카메가로 가는 구 스클레이터로 구간은 위에서 언급한 통행할 수 없게 된 론디아니로의 바로 서쪽에 있었다. 거기다가 스클레이터로는 늦은 오후나 초저녁에 폭우가 쏟아지는 것이 일상적인 우림을 가로지르고 있었다. 융이 기록한 것처럼 그들은 '검은 솜 같은 토양'을 수렁으로 변화시키는 심한 폭풍우를 겪었다. 체인을 달았지만 길이 불안정해서 그들은 계속해서 옆으로 미끌어

졌다.

전조등의 희미한 불빛이 울창한 숲의 어두움을 가르며 사파리 자동차는 개울 속으로 들어갔다. 융은 "야생 속으로 들어가는 여행 첫날에" "우리, 포드 승용 차, 다리 그리고 모든 것은 우리가 건너려고 하는 시냇물 속에 빠졌다."(CW 10, p. 126)라고 기록하였다.9 다행히 이 세 명의 유럽인들은 다른 자동차에 타고 있 던 아프리카인 조수들과 만났고, 그들의 도움으로 차를 '급류'에서 꺼낼 수 있었 다. 융은 "우리 조수들은 마치 '그래, 좋은 출발이야.'라고 말하는 듯한 눈빛을 서 로 주고받았다."(CW 10, p. 126)라고 하였다.

비로 인하여 패인 진흙탕길 100km를 달려 그들은 '자정에서 30분 지난 시각 에' 카카메가에 도착하였다. 북부 카비론도의 지방행정관은 알프레드 에드워 드 차미어였다(Chamier, 1925, p. 1). 차미어는 고맙게도 '즐겁고도 반가운 벽난 로에 불이 타고 있는' 응접실에서 위스키를 대접하며 그들을 맞이하였다(MDR, p. 257). 지치고 뼛속까지 시려 열병이 심해졌던 융은 "더 이상 그가 현실에서 꿈 속으로 이동한 것인지 아니면 꿈에서 현실로 이동한 것인지 알지 못하였다." (MDR, p. 257)

카카메가 관청은 볕에 말린 벽돌로 만들고 회반죽을 바른 건물이었다. 지붕 은 주름진 철로 되어 있었다([그림 7]). 벽돌기둥이 있는 베란다가 건물 전체를 둘 러쌌다.10 근처에 있는 차미어의 거주지는 융에게 "서섹스 지방의 가옥"(MDR, p. 257)을 생각나게 하였다. 그렇지만 정부 관저는 화려하지 않았다. "숙박시설은 상급관리를 위한 방 네 개와 하급관리를 위한 두세 개의 방—아마도 총각에게 적당한—을 넘지 않아 보였다."(Buxton, 1927, p. 181) 융은 위스키를 마시면서 "멋 진 방 한가운데에 있는 영국 잡지가 놓인 커다란 테이블"(MDR, p. 257)을 보았다. 융, 베이네스 그리고 벡위드가 불을 쬐며 몸을 녹이고 있는 동안 이브라힘과 스

[그림 7] 1925년 카카메가 지방행정관 청사

와힐리인 조수들은 울타리로 둘러싸인 원주민 주택지구 근처 도로에 줄지어 서 있던 푸른 고무나무 밑에 텐트를 쳤다. 융은 "다행히 그들의 장비 중 잃어버린 것이 없었다."(MDR, p. 257)라고 기록하였다.

사위quaternity 원형

융은 다음 날 "가벼운 열성 후두염으로"(MDR, p. 257) 잠에서 깼다. 그는 너무 아파서 "며칠 동안 열로 고생하여 수척해졌다."(CW 10, p. 126)[11] 이렇게 텐트에 매여 있는 상태에서 그는 그 주변에 있는 새들의 생활을 모두 인식하게 되었다. 1,100종이 넘는 새가 있는 동아프리카의 시골은 늘 새소리로 가득하다. 그렇지만 이것이 융에게는 항상 즐거운 것만은 아니었다. 그는 간이침대에서 쉬려고 하는 동안 "마지막 지저귐을 하지 않고 다시 처음부터 울기 시작하면서 똑같은 음계로 울 줄 아는 것으로 유명한 '뇌열조brain-fever bird'"(MDR, p. 257)에 의해 고통을 받았음에 틀림이 없었다. "열로 기분이 가라앉았을 때 그 소리를 듣는 것은 신경을 극도로 긴장시켰다."(MDR, p. 257) 그는 또한 가장 달콤하고 선율에 찬 소리를 두 번 내고 세 번째로 아주 거슬리는 불협화음으로 끝을 내는 '바나나 농장'에 사는 또 다른 새로 인해 신경을 썼다(MDR, p. 258). 이들로 인한 불쾌감을 다소 진정시켜 주는 것은 '방울새'의 노래였다. 융은 그것을 '순수한 아름다움의 하나'로 기억하였다. "그 새가 울면, 마치 종이 수평선을 두루 돌아다니면서 울리는 것과 같았다."(MDR, p. 258)

융이 몸져 누워 있는 동안에 카라반을 조직하는 일은 이브라힘의 지시하에 계속되었다. 이 팀이 또 다른 인종집단을 연구할 가능성을 탐색하고 있긴 했지만, 이때까지만 해도 그들의 '공식적인' 목적지는 아직도 우간다의 부기슈 족이었다.[12] 1931년의 세미나에서 한 융의 언급이 이제 '원정대'의 목적지가 어떻게 변했는지를 설명해 준다.

우리는 어떤 지방(말하자면 부기슈 족의 중심지, 우간다의 음베일 지역)을 여행할 확실한 계획을 가지고 있었다. 그리고 그것을 위한 준비를 하고 있었다. 우리는 항상 다음 마을 추장에게 하루나 이틀 전에 심부름꾼을 보내서 필요한 수의 짐꾼을 모아 달라고 이야기해야 한다. 그들이 없으면 우리가 진행할 수 없다. 약 40명의 짐꾼이 필요한 카라반이다. 그래서 나는 (엘도레트에서) 수석 조수에게 명령을 했고, ……그는 내가 의미하는 것을 잘 이해하였다. 그러나 우리가 짐꾼이 있어야 할 그 장소(카카메가)에 갔을 때, 짐꾼이 있었지만 그들은 다른 곳(즉, 엘고니 족지역)에서 왔다. 나는 "어떻게 된 거요? 우리는 이러이러한 곳으로 가고 있다고 말하지 않았소."라고 말하였다. 그는 왜 이렇게 되었는지를 알지 못했지만 다른 장소에서 그들을 모집했노라고 말하였다(S 2, p. 472).

융은 작고 망가진 포드 승용차가 속력을 높이고 달려서 영국 관리를 지나쳤을 때, 이브라힘을 꾸짖고 뚜껑이 열릴 뻔하였다(S 2, p. 473). 이 사람이 '우리가 가지 않으려고 했었던 지방의 행정관' 차미어였다. "그는 우리가 절대로 내가 계획했던 길을 가서는 안 된다고 말하였다."(S 2, p. 473) 이렇게 해서 그때 거기서 목적지가 부기슈 족 대신에 엘고니 족으로 바뀐 것이었다! 융은 이 상황을 무의식의 작용으로 해석하였다.

나의 수석 조수와 그의 부하들이, 내가 알 수 없었기 때문에 알지 못했던, 내 무의식의 의도에 따라 행동하였다. 그들은 마치 내가 명령을 내린 것처럼 모든 것을 마련하였다. 그들은 나의 무의식을 읽는다. ……그래서 갑자기 내 수석 조수가 반대 방향에서 온 짐꾼들에게 명령을 내렸던 것이 가장 유용하게 되었다. 그가 나의 무의식을 읽었음에 틀림이 없다. 그것이 시계처럼 정확하게 맞아떨어졌기 때문이다(S 2, pp. 472-473).

이제 루스가 원정대에 합류할 수 있었기 때문에 이것이 '시계처럼 정확하게 맞았을' 것이다. 계획 변경은 그들이 루스가 지금 머물고 있는 터보에서 불과 51km 떨어진 곳에 야영한다는 것을 의미하였다.

융은 이 에피소드를 "원형이 우리의 행위에 영향을 미치는 미묘한 양식"(MDR,

pp. 260-261) 중 하나로 해석하였다.

> 우리는 세 명의 남자였다. 그것은 순수한 우연의 일이었다. 나는 또 다른 친구에게 함께 가자고 했는데, 그렇게 하면 네 번째를 가질 것이었다. 그러나 그가 받아들일 수 없는 상황이었다. 그것은 하나의 무의식적인 또는 운명적인 배열을 만들기에 충분하였다. 즉, 삼위三位의 원형. 이것은 완전하게 되기 위해 네 번째 것을 요청한다(MDR, p. 261).

지방행정관

차미어는 융을 초대하고 케냐, 우간다, 수단을 통과하는 원정대를 위해 병참을 지원해 주게 될 많은 지방행정관들 중 첫 번째 사람이었다. 일단 엘고니 족 짐꾼들이 카카메가에 도착하자, 차미어는 이브라힘을 도와 그들을 적당한 '짐꾼 대열'로 조직하였다. 그는 이 편성에 "세 명의 아스카리Askari(동아프리카 식민정부를 위해 일하는 현지인 경찰관) 호위병"(MDR, p. 258)을 보완해 주었다. 이러한 것들이 '거의 모든 사람에게 거의 모든 것'이었던 지방행정관의 다양한 임무였다(Huxley, 1991, p. 365).

지방행정관은 토착민들, 정착민 사회, 아시아인 계급 그리고 모든 종류의 외국 무역 등에 대해 그 지방에서 제국을 대표하는 사람이었다. 지방행정관에게 정의를 집행하고, 분쟁을 중재하며, 길을 닦고, 세금을 거두며, 회계를 관리하고, 우편 제도를 유지하며, 역병을 예방하고, 위생법을 시행하는 등의 불가능한 일이 맡겨졌다. 그리고 이것은 직업 설명에 있는 것일 뿐이다. 만일 그가 결혼하였다면, 그와 그의 아내는 문화적인 연회를 베풀고 고위 인사를 초청하며 여행 안내인의 역할을 하였다.

읍 구역 밖에서는 주로 식민정부가 임명하고 지방행정관이 지원하는 추장과 지도자들이 집행을 하였다. 추장은 지방행정관에게 그의 부족원들이 그들의 일을 전통적인 관습에 따라 사려 깊게 집행하는 것을 보증할 책임이 있다. 동아프리카에서 지역 분쟁과 민간의 갈등은 추장이 소집하는 바자라bazara 또는 원로 공개회의로 해결되었다. 이것이 실패했을 경우 지방행정관이 마지막으로 개입할 것이다. 이런 방식으로 비록 완전히 성공하지는 못했지만 토착 제도와 영국 법률 체계를 혼합하려는 시도가 있었다. 이렇게 지방행정관은 어느 면에서는 제한이 없었던 행정장관의 권력을 가졌다.

차미어는 6,270평방킬로미터 되는 지역에서 제국 권력의 초점으로, "주민들이 원하지 않는 것을 하도록 설득하는"(Huxley, 1991, p. 367) 어려움이 있었다. C. W. 호블리 같은 주 행정관이 "불만스러운 긴 이야기를 참을성 있게 들어 주고, 한두 가지 질문을 한 다음 즉흥적으로 무엇인가를 중얼거리자, 원주민들이 아주 행복하게 떠나고, 그가 의도했던 바와 똑같이 한"(Hobley, 1970, p. 120) 지방행정관을 칭찬하였다. 난디 족, 부기슈 족, 와미아 족, 마사이 족, 엘고니 족, 키토시 족, 부니오리 족 그리고 왕가 족 등은 모두 매일 내려지는 차미어의 판단에 영향을 받고 있었다. 1925년의 연간 보고서에서 그는 원주민 지역위원회가 그의 인도 아래 '여성의 성인식'과 '죽은 사람들의 경작지를 파괴하는 일'을 불법으로 하는 결정을 통과시켰다는 것을 강조하였다(Chamier, 1925, p. 7). 1926년에 추장들이 그의 감독 아래 "그들의 지역에서 혼인 신고를 시작하였다."(Chamier, 1926, p. 5) 전통적인 방식들이 체계적으로 해체되고 있었다.

각 지방행정관은 연간 보고서를 내게 되었다. 그것은 '대양판지(342.9×

431.8mm) 한 면에 1/4 테두리를 하고, 간결한 문체로 속어나 사투리를 쓰지 않고 타이프를 쳐서' 만들었다. 그 안에는 "원주민 직원, 추장과 지도자들의 일, 사법 통계, 원주민 법원과 위원회, 무역, 운송, 공공 작업, 경찰, 감옥, 노동 그리고 물론 징세 등 헤아릴 수 없이 많은 것"(Chamier, 1926, p. 5)이 들어 있었다. 차미어가 제출한 1925년도의 북부 카비론도 지역 연간 보고서는 35쪽이었다. 그는 그 지역 관리를 도울 다섯 명의 부 지방행정관(F. D. 히스롭을 포함하여)과 세 명의 사무원이 있었다. 그 지역 인구는 301,743명의 '원주민', 109명의 유럽인 그리고 160명의 아시아계 사람들로 되어 있었다(Chamier, 1925, p. 4). 차미어는 그해 11월의 강수량이 219mm였다고 보고하였다. 그것은 정상보다 높은 것이었다. 그리고 상업 작물인 면화와 식용 작물인 옥수수와 심-심 그리고 치로코 수확이 좋았다고 보고하였다(Chamier, 1925, pp. 24-26). "제3의 우편 심부름꾼이 승인됐지만 카카메가와 외부 세계 사이에는 아직 전보나 전화 연결이 안 됐다."(Chamier, 1925, p. 27)

카카메가 읍구는 좋은 기후 때문에 1920년에 그 지역의 중심지가 되었고, 1925년에는 인구가 321명이었다(Chamier, 1925, p. 18). "이 읍구는 식민지에서 가장 크고 번성한 원주민 보호구역 중 하나의 중심지로 약 200채의 '오두막 Banda'과 움막이 있었다. 그것들은 적절한 청결 상태로 ……유지될 수 없었다." (Hemsted, 1925, p. 43) "많은 수의 집들은 도저히 인간의 거주지로 적합하다고 할 수 없다."(Hemsted, 1925, p. 43) 이는 부분적으로 엄청나게 많은 쥐 때문이다. 융은 카카메가는 "아프리카 소총부대의 작은 수비대 사령부였고, 병원 하나와—놀랍게도—작은 정신병원이 하나 있었다."(MDR, p. 257)라고 기록하였다. 차미어의 1925년의 보고서가 이것을 증명하였다. 거기에는 이 지역은 "제3왕립 아프리카 소총부대의 예비대 '하나'"(Chamier, 1925, p. 29)와 영국인 소장의 지휘를 받고 있는 45명의 아프리카인 경찰 부대가 있었다고 하였다(Chamier, 1925, p. 31). 네 명의 의사로 구성된 의료진이 있는 병원은 '수술실, 검사실 그리고 사무실'로 이용되는 세 동의 건물이 있었다(Chamier, 1925, p. 20). 이것들은 열악한 상태였기 때문에 "심각한 수술은 (아주 응급의 경우를 제외하고) 시행할 수 없었다."(Chamier, 1926, p. 23) 이것에 더하여 의료진이 7개의 임시병동, 19개의 '외부 약국' 그리고 1개의 나병환자 정착지에서 일을 하였다(Chamier, 1926, p. 23). 당시에 유행했던 질환은 "인플루엔자, 말라리아, 딸기종, 페스트, 매독, 문둥병, 음낭수종 그리고 기생충 감염"(Chamier, 1926, p. 23) 등이 있다. "실제로 원주민 아이들 모두, 정도는 다르지만, 말라리아를 앓고 있을 정도로 카비론도 지역은 건강하다고 간주할 수 없었다."(Hemsted, 1925, p. 45) 차미어 보고서는 융이 말한 '정신병동'을 언급하지 않았지만, 다른 정보원이 정신건강시설이 카카메가에 있었다는 것을 확인하였다. 이 시설은 카카메가 감옥 제도의 일부분이었던 것 같다. 왜냐하면 정치적인 반대자들이 종종 정신병자로 분류되었기 때문이다.[13] 차미어는 1925년에 일일 평균 수감자가 56.4명이었던 감옥의 비위생적인 상태가 그해 외부 감사에서 "저주받을 정도로 비판받았다."(Chamier, 1925, pp. 33-34)라고 보고하였다.

아프리카의 운송업

융은 인간 운송으로 지원된 아프리카 사파리의 모험과 낭만을 경험하였다. 스와힐리어로 사파리는 '여행'을 의미한다. 그러나 그것의 원래 의미는 도보 카라반을 가리켰다. 1925년까지 이 훈련된 스와힐리인 전문 포터와 함께하는 카라반은 사라졌고(Hobley, 1970, p. 200), 자동차 사파리가 새로운 표준

이 되었다. 하지만 융의 사파리는 '48명의 짐꾼'(CL 1, p. 43)과 '세 명의 아스카리 호위병'을 고용하였다(MDR, p. 258). 융은 이들을 그의 포터들이 기록한 대로 이 브라힘이 엘곤 산에서 모집한 엘고니 족으로 알았다(CW 10, pp. 126, 143). 베이네 스의 필름은 이 포터들이 결코 카라반을 지원해 보지 못했을 오합지졸 시골 패 거리들이었음을 보여 준다. 그렇지만 포터들은 모두 정부에 등록되어 있었고, 약간의 등록비와 소개비를 정부에 내야 했다. 융의 사파리는 서부 케냐에서 행 해졌던 마지막 대규모 도보 카라반 중 하나였을 것이다.

보급품을 수송하는 데 아프리카인을 이용하는 것은 탐험의 전성기 동안에 확 립되었다. 황소, 낙타, 노새 또는 말과 함께 대륙의 심장부로 향했던 19세기의 탐험가들은 항상 그것을 후회하였다. 동물들은 예외 없이 질병과 기후의 영향으 로 죽었다. 자동차 이전에는 내륙으로 들어가기 위해서 인간 수송을 대체할 수 단이 없었다. 융과 일행이 자동차 도로로 엘곤 산 기슭 키미리리에 도착할 수 있 었더라면, 그들은 그 지점에서 짐꾼들을 모을 수 없었을 것이다. 짐꾼들이 지방 행정관에 등록되어야 했기 때문이었다. 그래서 이 사파리는 차미어의 청사가 있 는 카카메가에서 시작했을 것이다.

전통적인 사파리는 유럽인들과 그들의 아프리카인 조수로 구성되어 있다. 조 수들은 각각 특화된 역할이 있다. 가장 중요한 지위가 감독이었다. 그는 포터들 을 감독하고 훈련시키는 역할을 하였다. 일반적으로 매 50명의 포터마다 한 명 의 감독이 배정되었다(Hobley, 1970, p. 198). 융의 개인 조수 이브라힘이 이 역할 을 맡았다. 감독은 포터의 약 5배의 급료를 받았다. 다른 인부들(예를 들면, 요리사, 아스카리 그리고 조수)은 이 둘 사이에서 급료가 조절되었다(Patterson, 1924, p. 179). 1925년에 포터들은 미국 통화로 하루에 약 17센트를 벌었다(Akeley, C. & Akeley, M. L. J., 1931, p. 146). 그러니 감독의 급료는 하루에 1달러가 안 되었다.

"그다음 서열에는 밤중에 인간과 동물의 침입으로부터 캠프를 지키는 무장한 군인, 아스카리가 있었다. 그는 포터들이 도망치는 것을 막았다."(Bodry-Sanders, 1991, p. 53) 고용된 포터 10~20명마다 한 명의 아스카리가 배정되었다(Akeley, 1924, p. 136). 차미어는 융의 사파리에 하사관 한 명과 사병 두 명, 도합 세 명의 아스카리를 제공해 주었다(MDR, p. 260). 아스카리 중에는 제1차 세계대전 때 영국에 복무했었을 퇴역군인도 있었다. 이 세 명은 카카메가의 경찰대나 왕립 아프리카 소총부대에서 뽑았을 것이다. "우리가 백인의 지배를 받지 않고 있는 지역을 여행하고 있었기 때문에 이 군사적인 보호가 결코 불필요했던 것은 아니었다."(MDR, p. 260)라고 융은 말하였다. 베이네스의 필름에서 아스카리가 소총을 들고 제복을 입은 것을 볼 수 있다.

제대로 된 사파리는 모두 요리사가 있었다. 그는 유럽인을 위한 세 끼 식사와 오후의 차를 준비할 책임이 있다. 일단 루스가 이 사파리에 합류하면, 그녀가 음피쉬(요리사)를 돕고 심지어는 감독할 것이었다. 요리사 밑에는 불을 붙여 주고 설거지하는 '주방 심부름꾼'이 있었다. 유럽인은 각자 그에게 직접 보고하는 개인 조수를 한 명씩 두었다. 이 조수는 그의 유럽인 주인이 필요로 하는 것, 예를 들면, 텐트를 치고, 세탁을 하며, 빨래를 밖에 널고, 식사 시간에 테이블에서 기다리며, 식사 후 접시를 닦는 등 모든 것을 보살폈다. 메리 애클리가 썼다.

> 때로 당신이 심하게 피곤한데 그가 아주 친절하고 사려 깊은 텐트 보이라고 한다면, 그는 당신의 신발과 스타킹을 벗겨 주기도 하고, 당신의 아픈 발을 씻어 주고 마사지해 준다. 그런 서비스에 대해 당신은 겉으로 크게 티 나지 않게 감사한다. 그렇게 함으로써 그가 그것을 비천한 일이라기보다는 영광으로 생각하게 한다. 그러나 마음속으로 당신은 그를 축복한다(Akeley, C. & Akeley, M. L. J., 1931, p. 146).

이것이 사파리의 관례였다.

데스투리desturi 또는 카라반의 관례는 오랜 세월 동안 만들어져 왔다. 이 법칙은 급료 지불, 책임과 처벌 등을 다루고 있다. 포터가 조금이라도 이 관례에서 벗어나면 비난받았다. 포터는 일반적으로 사파리를 시작하기 전에 급료의 절반을 받았고, 그다음부터는 매주 단위로 급료를 받았다. 베이네스의 필름에서 융이 경비병에 의해 열 지어 모여 있는 포터들에게 임금을 나누어 주며 접이식 의자에 앉아 있는 것을 볼 수 있다. 그들은 빈약한 급료에 더해서 "저지(스웨터), 담요, 물병 등을 받았고, (조수들은) 장화를 더 받았다."(Patterson, 1924, p. 179) "광목으로 된 비 가림 텐트와 요리 단지 하나씩을 다섯 명 모두에게 제공해야만 하였다."(Patterson, 1924, p. 179) 포터들에게는 하루에 1키바바(680g)의 쌀이 주어졌다. 포터 한 사람이 감당할 수 있는 최대 중량은 27.2kg이었다. 이 짐을 머리에 이고 하루에 8시간까지 옮길 것이었고, 이것을 길이가 107cm, 직경이 30cm 되는 실린더 모양으로 쌌다(McLynn, 1992, p. 141). 장방형의 단단한 식료품 상자는 탄력성이 없기 때문에 가장 피하는 짐이었다(McLynn, 1992, p. 141). 카라반의 규범에 포터는 그의 짐을 죽는 순간까지도 버려서는 안 된다고 되어 있다(Hobley, 1970, p. 199). 포터들은 사파리 장비를 옮기는 일 이외에도 요리를 위한 땔감을 모으고 개인 조수의 지시에 따라 텐트를 쳤다.

엘곤으로 가는 행진

행진하는 중에 해가 아직 안 보이는 어두움 속에서 아침 의례가 시작되었다. 소말리인과 스와힐리인 조수들이 메카를 향한 아침 봉헌을 행하면서 내는 부드러운 아랍어 운율에 의해 이른 아침의 고요가 깨졌다. 그들의 신심 깊은 동작은 요리사가 피운 장작불에 의해 비추어져 잠에서 깨어나는 엘고니 족 포터들의 야영지에 커다란 그림자를 드리웠고, 그들을 잠에서 깨어나게 하여 결의와 신의 섭리 안으로 초대하였다. 카라반의 조직화된 움직임이 이제 떠오르는 태양과 인사를 나누는 새들의 울음소리와 함께 유명한 존 해닝 스피크의 감독이었던 봄베이가 한 "인간은 한 평생을 살고 신은 모든 것의 감독이다."(McLynn, 1992, p. 163)라는 말로 기록되고 울려 퍼졌다.

융, 베이네스 그리고 벡위드는 김이 나는 차이chai 또는 커피 잔을 개인 텐트로 가져다주는 조수에 의해 잠에서 깨어났다. 그들이 사파리 복장으로 옷을 입은 다음, 요리사는 그들에게 찐 건과일, 오트밀, 베이컨, 달걀, 빵 그리고 마멀레이드 등을 아침으로 제공하였다. 일단 포터들이 차이 한 잔을 다 마시고 툼바코tumbako나 방기bangi 담배를 피우고 나면, 이브라힘이 신호를 보냈다. 그러면 그들은 짐을 머리에 이고 사바나를 가로질러 출발하였다. 배가 부른 유럽인들은 피스 헬멧을 꽉 잡고 새벽 첫 햇살이 아카시아 나무의 연약한 이파리 위를 비출 때 대열에 합류하였다. 그들이 걸어갈 때 통로에 줄지어 자라고 있던 높이 자란 풀에서 떨어지는 많은 이슬이 바지를 적셨다. 포터들은 상쾌하고 시원한 아침 공기로 기분이 한껏 좋아져서 일제히 노래를 불렀다. 이것이 사파리의 관습처럼 되어 있다.

엘곤 산이 전체 풍경에서 완만하게 위로 솟아오르면서 지평선 위로 나타났다. 그 봉우리들은 북쪽으로 약 145km 정도 되었다. 동쪽으로 난디 단층애가 솟아 있고, 그 너머로 남북으로 이어진 동아프리카 대협곡이 있다. 북부 카비론도 지역은 해발 1,372~1,524m 사이에 있는 드넓은 초원지대다. 그것은 수많은 계곡, 리지, 시냇물 그리고 숲으로 나뉘어진다. 이 사파리는 모두 58명의 남자로 되어 있다. 단지, 팬, 주전자 그리고 식료품 상자 등의 주방용품을 운반하는 포터들이 앞장서 갔다. 그래서 요리사가 밤이 되어 행진을 멈추자마자 곧바로 일을 할 수 있었다. 이브라힘과 세 명의 호위병이 후미를 책임졌다. 그들은 도망자를 감시하거나 지치거나 병이 들어 처지는 사람들을 돌봤다.

일반적으로 카라반의 진행 속도는 하루에 16km였다(McLynn, 1992, p. 144). 그렇지만 융의 사파리는 5일 동안에 약 97km를 갔으니, 하루에 평균 19.3km를 간 셈이다. 융은 처음에 빠른 진행 속도와 "심하게 구불구불하게 돌아가는"(MDR, p. 260) 소로 길 때문에 쩔쩔맸다.

> 내가 아프리카에서 사파리를 했을 때, 백인들의 생각은 앞으로 똑바로 걸어가는 것이었기 때문에 빠른 속도로 짐꾼들을 따라가는 것이 몹시 짜증 났다는 것을 알았다. 그러나 곡선으로 가는 사파리가 실제로 훨씬 덜 피곤하다는 것을 알았다. 그들은 곡선을 아주 쉽게 돌아가면서 시간당 6km 정도를 갔다(S 1, p. 307).

그들의 "경로는 우산 아카시아가 자라고 있는 상대적으로 건조한 사바나를 통과하였다."(MDR, p. 258) 짙은 붉은색 토양에는 키가 작고 건조한 등대풀, 알로에, 야생 무화과나무 그리고 '소시지' 나무 등으로 된 숲도 있었다. 카카메가 북쪽 지방은 사람들이 듬성듬성 살고 있고 너른 초원과 수풀이 있는 스텝 지역으로, 중간중간에 점을 찍듯이 화강암 바위가 있다. 이들 바위의 돌출부가 가장 인상적인 풍경이었는데, 융은 이것이 '급격한 방향 전환'을 야기했다고 기억하였다. 그들은 때때로 난디 족 거주지를 지났다. 그것은 높이가 낮고, 원형의 진흙 벽에 초가 지붕을 하였으며, 가시나무 덤불 또는 등대풀 울타리로 담을 치고, 옥수수와 수수가 자라고 있는 샴바스shambas(경작지)를 가지고 있다. 융은 높이가 3m 되는 개미 무덤14, '엄청나게 큰 딱정벌레' '광채 나는 색깔의 나비' 그리고 '붉은 꽃을 자랑하는' 난디 화염나무 등에 강한 인상을 받았다(MDR, p. 260). 이 1925년의 풍경은 대부분 처음으로 북부 카비론도를 방문했던 유럽인인 조지프 톰슨이 1883년에 보았던 것과 똑같았다. "그것은 낙원의 세계였다."(MDR, p. 260)

이 카라반이 택한 엘곤으로 가는 길에는 많은 휴게소 또는 사파리 캠프가 있어서 그것을 이용할 수 있었다. 휴게소는,

> 일반적으로 진흙과 잔가지로 된 단단한 사각의 건물인데, 초가지붕에 베란다가 있다. 훌륭한 바닥은 말린 소똥으로 되어 있는데, 때로는 그 위에 얇게 모래로 덮어 놓았다. 대부분은 가구가 없고, 방문객이 그들의 침대와 나무를 가져간다. 그것들은 방문하는 정부 관리들의 편의를 위해 그 지방 추장이 유지 관리를 하지만, 관리가 사용하지 않을 때는 다른 방문객들도 사용할 수 있다. 그것들은 지방 사람들에게는 유용한 자산이다. 그것이 많은 방문객을 부르고, 그렇게 되면 그들은 포터로 고용되며, 닭, 계란, 우유, 양 그리고 소 등과 같은 여분의 먹을거리를 팔 수 있기 때문이다. 이 캠프에는 보통 캠프 관리인이 재배하는 작은 채소밭이 딸려 있다(Synge, 1937, p. 59).

융은 이 휴게소를 "텅 빈 상태로 열려 있는, 둥글고, 지붕을 풀로 얹었으며, 다져진 흙으로 된 오두막"(MDR, p. 258)이라고 묘사하였다. 북부 카비론도에 있는 이들 시설 중 일부는 '의료 인력 M. O.' 또는 '외래 약국'이 딸려 있었는데, 카카메가 병원에서 의약품을 나누어 주기 위해서였다(Map, 1924 North Kavirondo). 때로 그곳에는 근방에 사는 아시아인 무역상 소유의 작은 상점 듀카duka가 있었는데, 담배, 수프, 성냥, 설탕, 소금, 차 그리고 양초 등과 같은 작은 상품을 팔았다.

엘곤 산으로 가는 길에는 음완자, 무루비, 무룸부 그리고 키미리리 등에 네 개의
휴게소가 있었다.

융과 일행들이 휴게소에 들어가서 그 안에 간이침대와 모기장을 치고 잠을 잤
던 것이 분명한데, 이것은 일반적이지 않은 행위였다. 메리 애클리는 적었다.

> 휴게소 그 자체는 잠자는 장소로는 항상 피하라. 왜냐하면 이전에 누가 사용했는
> 지 또는 어두운 구석에 병을 옮기는 진드기가 살고 있는지를 알 도리가 없기 때
> 문이다. 휴게소와 적당한 거리를 두고 텐트를 치는 것이 불변의 법칙이다. 휴게소
> 또는 근처에 있는 반 개방된 반다(헛간)는 오로지 휴대품 보관소로 사용하라. 이
> 휴게소 주변의 공터와 울타리로 둘러싸인 땅에서 텐트 사이트를 위해 적합한 햇
> 빛으로 살균되고 비로 깨끗해진 풀을 발견할 것이다(Akeley, C. & Akeley, M. L.
> J., 1931, p. 141).

카브라스 숲에서 당한 습격

어느 아프리카 원정대도 야생동물의 습격 없이 여행을 끝마치
지는 못했을 것이다. 버턴, 스파크 그리고 톰슨과 같은 19세기 동아프리카 탐험
가들은 죽을 뻔했던, 식인 포식자들과 마주친 이야기를 가지고 집으로 돌아왔
다. 그들의 이야기는 아직도 서구인의 상상력에 불을 붙이고, 어린이들의 가장
무서운 악몽의 자료가 된다. 19세기 탐험가들은 무수히 많은 뿔, 엄니, 발톱 그
리고 뱀 이빨 등과 마주쳤지만, 1925년까지 아프리카의 광대한 지역에서 야생생
물이 일소된 것을 보았다. 그렇지만 융의 사파리는 사냥이 여전히 번성했던 고

립된 지역으로 들어갔을 것이다.

행군 두 번째 날, 카카메가에서 북동쪽으로 24km 떨어진, 거의 난디 단층애 기슭에 도착하면서 카라반은 카브라스 숲의 서쪽 가장자리에 들어섰다. 이 삼림 지대는 홍적세 기간 동안 아프리카 적도지대를 전부 뒤덮었던 거대한 우림의 잔재였다. 카브라스의 식생은 기니-콩고 숲과 협곡 단층애의 산악지대 숲의 종들이 독특하게 섞여 있는데, 그 당시 세계에서 생물 종이 가장 다양한 지역 중 하나였다. 거기에는 150가지 유형의 목본식물이 있었는데, 그중 일부는 높이가 약 43m 되는 상층 덮개를 구성하고 있었다. 그리고 380종의 식물, 330종의 새, 40종의 포유류와 28종의 뱀이 있었다.

융은 "카브라스 숲으로 원정을 하는 동안에, ……그곳의 무성한 수풀 속에서 나는 아프리카산 독사 퍼프-애더스를 거의 밟을 뻔하였다가 간신히 때맞추어 점프해 피하였다."(CW 10, p. 126)라고 보고하였다. 퍼프-애더스는 맹독성이고 모습이 사납지만 일반적으로 느려서 그들 길이의 반 정도 거리에서만 공격할 수 있다. 그렇지만 대부분의 다른 뱀들과는 달리 퍼프-애더스는 인간이 접근할 때 회피 행위를 하지 않고 탁월한 변장술에 기대어 움직이지 않으며 그 자리에 가만히 있는다. 사람들은 치명적인 공격을 하는 그놈을 쉽게 밟을 수도 있다.

네임체 대담에서 루스는 벡위드가 융이 아프리카에 있는 동안 뱀에 물려 죽을 것이라는 걱정을 하여 늘 융 앞에서 총을 들고 걸었다고 이야기하였다(Bailey, 1969, p. 12). 그러나 가장 훌륭한 뱀 이야기를 장식한 사람은 벡위드였다. 그들이 카브라스 숲에 들어간 날(CW 10, p. 126), 벡위드는 아프리카인 몰이꾼과 함께 뿔 닭 사냥을 갔다(Protocols, box 1, folder 13, p. 373). 융이 한 이야기를 보면, 벡위드는 새들이 숨어 있는 나무군락지에 도착할 때까지, 오래된 흰개미 둔덕 사이를 기어갔다. 갑자기 아무런 자극을 하지도 않았는데 길이가 2.1~2.4m 되고 팔뚝만 한 굵기의 맘바(아프리카산 독사) 한 마리가 흰개미 둔덕 한 곳에서 그에게 다가왔다. 백위드가 그 짐승을 발 앞에서 쏘았을 때, 몰이꾼들은 공포에 가득 찬 비명을 질렀다. 그러자 상처 난 뱀은 쥐구멍으로 도망쳤다(Protocols, box 1, folder 13, p. 373). 백위드는 "사색이 되어 온몸을 떨며 사냥에서 돌아왔다. 그가 만일 마지막 순간에 그놈을 쏘아서 상처 내지 못했다면 그는 의심할 여지없이 죽임을 당했었을 것이기 때문이다."(CW 10, p. 126)

흰개미 둔덕은 세상에서 가장 치명적인 뱀 중 하나인 "검은색 맘바가 좋아하는 아지트"(Huxley, 1991, p. 304)였다. 그러나 융과 베일리는 둘 다 이 뱀은 '녹색 맘바'였다고 하였다. 검은색 맘바는 자극하지 않아도 사람들을 공격하고 추격하는 것으로 알려져 있지만, 보다 수줍은 녹색 맘바가 그렇게 하는 일은 거의 없다. 그렇지만 두 뱀 모두 치명적이고 물리면 거의 항상 죽는다.[15]

물루비 휴게소에 돌아와서도 흥분은 계속되었다. 밤이 되자 포터들이 음식을 먹고 이야기를 하면서 캠프파이어 주위에 모였다. 캠프는 축제 분위기였다. 스피크의 동료, 제임스 그랜트는 "밤중에 아프리카인의 캠프를 능가하는 소음과 즐거움은 없을 것이다. 우리 텐트 주변에서 일어나는 즐거운 노래와 웃음, 드럼 소리, 종소리, 낡은 쇠의 부딪침 그리고 불협화음의 이야기 소리 등으로 인해 가끔은 주인들이 자신의 목소리를 들을 수 없기도 하였다."(McLynn, 1992, p. 154) 그렇지만 오후 8시가 되면 낮 동안 고된 노동으로 녹초가 된 짐꾼들은 보통 단잠을 잤다.

요리사가 그날 일찍 새끼 양 한 마리를 도살해서 '훌륭한 양갈비'를 저녁 식사로 내놓았다(MDR, p. 258). 포터들의 행복한 수다가 사라지자, 이제 깊은 숲의 자장가 소리가 식탁 주변을 무겁게 감돌았다. 융은 6년 뒤에 이 밤에 대해 기술하면서 독자에게 "적도지방의 밤이 내는 순한 푸른색, 태초의 숲 속에 서 있는 거목에서 드리우는 검은 물체, 야간에 공중에서 들려오는 신비한 목소리, 장전한 소총을 그 옆에 세워 둔 외로운 모닥불, 그리고 마시기 위해 끓여 놓은 습지의 물"(CW 10, p. 127) 등을 상상해 보라고 하였다. 근처 나무에 매달려 흔들거리는 기름등에서 나오는 불빛 아래서 융과 벡위드는 그들이 정글에서 살짝 접해 본 죽음에 대해 곰곰이 생각하였다.

> 내 친구가 사냥에서 가까스로 탈출했던 그날 밤 나는 우리 백인들과 서로 마주 보고 앉아서 그에게 말하지 않을 수 없었다. "자네도 알겠지만, 어려움은 훨씬 먼 과거에 시작되었던 것 같아 보이네. 우리가 출발하기 직전에 취리히에서 내게 말했던 꿈을 기억하나?" 그 당시 그는 아주 인상적인 악몽을 꾸었었다. 그는 그가 아프리카에서 사냥하고 있는 꿈을 꾸었다. 꿈에서 갑자기 그가 거대한 맘바에게 공격을 당했고, 그래서 그는 비명을 지르며 잠에서 깨어났다. 이 꿈이 그를 심하게 괴롭혔다. 그가 이제 내게 이 꿈은 우리 중 하나의 죽음을 예고한 것이라 생각했다고 고백하였다. 그는 물론 이것이 나의 죽음이라고 가정했었다. 왜냐하면 우리는 늘 그것이 다른 사람이기를 희망하기 때문이다. 그러나 이것은 그였다. 그는 나중에 심한 말라리아열에 걸려 거의 죽음의 문턱에까지 갔다(CW 10, p. 126).

오후 아홉 시 경(CW 10, p. 12), 그들이 이 죽음에 관한 대화를 계속하고 있을 때, 숲의 배경음악이 변하기 시작하였다. 우선 이 일행은 '바르눔과 베일리'의 '개 짖는 소리' 연기를 어느 정도 즐기는 것 같았는데, 그것이 갑자기 사람 같은 '비명과 신경질적인 웃음'으로 변하였다(MDR, p. 258). 그러나 그들은 곧 이 소리가 도살된 어린 양의 피비린내에 이끌려 주변에 몰려온 '굶주린 하이에나' 무리에서 나는 것임을 알아차렸다(CW 10, p. 126). 융은 나중에 그 하이에나에 관해 썼다.

> 그것은 정말로 ……섬뜩하다. 나는 하이에나 무리처럼 악마적인 것을 들어본 적
> 이 없다. ……그들은 그들의 수준에서 분리된 영혼을 가장 잘 나타내고 있다. 그
> 들이 굶주릴 때 킁킁거리고 웃는 소리가 바로 무섭다(S 4, p. 180).

짐승의 무리를 보면서 융과 일행은 하이에나는 "절대로 인간을 공격하지 않는
다."(MDR, p. 258)는 생각으로 분명히 편안해했었다. 이런 그들의 생각은 틀렸다.
실제로 검은색과 노란색 반점이 있는 불결해 보이는 색 바랜 황갈색 가죽을
지닌 이 추하고 꼴사나운 짐승은 가장 예측 불가능하다. 하이에나 무리는 커다
란 머리와 강한 턱으로 코뿔소 같이 큰 상대를 공격하기까지 한다. 상어 떼와 같
이 피 냄새는 그들을 게걸스러우며 가리지 않고 먹는 용감한 살해 기계로 변하
게 한다. 그들은 사파리 캠프 주변의 모든 것을 먹을 수 있었다―음식물 쓰레기
에서부터 모터, 운송수단의 낡은 파이프까지. 개별 하이에나는 때로 게릴라 전
술을 구사해 텐트 안에서 자고 있는 사람의 손을 물어 간다든지, 우리 안에 있는
황소 고환을 떼어 가기도 하였다. 그들은 모두 잠자고 있는 동네에서 작은 어린
아이나 나이 든 사람을 물어 가는 것으로 악명이 높았다. 내륙으로 향하는 스와
힐리인 포터가 한 번은 모닥불 근처에서 잠자고 있는 동안 하이에나가 공격하여
그의 코를 떼어 간 적이 있었다. 융은 적었다.

> 갑자기 휴게소 뒤에서 사람의 놀란 외침이 들렸다. 우리는 무기를 들었고, ……번
> 쩍이는 빛 쪽을 향하여 몇 발 쏘았다. 그러자 요리사가 공포에 질려 우리가 있는
> 곳으로 달려와서 휘시fisi(하이에나) 한 마리가 그의 오두막에 들어와 거의 죽을 뻔
> 하였다고 중얼거렸다(MDR, pp. 258-259).

이 요리사는 따로 떨어진 그의 숙소가 있었는데, 그것으로 값비싼 대가를 치뤘다. 이 웅성거림이 분명히 하이에나 무리를 놀라서 달아나게 했고, "그날 밤 나머지 시간은 더 이상 방해 없이 조용히 지나갔다."(MDR, p. 259)

아프리카인의 통찰력

다음 날 '심부름꾼' 숙소에서 그들이 그날 밤 사건을 재연하면서 '웃음꽃'을 피웠다(MDR, p. 259). 베이네스의 필름에 융이 베이네스에게 이 '촌극'을 담으라고 지시하고 있는 것이 보인다. 잠자고 있는 요리사 역을 연기하는 경비병 중 한 명이 잔디에 눕고, 또 다른 경비병은 하이에나처럼 네 발로 살금살금 기어갔다. 하이에나는 잠자고 있는 요리사 위로 뛰어올랐고, 요리사는 도망쳐서, 껄껄 웃으면서 무릎을 철썩 치고 있는 융에게 유쾌한 기쁨을 가져다주었다. 이 흉내 내기는, 사자를 죽이면 그의 마사이 족 동료가 그 사건을 재연한다는, J. H. 패터슨의 사자 사냥의 잔재 중 하나다. "한 명이 사자 역을 맡고 친구 한 명에게 으르렁거리며 달려들었다. 그 친구는 내가 했던 것과 똑같이 곧바로 뒤로 달려가서 '타, 타, 타'라고 소리치고 손가락으로 소총 발사를 나타내는 동작을 하였다. 그러는 동안 관중들은 기쁨으로 환호하였다."(Patterson, 1924, p. 141)

하이에나 에피소드가 끝난 뒤 요리사는 휘시라는 별명을 얻었다(MDR, p. 259). 지금까지 세 명의 유럽인들은 그들의 아프리카인 동료들에 의해 별명이 붙여졌다. 별명을 주는 이런 행위는 사파리에서 흔하였다. 패터슨은 포터들이 "그들이 관계하는 유럽인 모두에게 별명을 붙여 주는 즐거운 습관이 있는데, 그런 별명은 일반적으로 그의 습관, 기질 또는 외모의 특이하거나 두드러진 점을 참조하여 만들었다."(Patterson, 1924, p. 66)라고 썼다. 블릭센은 아프리카인은 그들과 관계를 맺고 있는 유럽인을 감별하거나 평가하는 천부적인 재능이 있다고 기록하였다. "당신은 그들이 아주 짧은 만남 뒤에 유럽인들에게 붙여 준 이름에서 이 재능을 알게 된다."(Blixen, 1985, p. 110)

베이네스는 두 가지 이름을 받았다. "원주민의 마음에 영국인은 모두 붉은 목을 가졌기 때문에 붉은 목"(MDR, p. 259)이란 이름과 '우월한 사람' 또는 당번을 의미하는 브와나 음쿠브와Bwana Mkubwa였다.[16] 나중 것은 외향적인 베이네스가 여행을 조직한 사람이고 사파리의 대변인이라는 사실을 반영하였다. 긴 양말과 넥타이가 있는 "인상적인 옷장을 뽐냈던"(MDR, p. 259) 벡위드는 브와나 마레다디Bwana Maredadi[17]로 알려졌다. 융은 이것을 '깔끔한 신사'로 번역하였고, 루스는 '아름다운 이'로 번역하였다. 융은 브와나 닥타리Bwana Daktari(Bailey, 1970, p. 6) 아니면 연장자에 대한 명예로운 칭호, 음지Mzee(MDR, p. 259)로 불렸다.

막간: 흑인의 짐

융은 "그들의 통찰에 이르는 길 중 하나가 모방하는 재능에 있다."라고 하면서, '뛰어난 성격 판단을 하는 사람'으로서 아프리카인에게 강한 인상을 받았다(MDR, p. 259). "그들은 놀랄 만큼 정확하게 사람들의 표현방식, 몸짓, 걸음걸이 등을 의도와 목적까지 모두 피부로 감지하면서 따라할 수 있었다."(MDR, p. 259) 그는 "그들이 다른 사람의 정동적인 본질을 이해하는 것 또한 놀랍다는 것을 알았다."(MDR, p. 259) 아프리카인의 재능이 정동에 있다는 융의 평가는 그의 독자적인 관찰이면서 동시에 전형적인 서구인들의 투사다.

융의 가장 중요한 이론적인 가정 중 하나는 개개인은 타고난 생물학적인 이분법에 따른다는 것이다. 1921년의 저작, 『심리학적 유형론Psychological Types』에서 그는 우리의 경험을 정리하고 평가하는 데 관여하는 심리학적인 기능, 판단의 이분법을 사고와 감정이라고 간주하였다. 이 경쟁적인 과정에서 사고는 객관적이고, 비개인적이며, 원리 지향적으로 문제를 평가하는 방식이다. 반면에 감정은 주관적이고, 개인적이며, 다른 무엇보다도 인간의 조화를 추구하는 배려 지향적인 접근이다. 한 개인의 심리학적인 유형이 독특하고, 생물학적인 소여를 타고났지만, 융은 특별한 문화 속에 있는 개인은 전형적으로 그 문화의 '사회적'이거나 '집단적인 태도'를 보여 줄 것이라고 믿었다(CW 6, p. 691). 이것이 인종 그룹들이 때로 상투적으로 국가의 특성을 반영하는 유형-차이를 무심코 드러내는 이유를 설명한다. 융은 '원시인들'(예를 들면, 아프리카인)을 감정 기능으로 특징지었다(CW 6, p. 692). 그들은 "그들의 감정으로 살고, 정동 안에서 움직이며, 그들의 존재를 느낀다."(MDR, p. 242)

반면에 융의 아프리카인의 정동적인 지식에 관한 관찰의 진실성은 그의 견해가 흑인 정신 철학과 상통한다는 것에서 증명될 수 있다. 세네갈의 레오폴 상고르에게 아프리카의 현생인류는 분석적인 이성과 차가운 객관성이 아니라 정감적인 본능과 따뜻한 감정에서 발견되었다. 그러므로 상고르의 유명한 격언 "정동은 흑인 ……이성은 그리스인"이 있다. 아프리카의 민족주의자 알리 마츠루이는, "프랑스 철학자 데카르트의 주장 '나는 생각한다, 고로 존재한다.'에 대해 상고르는 아프리카인의 재능을 '나는 느낀다, 고로 존재한다.'라고 역으로 꾸몄다." (Mazrui, 1986, p. 74)라고 적었다. 아프리카의 신학자 존 음비티의 "우리가 존재하기 때문에 내가 존재한다. 즉, 우리가 존재한다, 그러므로 내가 존재한다."(Mbiti, 1969, p. 109)라는 단언은 아프리카인의 가치에 대한 유사하고 잘 알려진 감정 중심 접근을 반영한다.

한편 융의 평가는 오래된 역사를 가지고 있는 서구인의 투사였다.[18] 반 데어 포스트는 "백인은 흑인에게서 그 자신의 투사를 확인하고 그것을 정당화하는 면만을 볼 수 있고, 그것을 외면적이고 순수하게 객관적인 상태의 것으로 보게 할 수 있지만, 사실은 그렇지 않다."(van der Post, 1955, pp. 71-72)라는 것을 옳게 인식하였다. 반 데어 포스트는 '흑인'을 "'서구인들이 스스로 만들어 온 합리적이고, 계산적이며, 엄격하게 추론하고, 결연한 인간존재'를 담고 있는 그릇으로 보았다. 그것은 점차로 그 자신의 (감정) 측면을 형제가 아니라 적으로 여기게 되었고, 그의 풍부한 정동과 다양한 충동의 분출로 의식적인 인간의 조심스럽게 계획되고 빈틈없이 추론된 존재 방식을 망칠 수 있게 되었다."(van der Post, 1955, pp. 69-70) 이 '무서운 무의식적인 투사'를 담는 것이 "흑인의 짐"(van der Post, 1955, p. 71)이었다.

'인종들' 간의 유형론적인 차이에 대한 융의 생각은 많은 논쟁의 주제가 되어 왔다. 한편, 그의 통찰은 치료적인 견지에서 보면 굉장히 유용한 것임이 입증되어 왔다. 융은 인생의 목적을 개성화 과정으로 이해하였다. 이 과정은 그 안에서 그가 '자기'라고 부르는 전체 인격이 문화 관습과 이상에 의해 만들어진 인공적이고 피상적인 '페르소나' 위에 그리고 그에 대항하여 펼쳐지도록 허용하는 과정이다. 융학파 정신치료에서 이성의 강박적인 틀 안에 갇힌 계몽사조의 백인 어린이들은 '검은 아프리카'로 표상되는 원초적인 본능의 '어두운 어린이'와 친구되기가 허용되었다. 이 어두운 형제 또는 '그림자'가 현대 세계의 소외, 뿌리 상실 그리고 영적인 빈곤에서 벗어나기 위해 백인 자아가 인정해야만 하는 많은 원형적인 시민 중 하나였다.

그리고 아직도 이 같은 통찰이 정치적인 맥락에서 파괴적으로 이용되었다. 융은 뤼시앵 레비-브륄[19]을 좇아서 '원시인의' 마음을 현대 유럽인들과 전적으로 다른 것으로 이해하였다. 예를 들면, 융은 "(원시인의) 경우에 ……우리는 그의 세계와 시간상으로 많이 떨어져 있다. 보다 분화된 우리의 마음 장치는 그의 것보다 우월하다. 그래서 이렇게 보다 높여진 유리한 입장에서 우리가 그의 세계와 그것이 그들에게 제시한 의미를 조사하는 것이 가능하다."(CW 10, p. 104)라고 썼다. 아프리카인을 유럽인과 거리를 두었던 제국주의자 학자들은 식민주의자들을 그들의 토착민들에 대해 정치적이고 문화적인 주도권을 정당화하는 데 이용하였다. 식민주의는 인종주의가 필요하였다. 그리고 융은 인종주의자는 아니었지만, 그의 저작들은 인종주의자들의 정책을 정당화하기 위한 정치적인 권리로 사용되었다.

우아신 기슈의 한 정착민 농민이 융의 부기슈 심리학 원정대를 어떻게 생각했는지를 보자. 다음의 기사는 1925년 12월 7일 자『동아프리카 스탠다드지』의 '교신'란에 실렸다.

『동아프리카 스탠다드지』 편집자님께,

선생님, 저는 부기슈 탐험대에 관한 기사를 대단한 관심을 가지고 읽었습니다. 그리고 오늘 일어난 일로, 특별히 선택된 종족의 원시인의 마음이 제시하는, 조사할 분야가 넓다는 것을 절실히 느꼈습니다.

오늘 아침 저는 쟁기질을 하고 있었는데, 개인 심부름꾼(음기슈)이 지나가길래 그에게 내가 잘하는 스와힐리어로 담배 다발을 가져다 달라고 말하였습니다. 시간이 상당히 지체된 다음, 그가 나의 잠옷 바지를 들고 돌아왔습니다.

만일 베이네스와 융 박사가 사파리를 끝마칠 때 이런 성질의 사건을 설명할 수 있다면 나는 그들의 여행이 헛되지 않을 거라고 확신합니다. 그들은 우리를 도울 수 있을 겁니다. 당신이 빵을 원할 때 돌로 향합니다. 어떤 실제적인 조언도 환영할 것입니다.

당신의 등

'바지BARGEE'

호에이 다리

이 정착민 농부는 아프리카인은 어리석다는 그의 인종주의자적 견해의 정당성을 찾고 있었다. 그는 제국주의적인 학문에서 이 관점에 관한 많은 정보들을 쉽게 찾을 수 있겠지만, 『마음과 땅Mind and Earth』(1927), 『현대인의 심혼의 문제The Spiritual Problem of Modern Man』(1928), 그리고 『원초적인 인간Archaic Man』(1931) 등에 나오는 '원시인'에 관한 융의 저작으로도 충분할 것이다.[20] 정착민들은 그들의 아프리카인들에 대한 온정주의적인 대접을 정당화하는 '과학적인' 이론이 보편적으로 필요했었다. 융의 사파리가 방금 지났던 곳에서 불과 몇 마일 떨어진 호에이 다리에서 편지를 보낸 '바지'는 그의 피고용인과 의사소통이 잘못될 만한 분명한 이유를 못 찾았다—스와힐리어로 바지(수루아리suruali)를 단순히 실수로 담배에 해당하는 단어(시가레티sigareti)로 알았던 것이다.

융은 "그를 나치의 반-셈 족 이데올로기와 동일한 틀로 들어가게 한 국가 심리를 확립하려는"(Samuels, 1993, p. 287) 시도에 대해 비판받아 왔다. 그것은 정당하였다. 엘우드는 융의 유태인에 대한 심리학적인 개관은 '소름 끼치는 도덕적인 판단의 결여'를 보여 주었다고 주장하였다. "……정확히는 그런 수사가 단지 광적인 인종주의의 불에 부채질할 수 있을 때에 그러하였고, 그런 열광의 상대적인 열기가 유태인에게는 생과 사의 문제가 될 수 있을 때 그러하였다."(Ellwood, 1999, p. 64) 융이 식민시대 동안 아프리카 토착민에 대한 인종적인 분석표가 갖는 선동적인 영향을 가늠하는 것이 잘못된 것은 아니지만, 그런 평가는 쉽게 내릴 수 없다. 식민시대는 엘스페스 헉슬리가 설명한 바와 같이 도덕적으로 복잡하다.

> 식민주의는 이제 많은 사람에게 더러운 단어가 되었다. 그것은 흑인의 마음에는 분노의 감정을 야기하고 백인에게는 죄책감을 야기한다. 내 생각에 과거의 역사를 달래고 현재의 일을 적절히 수행하기 위해서는 이들 둘은 똑같이 파괴적인 정동이다. 내가 본 가장 설득력 있게 식민주의를 요약한 것은 카메룬의 붐 족 지역 추장quarterchief에게서 전해 오는 말이다. "식민주의는 얼룩말과 같다. 어떤 이는 그것이 검은 동물이라고 하고, 어떤 이는 그것이 흰 동물이라고 한다. 그리고 시력이 좋은 사람은 그것이 줄무늬가 있는 동물이라는 것을 안다."(Huxley, 1991, p. xxv)

융의 '원시인'에 관한 이론에도 같은 말을 할 수 있을 것이다.

키미리리: 표범의 땅

카라반이 카브라스 숲을 떠나기 위해 짐을 꾸리고 있는데 '그 지방의 추장이 선물로 닭 두 마리와 계란 한 바구니를 들고 나타났다.' 그는 백인 사냥꾼에게 "하루만 더 있으면서 하이에나를 잡아 달라고"(MDR, p. 259) 간청하였다. 피에 굶주린 육식동물이 "하루 전날 잠자고 있는 한 남자를 습격하였고 그를 갈기갈기 찢어 놓았다."(CW 10, p. 126) 그날 아침에 그들을 방문한 사람은 카브라스 지역의 관할권을 가지고 있던 마사이 족의 '부추장' 아랍 첩탈렌이었을 것이다(Chamier, 1926, p. 7). 북부 카비론도 지역 전체에서 사람이 가장 적게 살고 있는 카브라스는(Wagner, 1949, p. 11) 1906년에 카브라스를 떠난 강력한 국가인 우아신 기슈의 마사이 족의 일부 남은 사람들이 살고 있었다. 자존심 강한 마사이 족 추장이 과거에는 거주지를 지키는 잘 훈련된 전사가 쉽게 처리했었을 위협에 대해 도움을 구걸하였다는 것이 그들 종족의 궁해진 위상을 드러내었다. 아랍 쳅탈렌의 소망을 들어줄 수 없었던 원정대는 엘곤 산을 향해 북쪽으로 계속 갔다.

그들은 카브라스를 떠나서 부로데릭 폭포에서 악어가 들끓는 은조이아 강을 건너는 다리를 지나갔다. 은조이아 계류지에서 흘러들어 오는 맑은 강물이 물의 작용으로 둥글게 된 돌이 깔려 있는 강을 빠르게 흘러가 마침내는 빅토리아 호수에 이르고, 그렇게 해서 나일 강까지 흘러들어 갔다. 거기서 그들은 징집된 류오 족 인부들이 있는 대규모의 '철도 캠프'를 지나갔다(Hemsted, 1925, p. 49). 그들은 더 멀리 가서 무룸바에 있는 휴게소에서 야영을 하였다. 압달라라는 이름을 가진 아시아인 소유의 유럽풍 가옥이 근처에 있었다. 다음 날 카라반은 건설 중이던 우아신 기슈 철로를 건넜고, 엘고니 족의 지역, 북부 키토시로 들어갔다. 좀 더 북쪽에서 멀지 않은 곳에 있는 퀘이커교도 포교시설을 지나갔다.

행진 5일 뒤, 그들은 "엘곤 산 기슭"(MDR, p. 260)에 있는 키미리리의 휴게소에 도착하였다.[21] '표범의 땅'을 의미하는 키미리리는 미래의 무역 중심지였다. 무역 센터를 '관보에 싣는 일'이 이미 시행되었지만 아직은 실현되지 않았다(Chamier, 1926, p. 14). 곧 21km 남쪽에 지나가게 될 철로에 자극받아, 발전될 것을 예상하여 작은 상점을 열기를 열망하는 '인도인 무역상들'에 의해 "모든 부지가 예약되었고 대기자 명단도 시작되었다."(Chamier, 1926, p. 14)

지금 키미리리는 산 주변에 "휴일에 관리들과 방문객들을 위한 즐거운 야영장"(Synge, 1937, p. 59)으로 건설된 많은 휴게소 중 하나가 있는 길모퉁이였다.

엘곤 산 남쪽 측면에 있는 이 휴게소는 추장인 무룽가가 운영하였다(Kiborom, 2003). 무룽가는 남서쪽에 있는 왕가 족에서 온 권위 있는 추장 가문의 일원이었다. 왕가 족은 보다 큰 반투 카비론도 족의 한 분파로, 영국정부가 이들을 좋아해서, 다른 모든 인종집단보다 위에 있었다. 무미아스라는 이름의 한 왕가 족이 1909년 북부 카비론도 전 지역의 대추장으로 임명되었다. 그가 1894년에 영국이 이 지역에 처음 사무소를 개설한 이래 변함없이 충성을 다했기 때문이었다(Were, 1967, p. 176). 영국은 무미아스의 권위를 세워 주기 위해 이 지방에 대한 지배를 넓혀 갔다. 반투 카비론도 족이 '케냐 노동에서 짐수레용 말'로 종사하기에 적합한 신체 조건을 가진, 가장 협력을 잘하고 '진보된' 인종집단으로 여겨졌기 때문이었다(Buxton, 1927, p. 126). 가장 정치적으로 발달한 씨족인 왕가 족이 추장을 배출하였는데, 주 행정관이 그들을 "보다 지적이고 진보되었다고"(Hemsted, 1925, p. 8) 보았다. 무미아스는 1909년에서 1926년까지 대추장으로 통치하였다. 이 기간은 '왕가 제국'의 시대로 묘사되었다(Were, 1967, p. 177). '원주민'의 행정단위에 서열적인 체계를 부여하는 이 영국의 조직 체계는 '간접법'으로 알려졌다. 무미아스의 사촌 동생인 무룽가 추장은 이 지역 북부 지방에 있는 반투 족과 닐로트 족(엘고니 족을 포함)에 광범위한 정치적인 권위를 가지고 있었다(Were, 1967, p. 176).

융은 '왕가 제국'의 마지막을 목격하였다. 그것은 곧 국수주의적인 운동, 골드러시 그리고 지속적인 정착민의 유입 등의 영향으로 붕괴될 것이었다. 1925년에 키미리리는 반투 카비론도 족의 북쪽 경계를 긋고, 영국의 지원을 받아 산 주변 닐로트 족을 침략하여 그들을 조상의 땅에서 몰아내었다. 한때는 이 고원지대 평원에서 가축을 방목했던 엘고니 족은 이제 산속에 고립되었다.

미 주

1. 도로보 족은 동아프리카 전역의 다른 숲 속 골짜기에서 발견되었다.

2. 식민지시대와 그 이후의 케냐정부가 적절히 보호하는 데 실패했던 이 유산을 물려주었지만, 현재 621평방킬로미터의 카카메가 숲이 남아 있다.

3. 융은 이 아프리카에 사는 백인을 다른 경우에도 쓰거나 이야기하였다. 예를 들어, S 2, p. 618을 보라.

4. 그들은 분명히 상자 모양의 대형 포드 사파리 전용차와 트럭을 사용하였다. 트럭에는 그들의 장비를 전부 실었다(CW 10, p. 126; CL 1, p. 43; CGJS, p. 32).

5. 이들 개인 조수를 식민지에서는 '하인' 또는 '텐트 보이'로 불렀다.

6. S 2, pp. 352-353도 보라.

7. '구 스클레이터로'는 원래 1890년대에 몸바사에서 우간다로 가는 대상의 이동로였다.

8. 북부 카비론도는 1920년 9월에 반투 족의 보호구역으로 만들어졌다. '쪼그려 앉는 사람'이란 뜻을 가진 카비론도는 아랍과 스와힐리 무역상들이 빅토리아 호수 주변에 살고 있는 반투 족과 닐로트 족에게 경멸적으로 붙여 준 이름이다. 1940년대 말에 이 이름은 북부 니안자 구역으로 바뀌었다. 현재 이곳은 붕고마 지역을 가리킨다.

9. 거기에는 두 개의 다리가 있었다. 이것은 캡사벳에서 오는 길에 카카메가에서 16km와 19km 떨어진 곳에 각각 있다. 이들 둘은 얄라 강(Map, 1924, NK)에서 내려온 시냇물을 건너는 다리다. 재미있게도 카카메가 지방행정관이 1925년의 보고서에서 이들 두 다리 중 하나인 왈라와티스 다리를 '재건하려는' 계획을 보고하였다(Chamier, 1925, p. 22). 왈라와티스교의 유실이 실제로 융이 그곳에 있을 때 일어났을지도 모른다. 아무튼 심한 폭우로 인한 다리나 도로의 손실은 그 당시 북부 카비론도에서 흔하였다.

10. 이 건물은 아직도 현재의 지방행정관서 근처에 있는데, 지금은 책방으로 사용되고 있다.

11. MDR에서 융은 하루 동안 침대에 머물렀다고 기록하였다(MDR, pp. 257, 325).

12. 부기슈 족은 아마도 16~17세기에 이집트에서 우간다 동부로 이주해 왔음에 틀림이 없다. 이들은 18~19세기에 일부 가계가 더 동쪽으로 가 엘곤 산 남쪽으로 이주하면서 분열이 일어났다. 이 분열은 식민시대에 케냐-우간다 국경이 확립되면서 고착화되었다. 이 동쪽으로 이동한 사람들은 우간다에 있는 그들의 사촌인 부기슈 족(바기슈 또는 기슈)과 구별하여 부쿠슈 족으로 알려지게 되었다. 그렇지만 사실상 그들은 같은 종족이다. 현재 부쿠슈 족은 루야 족(이전에는 반투 카비론도라고 불렸음)의 17개 지파 중 하나다.

13. 그런 사례 중 하나가 키미리리 태생의 부기슈 족 선지자 엘리아 마신디였다. 그는 1945년에 제2차 세계대전에서 싸울 아프리카인 징집을 공개적으로 반대해서 체포되었다. 토착종파인 디니 야 음삼브와(조상교)를 창시한 이 선지자는 카카메가 지역 사령부에 끌려갔다. 거기서 그는 재판에 부적합하다는 선고를 받고 정신병원에 보내졌다(Watkins, 1997, p. 127).

14. MDR에서 융은 흰개미 무덤 대신 투물리tumuli라는 단어를 사용한다. 이것은 스와힐리어가 아니다. 스와힐리어로 곤충 둔덕은 키추구kichuguu다.

15. 루스는 그들 각자가 뱀에 물릴 것에 대비해 항상 단검과 크리스털을 들고 다녔다고 하였다. 그들은 또한 자신을 보호하기 위해 긴 장화를 신고 긴소매를 입었다. 벡위드가 원정 기간 동안 13마리의 맘바를 총으로 쏜 것을 보면 이러한 주의에 근거가 없었던 것은 아니었다.

16. 네임체 대담에서 루스는 베이네스가 '브와나 음쿠브와'로 불리었다고 말한다. 그녀는 이것을 그가 키가 큰 것을 고려해서 '큰 남자big man'로 번역하였다. 그러나 '키가 큰 남자'는 '브와나 음레푸'였을 것이다.

17. '마레다디'는 '옷 잘 입는' 또는 '스마트한'을 의미하는 스와힐리어 '말리다디'가 키쿠유에서 잘못 변형된 말이다.

18. 전형적인 융학파의 의미에서 투사는, 우리 안에서 생겨났다는 것을 인식하지 못한 성질을 무의식적으로 다른 사람에게 돌리는 것이다. 다른 사람들에게 그들이 실제로 가지고 있지 않거나 최소한 우리가 그들이 가지고 있다고 생각하는 만큼은 아닌 성질을 무의식적으로 그들에게 돌릴 때, 우리는 투사하고 있는 것이다. 이들 투사는 우리의 현실 감각을 흐리게 하고, 우리가 투사로 뒤집어씌우는 사람과 진정한 관계 맺기가 불가능해진다. 투사는 우리가 실제로 무엇인가를 덜 인식하게 함으로써 우리의 삶을 축소한다.

19. 레비-브륄은 1910~1938년 사이에 '원시인의 심성'에 관하여 여섯 권의 책을 썼다. 가장 잘 알려진 것은 『원주민은 어떻게 생각하나How Natives Think』(1910), 『원시인의 심성Primitive Mentality』(1922) 그리고 『원시인의 '영혼'The 'Soul' of the Primitive』(1927)이었다.

20. 예를 들면, 『원초적인 인간Archaic Man』에서 융은 그가 어떤 '원주민 사냥꾼'에게 "그 안에서 우리 아이들이 누구나 인간의 형상을 곧 인식했을 잡지 사진"(CW 10, p. 109)을 보여 주었던 때에 관해 적었다. "그러나 그 사냥꾼들은 사진을 계속 돌려보다가 드디어 그들 중 하나가 손가락으로 윤곽을 그리더니, 마침내 설명하였다. '이들은 백인 남자다!' 그러자 대단한 발견을 하였다고 모두가 환호하였다."(CW 10, p. 109)

21. 한때 이 휴게소가 있었던 주택지구는 오늘날 키미리리 경찰 본부로 사용되고 있다.

06

외로운 산

JUNG
IN
AFRICA

JUNG
IN
AFRICA

올 도이뇨 일군

융과 일행은 이제 우아신 기슈 평원에서 고도 4,321m 위로 융기한 거대하고 고립된 대산괴大山塊의 기슭에 왔다. 1883년에 이 산을 처음 탐험한 유럽인인 조지프 톰슨은 그의 저서 『마사이 땅을 지나Through Masai Land』에서 '엘곤 산Mount Elgon'이란 이름을 문자화하였다. '엘곤'은 이 산의 남동쪽 측면에 있는 동굴에 살고 있는 사람들의 마사이 족 이름인 일군Ilgoon을 영국식으로 부른 것이다. 이 동굴 거주자들을 자주 습격했던 마사이 족은 이 산을 올 도이뇨 일군 Ol Doinyo Ilgoon이라고 불렀다. 그것은 '일군의 산'을 의미한다. 그렇지만 대부분의 북부 카비론도 토착민들은 같은 이름의 부기슈 족 시조를 기리기 위해 이 산을 마사바Masaba1라고 불렀다. 영국 출판물에서는 '엘곤'이 표준 명칭이었지만, 이 산이나 그 주변에 사는 사람들은 그것을 사용하지 않았다. 동굴에 사는 토착민들은 이 산을 '온전한 산'을 의미하는 카이타부스Kaaytääbōōs라고 불렀다.

케냐와 우간다의 국경에 위치한 사화산인 엘곤 산은 케냐에서 두 번째로 높은 산이다. 직경이 129km인 거대한 밑면을 가지고 있는 엘곤은 한때 아프리카 전체에서 가장 높은 산이었을 것이다. 이것은 여전히 가장 넓다. 직경이 6.4km 인 대야 모양 분화구와 판 모양의 바위 버팀벽으로 된 정상부는 나무 같은 개쑥 갓이 자라는 넓은 늪지대와 온천을 품고 있다. 거의 구름으로 덮여 있는 이 고산 지대에 살을 에는 바람과 눈보라가 몰아친다. "멀리서 보면 이 산은 길고 평평한 등을 가진 거대한 몽유병자 고래와 같아 보인다."(Synge, 1937, p. 57)

1890년대 후반과 1900년대 초 사이에 많은 원정대들이 엘곤 산의 생태계 를 조사하였다. 그 영토를 지도에 표시하고 그 안에 살고 있는 인구를 조사하 기 위해서였다. 톰슨의 뒤를 이어 나중에 우간다 총독이 된 프레데릭 잭슨 경이 1889년에 엘곤 산 정상에 오른 첫 번째 유럽인이 되었다. 1896년에는 나중에 니 안자 주의 주 행정관이 되었던 C. W. 호블리가 유럽인으로는 이 산을 처음으로 일주하였다. 카를 애클리와 시어도어 루스벨트는 1909년에 이 산 주변에서 함 께 코끼리 사냥을 하였다. 1924년에 스웨덴의 생물학 연구소가 이 놀라운 생태 지대를 연구하기 위해 동쪽 사면에 설치되었고(Thomas & Lindsell, 1956, p. 128), 1926년에는 엘곤 숲의 일부가 "원주민 보호구역에서 제외되었고, 왕실 보호림으 로 지정되었다."(Chamier, 1926, p. 4) 이론적으로 아프리카인의 정착을 금한 것이 었다. 이 보호구역의 한 부분이 나중에 엘곤 산 국립공원이 될 것이다.

엘고니 족: 소멸하는 종족?

톰슨이 1883년에 엘곤을 탐험했을 때 이 산의 동굴에 사는 사 람들을 우연히 만났는데, 그는 그들을 마사이 족의 한 갈래로 추정했었다. 동굴 에 사는 엘고니 족은 마사이 족과 쉽게 혼동되었다. 왜냐하면 이 두 닐로트 종족이 신체적인 구조와 목축업의 본능, 옷 입는 것 등에서 비슷했기 때문이었다. 엘고니 족 전사들은 마사이 족과 마찬가지로 키가 크고, 자존심이 강하며, 인상적인 모습을 하고, 얇은 옷을 입으며, 긴 창을 가지고 다녔다. "남자들은 대부분 잘생긴 얼굴형을 가지고 있고, 아프리카인 평균보다 머리카락이 훨씬 더 잘 자랐다. 그들은 이것을 두 갈래로 땋아서 한 가닥은 등 아래로 늘어트리고, 다른 한 가닥은 뿔과 같이 이마 위로 솟구치게 만들었다. 이 효과는 아주 두드러진다."(Hobley, 1896a, p. 179) 초기에 엘고니 족과 마사이 족을 동일시했던 것은 그것이 정확한 것이 아니었음에도 지속되었다. 1925년에 융은 엘고니 족은 "마사이 족에 속하지만, 산에 고립되어 살고 있다."(MDR, p. 260)고 적었다.[2]

톰슨은 아마도 소위 말하는 '엘곤 마사이 족'에 관해 묘사한 첫 번째 기록이었을 것을 제시하였다.

> 이 거대한 엘곤의 유일한 거주지는 남쪽 면이다. 여기에 아주 작고 비참한 한 종족의 후예가 있다. 그들은 아마도 한때는 더 강력했을 것이다. 그들은 계속해서 와-카비론도 족과 분쟁을 일으키고, 완전히 이 땅에서 행방을 감출 것 같다(Thomson, 1968, p. 303).

이런 공정치 못한 얕보고 비관적인 평가도 역시 오래도록 지속될 것이었다. 1925년에 엘고니 족 사람들은 '소멸하는 종족'으로 여겨졌다.

엘고니 족 사람들에게 맞는 이름은 '코니Kôôny(그들은 '콘'으로 발음한다)'였다(F. Kiboi, 개인적인 교류, 2003. 7. 19). 이 이름은 이 산의 지명인 '투비타브 Tuuhweetaab 코니' 또는 '샘이 솟는 곳'에서 유래되었다(Kiborom, 2003). 코니 또는 엘고니Elgonyi(이 산 근처를 지났던 19세기의 노예 카라반에 의해 불려졌던)는 사바부트

Sâbâwōōt(사-보트라고 발음)라고 불렸던 고원지대 닐로트 족의 네 집단 중 하나였다.[3] 사바부트 족은 동아프리카 대협곡에 있는 여덟 개의 닐로트 집단 중 하나였는데, 그들은 나중에 칼렌진Kalenjin 족으로 알려질 것이다.[4] 이 구릉과 숲 지대에서 목축을 하는 닐로트 종족 사람들은 농업을 하는 반투 족 사람들과 종종 충돌하였다.

엘곤 산에 칼렌진 족이 정착한 것은 역사적으로 16세기까지 거슬러 올라갈 수 있다(Were, 1967, p. 49). 사바부트 족을 제외한 모든 칼렌진 족은 이 조상의 산에서 내려와 주변 평원과 계곡으로 갔다. 엘고니 집단을 포함하는 사바부트 족은 산에 남았다.[5] 19세기가 시작되면서 칼렌진 족의 많은 수가 이 지역으로 들어오고 있었던 부기슈 족 같은 반투 카비론도 집단에 의해 압박을 받고 있었다.[6]

이렇게 수적으로 우세한 반투 족의 이주로 일부 칼렌진 씨족은 시간이 지남에 따라 "그들 고유의 언어와 문화를 버리고 반투 족의 것을 받아들였다."(Were, 1967, p. 58)[7] 엘고니 족 같이 고유의 언어와 문화를 고수하고 있는 집단은 유럽인 탐험가들에게 소수이고, 변방으로 밀려나며, '소멸하는' 것 같아 보였다. 톰슨은 엘고니 족이 부기슈 족과 전쟁을 했다고 언급하였다. 1894년에 영국이 부간다 왕국(당시 서부 케냐를 포함했음)을 보호령으로 선포했을 때, 카비론도 족의 '진압'이 시작되었다. 영국은 부기슈 족 같은 반투 카비론도 집단을 동맹으로 인정하고 난디 족과 같은 칼렌진 집단은 다루기 힘든 종족으로 여겼다. 정착민 농부들이 노동자를 필요로 하였고, 칼렌진 족이 보통 농장에서 일하기를 거부함에 따라 카비론도 지역으로 부기슈 족의 이주는 계속되었다(우아신 기슈 지역의 1919~1920년 연감, p. 9). 남의 눈을 피하는 엘고니 족은 영국이나 반투 카비론도의 관심을 많이 받기에는 수가 너무 적었다.

1925년에 엘고니 족은 약 5,000명이었다.[8] 북부 키토시 지역 전체 인구는 대략 23,000명이었고, 그들 대부분은 부기슈 족이었다(Map, 1924, NK). 그 시기까지 엘고니 족의 목축업자 기질은 농업에 자리를 내주었다. "그들은 이전에는 모두 수많은 동굴 안에서 살았다. ……그러나 정부의 보호가 시작되고 보다 더 정착하게 되면서, 그들은 점차적으로 동굴을 버리고 이 산기슭에 있는 마을에 정착하고 있다."(Hobley, 1896a, p. 179) 이런 전환기에 엘고니 족의 상황은 절망적으로 되어 갔다. 엘고니 족은 목축을 하는 시기에는 부유한 집단이었다. 그들은 35,000마리의 소, 혹은 대략 "1인당 7마리의 소, 또는 5인 가구당 35마리의 소"(KLCR, p. 282)를 소유하였다. 그러나 그들은 점차 고향에 대한 법적인 권리 또는 많은 수의 가축에게 풀을 뜯게 하도록 인정받은 권리가 없다는 것을 깨달았다. 케냐토지위원회는 엘고니 족이 "그들 소유의 나라를 열망하지만, ……광대한 영토에 대해 오로지 적은 수의 소멸할지도 모르는 부족을 위해 이런 주장을 고려하는 것은 가능하지 않다."(KLCR, p. 283)라고 결론지었다.[9] 1926년에 그들 조상의 동굴이 있었던 거대한 숲지대가 '보호림'으로 관보에 공고되었고, 그렇게 함으로써 '원주민 보호구역'에서 제외되었다(Hemsted, 1925, p. 8). 그들 중 약 절반은 숲속의 집에서 쫓겨나서 산 바로 남쪽에 있는 북북 키토시의 키미리리 같은 무역 중심지에 거처를 정하였다. 거기서 그들은 다양한 비율로 부기슈 족과 섞였다. 일부 엘고니 족은 동쪽으로 이주하여 키탈레 지역에 있는 유럽인 농장에 가서 토지 불법 점유자가 되었다. 이 불법 거주하는 200여 가족들은 그곳에서 받아들여지지 않아 식민 당국에 의해 우간다로 재배치되었다. 대략 142가족에 이르는 또 다른 집단은 산을 더 높이 올라가 숲 너머의 습지대로 갔다(KLCR, pp. 281-284). 엘고니 족이 이제는 거의 사라진 도로보 족과 같이 '소멸되고' 있다는 것이 이런 분명한 재배치와 해체로 인해 이해되었다.

융이 만났던 대부분의 엘고니 족은 산림 바로 남쪽의 완만한 경사면에 있는 거주지에 살았다. 그렇지만 그는 숲 속 동굴과 고산지대의 습지에 살고 있는 외따로 떨어진 가족들도 발견할 것이다. 이 가족들은 루스가 비참한 가난이라고 묘사한 상태로 살고 있었다(Bailey, 1969, p. 13).

추장의 환대

키미리리 휴게소에서 하룻밤을 보낸 다음, 이 카라반은 단층애를 향해 똑바로 북쪽의 '좁은 길을 따라' 12km를 올라가기 시작하였다(CL 1, p. 43).[10] 그들은 길을 올라가면서 '그 지방 추장의 인사를 받았다.' '그는 라이본 laibon, 즉 주술사의 아들'이었는데, '우리가 그때까지 처음으로 본 조랑말'을 타고 있었다(MDR, p. 260). 그 당시 아프리카인이 말을 갖는 것이 드물었기 때문에, 1920년대에 어린이였을 현재 살고 있는 엘고니 족 노인들이 아직도 이 말을 기억하고 있을 정도다. 그들은 그 말이 '흰색'이었다고 기억한다.[11] 융은 이 '추장'의 이름을 언급하지는 않았지만, 그는 북부 키토시 지역 '마사이 족과 엘고니 족'의 '원로'인 엘고니 족의 텐디이트Tendeet였다(Chamier, 1926, p. 7).[12] 융이 '추장'이라는 말을 사용한 것은 엘고니 족 사회가 탈중앙집권화되고 개인주의화되어 공식적인 통치 기구가 없었던 것으로 보아, 잘못 사용한 것이다. 재판관, 군 지휘관 또는 예언자 등과 같은 지도자의 지위는 "주로 개인적인 특성에 의거하였다." (Goldschmidt, 1976, p. 55) 텐디이트가 사용했던 원로의 사무실은 식민정부가 부담하였다.

키미리리에서 약 3.2km 정도 떨어진 북서쪽에 살았던 텐디이트는 캅상구틱 Kaabsaang'uteek 씨족 출신이었다(F. Kiboi, 개인적인 교류, 2003. 8. 29). 그는 왕가의 대추장 무룽가에 의해 '원로'로 지정되었다. 이는 카카메가의 지방행정관인 차미어의 승인을 받은 것이었다. 엘고니 족 인구의 약 절반이 이 지역에서 텐디이트의 관할하에 살았다(KLCR, p. 284). 텐디이트의 인사는 공식적인 환대였다. 아마도 이때 선물의 교환과 이 일행이 엘곤에 머무는 동안에 잘 대접받을 것이라는 확약이 있었을 것이다. 텐디이트의 아버지인 '라이본'은 나중에 나타날 것이다.

야영지

통로는 키미리리 천川을 따라갔는데, 그것은 결국 키북 천으로 분지되었다. 그들은 키북 천을 거슬러 올라가 카무티앙 단층애의 급경사 벽면에 둘러싸인 계곡으로 들어갔다. 그 너머에는 엘곤 산의 "거대하고 빽빽한 숲"(CL 1, p. 43)이 있었다. 그들은 '몇 시간 동안 오른 끝에' 야영지에 도착하였다. 그곳은 "사랑스러운 넓은 숲 속 개간지로 맑고 신선한 물이 흐르는 계곡으로 나뉘어져 있었다."(MDR, p. 261)[13] 그들은 폭포에서 '약 270m' 떨어진 '우산 아카시아 나무로 덮인 완만하고 건조한 경사면' 위에 텐트를 설치하였다. 베이네스의 필름에서 이 야영장은 높이 자란 풀을 사파리 대원들이 신발과 맨발로 다져 놓은 거친 개간지임을 알 수 있다. 이제는 땔감을 모으거나 자신이 필요한 것에 신경 쓰는 일 이외에는 일감이 거의 없는 짐꾼들이 그룹을 지어 앉아서 이야기하는 것을 볼 수 있다. 스와힐리인 조수들은 빨랫줄을 걸고 요리용 불을 지피느라 분주하였고, 총을 든 호위병들은 자랑삼아 그리고 목적을 가지고 야영지를 행진하였다. 그 지방의 엘고니 족이 호기심 많은 구경꾼으로, 배경이 되었다.

융이 언급한 폭포는 단층애 꼭대기에서 바로 떨어져 내렸고, 경사면을 따라 산재해 있는 거대한 화강암 바위들을 지나갔다. 해발 2,103m에 있는 이 야영지는 엘곤 산의 혼합 상록 우림지대의 가장자리에 있었다. 야생초가 있고 사람이 거주하지 않는 이 계곡에는 큰 나무는 거의 없고 물줄기를 따라 목본 양치류, 발삼 나무, 그리고 야생 바나나 등이 빼곡히 자라 무성하였다. 소용돌이치는 안개와 희미한 구름 너머 남쪽으로 멀리 있는 키미리리의 전초지를 볼 수 있었다. 비비 원숭이 군단이 골짜기의 윤곽을 그려 주는 낭떠러지 꼭대기에 있는 바위를 차지하고 있었다.[14]

이름 없는 사람들

마침내 융이 힘들게 아프리카의 내부에 도착하였다. 비록 그가 엘곤 산 야영지에서 3주[15] 동안만 머무를 것이었지만, 이곳이 그의 5개월간의 '원정'의 일차적인 목적지였다. 또한 이곳은 심리학적인 관찰과 실험을 위한 주요 실험실이었다. 엘고니 족과 민속지학적인 면담이 수행될 것이었지만, 이 '원정대'는 탐험가들 자신의 심리학에도 초점을 맞출 것이었다. 그들은 '원시인'에게 '정신적으로 전염되기'를 원하였다. 북아프리카와 북아메리카 토착민들을 방문한 다음 "훨씬 더 낮은 문화 수준으로 내려가려는"(MDR, p. 247) 것이 융의 욕망이었다. 그들이 나이로비를 떠나기 전 주에 융과 베이네스가 『동아프리카 스탠다드지East Africa Standard』와 인터뷰를 하였다. '정신적으로 전염되고자 하는' 그들의 욕망이 이 기사에 아주 분명히 표현되어 있다.

그렇지만 이 원정대의 중요성은 전적으로 부기슈 족의 온순성에만 달려 있는 것은 아니다. 유럽의 과학자들은 그들 자신의 반응을 관찰할 것이다. 그들은 원시인들과 가깝게 접촉한 것이 그들에게 미치는 영향을 연구할 것이다. 훈련된 심리학자들에 의한 이 단계의 관찰적인 연구가 원주민의 마음의 작용을 잘 조사하는 것만큼이나 가치 있는 일이다. 이 조사에서 얻어진 정보는 세계 문제, 특히 유럽의 문제에 접근하는 데 많이 사용될 것이다. 오늘날 많은 어려움이 미지의 잠재의식의 영향과 관련이 있기 때문이다(EAS, 1925. 11. 19, p. 5).

융은 엘고니 족 중 일부가 '혈거인穴居人'이었기 때문에 그들에게서 가장 낮은 문화 수준을 보았다고 느꼈다. 삼면이 빽빽한 태고의 숲으로 된 깊은 밀림 절벽에 둘러싸여 있으면서 융은 정신분열적인 성향이 있었던 몇 년 전에 느꼈던 것과 같은 감정을 느꼈었음에 틀림없다. 그는 무의식의 '정글' 속으로 빠졌다. 그는 이제 문명이나 자아의식과 거의 접촉하지 않았던 것으로 여겨지는 엘고니 족의 '원시' 세계 속으로 '빠질' 준비가 되어 있다.

융은 "엘곤 산 사바나에 사는 사람들은 ……결코 백인의 얼굴을 본 적이 없었다."(CL 2, p. 418)라고 기록하였다.[16] 그 이전의 수많은 탐험가들과 같이 융은 처녀지에 발을 디딘 '첫 번째' 사람이 되려는 유럽인들의 갈망을 반영하는 주장을 하였다. 1909년에 애클리가 엘고니 족에 대해 "그들 대부분은 이전에 백인을 본 적이 없다."(Bodry-Sanders, 1991, p. 128)라는 똑같은 주장을 했었다. "일찍이 트란스발(남아공 동북부의 주)을 여행했던 콘월리스 해리스는 어떤 지역에 첫 번째 백인이 되려는 하느님 같은 무엇이 있었고, 그것은 마치 새로운 창조를 주재하는 것 같았다고 말하였다."(McLynn, 1992, p. 342) 융은 따듯한 가부장적인 태도를 가지고 이 사람들을 '내 엘고니'라고 했었을 것이다.

한편 융의 주장은 순수한 과장법이다. 왜냐하면 엘고니 족 감독과 카라반의 엘고니 족 짐꾼들은 지속적으로 유럽인들과 거래를 해 왔기 때문이다. 엘고니 족은 1880년대부터 유럽인 원정대와 사파리의 방문을 받았다. 현지인은 모두 키미리리에 있는 유럽인을 위한 휴식용 캠프를 알았고, 그들은 이것을 '사파리' 캠프라고 불렀다(Kiborom, 2003). 많은 엘고니 족은 지금 유럽인 농장에 불법 거주하고 있었다. 다른 한편으로는 융의 야영지 근처에 살고 있는 몇몇 엘고니 족은 유럽인과 대화를 나누어 본 적이 없을 수는 있다. 아마도 어린아이 몇 명은 유럽인의 얼굴을 본 적이 없었을 것이다.

그들이 도착하고 얼마 되지 않아 융은 캠프에 나타난 현지 엘고니 족과 대화를 시도하였다. 이브라힘의 통역으로 융은 소개를 하였다.

> 우리는 그들과 세 가지 언어로 소통해야만 하였다. 우리는 그들이 무엇으로 불리는지를 물었다. 뜻밖에도 그들은 그들 개개인의 이름을 불렀다. 그때까지 우리가 만났던 부족들은 모두 우리가 물어보지도 않았는데 자신을 그들 부족의 명칭으로 불렀었기 때문이다. 엘고니 족은 애를 쓰고 말을 얼버무리면서 분명히 황당한 대답을 하였는데, 이것을 보고 내 흑인 짐꾼들이 한바탕 웃었다. 나의 감독, 키 크고 마른 소말리인은 내게 '원주민들'은 너무나 어리석어서 그들이 무엇으로 불리는지조차도 모른다고 말하였다. 그들은 '그곳에 있는 사람들'로 불린다고 하였다. 나는 이것이 확실하다는 것을 알았다(CL 2, p. 418).

융은 이브라힘의 언어 능력을 의심하지 않고 엘고니 족이 공동체적인 정체성을 스스로 의식하지 못한다고 결론지었다(사실상 그들은 이름을 가지고 있었다. 그들은 자신들을 '코니'라고 불렀다.). 한 이름 없는 종족이 '문명'과 접촉하지 않은 사람들은 실질적인 무의식의 상태에서 살고 있고 그들의 씨족 명을 가져서 자신을 다른 사람들과 구별하는 능력조차도 없다고 하는, '원시인 심리'에 관한 일반적인 생각들을 지지하는 면에서 융에게 '깨달음'을 주었다.

막간: 레비-브륄과 집단의식

엘고니 족과의 첫 만남을 바탕으로 1933년에 융은 썼다.

> 개인의 의식 또는 자아의식은 인간 발달 후기의 산물이다. 그것의 원시적인 형태는 단순한 집단의식이다. 현재에도 존재하는 원시 사회에서는 이것이 종종 발달되지 않아서 많은 종족이 심지어 그들을 다른 종족과 구별할 이름을 짓지도 않았다(CW 10, p. 280).

융이 사용한 '집단의식'이란 용어는 프랑스의 인류학자-철학자인 뤼시앵 레비-브륄(1857~1939)의 업적에 의거한 것이었다. 그는 '원시인'과 '문명인' 사이의 차이를 강조하였다. 융에게 레비-브륄은 필수적인 "원시인의 양상"(CW 10, p. 131)을 강조하였다는 "대단한 평가를 받은 원시인 심리학 분야의 권위자"(CW 10, p. 106)였다.

이 필수적이지만 논란의 여지가 있는 레비-브륄의 업적은 '원시인의 심성'은 '전 논리적prelogical'이라는 것이다. 그것이 '문명인'의 고위 정신 기능이라기보다는 '집단적 표상'에 기초한 것이기 때문에 논리적인 모순에는 상관이 없다. '집단적 표상'은,

주어진 사회집단 구성원들에게 공통적이다. 그것은 한 세대에서 다음 세대로 전승된다. 그것은 구성원 개개인들에게 인상을 주고, 그들에게서 존경, 두려움, 숭배
……등의 정감을 일깨운다. 그것의 존재는 개인에게 달려 있지 않다(Lévy-Bruhl, 1979, p. 13).

용어의 선택 때문에 레비-브륄이 '문명화'된 사람들은 항상 논리적이고, '원시적인' 사람들은 항상 '전 논리적'이라고 말하고 있는 것 같다. 이것은 사실이 아니었지만, 그의 생각에 대한 보편적인 거부로 인해 레비-브륄은 나중에 그의 '원시인 심성'에 대한 이론을 철회할 수밖에 없었다.[17]

융은 자신이 엘고니 족과 대담한 것과 서로 통하는 레비-브륄의 결론에 근거하여 '원시인'을 구별하는 것은 그들이 다른 사람들과 자신을 '구별하는' 능력이 없는 것이라고 이해하였다. '원시인'은 하나의 개인으로 존재하는 능력이 없이 "상호 간에 무의식적인 동일시의 상태"(CW 10, pp. 69-70)로 살았다. '원시인'은 그가 이웃과 다를 것이 없다고 느끼는 것처럼 그의 부족이 다른 부족과 다르지 않다고 느꼈다. 융은 이브라힘이 그들이 이름이 없다고 잘못 선언한 다음에, 이 특성을 엘고니 족에게서 보았다고 생각하였다.

엘곤 산에서 한 융의 관찰이 때론 부정확하고 항상 그 시대의 뿌연 렌즈를 통해 보았던 것이기는 하지만, 그가 토착민에 관해 묘사했던 윤곽은 심리학적이었으며 생리적인 것은 아니었다는 점을 강조해야 한다. 융은 '원시인의 심성'은 모든 사람들, 심지어는 '문명화된' 유럽인에게도 존재한다는 것을 믿었다. 융은 엘곤 '원시인'과의 경험으로 이제 막 생겨나려고 하는 '개성화 과정'의 개념에 대한 그의 생각을 구체화하는 데 도움을 받았다. 개성화 과정은 "일반적인 것이 해체되고 특별한 것, 개별적인 존재 또는 개성의 원리로 정의"(Jacobi, 1983, p. 13)된다.

이런 식으로 하나가 그의 독특한 특질을 인식하면서 모든 다른 것들에서 '분화된다.' 그리고 그렇게 함으로써 집단에서 유래된 일반적인 것을 의식하게 된다. 융에 따르면 이러한 의식의 확장은 인간의 필수적인 과제였다. 이것이 수주 전에 아티 평원에서 발견한 바와 같이 그의 존재 이유raison d'être였다.

신비적 관여

엘곤 산 캠프에 있는 동안 융은 자신이 또 다른 세계의 문턱에 살고 있는 것처럼 느꼈다. 이 '원초적인' 세계는 무의식, 비자아의 지배를 받았다. 그것은 남아프리카 태생 백인이 말했던 것과 같이 '인간의 나라'가 아니라 '신의 나라'였다. 이 '원시' 왕국에는 어떤 '마술'이 있었다. 이 공간 안에서 융은 전 생태계가 그 자신의 무의식의 태도에 반응한다는 것을 느꼈다. 이 마술은 "동물들이 가장 암시적이고 교묘한 방식으로 행동하는 상상할 수 없는 일이 일어나는 이상한 분위기를 만든다."(S 2, p. 473) 융이 벡위드와 사냥하러 나갔을 때 이것을 목격하였다.

예를 들면, 구경이 큰 총이 아니라 산탄총을 들고 갔을 경우에 표범이 당신과 함께 사냥을 간 일이 실제로 있다. 만일 당신이 큰 총을 들고 간다면 어떤 표범도 나타나지 않을 것이다. 이것은 내가 만들어 낸 말이 아니다. 케냐 수렵 감시인의 책에서 그것을 읽을 수 있다. 만일 산탄총을 가지고 나간다면 표범이 당신과 함께 사냥하기 위해 나타난다. 여러 번 반복해서 그들을 보았다. 예를 들면, 어느 날 우리가 뿔닭을 사냥했는데, 그 표범이 그것을 먹어 치웠다. 표범이 종종 새를 먹기도 하였다(S 2, p. 473).

이 마술은 조류의 생활에도 확장되었다.

보다 재미있고 불가사의한 것은 벌꿀새다. 그것은 아주 가깝게 온다. 실제로 팔이 닿는 곳까지도 온다. 그것이 가지에 홰를 치고 지저귀며 푸드덕거려서 우리는 거의 그것을 잡을 수 있다. 그러나 팔을 뻗으면 그것은 또 다른 가지로 날아간다. 그리고 만일 그것을 쫓아가면 마침내 벌꿀에 이르게 될 것이다. 만일 새를 위해 벌꿀을 남기지 않고 다 가져가면 다음번에 위험에 처하게 될 것이라고 원주민들은 말한다. 나도 한 번 한 마리를 쫓아갔다. 아주 재미있는 기분이다. 그것이 마치 개인적으로 "자, 따라 오세요. 서둘러요, 저를 따르세요!"라고 말하고 있는 것 같다. 그 새는 나를 원주민들이 만든 인조 벌통으로 데려갔다. 그들이 큰 나뭇가지의 속을 파내고 꿀벌이 들어와서 꿀로 채울 수 있도록 구멍을 내 놓았다. 물론 그 벌꿀을 가져갈 수는 없었다. 그것은 이웃 마을의 원주민들 것이기 때문이었다. 케냐의 수렵 감시인은 그의 책에서 그가 한 번은 상처 입은 사자의 은신처로 이끌려 갔었고, 또 다른 때는 맘바의 둥지로 간 적이 있었다고 확인해 주었다. 이런 일들은 매우 이상하다. 만일 그런 일들로 둘러싸인 분위기에 살면서 호흡하고 있다면 원시인의 심성에 대해 조금 더 이해하기 시작한다. 동물과의 밀접한 관계, 그러한 친밀감과 지속적인 공감적 관계가 가장 놀랍다(S 2, p. 473).

실제로 엘곤에 있는 야영지의 가까운 곳에는 사자 한 마리가 살고 있었다. 그것은 "일종의 친근한 존경심"(S 2, p. 470)으로 대접받았다. 한 번은 융이 잠에서 깨어나 텐트 밖에서 '그 거대한 짐승', 사자의 발자국을 발견하였다. "그래서 나는 깜짝 놀라서 (원주민들을) 보았다. 그러나 그들은 웃으면서 '나쁜 놈이 아니에요. 그것은 우리의 사자입니다.'라고 말하였다."(S 2, pp. 470-471) 그 "사자가 텐트를 통째로 부수고 일격으로 사람 두 명을 죽일 수도 있지만"(S 2, pp. 470-471), 원주민들의 이 짐승에 대한 친절한 태도로 보아 그것이 잠자고 있는 융을 가만히 놔두고 갈 것이라는 것을 의미하였다. 융은 설명하였다.

> 비자아와의 신비적 관여participation mystique는 우리 자신에서뿐만 아니라 주변의 상황에서도 어떤 변화를 의미하는 것이 확실히 가능하다. 분석을 통해 드러나는 가장 당황스러운 사실 중 하나가 어떤 사람을 분석할 때 그 개인을 책임지는 것뿐 아니라 그것이 마치 전체 집단을 분석하고 있는 것과 같다는 것이다. 그것은 직접적으로 환자와 상관이 없는 먼 곳의 사람들에게까지 마술적인 효과를 미친다. 예를 들면, 아니무스와 아니마와 같은 무의식의 상이 무의식의 마음에서 작용하기 시작할 때, 그것들이 우리가 말한 대로 배열되기 시작할 때, 그것들은 마술적인 효과, 이상한 최면 효과를 갖는다. 이는 다시금 의식에 존재하지 않는 비자아에 연결되어 있다는 사실을 가리킨다(S 2, p. 475).

융이 '원시인'에게 '정신적으로 전염되는' 것에 대해 이야기할 때, 그는 부분적으로 이러한 동물의 왕국과의 만남에 대해 이야기하고 있는 것이다. 융의 이 기반에 대해 정신적으로 열려 있는 태도가 그것의 마술에 기여하였다.

칼렌진 족 심부름꾼

캠프를 설치하자마자 융은 루스 베일리에게 그들과 합류해 달라고 초대하는 편지를 심부름꾼에게 주어서 보냈다. 루스는 그 당시 여동생 부부와 함께 터보에서 테니스를 치면서 시간을 보내고 있었다고 보고하였다(Bailey, 1969, pp. 5-6). 터보는 키미리리에서 약 40km 떨어져 있었다. 루스의 제부인 리처드 가우솔페는 융과 일행이 금방 지나갔던 브로데릭 폭포에 있는 철로 종점에 배치를 받았다. 융은 1930년에 '뮌헨에서 한 라디오 대담'에서 이 사건을 이야기하였다.

하루는 편지를 보내고 싶었다. 가장 가까운 곳에 있던 백인들은 우간다 철도 지선의 종점에서 일하고 있었던 몇몇의 기술자들이었다. 그곳까지는 이틀 반 정도 걸리는 거리였다. 그들한테 전달하기 위해서는 심부름꾼이 필요했고, 나의 요청에 추장은 한 남자를 내게 보냈다. 나는 그에게 편지 한 다발을 주면서 (그가 알아듣는) 스와힐리어로 이것을 백인 남자들에게 가져다주라고 말하였다. 당연히 반경 160km 안에 있는 사람들은 누구나 그들을 어디서 찾을지 알았을 것이다. 아프리카에서 뉴스는 빠르게 퍼지니까. 그런데 그 남자는 내 명령을 받고 나서 말문을 잃고 그 자리에서 미동도 하지 않은 채 가만히 서 있었다. 나는 그가 담배로 주는 팁을 기다리고 있는 것으로 생각하고 한 움큼 주었으나 그는 전과 같이 말없이 경직된 상태로 서 있었다. 나는 무엇을 의미하는지 알지 못했고 당황해서 주변을 살폈다. 나는 바닥에 쭈그리고 앉아서 히죽거리며 이 장면을 지켜보고 있던 내 사파리 감독, 키 크고 마른 소말리인인 이브라힘을 쳐다보았다. 그는 서툰 영어로 "그렇게 하면 안 됩니다. 선생님, 그렇지만 그렇게……"라고 내게 말하였다. 그리고 그는 벌떡 일어나 코뿔소 채찍을 들더니 그 심부름꾼 앞 공중에서 몇 차례 휙 소리를 내고 나서 그의 어깨를 잡았다. 그리고 큰소리와 몸짓을 섞어 가면서 장황한 열변을 토해 냈다. "자, 위대한 남자 원로, 노현자께서 네게 편지를 주셨다. 이봐, 그것을 네 손에 들었네. 그것을 갈라진 지팡이에 끼워 넣어야만 한다. 오, 이 녀석아." −내 조수에게− "갈라진 지팡이를 가져와서, 그것을 이 녀석에게 주어라. 그것을 손에 들고 편지를 여기 갈라진 틈에 넣어라. 그것을 풀로 단단히 묶고, 그래. 그리고 그것을 높이 들어라. 그러면 사람들이 모두 네가 위대한 백인의 심부름꾼임을 알게 될 것이다. 지금 폭포에 있는 백인에게로 가서 그가 보일 때까지 찾아라. 그런 다음에야 집으로 돌아올 수 있다. 그럼 이제 달려라." 그리고 이브라힘은 채찍을 치켜들고 달리기 시작하면서 소리쳤다. "그래, 작은 집들이 바퀴 위에서 움직이는 곳에 도착할 때까지 계속 달려야만 해. 달려, 달려, 이 녀석아, 결사적으로 달려!" 심부름꾼의 얼굴은 마치 위대한 계시를 목격한 것처럼 점차 밝아졌다. 그는 만면에 웃음을 띠고 지팡이를 들고 마치 대포에서 발사된 것처럼 쏜살같이 뛰어나갔다. 이브라힘은 그가 떠난 뒤 채찍 소리와 욕지거리 세례를 멈추었다. 그는 36시간 동안 120km를 쉬지 않고 달렸다(CW 18, p. 1288).[18]

언뜻 보면 융의 이야기는 꾸며 낸 것처럼 보인다. 터보가 야영지에서 직선거리로 약 51km밖에 안 되었지만, 융의 기억도 정확했을 것 같다. 그 심부름꾼은 처음에 가우솔페('폭포'에 있는 백인 남자 중 한 명)를 찾으러 브로데릭 폭포로 갔고, 그에게서 터보에 있는 루스한테 가라는 안내를 받았으며, 그녀의 답장을 가지고 융에게 돌아왔다. 이것을 일주하는 전체 거리는 약 120km였을 것이다. 마라톤을 세 번 완주하는 거리를 이틀 반 만에 가다니!

놀랍긴 하지만 융이 이 이야기를 제대로 말하는 것 같다. 위대한 난디 족의 육상 스타 킵 케이노가 세상에 알려지기 전, 식민 당국은 칼렌진 족 사람들의 달리는 능력을 발견하였다. 전설에 따르면 우아신 기슈 평원에서 한 아이가 탄생하면, "그들은 그 아이의 옆구리에 구멍을 내고, 나무 마개로 그것을 막아 놓았다가 달릴 때 그것을 빼낸다."고 한다. 그렇게 해서 "그들은 옆구리로 숨을 쉬게 되어 달리는 동안 숨차지 않는다."(KLCR, p. 2035) 1980년대 이래로 올림픽과 세계 챔피언 대회에서 장거리 육상은 케냐 사람들의 주 무대였다. 그들의 대부분은 칼렌진 족이다.

막간: 아프리카의 광기- "달려, 달려, 이 녀석아, 결사적으로 달려!"

융은 "이브라힘이 엄청난 몸짓과 말을 쏟아 내 그 남자를 최면에 들게 하여 달리기 선수 기분으로 가게 하는 데 성공하였다."(CW 18, p. 1289) "내가 한 단순한 명령만으로는 조금도 움직일 수 없었기 때문에 이것이 필요하였다."(CW 18, p. 1289)는 말을 하면서 그가 칼렌진 족 우편배달부를 동기화시키지 못한 것을 설명하였다. 융은 그가 소통하는 데 실패했던 것은 그가 그 심부름꾼의 '원시적인' 층에 도달할 수 없었기 때문이라고 믿었다. "여기서 우리는 원시인 심리와 문명인 심리 사이에 있는 주요한 차이를 볼 수 있다. 우리는 축적된 힘을 방출하는 데 한 단어면 충분하다. 그러나 원시인에게는 그 사람을 행동할 수 있는 기분이 되게 하려면 계산된 다양한 수식과 함께 정교한 팬터마임이 필요하다."(CW 18, p. 1289) 1938년에 융은 옥스퍼드에서 "우리가 '의지' 또는 '의지력'이라고 부르는 것은 원시인들에게는 없는 현상이다."(CGJS, p. 102)라는 것을 예시하기 위해 이 이야기를 하였다. 융은 아프리카인의 자아는 실질적으로 "자율성이 없어서" "의지와 지향적인 의도"(MDR, p. 242)가 결여되었다고 믿었다. '원시인'은 이성이 아니라 정동에 의해 움직여져야 했다.

융이 마라톤을 세 번 완주할 거리를 이틀 반 만에 달려야 하는 사람들 대부분은 올림픽 개막식의 화려한 의식을 필요로 한다는 분명한 사실을 간과했던 것을 차치하더라도 훨씬 더 간단한 설명이 있다. 그것은 이 남자가 그가 달릴 거리를 듣고서 그것을 이해하지 못한 척했던 사례였을 것 같다.[19]

사파리 감독인 이브라힘이 스와힐리어로 명령하여 융에게 권위를 가지고 '이 교도 녀석'을 어떻게 대하는가에 대해 시연하였다. 이 이야기는 '원시인'과 어떻게 소통하느냐에 관한 것이라기보다는 식민지 사람과 어떻게 소통하느냐에 관한 것이었다. 아프리카인은 최면이 아니라 '채찍 소리와 욕지거리 세례'로 다스려졌다. 찰스 첸빅스 트렌치는 『케냐를 다스린 사람들Men Who Ruled Kenya』에서 이 통치 기술을 아프리카의 광기furor Africanus라고 묘사하였다. 그는 이것으로 "가장 순한 유럽인이 아프리카인이 저지른 현저한 잘못 때문에 생긴 갑작스러운 분노를 다스릴 수 있었다."(Trench, 1993, p. 86)라고 적었다. 1925년에 한 지방행정관이 관보에 공고한 캄바 족 추장 한 사람에게 너무나 화가 나서 그의 직위를 박탈하고 채찍질하였다(Trench, 1993, p. 86).

원로 텐디이트는 융에게 호의를 베풀어 편지 배달부를 제공하였다. 이 심부름꾼은 융이 처음에 생각했던 것처럼 자신의 임무를 소홀히 하지 않았을 것이고 '백치'도 아니었을 것이다. 그는 그가 유일하게 가능했었던 시민 불복종의 형태—무지를 가장하는—를 행하고 있었는지도 모른다. 이브라힘은 융에게 연기를 하고 있는 열등한 자에게 어떻게 명령을 내리는가를 보여 주었다. 정중하게 요청하지 않고 강압적으로 명령을 했던 것이다! 융은 이 교훈을 배웠을 것이고,

나중에 수단을 여행하던 중에 날뛰는 아프리카인 무리를 다스리기 위해 채찍과 욕지거리를 사용하였다.

영국인 소녀의 도착

　　　　제부의 반대가 있었지만, 루스는 융 사파리에 합류하기로 결심하였다. 그녀는 융이 편지와 함께 보냈던 위스키와 브랜디를 한 병씩 요청하는 '메모'를 숨겼다. 누군가가 이 목록을 보게 되면 그녀가 가지 못하리라는 것을 알았기 때문이었다. 이렇게 '영국인' 누구에게도 이 모험을 격려받지 못했지만, 그녀는 그 방향으로 가는 한 기술자와 함께 터보에서 브로데릭 폭포로 가는 운송수단을 구할 수 있었다(Bailey, 1969, p. 6). 그들은 '구도로'를 따라 새로 만들어 개통한 길로 여행하였다(Chamier, 1925, p. 22). 브로데릭 폭포에서 그녀는 또 다른 기술자인 캡틴 토르 부부의 집에서 하룻밤을 보냈다. 캡틴 토르 역시 루스에게 가지 않는 것이 좋겠다고 하였지만, 그녀는 융에게 심부름꾼을 보내 그녀가 브로데릭 폭포에서 지시를 기다리고 있다는 것을 알렸다.[20] 그녀는 캠프에서 아마도 융일지도 모르는 누군가가 다음 날 11시에 키미리리에 있는 휴게소에 가서 그녀를 만날 것이라는 회신을 받았다. 그래서 그녀는 휴게소로 데려다 줄 기술자와 함께 타고 갈 것을 구하였다. 그녀가 키미리리에 도착했을 때, 융은 어디에도 보이지 않았고, 그녀를 데려다 준 사람은 그녀를 혼자 두고 떠나지 않았다. 그 무렵에 그녀는 'CGJ'라는 머리글자가 적힌 물병[21]을 들고 있는 경비병 한 명을 발견하였다. 그녀는 이 사람이 그녀가 만날 사람이란 것을 확신했고 그를 따라 수풀 속으로 들어갔다(Bailey, 1969, p. 6). 브롬과의 대담에서 루스는 그녀의 안내인은 영어를 말할 수 없었고 그의 속도를 따라가는 데 어려움이 있었다고 회상하였다. 그녀는 서툰 스와힐리어를 사용해 '천천히'를 의미하는 폴폴polepole이라고 하면서 그를 따라갔다(Brome, 1978, p. 203).

루스는 2시간 동안 경비병을 따라간 뒤에 야영지에 도착하였다. 터보에서 엘곤 산으로 가는 어찌 보면 험준한 여행을 마친 루스는 "융에게 자랑스럽게 '도착했어요!'라고 선언하였다." 융은 "마치 그녀가 이웃집에서 들른 것처럼 ……'그래, 알았어.'하고 차분하게 응대하였다."(Hannah, 1991, p. 169)[22] 루스는 사파리 경험을 하는 동안 내내 자기 스스로의 힘으로 꾸려 나갔었다고 하였다. 융이나 베이네스도 여성이라는 이유로 그녀를 특별히 배려하지는 않았다. 비록 그녀가 이런 대접이 이례적이라는 것을 알았지만, 그녀는 나쁜 감정을 갖지 않았고 이것이 '융 박사의 특이한 면'이었다고 이해하였다. 그녀는 단순히 이것—자기 역할을 다하는 것—이 그녀 몫의 일이라고 여겼다.

태초의 은총

루스가 캠프에 합류하면서 이들 4인조는 아프리카의 리듬 속으로 안착하였다. 여기서 융은 자신의 개인적인 문제와 유럽의 문제에서 벗어나 자유로워짐을 느꼈다. "모든 악마의 어머니, 유럽과 나 사이는 수천 킬로미터 떨어졌다. 그 악마는 여기 내게 미칠 수 없다—거기에는 전보도, 전화도, 편지도, 방문객도 없었다."(MDR, p. 264) 초창기 아프리카 탐험가들처럼 융도 야생과 자연의 단순함을 찾아 문명과 도시화의 복잡성에서 탈출하였다. 거기에는 타야 할 기차도 없고, 해야 할 강의도 없으며, 지켜야 할 약속도 없다. 융의 "해방된 정신

적인 힘은 은혜롭게 태초의 광활한 공간으로 되돌려 쏟아 부었다."(MDR, p. 264)

요리사가 매주 도착하는 식량 상자에서 나온 식자재로 준비한 식사로 그 날을 마쳤고, 그것이 익숙한 일상이 되었다. 가끔 잔치가 열렸다. 그들은 황소를 잡고 (CL 1, p. 43), 루스는 잘 만든다고 자랑한 사과 타트를 만들었다. 그렇지만 둥근 과자 빵을 만들려는 그녀의 시도는 실패했고, 그것으로 인해 남자들에게 많은 놀림을 받았다(Bailey, 1969, p. 34).

이 팀은 일찍 일어났는데, 그들의 연구가 대부분 아침 시간에 행해져야 했기 때문이었다. 루스는 '의사들'이 항상 '주술사'와 이야기하러 떠났다고 하였다. 자연사에 관심이 많았던 베이네스는 엘곤의 다양한 종류의 식물과 나무를 기록하고, 많은 종의 아프리카산 나비를 수집하는 데에도 시간을 보냈다.[23] 이때 수집한 나비들은 "그의 방대한 ……수집품의 일부분이 되었다."(Jansen, 2003, p. 173) 벡위드는 주로 사냥과 거대한 엘곤의 놀이터를 탐색하는 데 관심이 있었다. 그리고 루스는 코믹 릴리프(역자 주-비극적인 장면 사이에 끼워 넣어 긴장을 풀어 주는 희극적인 장면)의 역할을 하였는데, 대부분의 시간을 융이나 벡위드와 함께 보냈다.

늦은 오후가 되면 요란스러운 폭풍우가 일상이었다. 이 전기적인 방출은 종종 직경이 1.3~1.9cm 되는 우박을 동반하기도 하였다. 그때면 땅바닥이 얼음으로 덮였다. 이 경우 강하게 떨어지는 빗방울이 귀가 먹을 정도의 굉음을 내며 녹색 캔버스천을 두드릴 때, 일행은 텐트 속으로 몸을 숨겼다. 한 번은 나무가 벼락을 맞아 텐트 근처에 쓰러진 적도 있었다. 루스는 융이 사람들에게 번개를 맞으면 아무것도 느낄 수 없을 테니 걱정하지 말라고 말하였다는 것을 기억하였다. 그녀는 재미있어 하지 않았다(Bailey, 1970, p. 10).

낮이 끝나면 지는 해가 엘곤의 화산을 먹구름으로 변하게 하고, 떠오르는 달빛이 풀밭 너머에 있는 아카시아 나무의 그림자를 드리웠으며, 고요해졌다. 적도 지역에서 낮이 밤으로 빠르게 바뀌면서, 간간히 캠프 불빛 사이로 지나가는 박쥐의 날개가 퍼덕거리는 소리에 섞여 개구리와 메뚜기들의 합창 소리가 들리는, 가청 휴지기audible pause가 뒤따랐다. 융은 야외용 의자에 앉아 파이프담배를 피우며 이 자연의 리듬 안에서의 인간의 역할을 곰곰이 생각하였다.

> 불은 실로 엄청난 실제다. 나는 우리가 아프리카 야생을 여행하고 있을 때 종종 이것을 느꼈다. 칠흑같이 어두운 적도의 밤은 아주 갑작스럽게 찾아온다. 그것은 땅으로 바로 떨어지고, 모든 것은 암흑이 된다. 그리고 그때 우리는 불을 피운다. 그것은 놀라운 것이다. 인간의 자연에 대한 승리를 가장 인상적으로 보여 주는 것이다. 그것은, 의식의 빛이 원래의 어둠 속으로 다시 사라졌을 때, 원시 영웅이 잡아먹는 짐승의 힘에 대항하는 수단이고, 그 거대한 무의식에 대한 공격이었다(S 4, p. 1287).

때때로 고음의 코끼리 트럼펫 소리나 표범의 거친 울음소리가 들려와 잠을 방해하기도 하였다.

꿈의 문제

엘곤에서의 야영 경험이 일종의 잘 짜인 유럽의 업무 세계에서의 탈출이긴 했지만, 융은 휴가를 온 것이 아니었다. 그는 심리학적인 실험을 하기 위해 아프리카에 왔다. 부기슈 심리학 원정대의 목표와 방법론에 대한 가장 확실한 설명은 '꿈이 무엇을 드러내는가: 과학자들이 원주민의 마음을 연구하기

위해 케냐에 오다: 부기슈 족 연구: 유럽인과 아프리카 사이의 심리학적인 연결: 인간 안에 있는 원시적인 잔존물'이라는 제목으로 융과 베이네스가 『동아프리카 스탠다드지』와 한 인터뷰에서 찾을 수 있다(EAS, 1925. 11. 19, p. 5).

일단의 과학자들이 심리학에 관한 새로운 이론을 보강하기 위해 케냐에 왔다. 그들은 모든 인간에게는 원시적인 인간이 존재하고, 그것은 진화 과정에 의해서 없어지지 않았다고 믿는다. 그들은 엘곤 산에 사는 부기슈 족에게서 그들의 질문에 대한 답을 찾을 것이다. 원주민들의 꿈과 믿음이 유럽에서 축적된 유사한 지식들과 관련해 조사될 것이다. ……

'꿈과 같은 자료는' 시적인 상상력에서 태어난 구절 이상의 것으로 만들어졌다. 이 자료는 심리학자들에게 커다란 관심거리다. 심리학에 대한 새로운 생각과 인종학은 문명은 겉치레일 뿐이고, 피부색이나 인종이 무엇이든 그의 피가 푸르든 또는 지식이 많든 간에 상관없이 모든 사람 안에는 원시적인 층이 있다는 것을 점점 더 분명하게 주장한다.

케냐에서 우리는 종종 그것이 모두 무서운 심리적인 진실과 힘으로 증명되는 것을 목격한다. 우리가 '원주민화된' 사람을 이야기할 때, 그 결과를 인식한다. 사례는 아주 드물다. 문명인은 늘 규율 밑에서 살기 때문이다. 그러나 어떤 사람이 '미개화될' 때, 심리학자들에 의하면, 그것은 그의 몫의 원시적인 유산이 활성화되었기 때문이라고 한다.

두 명의 과학자들이 사비를 들여, 원시 종족을 관찰하여 세계지식을 확장시키려는 노력으로 특별한 사명을 가지고 동아프리카에 왔다. 그들은 유럽에서 명성을 얻은 과학자인 취리히의 C. J. 융 박사와 역시 저명한 심리학자인 런던의 H. E. 베이네스 박사[24]다. 그들은 엘곤의 사면에서 부기슈 족과 6개월을 보낼 것이고, 수단을 거쳐 영국으로 돌아갈 것이다. 여행 내내 그들의 관찰은 계속될 것이다. 이 번 방문은 답사의 성격이다. 만일 이미 유럽에서 수집된 지식과 비교할 만한 중요한 자료를 얻는 것이 가능하다고 밝혀지고, 문명화된 유럽인과 원시적인 아프리카인 마음 사이에 연결점이 있다는 믿음을 지지하는 것이 있다면, 이번 선구적인 원정대에 뒤따라 보다 규모가 크고 중요한 원정대가 올 것이다.

이 조사는 심리학적인 관심뿐만 아니라 인류학적인 관심도 있다. 그러나 인류학자들은 일반적으로 특정 인류학적인 이론을 증명하기 위해 기존의 생각들을 가지고 연구를 수행한다. 이번의 경우에는 과학자들이 꿈을 연구해서 얻은 일정 양의 새로운 지식을 가지고 있다.

꿈의 계시

유럽인 안에 있는 원시인은 그 개인이 잠잘 때, 즉 사실들에 의해 강요된 훈육과 통제 그리고 문명의 영향이 일시적으로 중지될 때, 활성화되는 것으로 알려졌다. 그때 원시인이 무의식 속에서 활성화된다. 유럽의 대상에 대한 연구에서 흑인을 한 번도 보지 못한 백인들이 드물지 않게 원시적인 사람들과 상태에 관한 꿈을 꾸는 것을 발견하였다. 그것은 진화 이론이다. 인간은 원시인에서 왔고, 인간의 하의식subconscious에는 동면하고 있는 층, 즉 인류 시초의 잔존물이 있다.

이 원정대는 간단한 계획을 채택하고 있다. 비서 격으로 온 미국인 학생 벡워드 씨를 포함하여 전체가 세 명인 구성원들이 지혜로운 원로를 찾을 수 있기에 적당한 마을 인근에 야영을 할 것이다. 그 원로는 완전히 원시적이지 않고 문명에 어느 정도 적응력을 보여 준 사람이다. 그곳에 살면서 과학자들은 원주민들의 신뢰를 얻고 그들의 마음을 알기를 희망한다. 원주민들이 백인들이 그들의 관습과 의식을 공감하고 있다는 것을 알았을 때, 그들이 점차 이 과학자들이 찾고 있는 자료를 내줄 것이라는 기대를 하고 있다. 이 계획의 약점은 원주민 번역자에 대한 신뢰도에 있다.

'과학자들'이 그들의 목적지에 도착하기 전에 그 대상이 부기슈 족에서 엘고니 족으로 바뀌었지만 원정대의 목표와 방법론은 그대로였다. 그들은 '원주민의 꿈과 믿음'을 조사할 것이다.

엘고니 족 대상들과의 면담은 팔라버palaver라고 불리는 반 공식적인 모임에서 시행되었다. 팔라버는 "유럽인 탐험가들과 특별히 아프리카의 지역 주민 대표들과의 회담"(American Heritage dictionary)이었다. 매일 아침 융은 야영지의 아카시아 나무 밑에서 '한 시간 또는 한 시간 반'을 넘기지 않는 공식 집회를 열었다. 베이네스의 필름에서 융이 이브라힘이 준 '마호가니로 만든 다리가 넷 달린 작은 추장 의자'에 앉아 있는 것을 볼 수 있다.[25] 그의 주변에 10~15명의 아프리카인들이 반원을 그리며 앉아 있고, 이브라힘이 그의 왼쪽에서 활발히 번역하는 몸짓을 하고 있다.

팔라버에서의 주요한 정보제공자들은 실제로 카라반에 고용된 엘고니 족 카라반 짐꾼들이었다. 그들이 야영했던 계곡은 사람이 살지 않았기 때문에 바로 인근에는 지방 사람들이 거의 없었다. 가장 가까운 거주지가 걸어서 '약 15분 거리'에 떨어져 있었다(MDR, p. 261). 이 거주지는 캠프에 물을 날라 주는 사람들을 보내 주었는데, 융은 이 여자들과 대화를 하려고 하지 않았다.[26] 그렇지만 몇 명의 지방 남자들이 나타났다. 이들은 "우리 캠프 주변에 하루 종일 쪼그려 앉아서 끊임없는 관심으로 우리의 행위를 관찰하였던 원주민들"(MDR, p. 264)이었다.

융은 "연설로 시작하고 샤우리shauri, 즉 팔라버의 안건을 내놓았을 것이다."(MDR, p. 264) 이런 접근을 하면서 융은 엘고니 족의 꿈-생활에 대해 실제로는 아무엇도 알 수 없다는 것을 확인하였다. 융은 그가 '원주민의 신뢰를 얻었다고' 이해했었지만, 팔라버 접근법은 성공적이지 못하였다. 특권을 박탈당한 엘고니 족에게 경호원을 거느리고 있는 융은 식민지배자의 대표로 보였다. 아마도 그는 그들을 무너뜨리고 엘고니 족을 영국 왕에게 복종하는 족속으로 만들기 위해 전통 방식을 배우려고 영국이 임명한 자였을지도 몰랐다.

'일'을 의미하는 스와힐리어인 샤우리는, 케냐에 처음 온 사람들조차도 이해했던, 정치적인 의미가 있는 용어였다. 한 아프리카인 피고용자가 식민지 고용주에게 "이코 샤우리 모야Iko shauri moja" 또는 "당신이 알기를 원하는 일이 있습니다."라는 말로 진정을 시작하였다. 지방행정관의 '가장 시간을 허비하는 일'이 불평, 탄원, 원주민 재판 사례 등을 검토하고, 항소재판 판결에 대한 항의를 듣는 것을 포함하는 혼성어인 샤우리로 구성되어 있다(Trench, 1993, p. 73). 간단히 말해 샤우리는 권리를 침해당한 아프리카인들이 지방행정관이나 정착민–농부와 같은 권위적인 유럽인들 앞에 가져가는 오래 끄는 불만이었다. "어떤 이는 두 세대 전에 있었던 세 마리 양에 관한 분쟁을 밝히기 위해 여러 시간을 보내기도 했을 것이다."(Trench, 1993, p. 73)

이렇게 융의 결과는 예상대로 미약하였다. 그는 엘곤에 체류하고 있던 기간 동안 '원주민'의 꿈을 오직 하나만 들었을 것이다.[27] 그는 회상하였다. "나는 부족민들에게 꿈을 얻으려고 몹시 초조해하였다. 그리고 나는 그들에게 내게 가져다주는 꿈 하나마다 담배 두 묶음, 소금 등의 높은 대가를 주겠다고 하였다. 그러나 그들은 너무나 정직해서 많은 사람들이 나를 관찰하러 매일 왔지만 아무도 꿈을 가져오지 않았다."(S 1, p. 20) 융은 어쩔 줄 몰라 '그들의 수줍음'으로 설명하였지만, 이것이 "그들의 꿈에 관한 지식을 알고 있는 사람이 그들에게 해를 입힐 것"(MDR, p. 265)이라는 생각과 관련이 있는 것으로 생각하였다. 융은 정치적인 해로움이라기보다는 영적인 해로움을 생각하고 있었는데, 그의 평가는 본질적으로 옳았다. 엘고니 족은 전통적으로 그들의 적인 부기슈 족과 결탁한 식민 당국의 지원을 받는 유럽인 의사들의 무장한 수행원을 믿지 못할 만한 이유가 있었다.[28] 6년 뒤에 민속지적인 작업에 관한 글을 쓰면서 융은 "나는 멀리 그리고 넓게 조사하고 물어보았다. ……그리고 수주가 지나도 나는 아무것도 발견하지 못하였다."(CW 10, p. 144)라고 말하였다.

융은 나중에 그의 미약한 연구 결과물들을 이성적인 대화에 오랫동안 참여할 만큼 충분히 의식성을 유지할 수 없었던 '원시적인' 엘고니 족의 책임이라고 결론지었다. 그는 썼다.

> 예를 들면, 원시인을 관찰할 때, 그가 졸고 있든 말든 아주 작은 자극이나 자극이 없이도 그들이 사라지는 것을 보게 될 것이다. 그들은 여러 시간 계속하여 앉아 있는다. 그들에게 "무엇을 하고 있니? 무슨 생각을 하고 있니?"라고 물으면 그들은 성낸다. 그들은 "미친 사람만이 생각한다―그는 머리에 생각을 가지고 있다. 우리는 생각하지 않는다."라고 말하기 때문이다. 만일 그들이 생각한다면, 그것은 오히려 복부에서 또는 심장에서 하는 것이다. 그들은 실제로 간, 장 또는 위장에 장해를 일으키는 생각을 인식할 뿐이다. 감정과 정동이 항상 분명한 생리적인 신경 지배와 함께한다(CW 18, p. 15).[29]

꿈이 침묵하였다

한 팔라버 시간에 '라이본laibon, 나이 든 주의呪醫'가 나타났다. 라이본이란 용어는 '주의'라기보다는 '예언자'를 뜻하는 마사이 족 단어다. 엘고니 족은 마사이 족과 같은 동아프리카의 모든 닐로트 종족과 같이 주요한 사건을 예언하는 특별한 능력을 가졌지만 치료 기술과는 관련이 없는 독특한 개인을 인정하였다. 예언자는 엘고니 족의 용어로 와쿤티이트wärkoonteet다. 1925년에 엘고니 족의 세력 있는 와쿤티이트는 칩티이크였다. 그는 융이 만났던 흰말을 타고 있던 원로 텐디이트의 아버지이자 조언자였다(F. Kiboi, 개인적인 교류, 2004. 2. 2). 융은 칩티이크를 푸른 원숭이 가죽으로 만든 멋진 외투—값비싼 과시 품목—를 입은 것으로 묘사하였다(MDR, p. 265).[30]

엘고니 족 사회에서 와쿤티이트는 엄청난 정치적인 힘을 가졌다.[31] 와쿤티이트는 최상급의 점쟁이로 전쟁, 원정 사냥, 전염병, 메뚜기의 내습, 기근 그리고 그 밖의 재앙 등과 같은 사람들 삶의 가장 극적이고 중요한 사건들에 관해 조언을 해 주었다. 엘고니 족 예언자들은 마사이 족과 키쿠유 족의 예언자들과 같이 유럽인들이 오기 오래 전에 그들의 도래를 예언하였다. 그들의 비밀 지식은 꿈에서 유래되었다. 그들은 꿈을 사람들이 해석하도록 우화적으로 보여 주었다(Goldschmidt, 1976, p. 311). 와쿤티이트의 꿈 해석 능력은 아버지로부터 물려받았는데, 그의 아버지가 죽은 뒤에야 비로소 전해 받았다(Goldschmidt, 1976, p. 58).

융이 엘고니 족의 몽점에 관해 기록된 첫 번째 민속지학적인 정보를 준비하였다. 1931년에 그는 예언가가 꿈을 통해 가축 떼가 어디서 길을 잃었는지, 암소가 어디서 새끼를 가졌는지, 그리고 전쟁이나 역병이 언제 일어날 것인지 등을 알았다고 기록하였다(CW 10, p. 128). 꿈이 엘고니 족의 "최상의 정치적인 지침"(CW

18, p. 30)이었다. "새로운 제도, 새로운 위험, 희생, 전쟁 그리고 그 밖의 골치 아픈 일 등을 경고해 왔던 미지의 목소리였다."(CW 18, p. 31) "이 주제에 관해 많은 이야기를 한 다음, 마침내 나는 주도적인 사람들은 그들의 지도력이 주로 잘 들어맞는 꿈 때문이란 것을 알았다."(CW 18, p. 557)라고 한 융의 진술은 옳다. 그는 이 정치적인 지도력이 어떻게 수행되는지를 해독하였다. 예언자는 "모여 있는 사람들에게 큰 꿈을 발표해야만 했고", 중요한 행위가 수행되기 전에 "그 꿈에 대한 팔라버가 열린다."(CW 18, p. 250)라고 기록하였다. 1976년에 첫 번째로 사바부트 족의 민속지를 썼던 월터 골트슈미트는, "예언자는 어느 정도 세속적인 권력을 다지기 위해 비교적인 지식을 이용하여 제한된 방식으로 정치적인 지도력에 도움이 되는 요소를 제공하였다."(Goldschmidt, 1976, p. 56)라고 하면서 융의 이전의 분석을 확인할 것이다.

간접적으로 지배하는 식민 정책하에서 와쿤티이트는 새로운 체제에서 공식적인 관리의 자리를 차지하는 분명히 전통적인 권위였다. 이렇게 칩티이크의 아들이며 미래의 예언자인 텐디이트가 지도자로 지명되었다. 식민 제도에 편입되지 않은 와쿤티이트는 잠재적인 위협이었다. 엘곤 산 북동쪽 사면에 사는 사바부트 족 예언자 망구쇼32가 "곧 유럽인이 떠날 것이라고 예언하고, 임명된 추장에 반대하며, 명령에 따라 지방행정관 앞에 가는 것을 거부하기 시작했을" (Goldschmidt, 1976, p. 59) 때, 그는 체포되어 추방당하였다. 1920년대 후반에 있었던 이 사건은 이 엘고니 족의 닐로트 족 사촌들에게 예언의 종말을 가져다주었다(Goldschmidt, 1976, p. 59).

융이 칩티이크에게 그의 꿈에 관해 물었을 때, 그는 그가 직접적으로 식민 당국과 관계되는 정치적인 질문을 하고 있다는 것을 인지하고 있었을까? 그는 기억하였다.

우리의 엘고니 족 짐꾼들은 진지하게 그들은 결코 꿈을 꾸지 않는다는 입장을 고수하였다. 오로지 주의呪醫만 꾼다고 하였다. 내가 주의에게 물었을 때, 그는 영국인들이 이 땅에 들어온 뒤로 꿈꾸는 것을 중단했다고 선언하였다. 그의 아버지는 아직 '큰' 꿈을 꾸고, 가축 떼가 어디서 길을 잃었는지, 암소가 어디서 새끼를 뱄는지, 그리고 전쟁이나 역병이 언제 일어날 것인지를 알고 있다고 내게 말하였다. 이제는 모든 것을 아는 사람은 지방행정관이었다. 그들은 아무것도 몰랐다. ……그는 하나님이 이제는 꿈에서 영국인들에게 말하지 엘고니 족의 주의에게는 말하지 않는다고 내게 말하였다. 권력을 가진 자가 영국인이기 때문이다(CW 10, p. 128).

  융은 여러 군데에 칩티이크와 나눈 이 대화에 관한 글을 썼다.33 그는 와쿤티이트의 말을 순진하게 받아들였던 것 같다. '눈에 눈물을 글썽이던' 칩티이크가 융에게 정직했을까? 아들이 식민 당국의 급료를 받는 피고용인인 칩티이크는 확실히 영국 전제군주의 충직한 하인 역할을 하고 있었다. 지방행정관의 지위에 몰려 있는 정치 권력은 북부 키토시에서 1924년에야 자리를 잡은 "지방 원주민 의회"('A. I. D. Survey')를 통해 표현되었다. 텐디이트와 같은 새로 임명된 지도자들이 이 '원주민 의회'의 요구를 실행하기를 기대하였다. 그 보답으로 그들은 급료나 선물(예를 들면, 흰말)의 형태로 보상을 받았다. 지도자 아들의 조언자로 있는 칩티이크가 자신이 예언적인 꿈을 꾸었다고 인정하는 것은 반역일 것이었다. 2003년에 97세가 된 늙은 엘고니 족 예언자인 사무엘 나이바이 키무쿵과의 대화에서, 나는 그에게 칩티이크가 더 이상 꿈을 꾸지 않는다고 말했을 때 융에게 솔직했었다고 생각하느냐고 물었다. 그 예언자는 "아니요, 그것은 위장이었지요."라고 대답하였다(Kimukung, 2003. 10. 3).

칩티이크가 아마도 솔직하게 이야기하고 있었는지도 모른다. 융은 꿈을 꿀 수 없는 것이 정치적인 이유였다는 것을 이해하였다. 그는 이렇게 썼다. "이제는 모든 것이 영국인의 통제하에 있기 때문에 정치적인 지도력은 더 이상 필요치 않은 추장과 주의의 손에서 벗어났다. 그리고 그들의 꿈의 인도하는 목소리는 침묵하였다."(CW 18, p. 1291) 융은 칩티이크의 입장에서 분명하고도 슬픈 권력의 투항을 목격하였다. 융이 이 대화를 많이 반영한 것은, 식민지 이후 시대 비평가들이 '마음의 식민지화'라고 불렀던, 심지어 피식민자들이 그들 본래의 생각을 할 능력을 잃어버릴 정도로 그들에게 패권적인 지배를 했던 것을 보여 주는 것이 되었다. 융은 이 패권주의가 무의식에까지 확장되었다고 올바르게 관찰하였다. 엘고니 족은 감히 꿈을 꾸지 않을 것이다!34 사바부트 족의 예언은 1940년대에 끝났다(Goldschmidt, 1976, p. 311).

막간: 큰 꿈

융은 팔라버 토의에서 보통 사람이 꿈꾸는 것과 예언자가 꿈꾸는 것이 다르게 여겨지고 있다는 것을 알았다. 그는 기록하였다.

> 내가 동아프리카 원시 부족을 현지 조사하고 있었을 때, 나는 놀랍게도 (보통 사람들)이 꿈꾸는 것을 완전히 부인한다는 것을 알았다. 그러나 끈질긴 간접화법으로 나는 곧 그들이 다른 모든 사람들처럼 역시 꿈을 꾸었다는 것을 알았다. 그러나 그들은 그들의 꿈이 의미가 없다고 확신하였다. "일반인의 꿈은 의미가 없어요."라고 그들은 말하였다. 문제가 되는 유일한 꿈은 추장과 주술사의 것이었

다. 그들의 꿈은 부족의 안녕을 걱정하였다. 그런 꿈들은 높이 인정받았다(CW 18, p. 436).[35]

대체로 정확했던[36] 엘고니 족의 해몽에 대한 융의 이해는 이 주제에 관한 20세기 초반의 문헌에 있는 거의 보편적인 유형을 따랐다. 문자 사용 이전 사회의 꿈에 관한 민간전승의 인류학적인 자료는 순전히 그 개인의 개인적인 의미가 있는 평범한 꿈에 더하여 전체 씨족 모두에게 의미가 있는 '큰' 꿈이 있다는 것을 주장하였다. 융의 엘고니 족에 관한 민속지적인 작업은 인류학자 잭슨 링컨의 『원시 문화에서의 꿈The Dream in Primitive Cultures』(1935)에 인용되었을 것이다. 이것이 문자 사용 이전 사람들에게 한 꿈과 꿈꾸기에 관한 첫 번째 포괄적인 연구였다. 링컨은 융과 마찬가지로 전 세계 '부족민들'에게는 두 가지의 분명한 종류의 꿈, 즉 '개인적인 꿈'과 '문화 양상의 꿈'이 있다고 주장하였다(Lincoln, 1970, p. 22).

엘고니 족이 '큰' 꿈과 평범한 꿈을 구별한 것이 융에게 오래도록 깊은 인상을 남겼고, 그가 이미 꿈에 대해 알고 있었던 것을 강화하였다. 융은 많은 경우[37]에서 '큰' 꿈에 대해 저술하고 말했으며, 엘고니 족의 해몽을 그 자신의 임상치료에서 구체화하였다. 융은 '큰' 꿈을 다음과 같이 이해하였다. ① '큰' 꿈은 집단적 무의식에서 나오는 '신화적인 꿈'이다. 이들 꿈의 신화적인 모티브, 생각, 연상 등은 종종 꿈꾼 사람이 모르고, 그렇기 때문에 집단적인 원형 자료에서 온 것이다 (CW 17, pp. 208-209; CW 18, p. 250). ② '큰' 꿈은 "인생의 결정적인 순간이나 시기에" 생기거나 "특별히 중요한 심리적인 상황에서"(CW 3, p. 525) 생기는 흔치 않고 평범치 않은 사건이다. "그런 꿈들은 주로 원시인이 좋은 결과를 얻는다거나 그런 목적으로 신을 달래기 위해, 어떤 종교적인 또는 마술적인 제의를 행할 필요가 있다고 간주하는 순간이나 시기에 나오는 것 같다."(CW 3, p. 525) 그때 '큰' 꿈은 꿈꾼 이에게 엄청난 가치가 있다. 그들은 신성력을 지닌 "값진 비밀"(CW 17, pp. 208-209)이다. 그것은 특히 "인격의 발달에"(CW 18, p. 1159) 중요하다. ③ '큰' 꿈은 평범한 꿈과는 달리 "개인의 것이 아니다. 그것은 집단적인 의미를 가진다."(CW 18, p. 250) 그것은 보편적으로 중요하다. "그것은 일반적으로 그 자체로 진실하고, 특히 어떤 상황에 있는 사람들에게 진실하다."(CW 18, p. 250) 이런 이유 때문에 융은 '큰' 꿈을 그가 평범한 꿈을 대하는 방식으로 대하지 않았다. 평범한 꿈은 꿈꾼 이의 개인적인 정황 자료 없이는 설명될 수 없지만, '큰' 꿈은 집단적이고 원형적인 연상 자료가 필요하였다.

융은 그의 환자들은 '내가 방문했던 아프리카 원시인들의 꿈 생활 이야기'에 너무나 익숙했기 때문에 그들은 자신의 '큰' 꿈을 알아낼 수 있었다고 적었다(CW 9i, p. 546). "그것은 이제 우리가 알고 있듯이 특별한 신성력을 갖는 원형적인 꿈을 가리키는 '일상의 용어'가 되었다."(CW 9i, p. 546)

아랍 해몽서

엘고니 족과는 달리 융의 소말리인과 스와힐리인 조수들은 기꺼이 그들의 꿈에 대해 토론하기를 열망하였다. 이브라힘, 살리 그리고 우수프는 "아랍 해몽서를 가지고 있었는데, 그들은 트레킹 동안 매일 이것을 참조하였다."(MDR, p. 265) 해석에 의문이 생기면 그들은 융에게 도움을 요청하였다. 그들은 융을 "음투-야-키타부M'tu-ya-kitabu" "코란에 정통한 사람"(CW 9i, p. 250)으로 여겼다. 그들의 생각에는 그가 '숨겨진 무슬림'이었다. 사실 이브라힘은 그들의 토론에서 융이 "그 자신보다 코란을 더 잘 알고 있다고"(CW 9i, p. 250) 추측하였다. "(그들이) 흑인 왕이나 어떤 중요한 인물을 ……만나면 언제나 (이브라힘)은 (융을) 무슬림이면서 동시에 크리스천인 위대한 주인님, 의사라고 소개하였다."(S 2, p. 1286)

해몽서를 이용한 무슬림의 꿈 해석은 점복占卜의 한 형태였다. 중세 초기에 무슬림에 의해 만들어진 깜짝 놀랄 만한 수의 꿈 입문서가 있었다. 이 엄청난 양은 그것이 그만큼 그들의 종교생활에 중요하였다는 것을 암시한다(Lamoreaux, 2002, p. 4). "사실상 수만으로 판단한다면 꿈의 해석이 이들 무슬림에게 코란의 해석만큼이나 중요하였다고 결론 내려야만 했을 것이다."(Lamoreaux, 2002, p. 4) 무슬림의 꿈 입문서는 꿈 상징의 목록과 그것에 해당하는 가능한 의미를 같이 적어 놓은 사전과 유사하였다. "꿈의 의미에 관해서 이것들은 일반적으로 조건의 형태로 진술되었다. 즉, '노란 장미의 꿈을 꾸었다면, 이것이 일어날 것이다. 붉은 장미를 꿈에서 봤다면, 저것이 일어날 것이다.'"(Lamoreaux, 2002, p. 3) 이렇게 이 책들은 미래를 점치는 도구였다. 꿈을 통해서 신성한 예언을 얻었다. 알라가 꾼 꿈이 인생의 외적인 사건들을 절대적으로 통제하듯이, 알라는 그의 자비 안에서 꿈을 이용해 신자들에게 임박한 사건들을 알려 주었다. 어떻게 해서 꿈 입문서가 소말리인과 스와힐리인들의 불안정한 카라반 생활의 일부분이 되었는가를 쉽게 상상할 수 있다.

이브라힘의 엘-키들 꿈

베이네스는 『영혼의 신화Mythology of the Soul』(1940)에서 엘곤 산에 있는 동안 감독인 이브라힘이 꾸었던 꿈에 대해 적어 놓았다. 불행히도 이브라힘은 '급성 말라리아열'에 걸렸었고, 그것은 며칠간 지속되어 "그의 사기는 아주 낮게 떨어졌었다."(Baynes, 1940, p. 448) 계속해서,

> 어느 날 아침, 그가 아직 열이 가시지 않았는데 환한 얼굴로 캠프에 나타났다. 그리고 융의 물음에 그는 간밤에 녹색의 존재the Green One가 그에게 오는 꿈을 꾸었다고 설명하였다. 그는 매우 흥분하여 그 녹색 존재가 카디어Khadir라고 이야기하였고, 좀 더 캐묻자 그를 코란 18장에 나오는 엘-키들El-Khidr이라고 하였다 (Baynes, 1940, p. 448).

베이네스의 참고 자료는 코란 18장에 나오는 모세의 신비하고 이름 없는 스승을 가리켰는데, 이슬람 전통에서는 그를 엘-키들, '녹색의 존재'와 동일시하였다.
이 구비 전승, 특히 이브라힘의 수피파에서 엘-키들은 예언자, 성인, 천사 또는 신의 친구 등으로 다양하게 여겨졌다. 이 신비한 상은 그가 불사의 물을 먹었기 때문에 '불멸성'이었다. 그런 식으로 그는 이슬람의 비밀의 길을 걷는 사람들을 안내할 수 있었다. 때로 그는 디아스포라(역자 주-바빌론 유수 이후에 유대인들이 흩어져 간 곳)의 '방랑하는 유대인'과 연관 지었다. 엘-키들은 여행자들의 보호성인이었다.
이브라힘의 치유적인 꿈에 관해 대화를 하는 중에, 그는 융에게 이전에 꿈에서 엘-키들을 만났었다고 이야기하였다. 융이 이야기하였다.

> 그는 전쟁 뒤에 일자리를 찾을 수 없어서 가난으로 고통받고 있을 때, 한 번 키들에 의해 편안함을 얻고 도움을 받았다고 말하였다. 어느 날 밤 잠자고 있을 때, 그는 꿈에서 방문 가까이에 있는 밝은 흰빛을 보았고 그것이 키들임을 알았다. 그는

(꿈속에서) 재빨리 일어나서 살렘 알라이쿰Salem aleikum('평화가 함께하소서')이라고 말하고 공손하게 인사를 하였다. 그때 그는 그의 소망이 이루어질 것임을 알았다. 그가 덧붙이기를 며칠 뒤 그는 나이로비의 가이드 회사에서 사파리 감독직을 제의받았다고 하였다(CW 9i, p. 250).

이브라힘은 계속해서 엘-키들은 언제나 우리의 행로에 나타날 수 있는 말라이카 콴자-야-뭉구maleika kwanza-ya-mungu 또는 "하나님의 첫 번째 천사"(CW 9i, p. 250)라고 설명하였다. "늘 독실한 마음으로 그를 인식할 준비를 해야만 한다."는 것이 그에게 "이슬람의 살아 있는 핵심"(Baynes, 1940, p. 449)이었다. 엘-키들은 한 송이 꽃으로, '녹색 풀의 새싹'으로, '길에서 만난 낯선 사람'으로, '내면의 목소리'로, '한 줄기 햇살'로, 또는 꿈속의 형상으로 나타날지도 모른다(Baynes, 1940, p. 448).[38] 늘 숨겨진 의미에 민감했던 융은 중요한 순간을 인식할 준비가 되어 왔었던 소말리에서 온 예민한 사파리 안내인을 깊이 평가했음이 틀림없다.

막간: 융과 코란 18장

이브라힘이 엘-키들의 꿈을 살아 있는 현실로 체험했던 것에 고무되어 융은 나중에 '동굴'이라는 제목의 코란 제18장에 대한 심리학적인 주석에 해당되는 것을 저술하였다. 융은 아프리카와 북아메리카 토착 종교를 포함하는 세계의 다양한 종교 전통에 관해 연구하고 탐색했었지만 이슬람에 관해서는 거의 쓰지 않았다. 그의 전집에서 미약하나마 무슬림 전통을 75번 인용하였는데, 그중 57번이 엘-키들의 전설을 묘사한 것이다. 그의 '동굴'에 관한 논평은

「재생에 관하여Concerning Rebirth」(1950)의 '변환의 과정을 예시하는 전형적인 일련의 상징'이라는 제목의 장에서 볼 수 있다.

융은 제18장이 그가 '개성화 과정'이라고 부른 의식의 "정신적인 변환을 거의 완벽하게 그려 놓은 그림"(CW 9i, p. 258)이라고 주장하였다. '동굴'에서 융의 해석에 적절한 부분이 모세와 키들이 나오는 중간 부분이다. 이 부분에서 집단적인 양심—율법—을 가진 인간 자아를 표상하는 모세가 '두 바다가 만나는 곳', 즉 아프리카 수에즈 지협을 여행한다. "모세는 '탐색'의 길을 가고 있는" 사람으로 "'지치고' 배가 고팠으며", 그의 리비도가 고갈된 것으로 묘사되었다. "전체 과정은 아주 전형적인 것, 즉 아주 중요한 순간을 인식하는 데 실패하는 것"(CW 9i, p. 245)으로 나타난다. 키들이 구조하다! 모세는 동굴에서 태어난 자기Self를 표상하는 키들과 친해진다. 모세는 키들을 그가 '우러러보고, ……지시를 구하는' '보다 높은 의식'으로 받아들이면서 '이해할 수 없는 행위'를 할 수 있었다(CW 9i, p. 247). 융에게 이 이야기는 "자아의식이 운명의 왜곡과 전환을 통해 우월한 자기의 안내인과 마주치는"(CW 9i, p. 247) 개성화 과정을 묘사하는 것으로 보였다.

융의 사파리는 마술적인 여행 동료인 키들의 안내를 받고 있는 수피파에 의해 인도되었다. 융에게 자아 여행을 구체화한 것으로 보였던 이브라힘은 보다 높은 자기의 지혜에 의해 지지받고 유지되었으며, 이슬람 문화 안에서 개성화 과정을 보여 주었다.[39]

엘곤 숲 속의 동굴

융은 몇 차례나 엘곤의 대원시림 속으로 진출하였다. 그의 일행은 오후의 거센 폭풍우를 피하기 위해 아침 식사 후 곧바로 출발했을 것이다. 그들은 해발 2,103m인 야영지에서 북쪽으로 산림을 돌아다니다가 거석이 있는 가파른 단층애를 올라가 울창한 숲으로 들어갔다. 그들은 키북 계류를 따라 꾸불꾸불하게 난 코끼리와 버팔로가 다니는 길을 따라갔다. 그 길에는 간간히 배설물이 있고, 오줌 냄새가 났다. 경비병은 코끼리와 표범과는 달리 자극하지 않아도 공격을 해서 밀림에서 특히 위험한 버팔로에 대한 경계를 유지하였다. 그 짐승의 강한 냄새 때문에 유능한 경비병은 미리 짐승 떼의 냄새를 맡을 수 있었고 그렇게 해서 그 주변을 벗어날 수 있었다. 일렬로 늘어선 일행이 숲의 풍경 속으로 들어가면서 더 작은 숲의 생명들이 그들 앞에서 도망쳤다. 녹황색의 투라코와 흑백의 코뿔새가 먼 둥지에서 경보를 울렸다. 올리브 독수리 떼가 숲에서 엄청난 속도로 날아가자 하늘의 밝은 공간이 순간적으로 어두워졌다. 콜로부스 원숭이가 '후-후' 소리를 내며 시끄럽게 달아나고, 다이커 영양, 바위너구리, 워터북, 부시북 그리고 사향고양이 등이 키가 낮은 무성한 수풀 속에 보이지 않도록 숨었다.

1925년에 엘곤 숲은 지구의 대자연 성당 중 하나였다. 그것의 규모가 거대하고, 사람이 거의 살지 않고 있으며, 풍경이 고요해서, 아주 초기의 탐험가들은 이곳을 '외로운 산'이라고 불렀다. 하이킹을 좋아하고 산을 사랑하는 사람으로서 융은 이 엘곤의 고요 속을 걸으면서 분명히 편안함을 느꼈을 것이다. 식물의 성장으로 하늘을 가리고, 동물의 왕국이 부글부글 끓고 있는 솥처럼 들끓는 콩고 분지의 밀림 산봉우리와는 달리, 엘곤은 위엄 있는 고대 경목, 연회색 초원,

꽃이 피어 있는 초지와 햇빛이 들어올 틈이 있는 스위스의 서늘한 산을 닮았다. 엘곤은 거대한 산림이 있는 아프리카 저지대의 식물지대 우림이었다. 장뇌, 티이크, 삼나무 등으로 만들어진 하늘 뚜껑 위로 뾰족탑 모양의 엘곤 올리브 나무가 탑을 이루고 있다. 그 나무 줄기는 하늘로 45m나 솟았다. 그 근방에 서 있는 똑같이 큰 나무가 포도카푸스 또는 '포도스' 나무다. 그것은 은빛 오크 같은 줄기와 짙은 가시가 있는 무성한 상록 잎사귀가 있고 꼭대기는 종종 가시 달린 현란한 붉은 꽃이 핀 넝쿨식물로 덮여 있다. 캘리포니아 세쿼이아처럼 포도스도 1,500년까지 산다. 맑은 계류를 따라서 중심에 진한 심홍색의 줄무늬가 있는 커다란 나비 모양의 흰 꽃이 달린 거대한 덩이줄기인 봉선화 속 초본식물impatiens elegantissima이 자랐다.

융의 숲 하이킹은 헤더 숲 지대의 하한 경계선인 2,900m까지 올라갔다. 그러나 그는 해발 4,300m에 있는 바람이 거센 늪지대, 서늘한 소택지 그리고 무성하게 자란 개쑥갓이 있는 분화구까지는 가지 않았다.[40]

이 팀의 산악 트레킹의 주된 목적은 유명한 엘곤 동굴을 발견하는 것이었다. 이 동굴들은 산 전체에 걸쳐서 다양한 고도에 있는 화산재 띠에 위치하였다. 가장 낮은 곳은 해발 1,800m였고 가장 높은 곳은 2,700m였다. 동굴의 특정 단층은 암염을 함유하고 있었는데, 가축과 야생동물들이 이것을 사용하였다. 이 엘곤 동굴들은 코끼리가 지하로 내려간다고 알려진 세계에서 유일한 장소였다. 어떤 동굴은 축구장만 한 거대한 둥근 천장의 홀을 가지고 있었다. 그것의 천장은 헤아릴 수 없을 정도로 많은 세대의 엘고니 족들이 불을 때서 검게 그을었다. 이 홀에서 깊게 움푹 파인 야간 은신처 사이에 터널과 통로들이 끝없이 이어졌다. 궂은 날씨를 피할 수 있고, 약탈을 저지르는 마사이 족과 부기슈 족 침입자에게서 보호해 주는 은신처를 제공하는 이 요새는 식민시대까지 엘고니 족이 잘 이용하였다.[41] 1925년에도 지하에 살고 있는 가족들이 아직 약간 있었다.

엘곤 동굴에 관한 첫 번째 기록은 1883년에 그곳을 탐험했던 톰슨이 쓴 것이다. 그는 엘고니 족과 그들의 가축이 살고 있는 수많은 커다란 동굴을 묘사하였다. 톰슨이 그들에게 누가 동굴을 팠느냐고 물었을 때 그들이 대답하였다.

> 어떻게 ……우리가 이 보잘것없는 연장으로 ……이런 구멍을 낼 수 있겠소? 그리
> 고 이것은 당신이 이 산 전체에서 볼 수 있는 다른 것들과 비교하면 아무것도 아
> 니요. 저기를 봐요, 저기도, 저기도! 이것들은 크기가 엄청나서 칠흑 같은 어둠 속
> 으로 멀리 들어가고, 심지어 우리도 그것의 끝을 보지 못했소. 어느 곳에는 가축
> 떼와 함께 사는 큰 동네가 있소. 그런데도 누가 이것들을 만들었는지를 묻다니!
> 이것은 진실로 하나님의 작품이요(Thomson, 1968, p. 301)!

그렇지만 톰슨은 자연이 이 거대한 땅의 작품을 만들었다는 생각을 받아들일 수 없었다. 그는 "이것들은 인간의 손에 의해 파졌음에 틀림이 없다."(Thomson, 1968, p. 301)라고 적었다. 그가 상상했던 결론은 "아주 오래전에 기술과 문명이 발달되었던 것으로 생각되는 매우 힘이 센 어떤 종족이 보석을 찾기 위해 이 거대한 굴들을 팠다."(Thomson, 1968, p. 301)는 것이었다. 톰슨에 의하면 가장 그럴 듯한 후보자가 이집트인이었다.[42] 톰슨의 이론은 엘곤 동굴을 세계적으로 유명하게 만들었고, H. 라이더 해거드의 1887년의 소설『그녀She』에 영감을 주어 우월한 고대 종족이 빚은 거대한 동굴 궁전을 그리게 하였다.[43] 융이 좋아하는 소설 중 하나인『그녀』는 엘고니 족과 이집트인과의 연결이 있다는 융의 언급에서 그 원전을 찾을 수 있을지도 모른다. 그는 사파리가 끝나기 전에 이 연결 고리를 발견하였다고 주장할 것이다.

루스는 그녀가 도착한 두 번째 날에(Brome, 1978, p. 205) 그들이 '악마'가 살고 있다는 동굴을 찾아 아주 먼 산을 올라갔다고 기억하였다(Bailey, 1969, p. 10).[44] 융은 이 동굴이 '거의 2,400m' 높이에 있고, "이곳에 들어가면 누구나 곧바로 악마에 의해 죽임을 당한다."(S 2, p. 740)고 말하였다. 소말리인이나 스와힐리인 안내인 어느 누구도 그들과 동행해서 이 귀신 붙은 동굴에 들어가지 않았을 것이다(Bailey, 1969, p. 10). 실제로 이브라힘이 무릎을 꿇고 융에게 안으로 들어가지 말라고 빌었다(Protocols, box 1, folder 10, p. 125). 가파른 단층애를 따라 울창한 나뭇잎 속에 있는 동굴을 찾는 동안 그들은 '아주 높은 야생 속에 방치된' 거주지를 발견하였다. "거기에 한 흑인이 살고 있었는데, 그가 그 동굴을 보여 주겠노라고 말하였다."(S 2, p. 740) 계속해서,

우리는 그에게 동굴 안에 우리를 죽일 죽은 자의 영이 없느냐고 물었다. 그러자 그는 "아니요. 그런 것은 아무것도 없어요."라고 말하였다. 그들은 항상 거기서 가축을 위한 소금을 얻었다. 보다시피 이곳은 오로지 먼 곳에 사는 사람들에게만 그런 사악한 평판을 얻은 장소였다. 멀리 떨어진 부족과 부락에게는 이곳이 공포의 장소였지만, 근처 사람들에게 이곳은 하나의 평범한 동굴이었다(S 2, p. 740).

이 지방 남자가 두려워하지 않는 것을 보고 약간 '실망한' 이 팀은 그를 따라 동굴 입구까지 갔다. 거기서 그들은 바위 속 터널을 통과하여 갔고, 발 깊이의 오래된 가루 속으로 발을 디뎠다고 루스가 보고하였다(Bailey, 1969, p. 10). 풀로 된 횃불을 꺼트려서 그들이 어둠 속에서 길을 잃게 할지도 모르는 '이산화탄소 포켓'을 걱정하여 그들은 랜턴을 켰다(S 2, p. 740). 융에 의하면,

우리는 필요한 모든 주의를 다하고 안으로 내려갔다. 그곳은 매우 으스스하였다. 우리는 지구의 항아리 속을 나선형으로 약 90m 내려갔다. 거기에는 물이 차 있는 깊은 크레바스가 있었고, 그것 중 하나에서 우리는 아주 핏기 없는 흑인 한 명의 시신을 보았다. 그의 횃불은 분명히 돌풍에 꺼졌거나 다 닳았을 것이다. 그리고 손으로 벽을 더듬으면서 나오는 길에 그는 크레바스에 떨어졌을 것이다. 그의 몸이 갑자기 우리 랜턴의 빛을 받아 하얗게 빛났다. 그의 몸에서 자라나고 있었던 어떤 형광성 곰팡이 때문에 피부가 희게 보였다. 검은 물속에서 솟아난 흰 형광 물체는 우리를 오싹하게 하는 광경이었다. 그리고 특히 거석을 기어 넘고 크레바스를 따라 오르면서 우리는 무시무시하게 예민했고, 왜 그런 장소가 나쁜 소문이 나는가를 잘 이해할 수 있을 것 같았다. 그곳은 정말로 약간 위험한 곳이었고, 멀리서 보면 악마가 출몰하는 장소의 신화적인 측면으로 간주될 수 있었다(S 2, p. 741).

지하에서 나온 뒤 융은 그에게 동굴을 안내했던 그 지역의 남자에게 안에 죽어서 누워 있는 자에 관해 물었다. 그 남자는 그의 죽음에 대해 알고 있다고 말하였다. 그것은 악령 때문이 아니었고 그가 횃불을 잃어버렸기 때문에 어두움 속에서 추락했다고 하였다(Protocols, box 1, folder 10, p. 125).

융과 일행은 사람이 거주하는 동굴도 들어갔다. 그들은 동굴 거주자 중 한 명이고 융과 분명히 친했던, 아내 한 명과 두 자녀를 가진 한 남자의 안내로 숨겨진 장소에 갔다. 베이네스의 필름에서는 융, 벡위드 그리고 베일리가 두 명의 경비병과 함께 이 동굴을 탐험하는 것을 볼 수 있다. 그들은 암소와 양 그리고 닭들이 진흙과 나무로 만들어진 인간의 거주지 앞에서 떼 지어 돌아다니고 있는 동굴 입구를 통과해 아래로 내려갔다. 가축들은 전형적으로 동굴의 움푹 들어간 곳에 마련된 울타리 안에 떼를 지어 있었다. 필름에서 융이 어린 소년 두 명을 달래 주거지에서 나오게 하고 장난스럽게 볼을 꼬집자 그들이 마침내 안으로 들어가 버리는 장면을 볼 수 있다. 융은 그의 쇠도끼를 그 남자의 돌도끼와 맞바꾸었다(Brome, 1978, p. 205). 그는 이것을 몇 개의 창과 함께 집으로 가지고 가 쿠스나흐트의 집 벽에 걸어 놓았다(Bailey, 1969, p. 11).

대나무 귀신

아마도 융은 동굴 탐험을 '원시적인' 세계에 '정신적으로 전염될' 가장 좋은 기회로 보았을 것이다. 이 엘곤 동굴은 더 이상 아프리카의 심장으로 깊게 들어갈 수 없는 내륙의 내부였다. 그렇지만 심령 현상에 관한 융의 호기심이 그로 하여금 외로운 산을 더 높이 올라가 '귀신 붙은' 동굴을 지나 대나무 지대로 가게 했을 것이다. 이 숲에는 "정령이 숨어 있다가 우리의 등줄기를 타고 올라온다."(Baynes, 1940, p. 194)라고 베이네스는 기록하였다. 융에 의하면, 해발 2,400~2,700m 사이에 산 전체를 둘러싸고 있는 이 대나무지대는 엘고니 족 조상의 영혼의 거주지였다고 한다.

융은 팔라버에서 처음으로 귀신ghost의 주제를 탐구하기 시작하였다. 그는 "그가 숲에서 흔히 발견했던 귀신의 집에 관해 묻고 싶었다. 그래서 팔라버 동안에 그는 '귀신'을 의미하는 세레테니seleteni[45]를 언급하였다."(CW 11, p. 30) 그는 계속 이야기하였다.

갑자기 좌중이 죽은 듯이 조용해졌다. 남자들은 두리번거리며 딴전을 피웠고 그들 중 일부는 급히 도망쳤다. 나의 소말리인 감독과 추장이 함께 이야기를 나눈 다음 감독이 내 귀에 속삭였다. "무엇 때문에 그런 이야기를 했나요? 이제 당신은 팔라버를 파해야 할 것입니다." 이 사건은 내게 절대로 어떠한 경우에도 사령을 언급해서는 안 된다는 교훈을 주었다(CW 19, p. 759).

그렇지만 융은 이 조사를 계속하였다. 그리고 나중에 그는 다음의 사건을 통해 '귀신의 집' 또는 그가 때로 '귀신의 덫trap'이라고 불렀던 것에 관해서 배우게 될 것이다.

우리 캠프 근처의 물웅덩이 아래에서 한 젊은 여자가 패혈성 유산을 하고 쓰러졌다. 그들은 그녀를 열이 나는 상태에서 집으로 데려갔다. 그들은 나 또는 그들의 주의呪醫, 그 지역의 어떤 사람에게도 말하지 않을 것이다. 그들은 낯선 사람, 다른 부락에서 온 주술사를 불러들였다. 대단한 사람은 항상 멀리 있다. 그는 어떤 냄새를 맡은 개처럼 행동하면서 귀신의 냄새를 맡으려 애쓰고 있었다. 그는 오두막 주변을 선회하면서 점점 더 가까이 오다가 마침내 갑자기 멈추고는 말하였다. 알았다! 그녀의 할아버지의 영혼이었어. 그녀의 부모님이 일찍 돌아가셔서 그녀와 항상 함께 살았던 할아버지였다. 그는 귀신의 언어로 그가 귀신의 땅에서 지루하고 외로워서 그녀가 함께 있기를 원했다고 말하였다. 그래서 그가 이 소녀를 데려가기 위해 밤중에 길을 내려왔고 그녀를 아프게 했다고 하였다. 그 의사는 귀신의 집을 지으라고 처방하였고, 그들은 아주 깔끔하게 돌집을 지었다. 그 집은 그들의 나뭇가지로 엮은 오두막과는 전혀 반대였다. 그들은 그 안에 침대와 음식과 물을 가져다 놓았다. 때로 그들은 찰흙으로 만든 아픈 사람의 작은 이미지를 가져다 놓았지만, 이번에는 그렇게 하지 않았다. 다음 날 밤에 귀신이 안을 들여다보고는 좋아 보인다고 생각하고 안으로 들어와서 늦도록 잠을 잤다. 그리고 "해가 떴네!

가야 해."라고 말하고는 그 소녀를 뒤에 남기고 서둘러 귀신의 땅으로 사라졌다. 실제로 그녀의 열은 떨어졌고, 3일 뒤에 그녀는 완전히 회복되었다. 아프리카에 있는 재미있는 일들(S 1, pp. 320-321)!⁴⁶

융은 이 삽화에서 산의 높은 곳의 대나무지대에 조상의 영이 거주하고 있다고 결론지었다.

그래서 일행은 코뿔소 길을 따라 귀신을 찾으러 6m나 되는 고요한 목본 엽상체 양치류 덤불 속으로 걸어 들어갔다. 경비병이 날카로운 정글도로 속이 빈 소리가 나는 햇가지들을 자르면서 어둡고 음울한 터널을 뚫고 이 길을 앞장서 갔다. 터널 속에서 "사람들은 모두 구부리고 조심스럽게 움직인다. 그리고 다음 모퉁이에서 코뿔소가 나타날지도 모르기 때문에 항상 앞을 주시하면서 간다."(S 2, p. 382) 안개구름이 이 고산 산림지대에 내려앉으면 엘곤의 광활한 적막이 그들을 감쌌다. 융은 기억하였다.

숲 중에서 특히 빽빽이 자라난 대나무, 소위 말하는 엘곤 산의 대나무지대가 영혼이 사는 곳으로 추정되었다. 실제로 그곳은 특별한 인상을 받는다. 대나무는 아주 빠르고 완벽하게 그리고 거대하게 성장한다. 바람은 나무꼭대기 위에서 불고, 공기가 뚫고 들어올 수 없다. 숲 속은 완전히 고요하다. 이끼로 인해 발걸음 소리가 약해지고, 땅을 덮고 있는 낙엽층은 너무나 깊어 발목까지 빠질 정도다. 그곳에는 새가 살고 있지 않아 정말로 고요하다. 마치 물속에 있는 것처럼 일종의 녹색 어두움이 있다. 원주민들은 귀신으로 인해 오싹해지고 억지로 숲의 이 부분에 들어가는 것을 피하려고 온갖 노력을 다하였다(S 4, p. 1191).

그날 하늘에서 '천둥을 동반한 폭풍우'가 몰아치자, 융은 이 대나무의 '녹색 반짝임' 속에서 그의 경비병들이 하는 이상한 행동을 보았다. 그들은 너무나 지쳐서 계속 갈 수 없다고 빌기 시작하였다. 마침내 융이 그들 중 한 명과 만났다.

> 특별히 용맹스러운 부족의 군인 중 한 명이 벌벌 떨며 잿빛 얼굴을 하고 있었다.
> 그래서 내가 그에게 춥냐고 물어보았는데, 그는 무섭다고 하였다. 나는 "그런데
> 여기 너무 멋지지 않아? 무엇이 두렵니? 저기에 귀신이 있을까 봐?"라고 물었다.
> 그때 그는 "그래요, 수도 없이 많아요."라고 내 귀에 속삭였다(S 2, p. 742).[47]

융 자신은 이런 공황 상태를 또 다른 경우에 경험하였다. 그는 어느 날 '가장 아름다운 바위'를 보려고 캠프에서 멀리 나간 것을 기억하였다(S 2, p. 744). 융은 '정글 한복판에 있는 섬과 같았던' 바위의 평평한 표면에 올라가 앉아서 주변을 바라보았다(S 2, p. 744). 이 상황에서 융은 "동물의 울음소리, 밑에서 희희덕거리는 원숭이 그리고 원시림에서 날카로운 소리를 내는 이상한 새들에 매료되어"(S 2, p. 744) 이 장소에 완전히 사로잡혔다. 그는 말하였다.

> 우리가 그곳에 서서 바라보고 있을 때, 나는 갑자기 정글에서 나를 응시하고 있
> 는 아주 이상한 올빼미 같은 얼굴을 보았다. 나는 곧바로 이 얼굴이 사실상 실제
> 크기의 몇 배가 넘을 만큼 거대하다는 것을 알게 되었다. 이것과 비교할 만한 인
> 간은 없었고, 그 크기를 판단하기가 아주 어려웠지만, 나무의 크기로 미루어 보면
> 그것이 분명히 거대하다는 것을 알았다. 처음에 나는 그것을 둥근 눈, 거의 놀라
> 는 표정으로 나를 응시하고 있는 커다란 올빼미로 생각하였다. 그다음에 나는 그
> 눈의 지름이 최소한 90cm는 된다는 것을 알았다. 그래서 나는 중얼거렸다. "저런

동물은 없어, 내가 헛것을 본 것이 틀림없어." 정상적인 상황에서라면 사람들은 얼마나 웃기는 일인가 하고 단순하게 생각할 것이다. 그러나 거기서는 놀라게 된다. 알다시피 환각을 경험할 때 우리는 너무 멀리 나간다. 그런 인식이 그림의 크기를 증가시킨다. 그때 나는 내 선글라스를 통해 그것이 이상한 모양의 잎사귀였다는 것을 알았다. 그러나 내 마음이나 가슴이 편안해지기는커녕 그것의 반대 효과를 가져왔다. 나는 지금 무엇인가가 나를 곧 미치게 할 것 같은 느낌이었고, 그것은 저 아래에 있는 것과 관계가 있는 것 같았다. 나는 '이것이 원시 주술의 아주 좋은 예'라고 생각하였다(S 2, pp. 744-745).

계속해서,

그런 원시적인 상태에서는 주술에 사로잡힐 수 있다. 나는 "바보 같으니, 이 장소는 완벽하게 안전해. 넌 총을 가지고 있고 코뿔소도 여기로는 올라올 수 없어."라고 혼잣말을 하였다. 그때 나는 무엇이 나타나기만 하면 곧바로 사정없이 총을 쏘아 그것에 구멍을 내 주리라고 마음먹었다. 나는 격분과 공황 사이를 왔다 갔다 하였다. 나는 그때 바로 궁지에 몰린 짐승처럼 분명히 위험해졌었다. 내가 그 바위 위에 머물러 있는 것은 내 이성적인 능력을 모두 필요로 하였다. 그리고 내가 말하는데 내가 떠날 수 있었을 때에 몹시 기뻤다. 그때 나는 "그래, 내가 지금까지 여기 서 있었고 이제 우리는 집으로 갈 수 있어."라고 혼잣말을 하였다. 나는 한 시간 내내 기다렸다가 마침내 이 환영의 난센스를 극복하기에 충분할 만큼의 냉정한 이성을 통해 안심하였다(S 2, p. 745).

비록 융이 기록하지는 않았지만, 그는 분명히 그의 하이킹 중 한 경우에 귀신이 말하는 것을 들었다고 생각하였다. 에스터 하딩은 융이 한번은 그녀에게 그가 아프리카에서 몇 차례 아무도 없는 곳에서 "음악 소리와 사람들이 말하는 소리"(CGJS, p. 185)를 들었다고 말했던 것을 보고하였다. 융이 아프리카인 안내인에게 이 경험에 관해 물었더니, "원주민은 그에게 '그들은 말하는 사람들'이라고 말하였다."(CGJS, p. 185) 그것은 귀신을 완곡하게 표현했던 것이다.

막간: 귀신의 덫

　　　　융의 엘곤 산 귀신 이야기는 재미있기는 하지만 엘고니 족 전통의 표준을 나타내는 것은 아니다. 융의 저서 이외에는 엘고니 족이 산 자체를 죽은 자들의 마지막 거주지라고 생각해 왔다는 증거가 없다. 키쿠유 족에게 케냐 산과는 달리, 엘곤은 엘고니 족에게 두려움과 외경의 장소로 여겨지지 않았다(Synge, 1937, p. 79). 이 산이 항상 그들의 안식처였기 때문에 그들은 이 산에 대단한 존경을 바치기는 하였지만, 그것에 특별한 영적인 의미는 없었다(Kiborom, 2003). 사람들은 기도하러 동굴에 들어갔지만 동굴에 사로잡히는 일은 없었다. "사람들은 동굴을 무서워하지 않았다—그것은 우리의 집이다."(Kiborom, 2003) 융이 '원주민들'의 '귀신'에 대한 두려움을 언급한 것은 그 지방의 엘고니 족이라기보다는 그의 스와힐리인 조수와 난디 족 경비병들의 믿음을 반영한다.

　엘고니 족은 죽은 사람을 오이나테트oynatet(사령死靈)라고 불렀다. 그것은 다른 오익oyik(사령들)과 함께 지하에 살았다(Goldschmidt, 1976, p. 304). '씨족의 전체 영을 나타내는 집단적인 의미'로 오익은 살아 있는 사람들의 건강과 질병에 영향을 미쳤다. 살아 있는 사람들의 특별한 행위로 오익의 기억이 생생하게 유지되었다(Goldschmidt, 1976, pp. 303-304). 융에게 물을 날라다 주는 근방 거주지에 살고 있는 사람의 경우처럼 어떤 오이나테트가 문제를 일으켰을 때, 쳅소키온테트chepsokeyontet(점쟁이)를 불러와서 문제의 원인을 결정하게 하였다(Goldschmidt, 1976, p. 306). 이 경우에 융이 은강가nganga[48]라고 불렀던 점쟁이는 그 소녀의 죽은 부모가 그들의 유대 관계를 위하여 그녀를 죽여서 사령들의 세계로 데려가기를 원하였다고 진단하였다. 융은 이 은강가가 고통받는 조상들을 달래고 이 소녀의 증상을 완화시키기 위해 '유령의 덫'을 만들었다고 하였다. 그는 이것이 좋은 결과를 낳았고, 그 소녀는 치료됐다고 보고하였다.

융의 '유령의 덫'에 관한 기록이 엘고니 족 민속지학[49]에서 이 주제에 관해 기록된 유일한 증거지만, 이웃한 부기슈 족에게는 이 행위에 관한 풍부한 증거가 있다. 실제로 그 병든 소녀를 치료했던 '이방인' 점쟁이가 부기슈 족이었을 것이다. 그들이 엘고니 족보다 훨씬 더 강력한 점복 전통을 가지고 있었기 때문이다. 지금 팽창하는 부기슈 족과 함께 살고 있는 엘고니 족이 유럽인 선교사나 의사에게 의학적인 도움을 요청하는 것과 같은 방식으로 이들 '낯선' 점쟁이에게 도움을 청하는 것이 비정상적인 행동은 아니었을 것이다.[50]

'유령의 덫'은 부기슈 족이 남비나namwina 또는 조상의 사당이라고 불렀던 것에 대한 잘못 선택된 용어였다. 융은 남비나가 거주지로 가는 주 통로에서 갈라진 길에 위치한 '유인 장소'였다고 생각하면서 이 용어를 선택하였다. 1934년에 한 세미나에서 그는 말하였다.

> 안에는 침대용 매트 하나와 때때로 그 침대 위에 진흙으로 만든 상 하나가 있다.
> 그리고 그들은 음식, 옥수수 또는 고구마를 놓고, 밖에는 물이 담겨 있는 단지를
> 바닥에 둔다. 이 진흙으로 만든 형상은 물론 미끼다. 그러면 밤중에 유령이 주 통

로에서 흔들거리며 벗어나 유도 통로로 들어온다. 그리고 그는 말한다. "멋진 집이야. 아주 좋아. 여기 이 집에 머물러야겠네. 저 몸에 들어가서. 이제 편안해. 난 많은 식량을 가지고 있어. 종자水種子水도 많아." 그때 갑자기 햇빛이 들어오고, 그는 그 몸에서 뛰어나오더니 대나무 숲으로 달려간다(S 4, p. 179).[51]

융은 이렇게 남비나를 귀신을 속이려고 만든, 주의를 딴 데로 돌리기 위한 방책으로 보았다. 그렇지만 실제로 그것들은 "살아 있는 자들이 그들의 활동에 참여하고 축복을 가져다 달라고 죽은 친척들을 불렀을 때 거하는 장소"(F. Kiboi, 개인적인 교류, 2004. 2. 2)의 역할을 하였다. 그것들은 조상을 살아 있는 자의 땅으로 불러오도록 고안되었고, 그들을 집으로 맞이하는 성스러운 공간이었다. 그것들은 조상의 영을 '유인하고' 붙잡는다거나 다른 곳으로 돌리는 것을 의미하지 않았다.

누이의 샴바shamba(작은 농장)

융의 가장 중요한 정보제공자 중 한 명은 지브로트라는 이름의 젊은 남자였다. 루스는 그가 약 18세쯤 됐다고 하였다.[52] "그는 돋보이게 잘생긴 젊은이였고, ……매력적이며 매너가 좋은 추장의 아들인데, 분명히 나를 신뢰하고 있었다."(MDR, p. 262) 그의 이름인 '지브로트'는 엘고니 족의 흔한 이름인 '키프로티쉬'를 융이 번역한 것이다(F. Kiboi, 개인적인 교류, 2003. 7. 20). 융은 지브로트가 결혼하지 않았고 부모가 죽었다고 보고하였다.[53] 팀 전체에게 좋은 평가를 받은 지브로트는 대부분의 시간을 캠프에서 보냈다(Bailey, 1969, p. 8). 융이 그를 특별히 좋아해서 그에게 담배를 주었고(MDR, p. 262), 벡위드는 그에게 카키색 반바지 한 벌을 보답으로 주었다(Bailey, 1969, p. 8). 때로 지브로트는 이 일행과 함께 뿔닭 사냥을 갔다(Bailey, 1969, p. 8).

융은 지브로트가 그에게 '모든 종류의 흥미로운 일들' 특히 '엘고니 족의 가족 관계'에 관한 이야기를 해 주었다고 하였다(MDR, p. 262). 어느 날 지브로트가 융에게 '그의 삶에서 어머니의 자리를 채워 주고 있는' 누나를 방문하자고 초청하였다(MDR, p. 262). 융은 아프리카 여자들과 사교적인 소통을 하는 데 신중했었지만, "이런 사교적인 방식으로 원주민의 가족생활에 대한 약간의 통찰을 얻으려는 것을 기대했기"(MDR, p. 262) 때문에 그 제의를 수락하였다. 루스가 이 외출에 동행하였다(Bailey, 1969, p. 83).

낮은 장방형의 평평한 지붕으로 된 진흙과 잔가지로 만든 집에서 나와 가축 배설물 가루, 푸른 연기 그리고 윙윙대는 파리가 있는 마당으로 나타난 이는 '아주 길게 늘어트린 귀걸이를 한' 이국적인 엘고니 족의 아름다움을 지닌 우아한 갈색의 여인이었다. '사냥한 작은 동물의 가죽으로 가슴을 가리고'[54] 옷을 거의 입지 않은 그녀는 융에게 오래가는 인상을 남겼다. 몇 해 뒤에 이 순간을 회상하면서 융은 지브로트의 누이를 다음의 단어로 묘사하였다. "선해 보이는 여자" "완전한 자연스러움" "깔끔한 매너" "확신" "자신감" "자연스러운 전체성" "안정감의 구현" "자부심" "실제로 남편이 임시로 머무는 곳" 그리고 "남편의 지자기 장 중심"(MDR, pp. 262-263)[55]

이 거주지에서 융은 가장 작은 단위의 엘고니 족의 사회생활, 한 명의 남자와 그의 아내들, 결혼하지 않은 자녀, 다른 친척 그리고 때로 인척 관계가 없는 사람 등으로 구성된 부계 사회, 일부다처제의 개별 세대를 관찰하였다. 두 명의 아내 중 두 번째이고 나이가 적은 지브로트의 누이는 첫 번째 아내와 70m 정도 떨어져서 살았다. "이들 두 여인의 오두막 사이 중간, 삼각형의 꼭지점에 남편의 오두막이 서 있다. 그리고 그 뒤에 약 45m 떨어져서 첫 번째 부인의 이미 장성한 아들이 살고 있는 작은 오두막이 있다."(MDR, pp. 262-263)

융은 엘고니 족의 거주지가 식민 이전에서 식민지 현실로 전이되고 있는 중이었다고 묘사하였다. 19세기 후반에 엘고니 족이 동굴을 떠나서 아래의 평원으로 이동하기 시작하였을 때, 가족집단이 처음에는 커다란 만야타manyattas[56](마사이 족의 전통적인 거주지)에 살았다. 그것은 잡목으로 된 담이 원형으로 둘러싸고 있는데, 그 안에는 약 200명의 사람들을 수용할 많은 집이 있었다. 이런 배치는 외부 침입자나 야생동물에게서 안전을 지켜 주었다. 그러나 1920년까지 엘고니 족은 융이 묘사한 것과 같은 세대별 배치를 채용하기 시작하였다. 그것은 특히 남자들에게 보다 많은 개인적인 자유를 허용해 주었다. 이런 새로운 배치는 그들의 이웃인 부기슈 족의 것과 유사하였고, 땅의 소유권과 급료 경제학에 관한 새로운 정치 현실에도 잘 맞았다. 이러한 새 현실에서 유럽인 농장이나 도시에서 일거리를 찾던 남편은 종종 부재중이었다. 이런 현대성으로의 전이가 가족 경제 생활의 중심으로서 여성의 전통적인 가치를 손상시킬 것이다.

이 전이가 진행되고 있었지만, 융은 "남자가 가장이고, 그의 아내들은 직접 그에게 복종하며, 그녀들 간에는 근본적으로 서로 독립적이고, 각각은 그녀의 아이들을 책임지는"(Goldschmidt, 1976, p. 79) 전통적으로 분명하게 내려오는 가족의 책임에 긍정적으로 주목하였다. 그는 여성의 동등한 권리를 비싼 대가를 치루고 얻게 된 유럽에서 그러한 분명함이 쇠퇴하는 것을 안타까워하였다. 그 역할이 이제 혼란스러워졌다. 여자가 남성적이 되었고 남자가 여성적이 되었다. 그런 혼란이 엘고니 족에는 존재하지 않았다. 그들은 완고한 성역할을 지키고 있어 매일의 일상을 뒤집어 놓을 혼란이 거의 없었다. 장작 구하기, 물 길어 오기,

텃밭 경작하기, 암소 젖 짜기, 요리하기, 아이들을 깨끗이 하고 돌보는 일 등 모든 집안의 허드렛일은 여자들의 몫이었다(Goldschmidt, 1976, p. 80). 여자들의 일은 아침 5시에 시작해서 집안의 다른 사람들이 밤 10시경에 잠자리에 들 때까지 끝나지 않았다. 남자들은, 융이 묘사한 바에 따르면, "가축과 사냥으로 바빴다." (MDR, p. 262) 그렇지만 보다 전형적으로 남자는 어린 소년에게 가축을 돌보도록 맡길 것이다. "여자아이는 5세부터 여자의 일을 전수받았고, 남자아이는 6~7세부터 작은 가축을 지킬 것이다."(Goldschmidt, 1976, p. 80)

막간: 농부로 뿌리내림의 낭만주의

융은 엘고니 족 사이에서 이미 느꼈던 현대성으로의 이행을 피상적으로 인식하였지만, 이 누이의 샴바의 '전통적인' 방식에 대단히 높은 가치를 부여하였고, 유럽의 현대성의 실패를 예시하면서 그것들을 이상화하였다.57 로버트 엘우드는 융이 미르체아 엘리아데와 조지프 캠벨과 같이 "종종 이해할 수 있게 아메리카 원주민에서부터 루마니아 농부에 이르기까지 진보적인 주류 밖에 있는 사람들 편이었던" 반현대적인 "낭만주의 신화학자"(Ellwood, 1999, p. 18)였다고 주장하였다. 융이 대영제국의 위임하에 케냐에 왔지만, 그의 태도는 확실히 반식민주의적이었다. 이런 태도는 부분적으로 "살아 있는 구비 전승이 가장 잘 남아 있는 것처럼 보이는 농촌 농부의 삶의 주기적인 반복과 가치를" (Ellwood, 1999, p. 18) 이해하는 데에서 나왔다. 그래서 그는 "그 유산을 파괴하고 있는 모든 것과 조화롭지 못하였다."(Ellwood, 1999, p. 18) 융에게 있어 세상의 농부들에게 진보를 강요하는 모더니즘은 사람들의 깊은 지혜를 억압하는 것이었다. 이런 불가피성 때문에 잃어버린 것은 그들의 정신적인 '뿌리내림'이었고, 농부를 땅과 연결시키고 유기적으로 그들의 지혜를 만들어 낸 농경 사회의 차원이었다. 이들 비유럽인, 비기독교인들에게서 융은 "서양을 치료할 수 있는 자원"(Ellwood, 1999, p. 27)을 보았다.

융의 보수적인 사회적 · 정치적 경향이 쇼비니즘적으로 나타나지만, 오늘날 아프리카의 여인들은 일반적으로 서구의 페미니즘에 회의적이라는 것을 언급할 필요가 있다. 그녀들은 그것을 아프리카의 전통적인 방식을 악으로 만들려고 하는 제국주의의 도구로 보고 있다. 현대는 특히 아프리카 여인들을 세상에서 가장 불리한 처지에 놓인 사람들이라며 명예를 손상시키고 그녀들에게 관대하지 않아 왔다. 중산층의 자유로운 여성해방주의자들의 성별에 대한 편협한 초점이 노예생활, 강제 이주, 연한계약노동, 식민지시대 그리고 그 이후의 시대에 '보다 고급인' 서구의 가치를 내세운 인종대학살 등을 겪어 온 아프리카 여인들의 이야기와 충분히 공명하는 것 같아 보이지 않는다.

엘고니 족의 죽음 방식

엘곤에 3주간 머무르는 동안 팔라버가 계속되면서, 융에게는 엘고니 족의 정신세계에 들어가지 못하고 있다는 좌절감이 점차 커져 갔다. 그는 외로운 산에서 직접 살아 보고 나서 엘고니 족이 영혼의 세계를 깊이 인식하고 있다는 것을 감지하였지만 그의 정보제공자들은 그들의 믿음을 명확히 표현할 수 없는 듯 보였다. 1931년에 그는 "나는 종교적인 관념과 의례의 흔적을 찾아 멀리 그리고 넓게 찾아보고 탐구하였다. 그리고 몇 주 동안 그랬지만 결국

······아무것도 발견하지 못하였다. 그들은 종교적인 관습을 전혀 몰랐다."(CW 10, p. 144)라고 썼다. 융의 이런 진술은 나중에 "그들은 (형이상학)에 관해서는 말이 서투르다."(Goldschmidt, 1976, p. 302)라고 기록했던58 골트슈미트의 것을 미리 알려 준다. 융이 한 팔라버에서 정보제공자들이 그들의 장례식에 관해 논의할 것을 기대하고 죽은 여인의 무덤을 보았노라고 보고하였다. 그것은 "직경이 몇 미터 되고 세심하게 청소가 되어 있는 곳"이었고, 그 한가운데에 "별보배조개 벨트, 팔찌와 발찌, 귀고리, 도자기로 된 온갖 종류의 단지, 그리고 땅을 파는 막대기"(MDR, p. 266) 등이 있었다.59 이 무덤은 근처 동네에 있는 부기슈 족의 무덤이었을 것이다. 엘고니 족은 시신을 땅에 매장하지 않았기 때문이다.

그 시기의 모든 유목민들은 특징적으로 주검을 하이에나나 독수리가 먹을 수 있도록 수풀 속에 가져다 놓았다. "매장하는 것이 토양에 해를 끼쳤기 때문이었다."(Patterson, 1924, p. 130)60 칼렌진 족에게 "영혼은 하이에나의 내장기관을 통해 불멸에 이르는 길을 찾는다."(Goldschmidt, 1976, p. 310)는 말이 있었다. 융은 하이에나의 배는 "조상의 영으로 가득"(S 4, p. 180)하다고 말하였다. 그렇지만 식민지 정부는 케냐 전체의 모든 인종집단에게 그들의 시신을 '문명화된' 방식으로 땅에 묻도록 압력을 가하기 시작하였다. 1920년대 말까지 엘고니 족은 식민 당국의 바람에 호응하여 매장의 풍습이 보편적이게 되었다(Kiborom, 2003).61

팔라버 시간에 아마도 지금 당국의 비판을 받으면서 그들의 전통적인 죽음의 방식에 의문을 가하기 시작하였던 융의 엘고니 족 정보제공자들은 그들의 장례의식을 "나쁜' 사람들"인 "서쪽에 사는 그들의 이웃"(MDR, p. 266)과 비교하였다. 1934년의 세미나에서 융은 '나쁜 사람들'이 부기슈 족이라고 하였고, 엘고니 족 사람들은 그들이 식인종이라고 주장하였다(S 4, p. 175). 그는 말하였다.

그들은 아주 멋지고 점잖은 사람들이지만 시신을 먹는 다소 이상한 습관을 가지고 있었다. 그래서 가족 내에 삼촌의 슬픈 죽음이 있으면, 그들은 이웃 마을에 '우리는 사랑하는 삼촌을 잃었다.' 또는 '우리 삼촌을 데려가기를 기원합니다. 오늘 밤 삼촌을 풀 속에 놓을 것입니다. 그러니 관심을 가져 주실 거죠?'라는 메시지를 보낸다. 그러면 이웃 마을 사람들은 온갖 종류의 선물—음식, 마실 것, 맥주 등—을 준비하고 그것을 들고 숲으로 가서 짐을 교환한다. 유족들은 선물을 넘겨받고, 다른 마을에서 온 사람들은 시신을 가져가 그것을 잘게 썰어 2~3시간 끓인다. 그리고 다음 날 아침 그것을 먹고 뼈는 하이에나에게 준다. 이것이 그들이 주검을 처리하는 방식이었다. 실제로는 더 이상 행하지 않는다고 그들은 말한다. (엘곤의) 남쪽 지방에서 온 내 감독은 그들은 그런 일을 꿈도 못 꿀 거라고 말하였다. 그러나 우리는 시신을 본 적이 없다. 그리고 나는 삼촌과 아주머니가 먹히지 않을 것이란 확신을 할 수 없었다(S 4, p. 176).[62]

융은 엘고니 족이 부기슈 족은 그들의 시신을 이웃 동네에 먹으라고 맡긴다고 주장하는 것이 상식에 맞지 않다는 것을 인정하였다. 식인종은 전형적으로 이웃이 아니라 그들이 쳐부순 적들을 먹었기 때문이다. 그럼에도 융은 이 주장을 액면 그대로 받아들였다. 식인 습관에 대한 비난이 부분적으로 오래 지속된 엘고니 족과 부기슈 족 간의 적대 관계에 기인하지만, 식인 습관이 한때 엘곤의 서쪽 사면에서 행해졌다는 증거가 있다. 1896년에 C. W. 호블리가 엘곤을 횡단할 때, 그는 서쪽 사면에서 이름 없는 '종족', "동아프리카에서 식인 습관에 빠져 있는 유일한 집단"(Hobley, 1970, p. 93)과의 불행한 만남을 보고하였다. 1949년에 군터 와그너가 부기슈 족 장로들이 어떤 부기슈 씨족들은 한때 식인 습관을 행했었다는 것을 그에게 인정하였다고 적었다(Wagner, 1949, Vol. 1, p. 469).[63] 그러므로 부기슈 족이 1925년에도 실제로 자신의 시신을 먹었다는 융의 주장이 비상식적인 것으로 보이지만, 그것을 완전히 버릴 수는 없다.[64]

결국 융은 이 팔라버에서 영혼의 영역에 관해 아무것도 배우지 못하였다. 엘고니 족이 "주검의 신체뿐 아니라 영적인 존재 모두에 대해 거의 완전히 무시하기"(Goldschmidt, 1976, p. 310) 때문에, 그들의 장례식에서 영혼의 영역에 관해 배울 것이 거의 없었다.[65] 융은 이 주제에 대한 그들의 침묵을 "원시인의 마음이 모순으로 가득 차 있다."(CW 10, p. 143)는 것의 증거로 해석하였다. '고태적 인간'에서 그는 적었다.

> 나의 엘고니 족 짐꾼들은 내게 그들은 죽음 뒤에 그들에게 무엇이 일어날 것인가에 대해 아무 생각이 없다는 것을 확인시켜 주었다. 그들에 따르면 인간은 단지 죽는 것이다. 그는 더 이상 숨을 쉬지 않고, 시신은 수풀 속으로 옮겨져서 하이에나가 그것을 먹는다. 이것이 그들이 낮에 생각하는 것이다. 그러나 밤은 가축과 사람들에게 질병을 가져다주고, 야간 여행자들을 공격하고 목 조르며 여러 형태의 폭력을 일삼는 혼령으로 가득하다(CW 10, p. 143).

이런 분명한 불일치에 대한 또 다른 설명이 있다. 골트슈미트에 의하면, "엘고니 족에게 죽음이란 거의 완전한 절멸이다. 사후 세계에 대한 일관성 있는 이론이 없기 때문이다."(Goldschmidt, 1976, p. 310) 융이 밤에 나오는 것으로 말했던 죽은 자의 혼령(오잌oyik)은 '특정한 조상의 영혼이라기보다는 일반적인 용어'로 생각되었다(Goldschmidt, 1976, p. 310). 이 경우 엘고니 족의 생각에는 모순이 없을 것이다. 그들은 개인적인 불멸성은 믿지 않았지만 죽음 뒤의 삶은 믿었다.

태양에 제물 바치기

융의 팔라버 결과가 미약하긴 하였지만,

나는 포기하지 않았다. 그리고 마침내, 많은 결실이 없는 팔라버 중의 하나가 끝나 갈 무렵, 노인 한 명이 갑자기 설명을 하였다. "아침 해가 떠오를 때, 우리는 오두막에서 밖으로 나가 손에 침을 뱉고 그것을 태양 쪽으로 들어 올린다." 나는 그들에게 그 의식을 행해 보라고 하였고 그것을 정확하게 기술하였다. 그들은 얼굴 앞으로 그들의 손을 들고 거기에 침을 뱉던지 아니면 바람을 세게 불었다. 그런 다음 그들은 손을 돌려 손바닥을 태양으로 향하게 하였다(CW 10, p. 144).[66]

오랜 기다림 끝에 마침내 융은 엘고니 족의 영성에 관한 무엇인가를 찾았다고 믿었다. 이 의식에 대한 융의 묘사는 정확하였다. 내가 2003년에 엘고니 족을 방문했을 때, 나는 아직도 행해지고 있는 이 의식을 95세인 노인에게 시범을 보여 달라고 부탁하였다. 그는 융이 묘사했던 그대로 하였다.[67] 융은 계속해서,

방금 인용한 엘고니 족의 의식의 의미가 무엇일까? 분명히 이것은 태양에 제물을 바치는 것이다. ……그들이 손에 침을 뱉으면, 이 물질은, 원시인의 믿음에 따르면, 개인적인 마나, 생활력, 치유하고 마술을 하는 능력 ……을 담고 있다. 이 행위는 '나는 나의 살아 있는 영혼을 신께 바친다.'는 의미다. 이것은 무언의, 행위하는 기도다. 이는 '주여, 당신의 손에 나의 영혼을 맡기나이다.'라는 말과 같을 수 있다(CW 10, p. 146).

융은 엘고니 족의 태양 제물을 십자가 앞에서 한 예수의 기도와 동등하게 보았다. 아프리카 토착민들의 제의를 영적으로 확실하다고 평가하는 것은 유럽인 탐험가들과 선교사들이 지속적으로 근거도 없이 아프리카인들을 악마를 믿는 불경한 야만인으로 보았던 시기에는 특별하였다.

아시스타

그때 융은 "원로로부터 ……이것이 모든 사람들의 진정한 종교였고, 모든 케비론도 족과 부간다 족, 이 산과 끝없이 더 멀리에서, 볼 수 있는 한 멀리 있는 모든 종족이 아디스타adhista—즉, 태양을 숭배하였다."(MDR, p. 267)라는 설명을 들었다. 태양 숭배가 이 반투 족과 닐로트 족 집단의 특징은 아니었지만,[68] 태양에 제물을 바치는 의식은 서부 케냐와 동부 우간다에서 거의 보편적이었다. 예를 들면, 반투 카비론도 족은 매일 아침 비슷한 기도를 한다. 1910년의 기사에서 N. 스탬 신부는 적었다.

> 이른 아침에 카비론도 족이 태양과 마주한 것을 보게 될 것이다. 그의 숭배 방식은 줄잡아 말하더라도 독특하다. 그는 떠오르는 천체의 영광을 위해 동쪽을 향해 침을 뱉는 것으로 시작한다. 그런 다음 그는 차례대로 북쪽, 서쪽 그리고 남쪽으로 돌며 매 방향마다 같은 방식으로 경건하게 인사를 한다. 그러는 동안 그는 태양신에게 행운을 가져다 달라고 간절히 기도한다(Stam, 1910, p. 360).[69]

스탬에 의하면, "일반적인 관찰자에게는 태양이 그들의 주요한 신으로 보였을

것이다."(Stam, 1910, p. 360)

융은 스탬과 같이 엘고니 족은 아시스타asista(엘고니 족과 난디 족 언어로 태양, 신을 의미), 태양(그는 이것을 adhi'sta나 athista로 잘못 발음하였다)을 숭배하였다는 결론을 내렸다. 스탬이 지적한 바와 같이 이 결론은 그들의 아침 제의를 관찰한 데서 내려진 것이다. 그렇지만 엘고니 족에게는 아시스타라는 단어가 주변의 닐로트 족 이웃들과 마찬가지로 '신'이면서 동시에 '태양'을 의미하기도 한다는 사실(Goldschmidt, 1976, p. 373)에서 일정 부분 혼란을 초래하였다는 것에 주목해야겠다.70 융은 이 언어학적인 차이점을 인식하였지만(CW 8, p. 411), 이 형이상학적인 개념을 엘고니 족 언어에서 스와힐리어와 영어로 그리고 그 역으로 번역하는 과정에서 이것이 융의 번역자에게 일으켰음에 틀림없는 혼란을 쉽게 상상할 수 있다.

융이 그의 정보제공자들에게 스와힐리어로, "뭉구 니 주아?Mungu ni jua?" 또는 "태양이 신인가요?"라고 물었다(CW 8, p. 329). 엘고니 족이 이것에 대해 "'아니요.'라고 대답하고, 마치 내가 어떤 아주 어리석은 것을 말하였다는 듯이 웃었다."(CW 8, p. 329) 그의 관점을 강요하면서 융은 계속 캐물었다.

> 바로 그때 태양이 하늘 높이 떠 있자 나는 그것을 가리키면서 물었다. "태양이 저기 있을 때에는 당신들은 그것이 신이 아니라고 말하지만, 그것이 동쪽에 있을 때에는 그것을 신이라고 말하고 있소. 어떻게 그럴 수 있나요?" 당황스러운 침묵이 있은 다음, 늙은 추장이 설명하기 시작하였다. "그렇소." 그가 말하였다. "태양이 저기 높이 있을 때 그것은 신이 아니오. 그러나 그것이 떠오를 때 그것은 신이요 (또는 그때 그것은 신이요)."(CW 8, p. 329)

노인의 대답에서 융은 엘고니 족이 신으로 동일시하는 것은 하늘에 있는 붉은

공이 아니고 떠오르는 태양의 경험이었다, 라는 결론을 내렸다. 그렇지만 또 다른 방식으로 이 이야기를 읽을 수 있다. 그 노인은 그의 언어로 말하였다. "아시스타가 저기 높이 있을 때, 그것은 아시스타가 아니다. 그러나 아시스타가 떠오를 때, 그것이 아시스타다." 이 이야기는 수많은 방식으로 번역될 수 있다. 이 노인이 엘고니 족의 우주론을 설명하려는 시도를 하고 있는 것일 수도 있다. 이 지역의 다른 종족과 마찬가지로 엘고니 족은 "대낮의 밝은 하늘을 태양 빛으로 연상하지 않고, 그것을 아주 다른 것으로 본다."(Hobley, 1903, p. 358) 빛(아시스타)이 태양(아시스타)과 함께 떠오르지만, 태양에 의존하는 것은 아니다.

　그렇지만 융은 이 노인의 분명한 우주론적인 이야기를 심리학적인 설명으로 해석하였다. 그는 기록하였다.

> 일출과 그 자신의 해방의 느낌은 마치 밤과 그의 두려움이 그러한 것처럼 그에게 똑같은 신성한 경험이다. 자연히 그의 정동이 물리적인 사실보다 그에게 더 중요하다. 그러므로 그가 인상을 기록한 것은 정동적인 경험이다. 그에게 있어 밤은 뱀이고 귀신의 찬 숨결인 반면, 아침은 아름다운 신의 탄생을 의미한다(CW 8, p. 329).[71]

융의 발견: 엘고니 족의 호루스 원리

　　　엘고니 족은 반투 족과 닐로트 족 이웃들과 마찬가지로 태양과 관계있는 최상의 존재인 아시스타에 대한 믿음이 있다. 그렇지만 융의 저작 이외에는 엘고니 족이 떠오르는 태양을 아시스타라고 이해하였다는 증거는 없다.[72] 스탬은 다음과 같이 기록하였다. "만일 여기 한 원주민에게 ……그가 태양을 신이라고 생각하는가를 묻는다면, 그들은 분명히 부정적으로 대답할 것이다. 신은 태양 등을 우리에게 식량과 건강을 주는 수단으로 사용한다고 대답할 것이다."(Stam, 1910, p. 360) "아시스타가 우주를 창조하였고, 그는 모든 힘의 궁극적인 원천이며 모호하지만 본질적으로 선하게 보인다."(Goldschmidt, 1976, p. 303) 아프리카인들의 다른 소위 말하는 '고급 신들'과 마찬가지로, 엘고니 족은 그는 "인간사에 관여하지 않기 때문에 그에게 거의 요청을 하지 않았다. 어떤 기도나 헌주도 그의 길에 놓지 않고, 그는 기도하는 사람들에게 응답하지 않으며 달래는 행위도 필요 없지만, 사람들은 행운이 올 경우 그에게 감사를 드릴 것이다." (Goldschmidt, 1976, p. 303)

그렇지만 융은 그가 엘고니 족의 종교에 대한 '발견'을 하였다고 믿었다.[73] 아프리카에서 스위스로 돌아온 뒤 불과 몇 개월이 지난 다음, 1926년 8월 9일에 그는 말하였다.

> 우리는, 아무도 우리에게 가기를 권하지 않았던, 엘곤 산 경사면에 사는 부족에게서 새로운 형태의 아주 원시적이며 심리학적인 종교를 발견하였다. 그들은 분명히 태양을 숭배한다. 그러나 그것은 태양이 아니다. 그것은 동이 트는 순간이다. 그것이 신이다. 나는 이것이 오히려 놀랍다는 생각이 든다. 이것이 이집트인의 호루스 관념의 원천이다(CL 1, p. 44).

그리고 몇 년 뒤 MDR에서 그는 "나의 엘고니 족의 호루스 원리의 발견"(MDR, p. 274)에 대한 추억을 말하였다. 융은 '호루스 원리'로 무엇을 말하려고 하였을까? 그리고 그는 '나의 발견'으로 무엇을 말하려고 하였을까?

태양을 연상하고 매로 상징되는 신, 호루스는 이집트의 제신 중 가장 중요한 신의 하나였다. 그의 아버지인 오시리스는 사악한 동생 세트에게 살해당하였다. 그로 인해 파라오는 생전에는 호루스의 신성한 화신으로 여겨졌고, 죽어서는 오시리스가 되었다. 혼돈과 불행의 신 세트는 종종 호루스와 소모전을 벌이고 있는 하마나 악어로 그려졌다. 융은 많은 곳에서 이 갈등에 관한 저술을 하였다.[74] 융에게 '호루스 원리'는 빛과 어두움, 선과 악, 의식과 무의식 사이의 갈등이었다. 융은 호루스를 "떠오르는 태양"(CW 5, p. 357)과 "빛의 원리"라고 불렀던 반면, 세트는 "어두움의 악령"(CW 5, p. 356)으로 보았다.

융은 엘고니 족의 창조주 아시스타를 "떠오르는 태양, 호루스와 같은 빛의 원리"(MDR, p. 268)로 이해하였다. 아시스타가 "모호해 보였지만 본질적으로 선하게 보였다."(Goldschmidt, 1976, p. 303)는 것은 사실이었다. "그는 오로지 사랑하고, 미워하지 않는다."(Goldschmidt, 1976, p. 303) 아시스타의 대극을 융은 아일ayik에서 발견하였다고 믿었다. 그는 썼다.

> 케냐에서 엘고니 족의 장로들이 내게 '공포를 만드는 자'라고 부르는 밤의 신에 대해 자세히 알려 주었다. 그들이 말하기를, "그는 차가운 돌풍 같이 나타나고, 당신은 공포에 떨며, 혹은 그는 크게 자란 수풀 속에서 휘파람 소리를 내며 돌아다닌다." 귀신이 출현하는 한밤중에 갈대밭에서 파이프를 불고 목동을 놀라게 하며 조용히 돌아다니는 아프리카식의 판(역자 주-그리스 신화에 나오는 목동의 신)이다 (CW 9i, p. 35).

아일은 "땅에 거주하며, 샤이탄sheitan(악마) 정령"(MDR, p. 267)이었다. "그는 공포를 일으키는 자이고, 야간 여행자를 기다리며 잠잠히 있는 찬바람이다."(MDR,

p. 267) 아일은 세트와 마찬가지로 "어둠의 원리이고 공포를 낳는 자"(MDR, p. 268)다. "그들이 낮과 밤을 지배해 왔던 시기부터 동등한 힘과 중요성을 가지고 있던 이 두 원리는 각각 12시간씩 나타난다."(MDR, p. 268) 베이네스가 아일에 관해 다음의 묘사를 덧붙였다.

> 케냐의 엘곤 산 원주민들이 융과 내게 아일(엘고니 족의 세트)의 특성을 설명하려고 했을 때, 그들은 어떤 남자가 밤중에 혼자 동굴에 있다가 박쥐가 얼굴을 스치자 공포로 피가 갑자기 얼어붙었다는 식으로 극적으로 표현하였다. 그것이 아일이었다. 이 공황의 순간을 묘사하면서 원주민들의 마음에 유령에 대한 공포가 즉시 생겨났다. 박쥐가 유령의 효과를 냈기 때문이었다(Baynes, 1940, p. 777).

엘고니 족의 영적인 영역에 관한 융의 설명이 그의 심리학적인 체계와 시적으로 잘 어울리긴 하지만, 사실상 그것은 그들의 종교적인 믿음에 대한 것이 아니라 어두움에 대한 엘고니 족의 공포의 분석에 기초하고 있다. 오일은 이전에 논의하였듯이 그것이 유익하다거나 해롭다는 언급이 없이 '죽은 자의 영혼'을 가리킨다(Kiborom, 2003. 7. 20). 어떤 사람이 죽으면 다른 오일들과 함께하는 지하의 삶으로 간다(Goldschmidt, 1976, p. 304). 엘고니 족은 오일을 "특정한 조상 개인의 영이 아니라 씨족의 영혼 전체를 나타내는 집단성"(Goldschmidt, 1976, p. 304)으로 생각한다. 나쁜 오일은 살아 있는 사람들에게 해를 입히고, 좋은 오일은 도움을 준다. 영혼은 신도 아니고 창조주인 아시스타의 권능과 맞서지도 않는다. 그러므로 융이 서술한 이원론은 실제로 엘고니 족의 형이상학에 근거하지 않은 것이었다.[75] 그 대신에 그의 결론은 그가 관찰한 일몰과 일출 그리고 그들의 변치 않는 낙관주의와 '불합리한' 공포가 가져다준 '원주민의' 기분에서 도출되었다.[76]

융은 참여적 관찰자로서 그 자신이 이것과 같은 '원시적인' 느낌을 체험해 보려고 애썼다. 그는 많은 노력과 약간의 모험을 하며 산속 동굴의 끝없는 어둠 속에서 원초적인 공포를 찾았고, 대나무지대의 '녹색 섬광' 속에서 죽은 자가 말하는 것을 들었다. 그는 엘곤의 동틀 녘, 아프리카가 신전이 되는 낮이 시작되는 순간에, 망아경ecstasy을 얻기도 하였다. 그는 그 순간이 의식성의 어머니라는 것을 알았다.77

해 뜰 때의 비비원숭이

매일 아침 융은 야영지 위로 올라가 우산 아카시아 나무 밑에서 야전 의자에 앉아 일출을 관찰하였다. 사람들은 사파리 동안 하루 중 가장 성스러운 순간에 참여하기 위해 항상 동틀 녘에 일어났다. MDR에서 가장 시적이고 아름답게 표현된 구절 중 하나에 아프리카의 동틀 녘을 묘사한 것이 있다. "적도 지방의 전형적인 갑작스러움으로, 첫 번째 햇살이 화살처럼 앞을 향해 쏘아지고, 밤은 생명으로 가득 찬 빛으로 변한다."(MDR, p. 268) 계속해서,

> 내 앞에 있는 작은 계곡의 밑바닥에는 어두운, 거의 검은 녹색의 가늘고 긴 정글 지대가 있고, 계곡 반대편에는 평원의 가장자리가 그 위로 솟아나 있다. 처음에는 빛과 어두움의 대비가 극명했을 것이다. 그런 다음 사물이 윤곽을 갖추고, 밝음으로 꽉 찬 계곡으로 채우려는 듯이 빛으로 모습을 드러낼 것이다. 위의 지평선은 빛을 발하는 흰색이 되었다. 점차 부풀어 오르는 빛은 사물의 실제 구조에 스며드는 것 같고, 사물은 내부에서부터 밝아지다가 마침내 색 유리조각처럼 투명하게 빛났다. 모든 것이 불타는 크리스털로 변하였다(MDR, p. 268).

'그 순간' 융은 마치 그가 "사원 안에서 ……시간을 초월한 망아경 속에"(MDR, p. 268) 있는 것처럼 느꼈다. 융이 떠오르는 태양을 보고 빠져들었던 원초적인 경험은 동틀 녘에 그 자신이 인지한 '원시적인' 기분에 뿌리내리고 있었다. 그것은 인간 세계를 넘어서 동물의 왕국으로까지 확장되었다. 그가 '관찰했던 지점'의 뒤쪽과 위쪽은 커다란 비비원숭이들이 서식하는 높은 절벽이었다. 융은 적었다.

> 매일 아침 그것들은 절벽의 가장자리에서 태양을 바라보고 거의 움직임이 없이 조용히 앉아 있었다. 반면에 하루의 나머지 시간 동안에 그것들은 날카로운 소리를 내고 떠들면서 숲을 돌아다녔다. 그들도 나와 같이 일출을 기다리고 있었던 것 같았다. 그것들은 이집트 아부심벨 신전의, 예배의 자세를 취하고 있는, 위대한 비비원숭이를 생각나게 하였다. 알려지지 않은 세월 동안 사람들은 하늘에 방사하는 빛으로 어둠 속에서 솟아나 세계를 구원한 위대한 신을 숭배해 왔다고, 그것들이 같은 이야기를 한다(MDR, pp. 268-269).

융은 이렇게 그가 인간 의식 그 자체보다도 더 오래된 과정에 참여하고 있는 것처럼 느꼈다.

융이 언급한 이 아부심벨의 신전은 융이 아프리카에서 집으로 돌아오는 길에 증기선에서 보았던 첫 번째로 위대한 이집트의 기념물이었다. 융이 엘고니 족에게서 한 '호루스 원리'의 '발견'은 분명히 그가 배를 타고 나일 강을 내려오면서 생겨났을 것이다.[78] 나일 강물이 내려다보이는 아부심벨 신전은 람세스 2세(1279~1213 BCE)에 의해 '태양신, 지평선의 호루스' 또는 떠오르는 태양의 신께 바쳐져 누비아의 하부에 건설되었다. 그것의 거대한 크기는 이집트의 남쪽 경계에 살고 있는 아프리카인에게 인상을 주려는 의미에서였다. 신전 정면에는 중앙에 호루스신이 있고 네 명의 람세스 거상이 있다. 이 거상들 위에서 틀을 만들고 있는 것은 줄지어 동쪽을 보면서 일출을 맞이하는 비비원숭이였다.[79] 융이 '개의 머리를 한' 이 비비원숭이의 상을 보았을 때 그는 엘곤에서의 경험이 생각났다. 엘고니 족은 "고대 이집트인들의 기념물에서, 그리고 태양을 숭배하는 개의 머리를 한 비비원숭이에서 기인하는 것이기도 한, 똑같은 잠재의식의 원형에 자극을 받아"(CW 8, p. 411) 태양 공물 의식을 시행하였다.[80] 엘곤에서 융은 인간과 동물 모두의 떠오르는 태양에 대한 숭배를 목격하였다. 융이 사하라 이남의 아프리카로 들어가는 이집트의 관문에서 돌에 새겨진 똑같은 몸짓을 보았을 때, 이 연관성이 확인되었다.[81]

아프리카의 슬픔

'프로토콜'에서 융은 엘곤의 아침 숭배를 저녁 일몰의 멜랑콜리와 대비하였다. 그때 표현할 수 없는 빛에 대한 그리움의 정서가 바닥에 깔려 있었다(Protocols, box 1, folder 13, p. 376). 융 자신은 그가 이 '향수병'의 '고통스러운 느낌'을 이 외로운 산의 동물과 인간의 삶과 함께 나누었다고 느꼈다(Protocols, box 1, folder 13, p. 376). 비비원숭이의 눈과 엘고니 족의 눈에는 이 슬픔이 분명히 있었다. H. 라이더 해거드의 『그녀』가 융과 생각을 같이한다.

그것은 놀랍도록 아름다운 풍경이다. 그리고 바로 그 아름다움의 넘침으로 인해 슬프다. 떠오르는 태양, 지는 해! 거기에 인류의 상징과 전형, 인류가 함께해야 할 모든 것이 있다(Haggard, 1982, p. 49).

이 경험이 융에게는 그가 과학자로서 얻을 수 있었던 어떤 민속지학적인 결과물보다도 값진 '만족스러운 답'이었다(Protocols, box 1, folder 13, p. 376).

아프리카 중심의afrocentric 융

융은 이집트인의 심혼의 뿌리는 아프리카에서 발견되고, 이집트 종교의 중심이 되는 신화는 엘고니 족과 같은 아프리카 사람들에게서 유래된다고 주장하였다. 융은 매일 아침 떠오르는 태양을 보고 선사시대의 원형적인 경험을 숙고하면서 키북 계류 근처에 있는 폭포 소리를 분명히 들을 수 있었다. 이 엘곤의 꼭대기에서 나온 맑고 찬 물은 나일 강의 수원지인 빅토리아 호수로 흘러들어 가는 은조이아 강으로 흘렀다. 그리고 마침내는 이집트로 들어갔다. 엘곤의 토착 종교가 산에서 졸졸 흘러서 나일 강으로 내려가 이집트 전역으로 이동하였다는 것이 융에게는 불합리하지 않아 보였다. 19세기의 탐험가인 버턴, 스피크, 그랜트 그리고 베이커와 같이 융은 그가 나일 강의 원천에 관한 '발견'을 하였다고 공표하였다.

융의 전기 작가 중 한 명인 빈센트 브롬은 융의 이집트-엘고니 족 연결에 관해 풍자적으로 기록하였다.

> 융이 다시 한 번 이 증거를 그가 가장 좋아했던 양식에 무리하게 맞추려고 애쓴 것 같아 보였다. 두 가지의 예 모두에서 빛과 어둠의 원리 사이에 다소 모호한 연결이 보인다. 물론 그 예에는 고대 페르시아의 마니교 철학도 속하였다. ……그렇다면 페르시아 사람들도 그것을 아프리카인에게서 얻었을까(Brome, 1978, p. 208)?

이집트 종교의 특징은 아프리카 중심에서 그 원천을 찾는다, 라고 하는 생각은 헤아릴 수 없는 것일까? 헤로도토스의 격언 "이집트는 나일 강의 선물이다."를 "이집트는 아프리카의 선물이다."로 읽으면 불합리한 것일까?

이집트 종교에 관한 융의 직관이 민속지학적인 정확성에 근거하지는 않았지만, 그것들은 그의 시대에 비추어 평가받아야 한다. MDR에서 융은 그가 아프리카에서 나일 강을 따라 내려가는 힘든 여행을 왜 하게 되었는지를 설명하였다.

> 이렇게 나의 욕구를 만족시켰고 이 문화적인 영역을 유럽과 그리스의 방향, 서쪽에서가 아니라, 나일 강의 수원지인 남쪽에서 접근하려는 계획을 하였다. 나는 이집트 문화에서 복잡한 아시아적인 요소들보다는 함 족의 기여에 더 관심이 많았다. 나일 강의 지리적인 경로, 즉 시간의 흐름을 따라가면서, 나는 스스로 그것에 대해 무엇인가를 발견할 수 있었다(MDR, p. 274).

그렇지만 이집트 종교에서 아프리카의 기원을 '발견하였다'고 주장하면서 융이 지적하지 못했던 것이 융이 읽었던, E. A. 월리스 버즈의 두 권짜리 저서 『오시리스: 이집트의 구원의 종교Osiris: The Egyptian Religion of Resurrection』(1911)에서 이미 이 관련성을 이야기하였다는 것이다. 비록 버즈가 그의 책에서 엘고니 족을 포함시키지는 않았지만, 그는 이집트 종교의 오시리스-세트-호루스 신화는 "아시아에서 기원했다기보다는 아프리카에서 기원하였다고"(Budge, 1961, pp. xviii-xix) 결론지었다. 그의 발견은 수단의 "현대 아프리카인"에 대한 연구와 "드브로세, 뭉고 팍, 리빙스턴 등과 같은 오래된 여행자들의 증거"(Budge, 1961, p. xxix)에 기초하였다. 버즈는 이 아프리카인들의 믿음이 "이집트인에게서 비롯되지 않았기 때문에 결과적으로 그것은 아프리카의 특정 지역 원주민의 종교적인 마음의 자연적인 산물이라고 하였다. 그리고 이것은 모든 시기에 동일한 것이라고 하였다."(Budge, 1961, p. xxix) 융이 나중에 주장할 것과 마찬가지로, 버즈는 "이집트인들의 종교는 훨씬 더 오래되었고, ……그것은 (아프리카인)의 감각, 정동, 그리고 직관에서 유래되었음이 틀림없다."(Budge, 1961, p. xxxi)라고 썼다. 버즈는 "오시리스가 닐로트인일 필요는 없겠지만 아프리카인, 신이었다고 나는 믿는다. 그의 제의가 생겨난 곳이 상부 이집트였을 것 같다."(Budge, 1961, p. xxii)라고 주장하였다. 융의 주장은 그가 이집트 종교의 기원이 버즈가 주장했던 것보다 훨씬 더 남쪽이었다는 증거를 제시했음이 분명하였다. 융은 오시리스, 호루스 그리고 세트가 원래는 닐로트 족의 신이었다는 것을 믿었다.

버즈를 모방한 융의 관점은 세계 문명 연구 분야에 논쟁의 여지가 있는 문제를 예견하였다. 즉, 고대 나일 강 문화의 거주자들 중에 생리적으로나 문화적으로나 아프리카인이 우세했는가 아닌가의 문제다. 마르쿠스 가비, 몰레피 키트 아산테, 샤이크 안타 디오프 그리고 조지 G. M. 제임스 등과 같은 아프리카 중심적인 작가들은 이집트의 언어, 신학, 예술, 정부 그리고 기술은 본질적으로 아프리카적이고, 유럽인은 고대 이집트인이 검은 피부의 아프리카인이었다는 것을 시사하는 증거를 지속적으로 왜곡하고 있다고 주장하였다. 역사학자들은 이들의 저작 대부분을 논쟁적이라고 치부해 버렸지만, 마틴 버널의 『검은 아테나: 고전 문명의 아프리카-아시아 뿌리Black Athena: The Afroasiatic Roots of Classical Civilization』(1987)는 고대 그리스에 건설된 것으로 추정되는 서구 문명은 주로 아프리카인이 우세했던 기원전 2세기의 이집트의 문화적 유산을 전해 받았다고 주장하는 유럽-아메리카 학자의 진지한 노력을 나타낸다. 버널의 논문은 18, 19, 20세기에 만들어진 아리안 족 고전 문명의 모델이 인종주의와 문화적인 오만에서 탄생된 허구였다는 것이다. 그러므로 융의 직관을 터무니없는 것으로 말하기

보다는 오히려 그의 '발견'의 시대를 감안하면 탁월한 것이라고 말할 수 있다. 그렇지만 그가 닐로트 집단과 고대 이집트 사이의 연결을 주창한 첫 번째 사람은 아니었다. 밀힐 선교단의 N. 스탬 신부는 1910년에 기록하였다.

> 그들이 태양과 달을 숭배한다는 사실은 이전에 그들과 이집트인 사이에 어떤 교류가 있었다는 것을 가리키는 것 같다. 이것은 닐로트 부족의 경우에 더 그럴듯하다. 그들의 언어가 나일 강 계곡에서 말해지는 것과 어원이 같기 때문이다(Stam, 1910, p. 362).

훨씬 더 흥미롭지만 그 당시의 융은 분명히 몰랐던 것이 엘고니 족과 유사한 종교적인 믿음을 가지고 있던 이웃인 부기슈 족과 같은 반투 집단의 구전 역사가 그들 조상의 고향으로 아부심벨이 있는 위치인 이집트의 남쪽 관문의 고대 누비아를 가리켰다는 사실이다.[82]

무거운 마음으로

엘곤 산에서 성탄절이 가까워지자 융은 루스에게 이집트로 가는 전 여정을 그들과 함께할 것인가 하고 물었다. 그녀는 매코믹의 야영 장비를 사용할 수 있었고, 필요한 경비는 융에게 빌릴 수 있었다(Bailey, 1969, pp. 14-15). 루스가 그녀의 가족이 그녀가 6개월 동안 동생과 함께 케냐에 머무르기를 원하였다고 하면서 주저할 때, 융은 그녀가, 그녀의 동생이 자신의 삶을 살도록 해주어야 한다고 대답하였다(Bailey, 1969, pp. 14-15). 마침내 융이 이겼다. 루스가 동의하지 않았었더라면 나일 강으로 연장하는 일은 벡위드가 루스 없이 진행하기를 원치 않아서 포기되었을 것이다(Bailey, 1969, p. 23).

그렇지만 이 계획에는 곤란한 문제가 있었다. 루스가 그녀의 무거운 짐들을 모두 나이로비에 놓아두었기 때문에 그녀가 그것을 처리하기 위해 그곳으로 돌아가야 했다. 융은 그녀에게 이 일을 그녀 자신이 해야 한다고 하였다. 그래서 루스는 캠프를 떠나, 추측건대 경비병을 동반하고 터보로 돌아가는 '탈 것'을 탔고, 나이로비로 가는 기차를 탔다. 그녀는 크리스마스 직전에 나이로비에 도착해서 거기서 크리스마스를 보내고 일을 처리하였다(Bailey, 1969, p. 16).

융의 사파리는 성탄절 날[83], '무거운 마음'으로 3주 동안 지냈던 키북 계류 변의 야영지를 출발해서 서쪽으로 우간다 국경을 향해 갔다. 그들은 언젠가 돌아올 것이라고 약속하였다(MDR, p. 269). 유럽의 집으로 향하는 융의 기분은 그들의 원정이 서서히 끝나 가면서 '침울' '절망' 그리고 '멜랑콜리'를 느꼈던 19세기의 아프리카 탐험가들의 기분과 유비되었다(McLynn, 1992, p. 340).

미 주 ————————————

1. 또는 마사와masawa로 불렀다. 융도 이것을 알고 있었고 때때로 그의 저서에 '마사바'란 용어를 사용하였다.

2. 1925년에 "케냐에서는 놀라울 정도로 인류학에 대한 관심이 없었다."(Leys, 1925, p. 33) 마사

이 족, 난디 족, 그리고 캄바 족 등과 같은 보다 잘 알려진 집단에 대한 약간의 성과가 있었을 뿐이다. 현재까지 그 사례가 남아 있는 엘고니 족에 관해서는 실제로 아무런 기록도 없었다.

3. 다른 집단들은 봉보목Bong'woomok, 북 그리고 사비니(세바이)였다. 케네스 던다스는 1913년에 '엘 코니의 실제 이름은 사바요트'라는 것을 알았다(Dundas, 1913, p. 63).

4. '칼렌진'은 '네게 말한다.'를 의미하는데 1950년대까지 사용되지 않았다. 그때까지 이 집단들은 단순히 '난디어를 하는 종족'을 가리켰다. 여덟 개의 칼렌진 집단은 난디, 케이요, 킵시기스, 마락웨트, 포콕, 테릭, 투겐 그리고 사바부트다.

5. 엘고니 족 구전 전통이 엘곤 산은 수천 년 동안(수백 년이 아니고) 그들의 고향이었다고 주장하는 것을 밝혀야 한다(Kiboi, 2003. 7. 19). 워(Were, 1967, p. 49)는 16세기에 유입된 칼렌진 정착민들이 이미 이 산에 있었던 토착민인 보로보 족과 섞였다고 주장하면서 엘고니 족을 고대 산악 민족으로 묘사하고 있는 이 구전 전통을 설명한다. 이런 식으로 이 산에서 엘고니 족의 흔적은 도로보 족의 것으로까지 거슬러 올라갈 것이다.

6. 부기슈 족의 역사는 그들이 엘곤 산 지역에 고대에 정착한 것을 강조하는 경향이 있지만, 이 주장에 대한 실질적인 증거는 없어 보인다(Were, 1967, pp. 41-44). 부기슈 족은 분명히 16, 17세기에 우간다에 정착하였고(Were, 1967, pp. 42-43), 18세기 후반과 19세기 초에 서부 케냐로 이동하였다(Were, 1967, p. 58).

7. 반투화된 일부 엘고니 족은 반투 씨족으로 흡수되었다. 이 씨족은 바키니수라고 알려졌다(Makila, 1978, pp. 67, 112, 139).

8. 1932년의 케냐토지위원회 보고서는 '케냐의 전체 엘 고니의 인구는 약 5,200명'이라고 하였다(KLCR, p. 282). 1937년의 인구 조사에서는 '엘곤 산 사면에 살고 있는 엘 고니'의 수를 3,475명이라고 하였다(Wagner, 1949, Vol. 1, p. 16).

9. 1932년까지 조상의 땅에 대한 아프리카인들의 권리 문제가 영국 의회에서 논의되어 왔다. 그리고 케냐토지위원회가 아프리카인들과 유럽인들 사이에 논쟁이 있는 경계에 대한 보고를 하기 위해 만들어졌다. 조사 결과와 권고사항이 규모가 크고 끊임없이 움직이는 중부 케냐의 키쿠유 족 사람들을 만족시키는 것이었던 반면에 엘고니 족의 어려움이 토의되었고, '규모가 작고 소멸될지도 모르는 부족'에게는 할 일이 거의 없다고 결론지었다(KLCR, p. 283). 위원회의 권고는 엘고니 족 토지 불법 점유자들은 유럽인 농장에서 우간다로 이주를 계속하고, 엘곤 숲 위의 162평방킬로미터 습지를 엘고니 족을 위해 남겨 두라는 것이었다(KLCR, pp. 285-286).

10. 날짜는 12월 초, 아마도 4일이었다.

11. 2003년 7월 22일에 나는 1908년에 태어난 음지 요코보 시키료와 대화를 나누었는데, 그가 영국인이 준 이 조랑말을 탄 텐디이트를 보았다. 그가 이 말이 백색이었다고 기억하였다.

12. 1926년에 '원로들은' '불필요한 속박'이라고 하여 폐지되었다. 그렇지만 텐디이트 같은 몇 명은 '부추장'으로 유지되었다(Chamier, 1926, p. 3). 이후 1939년에 이 텐디이트는 사바부트 족의 '추장'이 되었다(Siikiiryo et al, 2003).

13. 현재 키북 천은 농업으로 인한 토지 부식으로 붉은 갈색 물이 흐른다. 1925년에는 아무도 거주하지 않았던 곳에 지금은 경작지를 가지고 있는 약 30여 가족들이 살고 있다.

14. 제1차 세계대전 때 간호사였던 루스는 해발 2,100m 야영지에는 '미아스마miasma(늪에서 나오는 독기)'가 없다는 것을 알았다. '미아스마 이론'은 늪에서 나오는 기체가 말라리아열을 일으키는 독을 가지고 있다는 것이다. 재미있게도 이 이론은 수십 년 전에 버려졌다. 그리고 이 일행은 모기를 통한 감염을 예방하기 위해 키니네를 복용하고 있었다.

15. 융은 1926년 1월 1일에 한스 쿤에게 쓴 편지에서 그가 이 야영지에서 3주를 보냈다고 하였다(CL 1, p. 43). 네임체 인터뷰에서 루스는 엘곤에서 얼마 동안 체류했는지를 잘 기억하지 못하였다. 한때 그녀는 거기서 5주 동안 있었고 남자들은 거기서 2개월간 있었다고 말하였다.

16. 루스와 베이네스 둘 모두가 엘고니 족이 유럽인들과 결코 만나지 않았었다는 것에 동의하였다.

17. 융이 레비-브륄의 이론을 이용한 것에 대해 보다 자세하게 다룬 것을 보려면 B. Burleson (1997), 'Defining the Primitive: Carl Jung's "Bugishu Psychological Expedition"', *The Journal of Africa Travel-Writing*, 3, pp. 17-30을 참조하시오.

18. 융은 이 이야기를 여러 차례 말하였다. 예를 들면, CGJS, pp. 79ff., 102ff.; S 4, pp. 271-272를 보라.

19. 아니면 융의 스와힐리어가 너무나 서툴러 이 남자가 그가 말하고 있는 것을 알지 못했을지도 모른다.

20. 융이 1934년의 세미나에서 회상했던 것이 아마도 루스에게서 온 이 편지였을 것이다.
    알다시피 글 쓰는 방법, 문자는 원시인의 마음에는 놀라운 발견이었다. 원시인들이 글 쓰는 것을 전혀 보지 않았다면, 그들은 그것을 보고 놀란다. 한 흑인이 내게 편지나 글로 된 메시지를 가지고 올 때면 그들은 언제나 내가 그것을 개봉하는 동안에 모두 주위에 몰려들어 그것을 아래위로 살펴보았다. 그들은 그 종이가 백인 주인에게 말하고 있다고 생각하기 때문에 귀를 기울였다. 그들은 내가 분명히 그 안에서 무엇인가를 보았거나 아니면 무엇인가가 내게 이야기를 하였다고 가정하였다. 그들은 오로지 말에 의해서만 메시지를 받을 수 있다는 생각을 떨쳐 버릴 수 없었다. 문자의 발견, 말을 하는 갈고리 모양, 원, 검은 기호 등의 발견은 흑인에게는 완전한 마술이다. 그들은 어떤 것을 사진 찍을 때 이해할 수 있다. 맞아, 그것을 보니까. 그러나 그런 갈고리 모양이 어떤 소리나 생각을 담을 수 있다는 것은 그들의 수준을 넘는 것이다. 오로지 신만이 그런 것들을 신성한 고통 속에서 만들 수 있다(S 4, pp. 187-188).

21. 이 '물병'은 데베debe로, 한 변이 23cm인 정사각형에 높이가 35cm 되는 긴 주석으로 된 통인데, 18ℓ의 액체를 담는다. 이 데베는 돼지기름, 아마유, 벌꿀 등과 같은 다양한 상품의 표준 계량기구였는데, 영국령 동아프리카에서 다양하게 사용되었다. 강에서 물을 길어 오는 데 사용하는 것 이외에도 이것은 목욕물을 데우고, 옥수수를 골라내며, 쓰레기를 담고, 커피를 따르며, 거름을 옮기는 등에 사용될 수 있었다.

22. 해나는 이 대화와 관계되는 정보를 어디서 얻었는지를 명시하지 않았다.

23. 루스는 베이네스가 특히 아카시아 나무에 관심이 있었다고 지적하였다.

24. 이 기사에서 저자는 베이네스, 융 그리고 벡위드의 이름 철자를 잘못 썼다.

25. 융은 이 리키 의자를 스위스로 가지고 갔다.

26. 이 거주지의 주인은 엘고니 족 캄켁 씨족의 마시바였다(Siikiiryo et al., 2003).

27. 1928년의 세미나에서 융은 말하였다.
    어느 날 한 노인 추장이 아주 의기양양하고 흥분되어서 왔다. 그는 200m 떨어진 곳에서부터 모자를 흔들어 대며 멀리에서 그가 꿈, 보배를 가지고 가고 있다는 신호를 하였다. "나는 검은 소가 강, 내가 알지 못하는 장소에서 송아지를 낳는 꿈을 꾸었소." 이 꿈꾼 사람은 아주 부유한 노인이었고, 하인들이 그의 가축을 돌보았기 때문에 그는 어떻게 되어 가고 있는지를 알지 못하였다. ……그는 자기가 멋진 검은 소를 가지고 있다는 것은 알았지만, 그것이 송아지가 있는지는 몰랐다. 그러나 꿈을 꾼 뒤 그가 아침에 강으로 내려갔더니 그곳에 그 소가 송아지와 함께 있었다. 일종의 텔레파시였나? 그가 이 소가 새끼를 배고 있을 때 한 번 보았고 그것의 상태를 알았었나? 그는 이전에 그것을 알지 못했다고 하였다. 이 종족에는 거세가 없었고, 거세한 식용 황소도 없었으며, 거세하지 않은 황소가 늘 무리와 함께 있었다. 그것은 우리의 황소 같지 않게 아주 멋진 황소였고, 사랑스러운 짐승이며, 순하고, 소심하며, 거의 겁쟁이 수준이었다. 그래서 출산의 계절이 따로 없고 조절하지도 않아서 암소는 어느 때든 새끼를 가질 수 있었을 것이다. 그가 그것을 분명히 알지 못하였다는 것도 충분히 이해할 만하다. 그러나 이 꿈이 그에게 정보를 주었다(S 1, pp. 20-21).
    융은 이 꿈에 대해 글을 쓰기도 하였다(CW 18, p. 1291). 융이 1957년에 E. A. 베넷에게 약간 변형하여 다음과 같은 말을 한 바 있다고 한다. "엘고니 족이 꿈을 가지고 와 그것이 좋은 것인지 나쁜 것인지를 물었다. 만일 그 꿈이 나쁜 것이라면 그들은 그날 이동하지 않을 것이었다."(Bennet, 1985, p. 92) 여기서 융은 엘고니 족보다는 그의 소말리인과 스와힐리인 조수들에 관해 이야기하고 있는 것 같다.

28. 2003년에 엘곤 산을 방문하는 동안 나의 중요한 엘고니 족 정보제공자는 프란시스 키보이 신부님이었다. 그는 옥스퍼드에서 교육받았고 키마 국제 신학교 강사였다. 식민지배자의 지원을 받은, 1925년의 그들 국민들에 대한, '심리학 원정대'에 관한 엘고니 족 사람들의 깊은 의심은

지금도 남아 있다. 키보이 신부는 융이 영국으로부터 고분고분하지 않은 엘고니 족을 가장 잘 다루는 법을 찾기 위해 임명되었다고 믿는다. 그는 말하였다.

나는 만일 카를 융이 이 종족들이 분할되고 흩어져 없어진다고 주장하지 않았었더라면 아마도 영국정부가 그러한 단계를 취하지 않았을 것임을 안다. 그들은 사바부트 족을 그대로 놔두고 ……사바부트 족이 흩어져 없어진 것과 그들이 이 종족을 작은 종족인 것처럼 보았다는 것이 불행이다. 영국정부는 사바부트 족이 멸종하는 인종이라고 말하는 것을 옹호하기 시작하였다(Kiboi, 2003. 7. 22).

내가 알기로 융은 영국에게 그들이 엘고니 족의 상황을 어떻게 이야기해야 하는가에 대해 결코 어떤 암시도 주지 않았다. 그렇지만 약 78년 전에 있었던, 그의 종족에 대한, '심리학 원정대'에 관한 키보이 신부의 의심은 식민지 유산에서 오는 오래 지속되는 고통을 드러낸다.

29. S 2, pp. 620-621도 보라.

30. 2003년에 나는 엘고니 족의 예언자인 사무엘 나이바이 키무쿵과 인터뷰를 하였다. 그는 텐디이트의 97세 된 조카인데, 내게 이 '코로보스 원숭이 가죽'으로 만든 예언자 외투를 기억한다고 확인해 주었다(Kimukung', 2003. 10. 31).

31. 월터 골트슈미트의 『세바이 족의 문화와 행위The Culture and Behavior of the Sebei』(1976)가 사바부트 족 문화에서 와쿤티이트의 직무에 관해 얻을 수 있는 유일한 기록 중 하나를 제공한다.

32. 망구쇼는 사바부트 족 세바이 집단의 한 구성원이었다.

33. 예를 들면, 다음을 보라. S 2, pp. 43, 1023; CW 10, p. 128; CW 11, pp. 30-31; CW 18, p. 436; CW 18, p. 1291; CGJS, pp. 93, 113.

34. 융은 일관성 있게 대영제국에 대해 비평했던 사람이었다. 예를 들면, S 4, pp. 672-673; S 2, p. 1020; CL, p. 2,123을 보라.

35. 베이네스는 누구나 '큰' 꿈을 꿀 수 있었다고 주장하면서 약간 다른 해석을 하였다. "엘곤 산 원주민들은, 그들의 꿈에 대해 전적으로 사실적이었는데, 누군가가 '의사' 꿈을 꾸었다면, 그는 그 꿈을 지도자에게 가지고 가고, 그 지도자는 곧 부족의 남자들을 팔라버에 소집했을 것이라고 말하였다. 반면에 평범한 개인적인 꿈은 거의 주목을 받지 못하였다."(Baynes, 1940, pp. 882-883)

36. 내가 인터뷰했던 엘고니 족 장로가 '큰 꿈'은 오로지 와쿤티이트만 꾸게 하고 평범한 꿈은 중요하지 않았다는 것을 확인해 주었다. 하지만 융은 그의 정보제공자들이 준 몇 가지 상세한 부분을 잘못 이해하였다. 1928년의 세미나에서 그는 "원시인들은 두 종류의 꿈을 믿는다. 오타ota, 위대한 환영, 큰 의미 있는 그리고 집단에 중요한 것과 부도타vudota, 평범한 작은 꿈"(S 1, p. 4)이라고 말하였다. 스와힐리어로 오타는 '자라는to grow'을 의미하는 동사형이고 오타 은도토ota ndoto는 '꿈꾸다'를 의미하는 동사형이다. 부도타는 스와힐리어가 아니다.

37. CW 3, pp. 525, 528, 549; CW 7, p. 276; CW 8, pp. 94, 554−555, 558; CW 9i, pp. 70n, 546, 549; CW 10, pp. 128, 324; CW 11, pp. 30−31; CW 17, pp. 106, 208−209; CW 18, pp. 176, 250, 436, 1159, 1291; CGJS, pp. 93, 113ff., 458; S 1, pp. 4−5 등을 보라.

38. 융은 똑같은 이브라힘에 관한 일화를 CL 2, p. 40; S 1, p. 513; S 2, pp. 919−920, 1285−1286; S 4, pp. 319−320, 336, 369; S 5, pp. 168−169에 소개하였다.

39. 재미있게도 베이네스는 그의 『영혼의 신화Mythology of the Soul』(1940)에서 키들을 아니마와 연관시켰다.

40. 루스는 이 팀이 한 번은 산을 높이 올라가 거의 분화구까지 갔었다고 보고하였다. 이것은 대나무지대 너머 습지대 경계였을 것이다. 거기서 그들은 가난한 가족이 있는 마을을 방문하였다(Bailey, 1969, p. 13). 루스는 분명히 숲지대로 쫓겨 들어왔을 이들 엘고니 족(아니면 아마도 도로보 족일지도 모른다)을 보고 몹시 슬펐다. 그들이 그곳을 방문하는 동안 마을의 늙은 추장들이 융에게 접근하여 루스를 암소 몇 마리와 바꾸자는 제안을 하였다(Bailey, 1969, p. 13).

41. 엘고니 족은 이 산의 남쪽 사면에 있는 동굴에 살았다. 이 동굴 중 가장 중요한 것들은 테렘, 체비치, 체빈, 체레미트, 킵코리, 첩카카, 코시라이 그리고 체부부토이였다(Dundas, 1913, pp. 64−66).

42. C. W. 호블리 같은 식민 당국자들은 톰슨의 이론에 이의를 제기하였고, 후에 지리학자들이 이 동굴들은 수력에 의한 침식의 결과라는 것을 보여 주었다.

43. 1994년에 열대지대The Hot Zone에서 리처드 프레스턴의 아프리카 필로바이러스(중앙아프리카 열대우림에서 발견된 사상絲狀 바이러스의 일종)에 관한 '무서운 실제 이야기'가 이들 동굴에 대한 세계적인 관심을 다시 불러일으켰다. 이 이야기가 엘곤의 동굴에서 시작한다.

44. 2003년에 나는 키미리리 강을 따라 있는 융의 야영지에서 북쪽으로 수 마일 지나 키비에토 지역에 위치한 칩쿤쿠어 동굴을 탐험하였다. 이것이 융이 들어갔던 동굴 중 하나였을 가능성이 있다.

45. 이 스와힐리어 단어의 정확한 철자는 '사탄'을 의미하는 쉐타니shetani다.

46. 융도, 비록 세부에서는 다르지만, CW 8, p. 575n과 S 4, pp. 179−180에서 이것과 같은 사례에 관해 이야기하였다. 이 경우에 이 소녀는 지금 대나무 숲에 살고 있는 그녀의 죽은 부모에 귀신 들려 있었다. S 2, p. 1019도 보라.

47. 융이 1928년에 비엔나에서 한 언론 집담회에서 말했던 것과 같은 사건을 이야기하는 것 같다. 거기서 그는, "나는 동아프리카에서 나와 함께 3,048m 높이의 산에 올라갔던 두 명의 현지인이 아직도 생각난다. 밤중에 그들은 두려움에 떨고 있었다. 그리고 내가 왜 초조하냐고 물었

을 때 그들 중 한 명이 '모든 것이 귀신으로 가득 차 있어요.'라고 대답하였다."(CGJS, p. 40)

48. 이 스와힐리어 단어의 정확한 철자는 음강가mganga다. 와강가Waganga(복수)는 토착 치료사들이다.

49. 물 나르는 사람에 관한 보고에 덧붙여 융은 적었다.
   우리는 동아프리카 엘곤 산의 남쪽 사면에 있는 원주민과 같이 행하였다. 그들 중 한 명이 숲으로 들어가는 길 한 구간을 나와 동행하였다. 우리는 갈림길에 나타난 새로 만든 멋진 '유령의 덫'을 만났다. 그것은 그가 가족과 함께 살고 있는 동굴 근처에 작은 오두막처럼 멋지게 세워져 있었다. 나는 그에게 그가 이것을 만들었느냐고 물었다. 그는 극도로 초조해하는 모습으로 부인하면서 오로지 어린이들만 그런 '주—주ju-ju'를 만들 것이라고 주장하였다. 그러면서 그는 그 오두막을 발로 찼고, 그것 모두가 부수어져 조각났다(CW 9i, p. 481).

50. 이 부기슈 족 점쟁이는 아마도 우간다에서 왔을 것이다(S 2, p. 15).

51. 루스는 그것들은 높이가 약 45cm 되는 작은 '벌집' 같았고, 그들 보마boma(요새)의 동쪽에 나있는 길에 세워져 있었다고 회상하였다. 각각에는 작은 문이 있는데 사람들은 그곳에다 조상을 위하여 매일 저녁에 우유와 곡식을 가져다 놓았다(Bailey, 1969, p. 51).

52. 네임체 대담에서 베일리는 지브로트를 추장으로 잘못 말하였다.

53. 그의 부모가 죽었다면 그가 어떻게 추장의 아들이 될 수 있는가에 대해 융은 설명하려 하지 않았다. 실질적 지도자인 추장은 그 당시 텐디이트였다. 아마도 텐디이트가 지브로트의 사촌이었거나 가까운 남자 사촌인데 그의 부모가 죽은 다음에 그를 양자로 삼았을 수도 있다. 고아가 된 아이를 가장 가까운 거주지에 사는 부계의 아들로 여기는 것이 일반적이었다. 그래서 '추장의 아들'이라는 것은 추장의 거주지 근처에 사는 모든 고아에게 붙여 줄 수 있었다(Siikiiryo et al., 2003).

54. 루스는 동물 가죽이 두 개의 큰 안전핀으로 직접 그녀의 피부를 뚫고 부착되어 있었다고 보고하였다(Bailey, 1969, p. 83). 루스가 그녀에게 손수건과 빈 화약통을 주었다. 그러자 놀랍게도 그 여자는 그 통을 그녀의 늘린 귓불에 넣었다(Bailey, 1969, p. 83).

55. 융과 루스 모두 '보다 검고' '보다 서툴고' 보다 '큰' 부기슈 족 사람들과 비교해서 엘고니 족 사람들의 우아함과 아름다움에 대해 여러 차례 언급하였다(MDR, p. 270; Bailey, 1969, p. 84).

56. 마사이 족의 용어지만 만야타는 칼렌진 사람들 사이에 보편적으로 사용되고 있다.

57. 브롬은 융이 자신에 대해 '그, 안토니아 그리고 엠마가 비슷한 타협이 이루어졌었다.'라고 쓰고 있었을 것이라고 하면서 그가 엘고니 족의 일부다처제 생활을 묘사한 것의 아이러니를 지적하였다(Brome, 1978, p. 206).

58. 골트슈미트의 참고문헌은 사바부트 집단 세바이 족에 관한 것이다. 그들은 엘고니 족과 '사촌

관계로' 실질적으로 믿음과 행위가 동일하다.

59. 융은 이 '무덤'을 S 2, p. 688에서도 말하였다.

60. 식민지시대 이전에는 예언자들과 쌍둥이들만 매장하였다.

61. 매장이 처음 시작되었을 때 시신을 만야타의 소 배설물 더미 속에 묻었다. 현재는 시신을 집의 정문 근처에 묻는다(Kiborom, 2003).

62. 융도 부기슈 족의 식인 습관을 이야기하였다(S 2, p. 517).

63. 골트슈미트에 의하면 사바부트가 '기슈(부기슈) 족 또는 다른 반투 종족 사람들이 식인 습관을 행하였다고 주장하였다.'(Goldschmidt, 1976, p. 68) 내 사바부트 족 정보제공자는 부기슈 족의 바신데 씨족이 한때 식인종이었다고 하였다(Kiboi, 2003. 7. 20).

64. 재미있게도 이름을 모르는 어떤 지방행정관이 1924년에 다음을 보고하였다.
엘고니 족 장로들이 어떤 죽은 소녀를 자르다가 붙잡힌 한 남자를 데리고 왔다. 알다시피 식인종이다. 그리고 동굴 거주 종족의 원로들이 그것을 할 때, 유럽의 권위에 대한 존경심은 오히려 더 많아졌다(Norden, 1924, p. 136).

65. MDR에 나오는 엘고니 족의 매장 행위에 관한 융의 회상도 역시 정확하지 않았다. 융이 많은 의례적인 목적으로 사용되는 우유를 시신에 뿌린다고 옳게 기록하였지만, 라이본(예언자)이 이 과정에서 '아잌 아디스타, 아디스타 아잌'이라고 중얼거린다는 것은 증거가 없다. 나의 엘고니 족 정보제공자들은 이 단어들은 그런 경우에 사용되지 않았을 것이라고 주장하였다(Kiborom, 2003).

66. 융은 이 의식을 많은 곳에서 묘사하였다. CW 8, pp. 329, 411; CW 10, pp. 143-144; CW 18, pp. 551-552; CGJS, pp. 353, 419; CL 1, p. 44; MDR, pp. 266-267; S 1, pp. 220-221 등을 보라.

67. 이 의식에 관한 한 묘사에서 융은 "'밤이 지나가서 우리는 기쁩니다.'라고 그들은 말한다."(CW 8, p. 329)는 선언을 보탰다. 오늘날 엘고니 족은 이 제의를 수행하고 "우리에게 흰 우유를 뿌려 주세요. 그러나 피를 뿌리지 마세요."(Siikiiryo et al., 2003) 또는 "당신이 떠오를 때 저와 함께 오르세요. 당신이 질 때 나의 적들과 함께 지내세요."라는 말을 한다(Kiborom, 2003).

68. 부기슈 족에 관해 와그너가 적었다. "그곳에는 벨레Wele(신)와 리우바Iiuwa(태양) 사이의 동일성이 없다. 이것은 아무도 지금까지 벨레를 보지 못하였다는 분명한 진술의 결과임을 차치하고라도, 해와 달이 그 밖의 세상 모든 것과 함께 벨레에 의해 창조되었다고 여겨진다는 사실로 분명해진다."(Wagner, 1949, Vol. 1, p. 172)

69. 와그너는 부기슈 족의 의식을 묘사하였다.
비록 부기슈 족이 짧은 의례와 기도로 일출을 맞이하지만, 이것은 실제로 태양에 하는 것이 아니라 벨레(신)에게 하는 것이다. 그러므로 모든 성인 남녀는 오두막을 떠나서 처음으로 동쪽을 바라보고 침을 한 번 뱉고, 그런 다음 서쪽을 보고 다시 침을 뱉는다. 그렇게 하면서 그들은 "포Po! 벨레Wele, 해가 잘 뜨게 하소서. 우리에게 약을 뱉어 주셔서 우리가 잘 걷게 하소서!"라고 말한다(Wagner, 1949, Vol. 1, p. 172).

70. 예를 들면, 난디 족은 최상의 존재를 하늘에 살고 있는 '아시스타', 태양이라고 불렀고(Hollis, 1909, p. 40), 케요 족은 태양신을 '아시스Asis'라고 했으며(Knappert, 1987, p. 121), 류오 족은 '태양과 신격과는 무관하게 단어 치엥Chieng'을 채용하였다(Hobley, 1903, p. 358).

71. 1929년의 세미나에서 융은 이 상황을 설명하였다.

그것은 엘곤 산에서 내 원시인 흑인들과 있었던 똑같은 수수께끼였다. 나는 그들이 태양 숭배자들이었다고 가정했었다. 그리고 그들은 내가 마치 추잡스러운 난센스를 말하였다는 듯이 나를 보고 웃었다. 나는 당황하였다. 신은 스와힐리어로 신을 의미한다고 생각했던 뭉구가 아니라, 태양, 아디스타라고 불려졌다, 아디스타를 신으로 가리킬 때 그들은 아디스타 뭉구라고 말하였다. 그러나 그들은 그것이 동쪽에 있을 때는 뭉구라고 불렀는데, 하늘 한가운데 있을 때는 왜 아닌가? 나는 마침내 그것은 태양이 아니고 일출이었다는 것을 알았다. 그것은 특별한 순간이었다. 그리고 그들 자신이 그 안에 있었고, 그것은 일출과 연결된 특별한 주관적인 정동이다(S 1, p. 359).

CW 8, p. 411; CW 10, pp. 143-144; CW 18, pp. 551-552; MDR, pp. 267-269; CGJS, p. 419; CL 1, p. 44; S 2, pp. 389, 399도 보라.

72. 내가 엘고니 족의 원로들과 한 면담에서 보면 융이 떠오르는 태양을 아시스타라고 한 그의 정보제공자의 설명에 대해 혼동을 일으켰음에 틀림이 없다는 암시를 받았다.

73. 비록 엘곤 산에 있는 동안 팔라버에 참석하여 융과 함께 그것들의 의미를 논의했던 베이네스가 융과 같은 해석을 하면서 엘고니 족의 호루스 원리에 관하여 기록하긴 하였지만, 이 '발견'은 아마도 융만의 것으로 추정된다. Baynes, 1940, p. 194를 보라.

74. 전집의 색인에는 이들 신에 관해 169개의 인용이 있다.

75. 융은 엘고니 족의 달 숭배에 관해서도 이야기하였다. 1929년의 세미나에서 그는 말하였다.

지난주에 내가 떠오르는 태양에 대해 인사하는 아프리카 흑인 이야기를 한 것을 기억할 것이다. 같은 방식으로 그들은 저녁 하늘에 있는 첫 번째 은빛 반원인 차오르는 달에게 경의를 표한다. 그들은 차오르는 달에 그들의 영을 바친다. 그것도 역시 희망의 신호이기 때문이다. 반면에 비는 달은 그 반대다. 원시인은 낮의 종교와 밤의 종교뿐 아니라 두드러진 낮의 심리학과 밤의 심리학을 가지고 있다. 밤은 악마로 가득 차 있는 반면에 낮은 상서롭다. 밤은 위험하고 공포로 가득 찬 것으로 느껴진다. 아무것도 볼 수 없고 방어할 수도 없다. 밤은 모호하게만 감지되고 낮 시간에는 느끼지 못할 것들에 의해 독특하게 활기를 띠게 된다. 귀신, 마녀, 마법사들이 돌아다니고 한밤의 괴기스러운 영향이 활개를 친다. 어둠 속에서 분명치 않은 것에 대한 공포는 해가 지면서 떠오르는 차오르는 달에 의해 어느 정도 사라진다. 태양보다는 약하고 덜 인상적이지만 유익한 자애로운 달에 의해 밤이 밝혀진다. 반면에 비는 달은 좋지 않은 것으로 느껴진다. 그것은 악마와 파괴를 예견한다. 온 천지가 어두워지면 귀신의 시간이고 귀신과 공포에게는 기회다. 그것은 점점 더 늦게 뜨고, 밤이 빛 없이 시작되며, 그렇게 해서 비는 달 아래서 행해지는 모든 것을 쇠퇴하게 할 것이고, 시작부터 무익하다. 이런 느낌을 모든 지역 사람들의 관습에서 발견한다(S 1, pp. 381-382).

융의 연상은 여기서 다시 그들의 실제적인 형이상학보다는 그가 인지한 그들의 느낌에 근거한다.

76. 융의 엘고니 족 형이상학의 인식은 부분적으로 그의 소말리인과 스와힐리인 조수들의 영향을 받았다는 것을 언급해야 한다. 그가 말하였다.

나는 종종 내 스와힐리인 친구들에게 그들이 알라의 모습에 관한 원시적인 생각이 있기를 기대하며 물었다. 그러나 그들은 그의 형태가 없다는 것에 아주 긍정적이었다. 그것은 한밤의 악마 원리에도 사실이었다. 그들은 밤의 신은 갈색이고 땅에 산다고 말하였다. 그러나 그들은 그것이 형태가 없다는 것에 매우 긍정적이었다. 최대한 그에 관해 그들이 이야기할 것은 그가 바람, 한숨의 찬 공기와 같다는 것이었다(S 2, p. 1346).

77. MDR이나 전집 여기저기에 산재하는 참고문헌 이외의 곳에서 융이 엘고니 족에게서 이집트 종교의 원천을 '발견'한 것에 관한 글을 쓰지 않았다는 것에 주목할 필요가 있다. '프로토콜'에서 그는 그가 믿음을 얻을 것 같지 않아서 그렇게 하지 않았다고 하였다. 결국 융에 의하면 이 '발견'은 형이상학적인 의미 감각을 잃어버린 것 같아 보이는 엘고니 족이 실제로 알고 있는 것이라기보다는 그 자신의 '경험'에 근거한 것이었다(Protocols, box 1, folder 13, p. 377).

78. 엘고니 족의 종교에 대한 융의 생각이 분명히 엘곤에서의 경험에 의해 결정됐지만, 그 '발견'의 씨앗은 그가 케냐에 오기 전에 이미 뿌려졌다. 1년 전에 그는 미국의 푸에블로 원주민 영성의 본질은 태양 숭배였다는 결론을 내렸다(MDR, pp. 250-253). 융의 생각은 '비교종교학의 창시자' 프리더리히 막스 뮐러의 영향을 받기도 하였다. 그는, 실질적으로 모든 신화는 원래 태양 신화였다고 하면서, 종교의 기원을 태양에 대한 인간의 매혹으로까지 거슬러 올라갔다. "나는 일출과 일몰, 매일매일의 낮과 밤의 회귀, 빛과 어두움의 싸움, 매일, 매달, 매년 하늘과 땅에서 행해지는 세세한 태양의 드라마 전부를 초기 신화의 주요한 주제로 본다." (Müller, 1872, p. 537) 융은 케냐로 여행 가기 이전에 막스 뮐러의 저작을 읽었다. 그는 그의 책 『무의식의 심리학Psychology of the Unconscious』(1916)에 막스 뮐러를 인용하였다.

79. 이와 같은 장면이 레-하락테Re-Harakhte에서 일출 시 비비원숭이에게 숭배받던 제19왕조의 후네퍼Hunefer의 사자의 서와 같은 곳에도 묘사되었다.

80. 1959년의 한 인터뷰에서 융은 엘고니 족 사람들의 '태양 공물' 의식과 '아부심벨의 조각된 개 머리를 한 비비원숭이들이 하는 몸짓'을 같은 것으로 보았다(CGJS, p. 419).

81. 융이 아부심벨을 방문하고 있는 동안 이집트 종교의 아프리카 기원에 대한 그의 이론을 정립한 것 같아 보였지만, 그는 그런 가능성을 분명히 엘곤 산에 있는 동안에 생각하고 있었다. 융이 결코 이것을 기록하지 않았지만, 루스는 융이 그의 팔라버에서 엘고니 족의 꿈속에 등장하는 조상들이 항상 초록빛 얼굴을 하고 있다는 것을 알았다고 하였다(Bailey, 1969, p. 7). 그녀는 이 사실이 이 교수를 많이 흥분시켰다고 말하였다. 왜냐하면 이것이 그에게 이집트와의 관련성이 있다는 것을 증명해 주는 것이었기 때문이다. 그녀가 말하기를, 이는 이집트의 상형문자에 죽은 자는 항상 녹색의 얼굴로 그려졌고 반면에 산 자는 자연스러운 얼굴로 그려졌다는 사실에 근거하였다(Bailey, 1969, p. 7). 여기서 융이 지하 세계의 신이며 종종 녹색의 피부로 그려진 오시리스를 가리키고 있는 것 같다. 아시스타와 오익에 관한 그의 결론과 마찬가지로 이 근거 또한 불충분한 것이다(아마 그래서 그가 이것에 관해 쓰지 않았을 것이다.).

82. 케냐의 역사가 존 오소고는 부기슈 족의 신의 이름인 Were와 이집트의 태양신인 Re 사이의 언어학적 유사성에 주목하였다(Osogo, 1966, p. 141). 오소고에게 이것은 부기슈 족이 보다 큰 루야 사람들과 함께 이집트에서 유래되었다고 하는 부기슈 족 역사가들 사이의 유력한 이론을 뒷받침하는 증거가 되었다. 주로 그렇지만 전적으로는 아닌, 강한 구전 전통에 근거한 이 이론을 지지하는 다른 학자들은 F. E. 마킬라와 기드온 버다.

83. 이 날짜는 1월 1일에 융이 한스 쿤에게 보냈던 편지에 근거한다. 거기에는 그들이 야영지에서 1주일 전에 출발했다고 하였다(CL 1, p. 44).

JUNG
IN
AFRICA

TURQUIE D'EUROPE
MER NOIRE
TURQUIE D'ASIE
Sicile
Candie
Chipre
MEDITERRANEE
Arabie Deserte
DESERT
ABISSINIE
Adel
Zendero
Machidas
Mujaco
Loango
Nimeamay
Ruengas
Congo
Angola
Benguela
Cimbebas
Pays des Hotentots
Kerman
Ispahan
I. Socotera
I. de Cabo Verde

07 나일의 꿈

JUNG
IN
AFRICA

나일의 꿈 **07**

부기슈 구역

이 카라반은 캠프를 정리하고 "엘곤 산 남쪽 사면을 따라 도보 여행을 하였다."(MDR, p. 270) 그리고 휴게소가 있는 부남베일 시 근방에서 우간다로 넘어갔다. 융은 그들이 "엘고니 족의 품위를 가지고 있지 않고, 보다 세련되지 못하며, 더 큰 집단으로 살고 있는", "부기슈 족의 영토"(MDR, p. 270)로 들어갔다고 하였다. 이 여행은 약 48km 거리로 며칠이 소요되었다(CL 1, p. 44). 그들은 새해 첫날을 포함하여 며칠간을 "드넓은 나일 계곡의 멋진 풍경이 조망되는"(CL 1, p. 44) 휴게소에서 보냈다. 베이네스의 필름에는 융이 베란다에서 부기슈 족 남자 한 명이 현악기를 연주하는 것을 보고 있는 장면이 있다. 그 남자는 구경하는 유럽인들을 위해 춤을 추는 다른 부기슈 족 사람들과 합류하였다. 사교적인 융이 이 즉흥 공연에 박수 치는 것이 보인다. 마침내 동전이 땅에 던져지고, 연주자들은 그것이 사라지기 전에 잡으려고 기어 다닌다.

이 카라반은 부남베일에서 11km를 걸어서 부기슈 지역 사무소가 있는 부불로에 갔다.[1] 지방행정관이 이들이 계속해서 진자로 여행하기 위한 병참 지원을 하면서 다시 한 번 이 원정대를 대접하였다(Bailey, 1970, p. 22). 사진에는 융, 베이네스 그리고 백위드가 두 명의 영국인 관리 부부와 함께 오후의 차를 마시기 위해 야외에 마련된 테이블에 앉아 있는 것이 보인다([그림 8]). 융은 정장에 타이를 맨 깔끔한 차림으로 나타난다. 그 풍경이 유럽의 정원 같아 보인다.[2]

이 카라반은 부불로에서 16km를 걸어서 음베일로 갔다. 여기서 엘고니 족 짐꾼들은 그들의 의무에서 벗어났을 것이다. 이제부터는 우간다에서 짐을 자동차 아니면 배로 수송했었을 것이기 때문이다. 이브라힘과 세 명의 스와힐리인 조수들은 작별을 고하고 텐트와 그 밖의 사파리 장비 일부를 가지고 나이로비로 돌아갔다(Bailey, 1970, p. 27).

[그림 8] 1926년 우간다 부불로의 지방행정관 청사에서 융(왼쪽에서 두 번째)과 베이네스(왼쪽에서 세 번째)

진 자

　　　그들은 음베일에서 두 대의 포드 트럭을 타고 남은 장비와 함께
진자로 여행하였다. 빅토리아 호수의 북쪽 해변에서 해발 1,143.9m에 위치한
작은 도시인 진자는 나일 강의 수원지로 잘 알려져 있다. 그곳은 지금 발전하는
면화 산업의 중심지가 되었다. 이 도시의 유일한 호텔인 아이비스에 도착하면서
그들은 이미 그곳에 도착한 루스 베일리가 그들을 방으로 안내하는 것을 보고
깜짝 놀랐다. 모험심이 강한 루스가 혼자서 나이로비에서 우간다 철도의 종착역
인 키수무까지 가서 그곳에서 증기선을 타고 빅토리아 호수를 건너 진자로 여행
했던 것이다(Bailey, 1969, p. 16). 그녀는 이 호텔에 도착했을 때 영국인 지배인인
시웰 부인이 말라리아에 걸려 침상에 누워 있는 것을 알았다. 그래서 그녀는 부
인이 없는 이 호텔을 관리하였다(Bailey, 1969, p. 17)!

　우간다 전역의 호텔 편의시설은 초보적이었다. 아이비스 호텔에서 그들의 방
은 작고, 포도 넝쿨이 덮여 있는 초가지붕의 반다banda(헛간)였다. 각각의 방에는
양철 욕조가 있는 작은 벽돌 방으로 된 독립된 목욕시설이 딸렸다. 루스는 이곳
에 모기, 뱀, 쥐들이 서식했다고 지적하였다(Bailey, 1969, p. 17).

　그 당시 이 호텔에는 루스가 왕고니호를 타고 올 때 만났었던 두 명의 '면화
담당자,' 새미 프레스턴과 레슬리 옴도 묵고 있었다(Bailey, 1969, p. 16). 루스가
새미에게 융과 함께 이집트까지 여행할 계획이라고 말하였다. 그는 그녀가 이
제 '오바댜(역자 주-성서에 나오는 히브리의 예언자)' 중 한 명이 되었노라며 소리쳤다
(Bailey, 1969, p. 16)! 루스는 융과 벡위드가 그녀와 쉬지 않고 즐겁게 이야기하고
있었던 새미와 레슬리를 질투했었다고 웃으면서 회상하였다(Bailey, 1969, p. 18).
루스가 아침 식사 시간에 이 젊고 결혼하지 않은 농부들과 앉아 있을 때면 언

제나 이런 교제를 인정하지 않았던 융은 그녀에게 아버지 같은 시선을 보냈다 (Bailey, 1969, p. 19). 그는 그녀가 진자에 머무르면서 결혼할 것이라는 걱정을 했던 것이 분명하였다. 루스에 의하면 융은 식당 밖으로 활보하고 나가 그녀에게 말도 하지 않았을 것이었다(Bailey, 1969, p. 19).

알란 코브햄: 영원한 젊은이에게 받은 경고

융이 진자에 머물렀던 일주일간의 기간에 뜻밖에도 그곳에 세계적으로 유명한 모험가인 알란 코브햄이 도착하였다. 그는 첫 번째로 아프리카 종단 비행을 하려는 시도를 하고 있었다. 385 암스트롱 시들리 재규어 엔진으로 재조립되고 수리된 드 하빌랜드 50형 비행기를 조종하고 있던 코브햄은 케이프타운을 목적지로 하고 11월 16일에 런던을 출발하였다(Cobham, 1926, p. 2). 이 역사적인 비행은 로이터 통신이 뒤따라가면서 매일 전 세계 신문에 소식을 전해주었다. 코브햄이 성공적으로 순회 비행을 마치고 개선장군처럼 런던에 돌아왔을 때, 조지 5세 왕이 그에게 기사 작위를 수여하였다.

1월 8일에 있었던 코브햄의 진자 착륙은 거의 재난에 가까웠다. 그가 고지대에 착륙했던 경험이 없었기 때문이었다. 융은 코브햄이 그의 모험에 관해 기술해 놓은 책을 발견하였다.

이러한 착륙장의 급격한 고도 변화가 사고를 일으키는 데 거의 영향을 미쳤다. 그것은 이런 식으로 일어났다. 우간다의 여러 지역에서 모인 수천 명의 원주민들이 우리의 도착을 기다렸다. 우리가 착륙할 활주로 양옆에는 밝은 색깔의 원주민 복장을 차려입은 사람들이 죽 늘어서 있었다. 내가 막 착륙장 경계에 있는 바나나 과수원 위로 낮게 내려갔을 때, 몇 명의 원주민이 마지막 순간에 나의 항로를 가로질러 갔다. 나는 분명히 그들에게 돌진할 것이라고 생각하였고, 내가 고향이나 유럽에서 해야만 했었을 것을 행했으며, 내가 그들에게 도착하기 전에 멈추려는 생각으로 약간 더 짧게 착륙하였다. 더 짧게 착륙한다는 것은 더 천천히 착륙하는 것을 의미하였다. 갑작스러운 응급 상황에 공기가 희박해져 공중에 떠 있기 위해서는 훨씬 더 높은 속도로 날아야 하는 해발 1,219m나 되는 곳에 있다는 것을 잊었다.

그 결과 약간의 급커브에서 벗어나려고 하자 내 비행기가 3m를 남겨 놓고 말 그대로 공중에서 떨어졌다. 그 상황에서 목숨을 구할 수 있었던 것은 오로지 착륙 장치가 강했기 때문이었다. 이 일이 있은 후 나는 이런 고지대 비행장을 사용할 때는 원주민들이 내 비행 구간을 건너고 있건 아니건 빠르게 착륙할 것이라고 결정하였다(Cobham, 1926, p. 29).

베이네스의 필름은 그 비행기가 진자 공항에서 많은 무리의 영국인과 아프리카인 관중에 의해 둘러싸여 있는 것을 보여 준다. 융과 일행은 그 현장에서 코브햄을 만나 간단한 대화를 나누었다([그림 9]). 코브햄은 융에게서, 융이 그가 방금 하늘을 날며 지나온 수단 남부를 걸어서 통과할 계획이라는 말을 듣고, 그들에게 미쳤다고 말했다(Bailey, 1969, p. 32). 코브햄은 경고를 했음에도 루스에게 편지 한 묶음을 주고 하르툼에 있는 우체국에서 부쳐 달라고 하였다(Bailey, 1969, p. 31). 몇 년 뒤 루스는 알란 경을 만났는데, 그는 그녀가 살아 있는 것을 보고 깜짝 놀랐다(Bair, 2003, p. 353).

코브햄이 융에게 남부 수단의 위험에 대해 경고한 유일한 사람은 아니었다. 네

[그림 9] 1926년 진자 공항에서 코브햄의 비행기 앞에 서 있는 베이네스

임체 대담의 여러 부분에서 루스는 우간다와 수단의 지방행정관들이 융이 이 지역을 걸어서 통과하려고 하는 것은 미친 짓이라고 생각했다고 하였다. 위험이 있었지만 융은 나일 강의 수원지에서 아래로 여행하기로 결정하였다. 사실상 융의 사파리는 제대로 된 병참 지원과 안전성이 확보되지 못했지만, 20년 전의 처칠과 루스벨트의 사파리와 같은 경로를 따랐다.

막간: 나일 강의 수원지

진자는 존 해닝 스피크가 1862년에 나일 강의 수원지라고 했던, 리폰 폭포 근처의 빅토리아 호에 위치해 있다. 스피크는 높이가 3.65m이고 길이가 640m에 달하는 이 폭포를 왕립지리학회의 이전(최근) 회장, 얼 드 그레이와 리폰의 이름을 따서 이름 붙였다. 스피크의 발견은 처음에는 의심을 받았지만, 1877년까지 빅토리아 호수가 일반적으로 나일 강의 원천이라고 받아들여지면서 나일 강의 신비는 풀렸다. 빅토리아 나일은 리폰 폭포에서 약 97km 정도 흘러 키오가 호수에 들어간다. 거기서 그것은 서쪽으로 구불구불 흘러서 알버트 호수의 북동쪽 코너로 이어진다. 그리고 그곳에서 앨버트 나일은 약 160km를 흘러 수단의 니물로 가고, 거기서 백白나일이 된다. 백나일은 북쪽으로 약 160km 정도 계속 이어져 하르툼에 이르러 거기서 청靑나일과 합류한다. 나일 강은 하르툼부터 수단과 이집트를 통과해 지나가 마침내 지중해에 이른다.

스피크의 널리 알려진 발견이 나일 강 상류를 지배하는 것을 포함한 유럽 권력들에 의한 아프리카 쟁탈전에 기름을 부었다. 그 결과가 영국보호령 우간다(1894~1962)와 수단의 영국-이집트 공동통치(1899~1956)를 통한 영국의 나일 강 지배였다. 이론적으로 공동통치는 양국 국기가 나란히 게시되고 양국에서 관리가 오는 등 나일 강에 대한 영국과 이집트의 영향력을 보장하였다. 예를 들면, 수단 총독은 영국정부의 권고를 받고 이집트 지도자가 임명하였다. 그렇지만 현실적으로 수단은 영국에 의해 지배받았다.

다시 만난 신의 뜻

진자에 있는 동안 융과 일행은 리폰 폭포를 방문하였다. 이 소풍은 베이네스에 의해 영상에 담겼다.3 카메라는 급류를 따라가며 촬영하다가 가까운 제방으로 내려가 관찰자의 발로 가더니 한 표지판에 초점이 맞추어졌다. 이 표지는 19세기의 탐험가 스피크가 한 번 서 있었던 지점을 가리켰다. 그 판에는 이렇게 적혀 있었다.

스피크가

1862년 7월 28일에

이 나일 강의

수원지를

발견하였다.[4]

그 지점에 서 있던 루스는 강에 악어가 가득하다는 것을 알았다. 그녀는 우간다 여인들을 보고 더 놀랐다. 그녀들은 이 파충류 동물들이 그들 주변에서 헤엄치는 동안 강에서 빨래를 하고 있었다. 이런 행위에 흥미를 느낀 융이 그 여자들에게 그들의 일상을 물었다. 그들은 누구든 죽을 때가 되어야만 악어에게 먹힐 것이기 때문에 항상 이 장소에서 빨래를 하고 있다고 그에게 말했던 것 같다 (Bailey, 1970, p. 26). 후에 융은 이 장면을 회상하면서 썼다.

> 만일 세 명의 여인이 물을 길러 가서, 악어가 그들 중 가운데 사람을 잡아 삼켰다면, 우리의 견해로는 그 특정한 여자가 잡힌 것은 순전히 우연이었다고 판단할 것이다. 악어가 종종 인간을 먹기 때문에 이 짐승이 그녀를 잡았다는 사실은 아주 자연스럽게 보인다.
> 원시인에게 그런 설명은 사실을 완전히 호도하는 것이고 흥미로운 전체 이야기의 어떠한 측면도 설명하지 못한다. 그는 우리의 이야기가 피상적이거나 심지어 부

적절하다는 것을 알고 있다. 이 견해에 따르면 그 사건이 일어나지 않았을 수도 있었고 똑같은 설명이 다른 사례에도 들어맞기 때문이다. 즉, 그러지 않은 것도 '순전히 우연'이었다고 말이다. 유럽인은 편견 때문에 그가 이런 식으로 설명할 때 얼마나 일부만을 말하고 있는지를 볼 수 없다.

원시인은 더 많은 설명을 기대한다. 우리가 순전한 우연이라고 부르는 것이 그에게는 계획된 의도다. 그러므로 세 명의 여인 중 가운데 사람을 잡아먹은 것은—누구나 관찰할 수 있듯이—악어의 의도였다. 만일 그 악어가 이 의도를 갖지 않았더라면, 악어는 다른 사람 중 하나를 취했을 것이다. 그런데 이 악어가 왜 이 의도를 갖게 되었나? 보통 이 생물은 인간을 먹지 않는다. 그것은 완전히 옳다. 사하라에는 일반적으로 비가 내리지 않는다는 진술만큼이나 옳다. 악어는 오히려 소심한 짐승이고 쉽게 놀란다. 그들의 수를 생각한다면 그들은 놀랄 만큼 적은 수의 사람을 해친다. 그들이 인간을 삼키는 일은 기대치 않았고 자연스럽지 못한 사건이다. ……우리는 말한다. 단순한 우연이라고. 그는 말한다. 계산된 의도라고(CW 10, pp. 115-118).

리폰 폭포에서 만난 이 여인들에 관한 융의 회상은 나일 강의 수원지를 우연히 발견한 스피크의 개인적인 기억을 반영한다. 63년 전 똑같은 장소에 서서 환희에 가득 찬 스피크가 그의 행운을 이야기하였다.

나는 부하들에게 머리를 깎고 이 신성한 강, 모세의 요람—사람들이 이집트에서 메카까지 가지고 가서 순례자들에게 파는 설탕으로 달게 된—물로 목욕해야 한다고 말하였다. 그러나 (반장) 봄베이는 ……"우리는 당신이 한 것처럼 이 일들을 비현실적으로 보지 않습니다. 우리는 인생의 모든 평범한 일에 만족하고, 현재를 넘어서 아무것도 바라지 않습니다. 일이 잘 안 되면 그것은 신의 뜻이고, 잘되면 그것도 그분의 뜻이죠."라고 말하였다(Speke, 1963, p. 461).

인생의 사건들은 우연이 아니고 목적을 가지고 있다는 융의 철학적이고 치료적인 관점은 그가 아프리카를 여행하는 동안 계속해서 긍정적인 지지를 받았다. 시지스티포 역에서 만난 보아인 농부에서 수피파 안내인인 이브라힘, 그리고 나일 강 제방에서 만난 이름 없는 아프리카 여인에 이르기까지 융은 '일어나는 모든 것은 신의 뜻이다.'라는 토착민의 지혜가 담긴 신탁의 목소리를 들었다.

키오가 호수

일행은 2주에 한 번씩 운행하는(MDR, p. 270) 북쪽 키오가 호수로 가는 열차를 기다리면서 진자에 약 1주일간 머물렀다. 그들은 1월 13일 오전 10시 기차를 타고 출발하였다(Bailey, 1969, p. 19).5 진자의 지역 사회에서 강한 인상을 받았던 루스는 주 행정관, 주교, 호텔을 소유했던 스웰 박사 부부 그리고 그녀의 '면화업자'인 구혼자 새미와 레슬리 등이 세계적으로 유명한 심리학자를 '비위에 거슬리게' 무시하고 그녀를 배웅하러 왔다는 것을 곤혹스럽게 회상하였다(Bailey, 1969, p. 19).

부수가 철도는 진자에서 나마사갈리까지 79km를 빅토리아 나일과 나란히 달려갔고, 강은 그곳에서 키오가 호수로 들어갔다. 철로는 우간다 호수의 증기선으로 연결되어 지금은 몸바사에서 앨버트 호수에 있는 콩고 항까지 전 여정을 예약할 수 있다(Hill, 1949, p. 451).

베이네스의 필름을 보면 호수 가장자리까지 다가오는 철도가 나오는 장면이 있다. 많은 아프리카인들이 선착장 주변에서 게으르게 서성이다가 외륜선이 정지하기를 기다린다. 호수 수심이 확실히 낮기 때문에 기차에서 내린 보급품과 수하물은 나룻배를 이용해 정박하고 있는 증기선으로 나를 것이다. 한 무리의 아프리카인들이 얼마 안 되는 팁을 받기 위해 물에 뛰어들어 무거운 짐을 짐이 잔뜩 실려 있는 작은 배에 실으면서 장면은 거의 무질서의 정점에 이른다. 그러면서 짐꾼들은 과적한 배가 증기선으로 출발할 때 황급하게 배에 오른다.

융은 "나무로 불을 때는 외륜 증기선이 우리를 태우고 많은 사건을 거치면서 마신디 항으로 데려다 주었다."(MDR, p. 270)라고 적었다. 부수가 철도와 연계되어 있는 것 같은 이 증기선은 2주일에 한 번 운행하였다(Baedeker, 1929, p. 567). 그는 이 사건들이 무엇이었는지 알려 주지 않았다. 그러나 루스가 항구에서 짐을 옮겨 싣는 동안 그들의 짐을 잃어버렸다고 보고하였다(Bailey, 1969, p. 37).

마신디에서 센치 되기

호수의 서쪽 끝에 있는 이 항구에 도착한 다음 그들은 "트럭에 옮겨 타고 마신디 시에 도착하였다. 그곳은 키오가 호수와 앨버트 니안자를 가르는 고원지대에 위치해 있었다."(MDR, p. 270) 그 시기에 "수지가 맞지 않는 자동차 운행이 일반적인 (철도) 체계의 한 부분으로 간주되었다."(Hill, 1949, p. 451) 일행은 그들의 짐을 기다리며 마신디 시의 상태가 안 좋은 (철도) 호텔에서 며칠간 묵을 수밖에 없었다.6 한때 베이네스와 벡위드가 짐을 찾으러 마신디 항으로 돌아갔다(Bailey, 1969, p. 37).

융과 루스는 마신디에 있는 지방행정관이 '야만화'되었고, '흑인 부인'과 같이 살고 있다고 보고하였다.7 당시에 모든 정착민들이 믿었던 것을 반영하여, 루스는 이것이 늘 적도 아프리카의 위험성이었다고 주장하였다. 그들은 '2년 반 동안' 휴가도 없이 미쳐 버릴 위험에 있었다(Bailey, 1969, p. 37). 루스는 그 지방행정관이 서재에 특별한 도서를 가지고 있었던 세련된 영국인이었다고 기억하였다(Bailey, 1969, p. 37). 그와 그의 동반자—아름다운 실크 의상을 입은 아프리카 여인—둘 다 이상하게 행동하여, 융으로 하여금 집 전체가 제정신이 아니라는 말을 하도록 하였다(Bailey, 1969, p. 38)! 융이 말하였다.

> 나는 우간다에서 멀리 떨어진 지역의 지방행정관을 방문했던 일이 기억난다. 그는 아름다운 저택을 가지고 있었고, 그것은 아직은 잘 정돈되어 있었다. 대개 모든 것은 흐트러지게 마련이다. 나는 또 다른 경우에 동료와 함께 모든 것이 지독하게 엉망인 곳에 머물렀다. 그는 완전히 갔다. 그러나 이 남자는 외적인 모습은 엄격하게 유지하였지만, 아주 이상하게 행동하였다. 그는 나를 거의 쳐다보지 않았고, 악마의 눈을 두려워하는 흑인처럼 시선을 돌렸다. 여러분도 알다시피 어느 흑인도 주시받는 것을 견딜 수 없다. 원시인들은 모두 바로 시선을 돌린다. 왜냐하면 그들에게 악마의 눈길을 보낼지도 모르기 때문이다. ……이 남자의 눈에 그런 모습이 보였고 흑인 특유의 초조함이 엿보였다. ……그곳에 오랫동안 살아왔던 유럽인들도 이와 같았다. 이것이 진짜 '흑인화'다(S 2, pp. 620-621). '흑인화'는 기술적인 용어다. 나는 그런 사람을 많이 보았다. 눈에서 영혼의 표현이 변하는 것을 금방 알아차리기 때문이다. 그들의 시선에는 안정감이나 평온감이 없고, 그들은 눈을 빨리 돌리고 이상한 초조감에 사로잡혀 있다(S 2, p. 620).

마신디의 호텔 지배인인 스트릭스 부인도 이상하였다(Bailey, 1969, p. 38). 융이 그녀를 묘사하였다.

> 나는 많은 여자를 보아 왔고, 어느 정도 여자의 특성을 판단할 수 있다. 거기서 나는 (아프리카)에서 아주 오랜 기간 동안, 말하자면 10년이나 20년쯤 살아왔던 여자들을 보았다. 그들은 항상 고통받는 성인이거나 아니면 취해 있거나 정말로 미쳐 있었다. 나는 호텔이라고 부르는, 흰개미가 갉아먹은 초가지붕에 어도비 벽돌로 지은 오두막의 여주인인 한 여자가 기억난다. 그녀는 레이스 달린 멋진 옷을 입고, 끈 달린 양산을 들었으며, 마치 90년대의 아름다운 일요일 아침에 하이드 파크를 산보하고 있는 듯이 걸어 다녔다. 내가 그녀를 처음 보았을 때, 그녀는 검둥이처럼 달아나는 칠면조에게 욕설을 하고 파라솔을 흔들면서 울타리를 뛰어넘고 있었다. 그런 다음 그녀는 엄청난 분노 발작을 일으키며 입에 거품을 물고 미친 여자처럼 말하였다. 그녀는 정말로 미쳤다(S 2, p. 618).

그 호텔은 텅 비어 있었지만 스트릭스 부인은 사용할 수 있는 방이 없다고 하였다. 융은 일을 스스로 추진하면서 아프리카 사람들에게 어떻게든 그들이 묵을 수 있도록 준비해 달라고 도움을 청하였다. 결과적으로 그들은 무능력해진 관리인의 도움 없이 그들 스스로 방을 마련하였다(Bailey, 1969, p. 38).

스와힐리어로 센치shenzi(야만화)라는 용어는 문자적으로 '미개한'을 의미하지만, 식민주의자들은 '미친'의 의미로 사용하였다. '센치화되는'은 '흑인이 되는' '원시화되는' '토착화되는' '미치는' 등을 의미하였다. 융은 지방행정관과 스트릭스 부인이 열대지방에 고립되었던 유럽인들을 위협하는 이 현상의 분명한 예라고 생각하였다.

일반적인 인식은 문명의 외양을 유지하는 것이 '센치화되기'를 방지할 수 있다는 것이었다. 그래서 철로에서 113km 떨어져 있고 가장 가까운 이웃과 6km 떨어져 살고 있는 정착민 농부가 매일 저녁 식사 시간에 정장을 입었을 것이다. 왜냐하면 '누가 들를지 아무도 모르기 때문이기도 했고' 그 밖에, 아마도 이것이 진짜 이유였을 것 같은데, '그렇게 하는 것이 원시인으로 변하는 것을 방지하기' 때문이었다(Kenya, 1924, p. 34). 융은 아프리카에서 멀리 떨어져 있는 농장에 살면서 삼켜지는 것을 피하기 위해 매일 저녁에 옷을 입는 두 형제를 알고 있다고 말하였다(Protocols, box 1, folder 13, p. 372). "아프리카에서 ……백인은 ……가장 엄격한 사회적인 관습을 지켜서 흑인에게서 자신을 보호해야 한다."(CW 10, p. 97) 그 지방행정관의 흠결 없는 서재와 스트릭스 부인의 격세유전의 복장은, 융에 의하면, 그러한 보상적인 습관이었다.

융은 계획적으로 자신을 '원시인'에 전염시켰지만, 그는 나중에 그의 행위 중 일정 부분은 보상적이었다고 결론지었다.

> 그것은 아프리카의 극단적인 전통 존중의 형태에서 발견하는 똑같은 일, 즉 보상이다. 예를 들면, 우리는 정찬 의복을 가지고 가야 했을 뿐 아니라, 꼬리와 흰 오리를 삼켜야 했다. 그리고 우리가 흰색 즈크천 바지를 입을 때, 요대는 짙은 붉은색이 아니라 검은색이어야만 하였다. 짙은 붉은색은 나이지리아를 의미하고 우간다 사람들은 검은 것을 입기 때문이다. 흑인의 극단적인 느슨함에 대한 보상으로 아주 엄격한 에티켓이 있다. 우리는 그것을 우리 밖에서 발견하였다. 야생에 있게 되자마자 우리는 아주 특별해져서 우리 아이들이 깨끗해야만 하였다. 우리는 수풀로 들어갔을 때 정찬 의복을 입을 수 없었고 가지고 가지 않았다. 그러나 우리는 아이들의 청결에 매우 엄격하였다. 그들은 더러워지기 쉽다. 그러나 식사 시간

에 그들은 흰색 터번과 쇼카[8]를 입어야 했다. 우리는 이런 의식을 만들었다. 만일 하루라도 면도를 하지 않으면, 다시는 결코 면도를 하지 않을 것처럼 느꼈다. 당신이 감당할 수 없게 된다면, 실제로 어찌할 바를 모를 것이고, 이것이 흑인화의 시작이다(S 2, p. 621).

아마도 마신디에서 그 지방행정관의 기이함을 관찰하면서 융은 엘곤 산에서 한 달 남짓 '원시인들'에 노출된 다음에 생긴 자신의 행동 변화를 감지하기 시작하였다. 그가 회상하였다.

우리는 두리번거리는 눈을 갖게 된다. 그러나 그것은 자신을 지키려는 존재의 본능적인 필요성에서 오는 것이기도 하다. 우리가 원시 국가에 있으면, 그곳에는 경찰이 없고, 어느 순간에 위험에 처할지 모른다. 내가 그것을 인식하기도 전에 내 눈이 두리번거리기 시작하였다. 나는 눈에 무슨 장애가 있는가 하고 생각하였다. 그러나 그것은 단순히 본능의 장애였다. 무의식이 내게 무슨 일이든 일어날 수 있기 때문에 조심하라고 말하고 있었던 것이다(S 2, p. 620).

융은 우간다에서 북쪽으로 이동하여 아프리카에서 가장 '미개하고' 위험한 지역 중 하나로 여겨지는 수단 남부로 들어가면서, 신체적인 안전과 정신적인 안정을 위협받는 느낌으로 불안이 증가했었을 것이다.

앨버트 나일

이 일행이 마신디에서 수단 국경 너머에 있는 니뮬로 어떻게 이동했는지에 대해서는 기록이 없다. 나일 강을 따라가려는 융의 생각으로 미루어 보면, 그들은 아마 자동차를 타고 서쪽으로 향하여 앨버트 호수에 있는 부티아바까지 갔을 것이다.9 이 길을 가다 보면 단층애에서 약 600m 아래에 있는 거대한 앨버트 침하 지형을 멋지게 조망할 수 있다. 호수 건너편 서쪽으로는 벨기에령 콩고 산맥이 보이고, 북쪽으로는 나일 강이 구불구불 흘러가는 것을 볼 수 있다. 앨버트 지역은 사자가 많고 큰 무리의 코끼리와 버팔로가 있는 사냥 애호가들의 천국이었다. 부티아바에서 그들은 사무엘 베이커호나 리빙스턴호와 같은 외륜선 중 하나, 아니면 새로 도착한 선미 외륜 기선인 그랜트호를 탔을 것이다(Hill, 1949, p. 451). 앨버트 호수 선박회사가 앨버트 나일을 내려가 니뮬에 이르는 모든 항로를 운항하였다. 이 275km 되는 구간은 앨버트 나일의 수심이 낮아 통과하기가 쉽지 않았다. 수심이 낮은 곳에 잘 맞도록 만들어진 그랜트호가 그들을 태우고 국경을 넘었을 것이다(Hill, 1949, p. 451).

걸어서 수단을 통과하기

이 일행이 수단 남부의 전초 기지인 니뮬에 도착하였을 때, 그들은 마무어ma'mur라고 불리는 지방 관리를 만났다. 영국과 이집트의 공동통치 하에 있었던 1924년까지 마무어 직책은 이집트인이었다. 그렇지만 1919년의 이집트 혁명과 뒤따르는 수단의 정정 불안이 있은 후 영국은 "마무어 권한을 영국의 직접적인 지시를 받는 수단인에게 이양하라는 권고"(Daly, 1986, p. 273)를 하였다. 영국인 지방행정관들은 마무어를 "이슬람교의 편견으로 친기독교적이고 친이교도적이었던 정부 정책을 충성스럽게 수행하는 것을 금하는 것"(Daly, 1986, p. 411)으로 보았다. 1924년에 마무어는 실질적으로 영국인 지방행정관의 실무조수가 되었다(Daly, 1986, p. 411). 이 하위직은 지금은 거의 수단인만으로 채워졌는데, 당시 수단에서는 아프리카인이 올라갈 수 있는 가장 높은 공직이었다(Daly, 1986, p. 354).

니뮬에서 레자프까지 나일 강은 긴 구간에 걸쳐 화강암 바위 위로 흐르는 급류로 되어 있어 배로 항해할 수 없었다. 1929년판 배데커 수단 여행 안내서에는 "3주 전에 수단정부 철도와 해운청 총지배인의 지시로" "건기(12월~3월) 동안 자동차(3명의 여행자를 수용하는)로"(Baedeker, 1929, p. 467) 이 지역을 넘어갈 수 있다고 하였다. 이 '건기 도로'는 매해 1월, 2월, 3월의 여행시즌 동안에만 열렸다(Travel Guide to Kenya and Uganda, 1931, p. 91). 이런 '정규적인' 자동차 운행이 1926년에는 이용할 수 없을 가능성이 있었기 때문에 유일하게 가능한 대체수단은 니뮬에서 레자프까지 걷는 것이었다. 이것은 160km 거리로, 해발 518m에 있는 평평하고 건조한 몽갈라 지방 평원을 통과해야 했다. 한낮에는 타는 듯한 무더위가 계속된다. 이 수풀 풍치지구는 화산암 노두와 나일 강 근처에 흐르는 습지로 인해 곳곳이 망가졌다. 융은 1935년의 세미나에서 이 지역에 대해 이야기하였다.

수단은 영국과 이집트의 공동지배를 받고 우간다는 실제로 식민지다. 바로 얼마 전까지 이 두 나라 사이를 연결하는 것이 정말로 없었다. 거기에 좋은 도로를 건설하는 것이 가능했겠지만 그들은 그 지방을 황무지로 남겨 두었다. 그곳은 사나운 부족들이 거주하고 있는 형편없이 메마른 지방일 뿐이었다. 그들은 그것을 수단에서 중앙아프리카로 이어지는 나일 강을 통해 이집트에서 오는 전염을 방지하기 위한 목적으로 그렇게 남겨 두었다. 그들은 이민자들을 엄격히 통제하면서 들어오는 모든 것을 잡아낼 수 있는 동부 해안의 몸바사를 통해 모든 교통수단이 지나가기를 선호한다(S 4, pp. 673-674).

융의 이런 비판적인 언급은 부분적으로 그가 수단 남부를 걸어서 지나갈 때 발생한 개인적인 재난에서 생겨났다. 이 힘든 트레킹은 거의 재앙으로 끝마쳤다. 루스에 의하면 그들은 생명을 잃었을 수도 있었다(Bailey, 1969, p. 30).

니뮬에는 지방행정관이 없었기 때문에, 이 원정대는 마무어에게 조언과 병참 지원을 부탁해야 하였다. 그의 영어 실력은 충분치 못했을 것이다. 그가 어떤 조언을 했는지는 알려지지 않았다. 그는 동행할 세 명의 경비병을 지원하였다(MDR, p. 270). 거기다가 마무어는 그들의 짐꾼을 구하는 데에도 역할을 했을 것 같다. 루스는 그들이 이 구간의 사파리에서 약 15명의 짐꾼을 이용했다고 기억하였다(Bailey, 1970, p. 8). 융은 아마도 마무어와의 대화를 통해 레자프까지 160km를 걷는 데 닷새가 걸릴 것이라고 예상하였다. 염소 소독한 물을 포함한 준비물이 이 기간에 준하여 계산되었다.

혹서 때문에 그들은 매일 아침 5시 30분에 출발하였다. 그들은 첫째 날에 27km를 걸었고, 정오경에 강렬한 태양을 약간 가려 주는 휴게소에서 멈추었다. 그것은 "네 개의 기둥이 있는 지붕"(Brome, 1978, p. 208)이었다. 둘째 날에 그들은 "역시 약 27km를 걸었고, 그러나 ……지쳤다."(Brome, 1978, p. 208) "셋째 날에 그들은 더위에 지쳐 쓰러져 16km를 진행하고 포기하였다."(Brome, 1978, p. 208)[10] 그들이 염소 소독한 물 공급이 거의 바닥났고 레자프까지 반도 못 왔다는 것을 깨달았을 때 상황은 긴박하였다. 루스의 부어오른 혀는 하얗게 변하였다(Bailey, 1969, p. 30). 융은 그녀를 내려다보고 "여기서 죽을 수 없어, 베일리. 당신을 노변에 남겨 두어야 했어."라고 말하였다(Brome, 1978, p. 208). 베이네스가 융에게 "그것을 너무 멀리 가지고 가지 마세요. 당신은 유체이탈한 영혼의 하나가 될 것입니다."라고 말했다고 들었다(Brome, 1978, p. 209). 융은 거의 9kg이나 빠졌다(Bailey, 1969, p. 30).[11]

바리 족의 춤

그들이 몽갈리아 지방을 지나는 도보 여행 셋째 날 밤(Bailey, 1969, p. 32)[12]에 지쳐서 편안한 밤을 기대하고 있었는데, 5개월간의 전 '원정' 기간에서 가장 기억할 만한 사건 하나가 생겼다. 아티 평원의 계시를 제외하고, 이 에피소드가 융의 아프리카 여행 중 일어났던 다른 어떤 사건들보다 더 비판적인 주목을 받아 왔다.

융의 기억으로는 "키가 크고 젊은 그 지방의 추장이 수행원들과 함께 나타났다."(MDR, p. 270) "이들은 내가 지금까지 보아 온 중에 가장 검은 흑인이었다." (MDR, p. 270) 그들은 사실 니뮬에서 레자프 훨씬 더 너머까지 나일 강 양안에 거주하는 피부가 아주 많이 검고, 키가 큰 닐로트 집단인 바리 족의 일원이었다. 목축을 하는 바리 족은 평원 닐로트 족이었고, 케냐의 마사이 족과 우간다의 카라모종 족과 사촌 간이었다(Seligman & Seligman, 1932, p. 241). 이 바리 족 남자들 무리가 갑자기 나타난 것은 "이 집단을 불안하게 하는 것이 있다는 것이기 때문에"(MDR, p. 270) 걱정스러운 일이었다. 융은 그의 경비병이 '아주 편치 않다.'는 것을 알아차렸다(MDR, p. 270). 그들의 '추장'이 손님을 위한 춤을 추기 위해 저녁에 다시 오겠다고 했을 때, 융은 "이 유쾌한 모임이 그들의 보다 나은 성질을 드러나게 할 것이라는" 기대를 하고 "기쁘게 동의하였다."(MDR, p. 270) 루스는 융이 그들에게 춤을 추도록 '격려하였다'고 기억하였다(Bailey, 1969, p. 32).

밤이 되자, 잠자던 카라반은 멀리서 '드럼과 뿔피리 소리'를 내는 집회로 인해 오두막에서 일어났다. 그리고 "곧이어 반짝이는 창, 곤봉 그리고 칼 등으로 전투복장을 한 약 60여 명의 남자들이 나타났다."(MDR, p. 270) 주변의 여자들과 어린 아이들도 '큰 사회적 행사'를 위해 나타났다. "아직도 섭씨 34도를 넘나드는 더운 날씨였지만 큰 불이 피워졌고, 여자들과 아이들이 불 주변에 둘러앉았다." (MDR, p. 271) 100명의 바리 족 사람들의 '격렬하고 호전적인' 춤이 수단 평원의 빛나는 불 앞에서 시작되자, 걱정이 된 융은 "(그의) 일꾼들과 정부 병사들을 둘러보았다." 그러나 그들은 "캠프에서 완전히 사라졌다!"(MDR, p. 271) '융은 선의로' 안전한 통행을 위해 값싼 장신구를 주었던 19세기의 탐험가들을 모방하여 '담배, 성냥 그리고 안전핀을 나누어 주었다.'

춤 공연은 여러 시간 계속되었다. 융은 바리 족의 열정과 끈기에 강한 인상을 받았다. 그는 "임신 6개월 된 여인이 등에 아기를 업고, 긴 파이프 담배를 피우며, 기온이 35도가 될 때 타오르는 불을 돌며 거의 밤새도록 춤을 추면서도 지치지 않는"(CW 10, p. 111) 것을 보았다. 융과 베이네스는 이런 "야생의 감동적인 장면에 매료되고, 작렬하는 불빛과 달빛 세례를 받아"(MDR, p. 271) 자발적으로 춤에 합류하였다. 융은 그의 합류를 환영하는 춤꾼들 사이에서 움직이면서 코뿔소 채찍을 흔들었다. 유럽인들의 참여에 고무된 바리 족의 "열정은 다시 배가 되었다. 댄스의 리듬과 드럼이 가속화되면서 사람들 모두 땀을 쏟아 내며 발을 구르고, 노래하며, 소리 질렀다."(MDR, p. 271) 융이 이 춤에 개인적으로 참여한 것은 그의 사파리 전 여정을 통해 볼 때, 그가 아프리카 문화에 접근하는 전형이었다. 그는 참여적 관찰자였다.

그렇지만 11시경에 융은 '추장'에게 그만하고 그들에게 잠을 자라고 요청하였다. 그 요청이 주의를 끌지 못하자, 그는 코뿔소 채찍을 잡아 들고 그들에게 독일어 욕설로 고함쳤다. 루스는 그가 그 춤꾼들 위에 우뚝 서 있었다고 기억하였다. "그는 분명히 그들에게 어느 정도 화난 척하였다. 그것은 적절했던 것 같았다."(MDR, p. 272) "모두 웃었고, 그들은 뛰어 돌아다니면서 사방으로 흩어져 어둠 속으로 사라졌다."(MDR, p. 272) 그러나 루스는 드럼 소리는 멀리서 밤새도록 계속됐다고 기억하였다(Bailey, 1969, p. 33). "마침내 고요가 찾아오고, (그들은) 지쳐 잠에 빠져들었다."(MDR, p. 272)

저명한 손님들을 위한 환대

융이 바리 족을 만난 지 불과 수주일 뒤, 알란 코브햄이 남아프리카에서 돌아오는 비행길에 남부 수단의 말라칼 전진 기지에 착륙하였다. 이곳은 또 다른 닐로트 사람인 실룩 족의 지역이었다. 그들은 바리 족 바로 북쪽에 위치해 있었다. 말라칼의 지방행정관은 하늘에서 온 저명한 손님을 환영하기 위해 춤을 마련하였다. 실룩 족의 춤에 대한 코브햄의 묘사와 반응은 융이 바리 족에게서 한 경험과 매우 유사하다.

톰-톰(큰 북)이 계속해서 울렸고, 곧바로 수십 명의 남자들이 북 치는 사람들 주위로 원을 그리며 행진하고 있었다. 춤이 진행되면서 그들의 열정은 증가되었고, 단순한 걷기에서 시작하여 점차 훨씬 더 환상적이고 난폭한 군사 작전으로 발전되었다. ……각각의 남자는 창으로 무장하였고 방패를 들었다. 현재 원형의 춤은 멈추었고, 용사들은 모두 그 동네 개활지의 먼 구석에 물러나 있었다. 우리는 반대편 끝에 서 있었다. ……모든 용사들이 먼 끝에서 모였을 때, 톰-톰 치는 소리가 변했고, 실룩 전사들이 떼 지어 몇 발자국 전진하였으며, 멈추었다가, 몸짓을 하고 창을 흔들면서 전쟁 노래를 부르기 시작하였다. 지도자의 정해진 신호에 따라 그들은 몇 발자국 더 뛰어올랐고, 전보다 더 거칠게 노래를 불렀으며, 발을 강하게 굴러서 그들 주위에 먼지가 구름처럼 일었다. 세 번째로 그들은 강한 함성을 지르며 전진하였고, 각각의 용사는 창을 가지고 멋진 솜씨를 보여 주며 동료를 물리치려 하였다. 마침내 그들이 실성했다고 느낄 만한 무서운 함성을 지르고는 이 흥분한 전사들 무리 모두가 우리에게 밀려왔다(Cobham, 1926, pp. 25-27).

코브햄은 지방행정관이 없었더라면 '그의 안전을 의심'했었을 것이라고 인정하였다(Cobham, 1926, p. 27). "오직 그가 있었기 때문에 내가 이 모든 연기가 단지 게임일 뿐이라는 확신을 가질 수 있었다. 그들의 창이 우리 몸이나 비행기 날개를 찌르기 전에 그들이 중지할 수 있는 것이 불가능해 보였을 때, 그들은 힘차게 구르며 멈추었고, 그들의 창끝이 우리 얼굴에서 몇 센티미터 안 되는 곳에서 떨렸다."(Cobham, 1926, p. 27) 일단 이 공연이 끝나자 코브햄은 "그들이 우리에게 해 준 환대에 대한 보답으로 그날 밤 잔치를 할 황소 한 마리를 사 주었다." (Cobham, 1926, p. 27)

이야기하기: 융이 그들이 보는 앞에서 키가 커진 것 같았다

해나는 "피터 베이네스, 루스 베일리 그리고 융 자신이 그날 밤의 원주민 춤에 대해, 그때 융이 그 춤꾼들을 사로잡았던 야생의 흥분을 조절할 수 없었더라면 결말은 아주 달랐을 것이라고 이야기하는 것을 종종 들었다."(Hannah, 1991, p. 176)고 적었다. 그들이 '야생의 무리들'과 만난 이야기가 해가 지남에 따라 최고의 성인전의 형태로 윤색되었다고 쉽게 상상할 수 있다. 루스의 기억으로는 그 부족은 발광 났었고 창을 들고 그들에게 왔다(Bailey, 1969, p. 32)! 그녀는 브롬에게 묘사하였다.

> 그 춤은 점점 더 난폭해졌고, 그들은 창을 훨씬 더 사납게 흔들어 대기 시작하였다. 마침내 그들은 갑자기 다시 한 번 우리에게 왔다. 그것은 한순간이었다. 당신에게 말할 수 있다. 융은 "그것을 잡아, 베일리"라고 내게 말하였다. "여기로 그들이 와." 그리고 그때 융의 우렁찬 목소리가 그들에게 진정하라고 말하면서 포효하였다. 그것이 약간은 들어 먹었지만, 그들은 다시 시작하였고, 한 번만 더, 추장이 계속 한 번만 더를 이야기하였다. 나는 융이 놀라운 용기를 보여 주었다고 말해야 하겠다. 그는 무장하지 않고 서서 일종의 춤의 광란에 빠진 거친 부족민들 무리를 통제하려고 애쓰기 시작하였다. 그것은 아주 볼 만하였다. 거기서 나는 절대로 편하지 않았다(Brome, 1978, p. 209).

아마도 동아프리카 탐험가인 카운트 텔레키가 또 다른 탐험가인 프레데릭 잭슨에 대해 언급했던 내용이 여기서 기억할 만한 가치가 있을 것 같다.

친애하는 잭슨 씨, 아프리카 여행자들은 모두 거짓말쟁이요. 내 오랜 친구 버턴이 거짓말쟁이였고, 스피크와 그랜트가 거짓말쟁이였으며, 스탠리가 거짓말쟁이고, 우리는 우리의 친구 톰슨과 존슨이 거짓말쟁이라는 것을 알고 있으며, 나도 거짓 말쟁이가 될 것이요. 만일 내가 호수를 발견하지 못했다면, 나는 했다고 말할 것 이오. 내가 유명해진 다음에 누가 그것을 논박하겠소(McLynn, 1992, p. 359)?

융이 채찍으로 '거친 원주민 무리'를 길들인 것은 이런 관점에서 이해되어야 한다.

원주민을 흥분시키기

실제로 융의 사파리가 바리 족의 춤추는 무리들에 의해 신체적 인 위험에 처했었을까? 루스는 이후 이 사건에 대해 전해 들은 수단의 지방행정 관이 "당신들 미쳤소? 최근에 거기서 우리 사람 두 명을 잃었는데, 그들을 흥분 시켜 이런 춤을 추게 했다니!"라고 물었다고 기억하였다(Brome, 1978, p. 210). 융 은 이들 관리의 "죽음에 관해 들었을 때, 약간 움찔했었다."(Brome, 1978, p. 210)

루스가 언급한 이 관리는 아마도 1918년에서 1926년까지 몽갈라 시에 주재했 었던 캡틴 W. M. H. 폴렌이었을 것이다. 남수단의 지방행정관들은 '보그(늪) 남 작'으로 알려졌다. 이 '보그 남작'은 '하르툼에 있는 사무실에서 근무하는 상관' 과 떨어져 있었다. 그들의 상관은 "남부 지역을 소홀히 하였기 때문에 이 남작 들이 일을 조용히 하기만 한다면 그들이 무엇을 하는지 알지도 못하였고 상관도 안 하였다."(Daly, 1986, p. 406) 이 "무익한 군인 행정관직이 화석화된 정치·경제

제도를 (통제하였다.)"(Daly, 1986, p. 419) 융이 '원주민들을 흥분시킨' 것에 대한 폴렌의 놀람은 남수단에서 실행될 수 없는 정책과 직면한 관리들의 특유의 태도를 드러냈다.

영국-이집트 공동통치하의 수단은 '이슬람교도'의 북쪽과 '이교도'의 남쪽으로, 크게 둘로 나뉘었다. 신비롭고, 덜 발달된, '이교도'의 남쪽은 이슬람교도들이 있는 북쪽과는 동떨어진 세계로 여겨졌다. 북쪽에 적용했던 것이 남쪽에서는 적용되지 않았다. 영국의 식민지 관리인 해럴드 맥미카엘 경이 이 남쪽은 "수단의 가장 우울한 부분, ……적도 북쪽에 살고 있는 모든 최하급의 인종적 요소들과 똑같이 부패한 많은 양의 식물들이 표류하고 밀려드는 세르보니아의 늪을 나타내었다."(Daly, 1986, p. 400)라고 기록하였다. 맥미카엘은 그의 시대에서도 가장 공공연했던 인종주의자의 언어로 남쪽을 '원숭이 나라'라고 불렀다(Daly, 1986, p. 400). 남부 전 지역은 '통행과 허가 법령' 규정으로 외부인들은 공식적인 허가를 맡아야만 들어갈 수 있는 폐쇄된 지역으로 선포되었다(Daly, 1986, p. 405). 1925년 3월에 나일 강 상류의 '원주민 지역에서' 몇 건의 살인 사건이 일어났다는 소문이 있었다(Daly, 1986, p. 405).

융이 '원주민들을 흥분시킨' 것에 대해 지방행정관이 예민하게 대했던 것은 정치적으로 혼란스러운 남부의 '늪bog'을 통제하려는 행정적인 필요성 때문이었다. 1926년에 응고마(스와힐리어로 춤)는 스와힐리어를 사용하는 동아프리카 식민정부에 의해 철저히 통제되었거나 금지당하였다.[13] 니뮬의 마무어가 제공해 준 경비병의 호위를 받고 있는 반 공무원 지위였던 융이 이 춤을 권유하였고 심지어는 참여하였다는 것은 '보그 남작의' 권위를 손상시켰던 것이다. 융이 순진하게 정치적인 큰 실수를 저질렀던 것이다.

수단에서 '원주민' 춤에 대한 공무원의 예민한 반응은 오랜 역사를 가지고 있었다. 1874년에 유명한 영국군 장군 찰스 고든(1833~1885)이 나일 강을 거슬러 올라가는 길에 하르툼에서 수단 대표단에게 영접을 받았다. 이 행사의 대미는 "전라의 젊은 여자들이 원을 그리며 춤을 추고, 발로 박자를 맞추며, 이상한 암탉 우는 소리에 맞추어 몸짓을 하는"(Moorehead, 1960, p. 166) 공연이었다. '이 장면에 흥분되어' 방문한 고위 인사 몇 명이 "환호하며…… 댄서들 속으로 뛰어들어 갔다."(Moorehead, 1960, p. 166) 이 '원주민의' 떠들썩한 놀이에 유럽인들이 참여하자, 당황한 고든 장군은 돌연 그 자리를 떴다(Moorehead, 1960, p. 166).

바리 족 무리들이 그들의 금지된 춤에 융이 참여한 것을 어느 정도까지 정치적으로 중요하게 보았는가는 단순한 추측일 뿐이다. 춤은 바리 사람들에게 최고의 예술 형식이었다. 그들은 성인식, 결혼, 죽음 그리고 전쟁 등과 같은 지역사회 삶의 통과의례에서 전통적으로 춤을 추었다. 춤은 사회적인 접대의 형식이기도 한데, 그 사회의 귀중한 손님을 환영하는 데 사용되었다. 융 사파리를 위한 바리 족의 춤은 코브햄을 위한 실룩 족의 춤과 같이 단순히 이 공식적인 방문객을 위한 환영 공연이었을 것 같다. 아마도 그들은 그들의 문화 공연에 대한 보답을 받을 것이라고 생각할 수도 있었다. 여자와 어린이들, 심지어는 갓난아기까지 있었던 것으로 보아 바리 족이 융 사파리에 해를 입힐 작정이었을 것 같지는 않았다. 이 사건에 대한 지방행정관의 놀람은 그의 손님들의 신체적인 안전에 대한 진정한 염려라기보다는 잠재적인 정치적 결과에 기인하였다. 이 지방행정관이 춤을 허가할 수 있는 유일한 사람이었다. 어떤 종류의 공공 모임도 당국의 의심을 받았는데, 춤은 '집단적인 빙의'의 감정을 폭발시키는 것으로 여겨졌기 때문에 특별히 문제가 되었다.

막간: 춤, 원시 사회의 발전소

바리 족의 신체적인 위협이 별것 아니었다고 하더라도, 융이 채찍과 욕설로 댄서들을 해산시켰던 것은 이해할 만하였다. 여러 시간 동안 북소리에 흥분된 '원시' 집단은 쉽게 통제 불능이 될지도 몰랐기 때문이다. 융과 일행은 댄서들의 에너지가 점차 상승되는 것을 보고 분명히 경계를 하였다. 이 에너지가 어디로 흐를까? 그들은 야영지를 통제할 수 없었고, 정부 병사들은 어디에도 보이지 않았다.

회상해 보건대 융과 베이네스 둘 다 댄서들이 '실제적인 빙의 상태'에 들어갔던 것으로 보았다(MDR, p. 271; Baynes, 1941, p. 127). "댄서들은 거친 무리로 변해가고 있었고, (융은) 어떻게 끝날 것인지 걱정하게 되었다."(MDR, p. 271) 베이네스는 이 현상을 그의 책 『빙의된 독일Germany Possessed』(1941)에 기록하였다.

원시적인 수준 또는 그와 비슷한 수준에 살고 있는 종족들은 집단 흥분에 빠지기 쉽다. 미개인의 전쟁 춤, 그리고 농사철에 일하기 전에 하는 유명한 봄의 춤 등은 단순히 넘쳐 나는 에너지의 방출이 아니다. 이 춤에 빠지는 것은 무의식에 있는 잠재적인 불활성화된 에너지를 활동적인 상태로 끌어올려 그것을 필요한 계절에 맞는 일에 활용할 수 있게 하는 수단이다. 미개민족을 우선 춤으로 자신을 채찍질하여 전쟁 열기로 끌어올리지 않고 싸우게 할 수 있을지 의문이다. 같은 방식으로 원초적인 수준의 성적인 리비도를 봄에 농사일을 하는 데 필요한 상대적으로 높은 잠재력으로 에너지를 변환시키는 것이 없어서는 안 될 문화 과정으로 간주되어야만 한다. 커다랗고 기괴한 보디 페인팅, 장식의 기술, 깃털, 마스크 그리고 전체적으로 인상적이게 점차 강해지는 춤 등이 모두 잠자고 있는 리비도를 불러일으켜 작동하도록 하는 데 효과적이다. 그러므로 춤은 정말로 원시 사회의 발전소다(Baynes, 1941, p. 127).

이런 역사적인 맥락에서 융이 응고마를 독려하고 참여한 것은 위험하고, '원주민들을 선동하는 것이며', '그들을 부추기는 것으로' 여겨졌다. 이것은 모두 그들이 개성적이고 자의식적인 자아가 필요한 '문명화'에 가까스로 참여하는 것을 와해시킬 수 있었다. 춤추는 것은 엄청난 조절할 수 없는 원초적인 에너지를 폭발할 수 있는 '발전소'였던 것이다.

융은 바리 족 사람들을 해산시킨 그의 기민한 행위를 '위험한' 상황에서 자동적으로 반응한 "원형적인 발작"(CGJS, p. 294)으로 해석하였다.[14] 어떤 경우에도 융의 '야만인 다루는' 기술은 전형적이었다. 엘곤 산에서 감독인 이브라힘은 '원주민들을' 다루는 데 채찍과 욕설을 사용했었다. 프랜시스 골턴은 그의 책 『여행의 기술The Art of Travel』(1893)의 '야만인 다루기'라는 장에서 "당신이 실제로 느끼는 것보다 원주민을 잘 믿고 있다는 확신을 더 보여 주면서, 솔직하고, 재미있지만 단호한 태도가 가장 좋다."(Galton, 1893, p. 308)고 하였다. 융의 행동을 어떻게 해석하든 간에 융이 통제할 수 없을 것으로 보였던 상황을 다시 통제했다는 것 한 가지는 분명하다.

융의 '공황 발작'

시간이 가면서 융의 행동은 다른 시각에서 해석되었다. 로런스 반 데어 포스트 경은 춤판에서 했던 융의 행동을 신체적인 위협이라기보다는 심리학적인 위협에 대한 반응으로 해석하였다. 이 바리 족의 춤은 "그의 아프리카 와의 관계에 있어서 전환점"(van der Post, 1978, p. 53)이었다. "그 일이 있은 후 곧 그는 ……분명한 이미지로, 그가 얼마나 '원주민 되기'에 가까이 있었는지를 경고하는 꿈을 꾸었다."(van der Post, 1978, p. 53) 융학파 분석가 마이클 애덤스가 이 춤판의 장면을 '공황 발작'이라고 묘사하면서 동의하였다. 그는 "나는 융이 공황 발작을 겪었다는 것이 분명하다고 믿는다. 이것은 단지 그가 마침내 빗나간 창에 맞을지도 모른다는 불안 이상의 것이었다."(Adams, 1996, p. 73)라고 적었다. 애덤스에 따르면 융은 사파리 동안에 '편집증적인 망상의 모든 요소들을' 가지고 있는 '공황 발작'을 여러 차례 겪었다(Adams, 1996, p. 73). 이런 경우에 "집단적 무의식이 융에게 엄습하거나 그를 사로잡으려고 위협한다."(Adams, 1996, p. 73) 반데어 포스트처럼 애덤스는 이 '공황 발작'은 그의 '흑인화되는 것에' 대한 공포와 관련이 있었다고 하였다.

바리 족과의 만남을 해석할 때 융의 신체적인 위해에 대한 두려움에 강조를 해야만 했었지만, 융이 다음을 이야기할 때 그는 자신에 관해 이야기를 하고 있었을지도 모른다.

만일 당신이 현기증이 나고 무의식 상태가 되면 그것은 일종의 중독이다. 그것은 춤에서도 마찬가지다. ……그것은 항상 백인의 체계에까지도 독특한 매력을 전해 준다. 그것은 당신을 끌어들일 것이다. 의식은 그런 무의식적인 행위에 의해 영향받을 것이고, 겪을 것이다. 여러 시간 동안 단조로운 톤의 드럼에 맞추어 규칙적인 움직임을 계속하는, 일군의 춤추는 데르비시(춤을 추는 이슬람교의 수도승)나 흑인의 응고마 춤을 보고 있다면, 당신은 최면에 빠질 것이다. 일종의 의식성의 혼미, 부분적인 중독이 될 것이다. 그 일은 점점 더 분명해지고 마침내 그것에 빠지게 된다. 당신이 완전히 그것에 빠지면 당신은 의식성을 완전히 잃는다. 그런 행위가 집단적 무의식 상태에서 계속될 때 당신도 그것의 마력에 빠지게 되고, 당신의 마음은 전과 같이 분명하며, 안정적이지 못하다(S 2, p. 941).

융이 달밤에 춤꾼들을 해산시키면서 바리 족뿐 아니라 그 자신도 두려워했을까?

아프리카 사파리의 끝

전날 밤의 혼란이 가시기도 전에 사파리는 이제 북쪽으로 106km 떨어져 있는 레자프로 향하는 다소 무모한 행군을 계속하였다. 뜻밖에 그들은 남쪽에서 오는 '거친 트럭'을 만났다. 루스는 그 운전자가 그 지역에서 사파리를 하고 있었던 독일인 과학자를 데려오기 위해 레자프에서 보낸 것이라고 기억하였다. 물도 떨어졌고, 기운도 떨어졌으며, 삭신이 쑤시고 해서, 융은 자기가 그 운전자가 구하려고 하는 과학자라고 확신시켰다! 그들은 모든 짐을 트럭의 짐칸에 쌓고 짐꾼을 보낸 뒤, 차를 타고 레자프로 갔다. 루스는 그들이 도시에 도착했을 때, 이 탈취로 인한 어려움이 있었다고 보고하였다(Bailey, 1969, p. 30). 버려진 독일인 과학자에게 어떤 일이 일어났는가는 알려지지 않았다.

융은 "우리의 도보 여행은 나일 강의 레자프에서 끝났다."(MDR, p. 272)라고 적었다. 여기서부터 그들은 배를 타거나 기차를 타고 여행할 것이었다. 아프리카 사파리는 끝났다. 루스는 그들이 "레자프에서 수드를 통과해 항해하는 바닥이 평평한 배를 타려고 일주일을 기다렸다."(Hannah, 1991, p. 176)라고 기억하였다.[15] 레자프에는 "시멘트 벽돌집 약간과 많은 초가집이 있었고, 그 뒤에는 레자프 언덕이라고 불리는 사화산이 솟아 있었다."(Dietz, 1926, p. 192) 비록 멀리 있지만, 이 동네에는 그리스 상인, 콩고인 무역상 그리고 영국 군인 등 여러 나라 사람들이 있었다(Dietz, 1926, pp. 193-198). 작은 상점에서는 콩고에서 들어온 상아와 코끼리 털과 같은 이국적인 물건을 팔았다(Dietz, 1926, pp. 193-198). "거기서 그들은 방금 레자프에 정박한 외륜선에 장비를 실었다. 이곳 수심은 그것을 하기에는 너무 낮았다."(MDR, p. 272) 그때가 1월 말이었다.

'모래파리 열' 악몽[16]

이 외륜선은 레자프에서 48km 떨어진 도시인 몽갈라에 정박하였다. 그곳 지방행정관이 '심리학 원정대' 대원들을 점심에 초대하였다(Bailey, 1969, p. 33). 이미 언급했던 대로 이 사람이 '보그 남작'인 캡틴 W. M. H. 폴렌이었을 것 같다. 이 지방행정관이 루스에게 심리학자냐고 물었을 때, 융이 "아니요, 난 그녀를 아프리카에서 만났어요."라고 대답하였다(Brome, 1978, p. 210). 이 정오 식사 시간에 나눈 대화의 대부분은 전 주에 있었던 바리 족과의 놀라운 만남에 집중되었을 것임에 틀림없다.

그날 저녁 융은 배로 돌아와서 '모래파리sandfly 열'에 걸렸다(MDR, p. 272). 그 당시에 '3일열'이라고도 알려진 모래파리 열은 적도지방 방문객들이 흔히 걸리는 뎅기열의 일종으로, 치명적이지 않은 가벼운 아형이다. 이것은 모기가 많은 나일 강 유역의 풍토병이었다. 전형적인 증상은 고열, 심한 두통, 관절통과 근육통, 오심 그리고 붉은 반점 등이다. 이 증상들이 보다 더 심각한 말라리아 증상과 같기 때문에, 환자들은 종종 처음 발병할 때 이 두 질환을 구별하기가 어렵다.

융은 그날 낮에 지방행정관에게서 그와 대원들을 무모하게 위험에 빠트린 것으로 질책을 받은 다음, 모기장 속에서 뜨겁게 열이 오르면서 가장 불쾌한 밤을 보냈음에 틀림이 없었다. 바리 족에게서 가까스로 부지해 온 목숨을 지금 모기에 물려 잃어야 한단 말인가? 주역의 경고('밤에 나가서 돌아오지 않는다')가 이제 그의 마음에 작동하였을까? 그날 밤 융이 흑인에게 붙잡혀 공포로 땀을 흘리는 악몽을 꾸었다는 것은 놀랄 만한 일이 아니다. 이것이 아프리카 여행의 전 여정 중에 꾼 유일한 흑인이 등장하는 꿈이었다.17

> 그의 얼굴은 이상하게도 낯이 익었다. 그러나 나는 내가 그를 전에 어디서 만났
> 는가를 알아내기까지 오랫동안 곰곰이 생각해야만 하였다. 마침내 생각이 났다.
> 그는 미국 테네시 주 차타누가에 있는 내 이발사였다! 미국인 흑인. 꿈속에서 그
> 는 거대한 벌겋게 달은 머리 인두를 손에 들고 그것을 내 머리에 대면서 내 머리
> 카락을 곱슬로 만들려고 하고 있었다. 즉, 그는 내 머리를 흑인 머리카락처럼 만
> 들려는 것이다. 나는 벌써 뜨거운 열에 아픔을 느끼고 공포감에 잠에서 깨어났다
> (MDR, p. 272).18

가까운 곳에 있는 불안한 상황을 감안해서 융은 이 꿈을 '경고'로 이해하였다. 아프리카가 실제로 그를 위협하고 있었다. 꿈속의 머리 인두에서 오는 '고통스러운 열'은 머리에 불이 나서 깨어났을 때 뎅기열로 신체에 존재하였다. 융은 "이 꿈을 무의식의 경고로 받아들였다. 꿈은 원시적인 것이 내게는 위험이라고 말하고 있었다."(MDR, p. 272)

아니마의 흑화

　　　　　궁극적으로 융은 이 꿈을 심리학적인 경고로 해석하였다. 그는 그가 "'흑인화'에 가장 걸리기 쉬운 상태였다."(MDR, p. 272)고 느꼈다. 여기서 융이 의미하는 것이 무엇이었을까?

　융의 꿈속의 이발사는 그가 12년 전 미국 여행을 하는 동안 머리를 깎아 주었던 아프리카계 미국인이었다(MDR, p. 272).[19] 언급한 대로 이 이발사가 아프리카 사파리의 전 기간 동안 융의 꿈에 나타난 유일한 흑인이었다. 융은 그의 생각에 무의식 그 자체를 나타냈던 '검은 대륙'에 있는 동안 아프리카인이 꿈속에 나타날 것이라는 기대를 했었다(Protocols, box 1, folder 13, p. 376). 그러므로 이런 사실은 그에게 놀라운 것이었다. 융은 "내 꿈의 이런 이상한 행위"를 방어기전으로 해석하였다. "정신과 군의관들은 병사가 전쟁 장면 꿈을 너무나 많이 꾸기 시작하면 그를 전방에서 끄집어내야 한다는 것을 기본적인 원칙으로 생각하였다. 왜냐하면 이는 그가 더 이상 외부의 인상에 대한 정신적인 방어막을 가지고 있지 못하다는 것을 의미하기 때문이다."(MDR, p. 273)

　1920년대에 '흑인화'는 하나의 질병으로 여겨졌다. 융은 동아프리카로 모험을 떠나기 전에도 분명히 이 '병리적인' 상태에 있었던 환자들을 치료하였다. 이들은 '다 타 버린 뇌'를 가지고 집으로 돌아온 식민지 관리들이었다(Jung, Notes, p. 197). 베이네스는 '흑인화'를 '거꾸로 가는 발달'로 이해하였다. 이것은 "상호성과 관계성의 진화 원리를 거부하는 ……모든 기관이나 계통에 잘 드러나 있다."(Baynes, 1940, p. 263) 베이네스는 "'원주민화되는' 식민주의자"를 "사회라는 몸에 있는 암세포"(Baynes, 1940, p. 263)와 같다고 하였다. "문명은 인간 진화의 사회적인 측면이고, 문명화된 요구의 압력을 견뎌 낼 수 없는 개개인들은 대체 가설을

택하고 퇴행적으로 진화하는 경향이 있다."(Baynes, 1940, p. 263)

융은 퇴행을 적응에 필요한 요소로 보았다(S 5, p. 117). 퇴행이라는 '아주 중요한 능력'이 없다면 인간은 그들의 환경에 적응할 수 없다. 1932년과 1936년의 세미나에서 융은 '피부 밑에서 검게 되는 것'을 그 안에서 아니마 또는 아니무스의 '흑화darkening'가 일어나는 퇴행적인 현상으로 이야기하였다. 이 용어를 만든 융은 '아니마'는 남자의 무의식 속에 있는 여성 원리이고, '아니무스'는 여자의 무의식 속에 있는 남성 원리로 정의하였다. '아니마'와 '아니무스'는 관계의 기능을 가지고 있는 '영혼의 이미지'다. 자아가 '아니마'나 '아니무스'와 조화롭지 못하다면, '원시인들'이 '영혼의 상실'이라고 부르는 것을 경험한다(CW 6, pp. 808-811).

융이 나일 강을 따라가기 시작할 때, 그는 자신의 아니마 색깔이 변했다고 믿었다.

> 내가 여러 해 동안 아프리카에 머물렀었더라면 나의 아니마는 갈색으로 변했을 것이다. 나는 그곳에 있은 지 꼬박 3개월이 되어서야 검은 얼룩을 발견하였는데, 그것은 꿈에서였다. 첫 번째 지침은 나의 본래의 마음에 무엇인가를 하려는 시도였다(S 2, p. 619).[20]

융은 그의 머리를 곱슬로 만들려는 이발사의 시도를 '그의 본래의 마음에 무엇인가를 하려는 시도'로 해석하였다. 이런 자연스럽지 못한 아니마 흑화에 놀란 융은 그의 "유럽인 인격을 어떤 경우에도 보존해야만 한다."(MDR, p. 273)고 결심하였다.

다문화적인 비판: 융의 실패한 상상

　　『다문화적 상상: '인종', 피부색 그리고 무의식The Multicultural Imagination: 'Race', Color, and the Unconscious』에서 애덤스는 융이 융학파의 관점을 자신의 꿈에 적용하는 데 실패했다고 주장하였다. 애덤스는 그의 환자들의 꿈에 정신분석가가 종종 이발사, 즉 머리를 고치는 자로 나타난다는 것을 언급하였다. 융은 그의 꿈에서 환자고, "그의 머리카락, 그의 머리를 고치거나 곱슬머리로 만드는"(Adams, 1996, p. 79) 자다. 이는 "그의 생각이 비틀리게 변하거나 흑인화될 수 있다는 것"(Adams, 1996, p. 79)을 포함한다. 이 꿈을 융이 "흑인화되기보다는 백인으로 남아야" 한다는 것으로 해석하는 것은 "자아 방어적인 해석"(Adams, 1996, p. 78)이라고 애덤스는 주장하였다.

　애덤스는 융의 악몽에 보상적인 방법을 적용하여 아주 다른 해석에 이르렀다. 그는 이것이 "보다 융학파에 적절하다."(Adams, 1996, p. 79)고 주장하였다. 그가 썼다.

　　　비록 머리를 자르는 일이 이발사가 하는 일 중 하나지만, 융은 그의 꿈에서 이발하지 않고 있다. 그는 머리를 감지도 않고 있다. 그는 아주 분명하게 머리 빗질을, 즉 그의 생각을 정돈하지 않고 있다. 그는 머리카락을 곱슬로 만들고 있다. 즉, 생각을 헝클어 놓고 있다. 그것은 분명히 백인 유럽인인 융에게는 결코 일어나지 않는다. (만일 일어난다면, 그는 그 영향을 받지 않도록 저항한다.) 그는 은어로 이야기하자면 지나치게 '똑바르다straight.' 이 때문에 그가 '곱슬'로 되어야 하는지도 모른다. 아마도 융의 꿈에서 무의식은 지나치게 문명화된 그의 자아에 있는 백인 유럽인의 태도를 보상하려고 하는 것 같다. 보상적인 관점에서 보면, 이 꿈은 융에게 흑인화되는 것 또는 검게 생각하는 것에 대한 경고라기보다는 그에게 그렇게 하라고 권유하고, 격려하며, 요구하는 것으로 볼 수 있다(Adams, 1996, p. 79).

다른 말로 하면, 무의식은 융에게 '흑인화'되도록 유혹하고 있다. 만일 융이 덜 방어적이었더라면, 그리고 그의 보상적인 꿈 해석 방법에 따랐었더라면, 그는 "'구부러진' 또는 왜곡된 그의 꿈 해석에 저항하기보다는 그것을 받아들였을 것이다."(Adams, 1996, p. 83) 환자 융에게 필요했던 것은 그의 머리를 고치거나 마음을 변화시킬 아프리카계 미국인 분석가였다. 애덤스에 따르면 융의 '합리적이고' '문명화된' '백인의' 측면이 '헝클어지고' '곱슬거리며' 혹은 재고되어야 할 필요가 있었다. 애덤스는 융이 감정형이라기보다는 사고형이기 때문에, 이 꿈은 아마도 그로 하여금 이 발달되지 못한 기능을 발달시키도록 권유하는 것 같았다(Adams, 1996, p. 84).

아마도 애덤스가 옳고, 유럽중심주의에 적응할 필요가 있는 융이 자신의 꿈을 잘못 해석한 것인지도 모른다. 그렇지만 '흑인화' 현상은 적응을 넘어선 문제라는 것을 잊어서는 안 된다. 그것은 한 사람의 문화를 통째로 버리는 것이었다. 혹자는 물을 것이다. '흑인화'가 융의 인생을 어떻게 변화시켰을까요?

'현실 원리에서 도주'로서의 '흑인화'

이 꿈을 꾸기 두 달 전 융이 『동아프리카 스탠다드지East Africa Standard』와 한 인터뷰는 하나의 단서를 준다. 그 기사는 1925년의 원정은 '예비 조사'였고, 그 결과가 성공적이라면 '규모가 더 크고 중요한 원정'이 뒤따를 것이라고 하였다(EAS, 1925. 11. 19, p. 5). 세 번째 아프리카 여행이 이미 계획 중에 있었던 것일까? 융은 분명히 아프리카에 다시 오기를 기대하였고, "이 기대치 않았던 멋진 경험이 처음이자 마지막이라는 것을 상상도 할 수 없었다."(MDR, p. 269) 반 데어 포스트는, 융이 그렇게 하기를 동경하였기 때문에, 함께 아프리카로 다시 돌아가자고 그를 "거의 설득하였다."(van der Post, 1978, p. 55) '프로토콜'에 융이 말년에 이르면서 아프리카를 생각할 때 겪은 심한 향수병에 관해 이야기한 것이 나온다(Protocols, box 1, folder 13, p. 375). 그리고 그가 항상 '다시 또 다시, 그리고 또 다시' 그곳으로 돌아가기를 원했다고도 하였다(Protocols, box 1, folder 13, p. 371).

융이 가정의 '개인적인 문제들'로 골머리를 앓았던 50세 때에 또 다른 아프리카 원정을 상상했을까? 그가 심지어는 아프리카에 살고, 혹시나 알베르트 슈바이처와 같이 거기서 개업을 하려는 상상을 했을까? 융의 이름이 직업, 나이 등의 정보와 같이 적혀 있던 몸바사행 왕고니호의 승객 명단에는 '앞으로 항구적으로 살고 싶은 나라'라는 항목이 있었다. 놀랍게도 융의 '앞으로 항구적으로 살고 싶은 나라'로 '동아프리카'가 적혀 있다(PRO BT, 27/1106)! 그런 환상들이 융이 "잔잔한 나일 강물 위, 북쪽—유럽을 향해, 미래를 향해 미끄러지듯이 나아가면서"(MDR, p. 273) 거부했던 것이라고 나는 믿는다. 그는 강조하였다. "놀랍게도 내가 유럽과 그것의 문제에서 도망치려는 은밀한 목적, 심지어는 나 이전의 많은 사람들이 했고, 바로 이 시간에도 행하고 있었던, 아프리카에 머무르는 위험을 감수하면서까지, 그런 목적을 가지고 아프리카 모험을 했던 것은 아닌가 하는 의심이 일어났다."(MDR, p. 273)

반 데어 포스트는, "현대인의 과제는 아프리카인의 방식으로 '원시화'하는 것이 아니라 진정으로 20세기의 방식으로 자신의 원시적인 자신을 발견하고 그것과 직면하여 그것을 살아 내는 것이기 때문에 '흑인화'를 회피evasion"(van der Post, 1978, p. 54)라고 말하면서, 그것에 관한 융의 관점을 인정하였다. "아프리카가 융에게 개인적으로 한 적지 않은 공헌은", 반 데어 포스트에 따르면, "학생 시절 그의 마음속에서 이미 커다란 갈등을 일으켰었던 자신의 원시적인 본성을 인정하고 강조하는 것이었다."(van der Post, 1978, p. 54) 이 갈등은 "교수들과 동료 학생들과의 만남에서 그가 겪었던 '시골 또는 자연의 마음'과 '도시의 마음' 사이의 갈등이었다."(van der Post, 1978, p. 54) 반 데어 포스트는 융의 아프리카와의 만남을 "그의 마음속에서 오랫동안 타고 있었던 두 가지의 극단을 대리로 아프리카를 통해서가 아니라 편하게 자신의 맥락 안에서 초월하는 데 필요한 불을 활활 타오르게 했던 것으로 보았다."(van der Post, 1978, p. 54)

프랭크 맥린은 그의 '탐험가들의 심리'라는 장에서 아프리카 탐험은 "유럽 문명의 주류에게서 모욕을 당하고, 그것과 동떨어졌으며, 조화를 잘 이루지 못하는 심리를 가진 사람들을 위한 방출구를 제공해 주었다."(McLynn, 1992, p. 345)는 이론을 만들었다. 맥린은 아프리카로 가는 탐험가들을 낭만주의적 보수주의자로 보았다, 그들은 "홀로 있으려는 욕망, 문명의 신호나 감시에 방해받지 않는 야생에 대한 갈망, 원시인을 선호한다거나 동료 인간의 잠재력에 대한 낙관주의, 원죄와 힘의 효능에 대한 믿음 등을 위해 아프리카 여행을 한다."(McLynn, 1992, p. 346)고 하였다. 엘곤 산에서 '정신적으로 감염된' 첫 번째 유럽인인 조지프 톰슨은 "아프리카에 있다가 영국으로 돌아와 삶에 정착할 수 없었다고 토로하였다."(McLynn, 1992, pp. 345-346) 톰슨이 말하였다.

나는 방랑자가 될 운명이다. 나는 제국의 건설자가 아니다. 나는 선교사가 아니다. 나는 진정한 과학자가 아니다. 나는 단지 나의 방랑을 계속하기 위해 아프리카로 돌아가고 싶을 뿐이다(Moorehead, 1960, p. 121).

톰슨의 원정 뒤 몇 년이 지난 다음 똑같은 멋진 산을 걸었던 융은 똑같은 유혹에 직면하였다. 그렇지만 그는 '그 이전 사람이 했고 바로 지금도 많은 사람들이 하고 있는' 아프리카에 머무는 것은 도피라는 것을 인식하였다. 심리 전기 작가 폰 브로디는 아프리카 탐험의 주된 동기를 현실 원리에서의 도주라고 해석하였다. 이들 모두에게 아프리카로의 도주는 요람으로 가는 것까지는 아니지만 최소한 어린 시절로의 회귀 같아 보인다(Brodie, 1967, p. 142).

'흑인화'는 융에게 유럽에게서, 가족에게서, 토니 볼프에게서, 환자에게서, 융의 여자들에게서, 그리고 현대에서의 탈출을 의미하였다. 아프리카에 갔던 19세기의 탐험가들과 같이 융은 이 가능성을 가지고 놀았고, 그것을 거부하였다. 융은 그의 아프리카계 미국인 이발사의 꿈을 애덤스가 주장한 바와 같이 유혹이 아니고 경고로 해석하였다. 그렇지만 만일 이 꿈이 '흑인이 되는' 유혹이었다면 그 유혹을 조심해야만 했을까 하는 의문은 남는다. 융이 익명의 독자에게 보낸 편지를 보면 그의 무의식에 대한 태도를 생각해 볼 수 있다.

나는 당신이 정말로 너무 멀리 가고 있다는 느낌입니다. 파괴적인 것이 나타나기 전에 우리는 멈추어야 합니다. 당신은 나의 무의식에 대한 태도가 무엇인지를 압니다. 어디까지 당신을 그것에게 맡기는가 하는 정해진 지점은 없습니다. 만일 그것이 올바른 과정이라면, 자연은 결코 의식을 만들어 내지 않을 것이고, 그러면 동물이 이상적인 무의식의 구현이 될 것입니다. 나는 우리의 현실, 여기 바로 지금에 충분히 집중하기 위해 늘 우리의 의식을 충분히 잘 제어하는 것이 절대적으로 중요하다고 생각합니다. 그렇지 않다면 우리는 우리 인간 세상에 대해 아무것도 모르는 무의식에 압도당할 위험에 있습니다. 무의식은 오로지 의식의 도움과 그것의 끊임없는 통제하에서 자신을 실현할 수 있습니다. 동시에 의식은 한 눈은 무의식에 고정시키고, 그리고 다른 한 눈은 똑같이 분명하게 인간존재와 인간관계의 가능성에 집중해야만 합니다(CL 1, pp. 239-240).

이런 현재, '여기와 지금', 당면한 실제적인 문제에 관한 관심이 융학과 관점의 특징이다.[21] '흑인화'는 궁극적으로 과거로의 후퇴retreat였다.[22]

막간: 알베르트 슈바이처

재능 있는 프랑스 학자, 의사이며 음악가인 알베르트 슈바이처 (1875~1965)는 융과 거의 동시대에 살았던 사람이었다. 융과 다르게 슈바이처는 일생을 먼 서아프리카의 선교 병원에서 병든 아프리카인의 몸을 치료하면서 사는 선택을 하였다. 1952년에 그는 탁월하고 희생적인 업적으로 노벨 평화상을 받았다. 그렇지만 융의 관점에서 슈바이처의 선교는 단순히 '아프리카 로망스'였다. 융은 슈바이처가 "유럽이라고 불리는 문제에서 벗어날"(CL 2, p. 125) "유럽에서 멀리 떨어진 적당한 은신처"(CL 2, p. 40)를 찾았다고 하였다. 그는 슈바이처의 업적을 "우리가 벗어난 문명 세계에 대한 염증에서 생겨난 수도원 생활"(CL 2, p. 85)과 비교하였다. 슈바이처는 "유럽에서 시급하게 필요로 하지만", 그는 "감동적인 원시인의 구원자가 되고, 그의 신학을 벽에 걸어 놓는 것을 선호한다." (CL 2, p. 85)

이 개신교도 성인에 대한 융의 비판을 보면 융의 아프리카 여행이 "자신의 심리에 있을 수 있는 온갖 취약점을 건드렸다는"(MDR, p. 273) 것을 생각나게 한다. 융에게 '흑인화'는 자신의 원물질prima materia을 버리는 것이었다. 분석심리학의 비교秘教적 선구자인 연금술에서 이 원물질은 마침내 가장 가치 있는 연금술 물질인 라피스(돌)로 변환하는 배설물이었다. 융학파 용어로 말하면 이 원물질은 평범한 일상적인 삶의 경험이다. 인간존재의 목표가 의식의 창조라면, 우리는 이 개성화 과정을 우리 자신의 삶의 원물질, 우리 자신의 '똥'으로 시작해야만 한다. '흑인화'는 개인의 개성적인 문제와 문화의 집단적인 문제 둘 모두를 다루는 데 실패한 것이었다.

결론: 아프리카에서 얻은 개인적인 가치

융이 아프리카 여행에서 배운 교훈을 가장 잘 요약한 것이 반 데어 포스트가 쓴 다음이다.

아프리카는 그가 인식한 '인간의 마음속에 있는 집단적 무의식'을 최종적으로 확인시켜 주었지만, 그는 내게 ……아프리카에서 개인적으로 얻은 또 다른 세 가지의 가치를 말하였다. 첫 번째로, 그는 그와 모든 사람의 의무는 그 자신의 문화, 장소 그리고 적절한 순간에 있다고 강조하였다. 그리고 그가 작업해야 할 자료는 항상 가장 가까운 곳에서 가장 자연스럽게 얻어진 것이라고 강조하였다. 두 번째로, 아프리카는 이동이 쉽고 빨라지면서 점점 커져 가는 유럽인들의 물리적인 세계를 여행하는 습관의 배후에 있는 의구심을 확인시켜 주었다. 그가 보기에는 그것 안에 어떤 종류의 회피가 있었다. 특별한 목적을 가진 여행의 타당성을 부인하지는 않지만, 여행을 위한 여행은 또 다른 문제다. 그는 이것을 현대인이 점점 더 자신의 미지의 세계를 탐색하라는 부름을 받은, 훨씬 더 어렵고 시급한 여행의 대체물로 보았다. 마지막으로 아프리카 그 자체만을 고려할 때, 자신의 경험은 그에게 어두운 대륙과 그곳에 사는 원주민이 어떻게 유럽인의 관심을 끌 수 있는가를 보여 주었다. 그것 자체의 물리적인 특징과 사례가 그들의 원시적인 자신 속에 잊혀 있던 것을 불러일으켰다(van der Post, 1978, p. 53).

융이 그가 여행을 통해 벗어나려고 했었던 인종중심주의에 고착되어 종종 아프리카인들은 단순하고, 논리적이지 못하며, '미개한' 등으로 고정관념을 갖는 실수를 하기는 하였지만, 그가 많은 유럽인들이 유럽의 복잡성, 합리주의 그리고 '문명' 등에서 탈출하기 위해 아프리카로 밀려들었다고 말한 것은 옳았다. 그의 '원시' 문화에 대한 평가가 불완전하고 때로는 인종주의적이긴 하였지만, 분명 융은 서방의 '원시적인 것'에 대한 매력은 정체성 위기의 결과라고 보았다. 정신적인 상처를 자신의 문화를 버림으로써 치유하려는 잘못된 시도로 인해 아프리카로 간 많은 정착민, 식민지배자 그리고 선교사들이 고통 속에서, 술에 취해, 폭력과 순교로, 그리고 립 밴 윙클처럼 단순히 잠을 자는 데 시간을 보내면서 그들의 영혼을 잃었다.

미 주———————

1. 1923년에 부기슈 족과 세바이 족을 포함하는 부기슈가 독립된 행정구역으로 선포되었다. 그리고 1924년에 부불로가 부기슈 구역의 중심지가 되었다(La Fontaine, 1959, p. 12).

2. 우간다의 부기슈 지역이 원래 부기슈 심리학 원정대의 목적지였다. 사파리가 원래 계획했던 대로 장소를 정했었더라면, 부불로 지방행정관이 '원정대의' 병참 지원을 위한 주요한 만남이었을 것이다. 부불로의 다과 시간은 그 지방행정관에게는 융의 엘곤 산 연구에 관해 들을 수 있는 기회였고, 융에게는 그에게서 부기슈 족 사람들에 관해 무엇인가를 배울 수 있는 기회를 제공하였다. 아마도 융이 다음의 이야기를 들은 것이 부불로에서였을 것이다.

우간다에 재미있는 주술사의 이야기가 있었다. 물론 내가 보장할 수 없지만, 사실처럼 들린다. 그것은 내게 마술적인 효과의 심리학을 알게 해 주었다. 원주민 노동자들을 고용한 한 백인 농부가 그들을 점차로 다룰 수 없게 되어 몹시 힘들어하였다. 그때 그는 멀리 떨어진 그의 사유지 한 구석 어딘가에 외부에서 들어온 주술사 한 명이 자리를 잡고 초가를 짓고 있는 것을 알았다. 그는 원주민들에게 아주 나쁜 영향을 미쳤고, 그들을 마술에 걸리게 하고 선동하여 백인에게 저항하도록 하였다. 그것을 중지시키기 위해 그 농부는 어느 날 그 주술사가 집에 없을 때 그의 오두막에 불을 놓아 그것을 완전히 파괴하였다. 그러자 그 주술사는 분노에 사로잡혔고, 밤중에 농부의 집 맞은편 언덕에 자리를 잡고 밤새도록 사납게 날뛰었다. 그것이 이 농부에게 극도로 이상한 심리적인 영향을 미쳤다. 그는 마치 동물들이 그에게 덤벼드는 것 같았고, 하이에나가 집에 쳐들어오는 것 같았다고 말하였다. 물론 그것이 모두 상상이라고 말할 수 있지만, 그것이 그런 일들이 일어나는 방식이다. 어느 흑인도 공포로 죽지 않을 것이지만, 이 농부는 단지 땀을 흘렸을 뿐이다. 그는 분명히 주술사의 미친 분노에 영향받은 그 공포에게서 자신을 보호하기 위해 그의 특징인 힘과 합리주의를 총동원해야만 하였다(S 2, pp. 366-367).

융은 정동이 모든 사람, 심지어 '문명화된' 사람에게도 '마술적인 효과'를 미친다는 그의 믿음을 예시하기 위해 이 이야기를 사용하였다(S 2, p. 367). 또 다른 경우에 융은 바나나 농장이 많았던 우간다의 부기슈 지역에서 일어났을 법한 이야기를 하였다. 아마도 그는 이 이야기도 그 지방행정관에게 들었을 것이다. 그는 이 이야기를 '인생은 그 결과에 도달하려고 하고, 만일 그것에 조화하지 않는다면 아무것도 아닌 것처럼 축출당한다. 마치 존재하지 않았던 것처럼.'이라는 사실을 예시하기 위해 이야기하였다. 이것은 그에게 다음을 생각나게 하였다.

야생 코끼리 한 마리가 했던 것을 생각나게 하였다. 바나나 농장에는 개미, 쥐 등의 해충을 막기 위해 지주대로 세운 작은 집이 있었다. 그들은 거기에 바나나를 보관한다. 그 작은 창고에서 한 늙은 흑인 여자가 바나나 꼭대기에서 잠이 들었다. 그때 야생 코끼리 한 마리가 농장에 들어왔다. 물론 그놈은 오두막 안에 있는 잘 익은 바나나 냄새를 맡았고, 그래서 그 지붕을 부순 뒤 밀고 들어가 그 늙은 여인을 내던졌다. 그리고는 안에 있는 바나나 다발을 다 먹어 치웠다. 그녀는 비명을 지르며 나뭇가지에 떨어졌지만 죽임을 당하지는 않았다(S 4, p. 406).

3. 융과 일행은 근처의 오웬 폭포도 방문하였다(Bailey, 1970, p. 25).

4. 1954년에 오웬 폭포 댐이 완공되면서 빅토리아 호수 수면이 높아져 리폰 폭포와 이 표지판이 잠겼다.

5. 1월 1일 자 편지에 융은 그들이 1월 15일에 증기기관차에 탈 것이라고 예상하였다(CL 1, p. 44).

6. 그래서 융이 마신디에 있는 동안에 그가 왕비로 알아보았던 아프리카 여인을 만났던 것이다. 그는 그녀를 '두 개의 사자 발톱으로 된 멋진 장신구를 한 아프리카 왕비'로 묘사하였다(S 2, p. 625).

   그녀는 아주 멋지고 존경스러운 부인, 한때 한 명의 왕비만 거느리고 있는 존경받는 왕의 아내였다. 그러나 그는 매해 새 왕비를 맞이하였다. 이 여인의 해가 저물어 가고 있었고, 그녀는 이미 다른 친구들을 찾고 있었다. 이것이 우간다에서는 훌륭한 인물이 되는 것 같다(S 2, pp. 625–626).

   융은 그가 어디서 이 왕비를 만났는지는 언급하지 않았지만, 마신디 시는 1967년까지 훌륭한 왕(무카마)이 지배했던 고대 바요로 왕국의 중심지였다.

7. "개인적인 수완이 없으면 아내를 얻을 수 없었기" 때문에 식민지 관리들은 "중년의 나이가 되기 전에는 결혼을 단념해야 하였다."(Trench, 1993, p. 16) 이것은 "많은 관리들이 다른 일들, 즉 현지처를 거느렸음"(Trench, 1993, p. 16)을 의미하였다. 외무성은 이것에 대해 "강력한 금지"를 공표하였지만, "위반한 개인들에게는 관대한 처분"(Trench, 1993, p. 16)을 하였다. 이 지방행정관이 아프리카 여인과 같이 살고 있다는 것을 루스만 기억하였지만, 융은 아프리카에서 이런 일을 보았다고 인정하였다.

   이런 일(아프리카인과 잠자리를 같이하는)을 하는 백인은 그의 권위를 상실할 뿐 아니라 '흑인화될' 심각한 위험에 처한다. 나는 아주 교훈적인 이런 몇몇의 예를 관찰하였다. 나는 원주민들이 어떤 백인을 "나쁜 놈이야."라고 판결내리는 것을 아주 자주 들었다. 그 이유를 묻자 그들의 대답은 한결같이 "그가 우리 여자들과 잠을 잔다."였다(MDR, pp. 261–262).

   오이겐 롤페와의 대담에서 융은 아프리카인과 잠자리를 한 유럽인 여자의 이야기를 하였다고 들었다.

   한번은 동아프리카 다레스 살람에서 나는 일렬로 늘어선 부족의 추장들을 본 적이 있다. 그런데 놀랍게도 그들 중 백인 여자 한 명을 보았다. 그녀는 실제로 내게 유창한 영어로 인사를 하였다. 그녀는 선교사의 아내였었는데, 그것이 그녀를 힘들게 했고, 그녀는 부족의 추장 중 한 명과 결혼하였다(Rolfe, 1989, p. 200).

   융이 동아프리카 여행 중 다레스 살람에 가지 않았기 때문에 롤페가 분명히 이 이야기의 장소를 잘못 들은 것이다.

8. 융이 슈카shuka(허리에 걸치는 간단한 옷)를 가리키는 것이다.

9. 아니엘라 야훼는 그들이 앨버트 호수로 가는 경로를 따랐다고 기록하였다(Jaffé, 1979, p. 169).

10. 그들이 70km를 걸었다는 루스의 기억은 근본적으로 융과 일치한다. 수단에서 그들이 걸었던 것에 대해 참조해야 할 것은, 융은 "그들(짐꾼들)은 폭서 중에 머리에 27kg의 짐을 지고 62km를 걸을 수 있다. 나는 그런 짐을 지지 않고 그들을 따라가는 것이 세상에서 가장 어려웠다. 그들은 거의 달려갔다."(S 1, p. 696)고 말하였다.

11. 이 사건의 순서는 주로 루스가 빈센트 브롬과 바버라 해나에게 쓴 편지에 근거하고 네임체 대담에서 얻었다.

12. 여기서 기록에 약간 일치되지 않는 점이 있다. 네임체 대담에서 루스는 도보 여행 셋째 날 밤에 응고마(춤)가 있었다고 말한다(Bailey, 1969, p. 32). 해나에게 한 편지에서 루스는 그들이 도보 여행 둘째 날 밤이 지난 다음 트럭을 얻어 탔다고 적었다(Hannah, 1991, p. 176n).

13. 때로 자신의 농장에서 불법적으로 응고마를 하도록 허용했던 카렌 블릭센이 적었다.
    이 춤은 천 년 동안 추어 왔을 것이다. 그들 중 일부는 백인 정착민들에 의해 부도덕하다고 제지당하였다. 그들은 그것을 법으로 금지해야만 한다고 느꼈다. 한번은 내가 휴가차 유럽을 다녀왔을 때, 25명의 나의 젊은 전사들이 커피 수확이 절정인 계절에 농장에서 금지된 야간 응고마 춤을 추었다고 내 관리인에 의해 감옥으로 보내진 것을 알았다. 나는 그때 우리의 지방행정관과 이 문제를 의논하기 위해 나이로비로 가야 했다. 그리고 춤꾼 무리 전체를 농장으로 데리고 와 커피를 수확하게 하였다(Blixen, 1985, p. 170).

14. 융은 이 원형적인 발작을 묘사하였다.
    여러분들이 원시적인 상태, 태고의 숲 속에서 원시적인 사람들 속에 살고 있을 때, 그 현상을 알게 된다. 여러분이 마법에 사로잡힌다. 그러면 여러분은 기대하지 않았던 어떤 것을 행한다. 내가 아프리카에 있을 때, 몇 차례 그런 상태에 빠졌는데, 그 후에 나는 매우 놀랐다. 내가 수단에 있었던 어느 날 나는 그 순간에는 전혀 인식하지 못했지만 실제로 아주 위험한 상태에 있었다. 그러나 나는 마법에 의한 발작을 일으켰고, 내가 기대하지 못했을 것을 하였다. 그것은 내가 고안해 낸 것이 아니었다. 원형은 힘이다. 그것은 자율성을 가지고 있고 여러분을 갑자기 사로잡을 수 있다. 그것은 발작과 같다(CGJS, p. 294).

15. 이 기간 중 어느 때 융이 실수로 레자프 주변 잡목림에 불을 냈다. 루스는 그 불이 걷잡을 수 없이 커졌고 새와 작은 짐승들이 모두 거센 불길에서 도망쳐야만 했다고 기억하였다(Bailey, 1970).

16. 역자 주─모래파리sandfly는 모래 지역에서 만나는 날고, 물며, 피를 빨아 먹는 모든 종의 쌍시류를 가리키는 구어다.

17. 브롬이 이 꿈은 "그들이 지방행정관과 함께 있는 동안에 꾸었다."(Brome, 1978, p. 210)고 하였다. 그는 이 정보의 출처를 언급하지 않았다.

18. S 2, pp. 24, 619-620도 보라.

19. 윌리엄 맥과이어는 융이 1910년에 해럴드 파울러 매코믹의 조카손자인 메딜 매코믹을 분석하기 위해 미국 여행을 했다고 하였다. 융은 양극성 기분장애를 치료하고 있었다. 이 매코믹을 응급으로 분석하는 동안에 융이 차타누가에서 머리를 깎았다(McGuire, 1995, p. 307).

20. S 2, p. 617ff와 S 5, pp. 116-117도 보라.

21. 나는 이 융학파 심리학의 중요한 측면에 대한 통찰을 갖는 데 융학파 분석가 해리 윌머의 도움을 받았다.

22. 융이 볼링겐 성탑으로 은거한 것은 그의 '흑인화하려는' '원시로 가려는' 욕망을 받아들인 것이라고 강조해야만 한다. 융은 1922년에 은신을 위해 호숫가의 땅을 샀고, 그 후 33년의 기간 동안 돌로 된 탑을 지었다. 볼링겐에 있는 성탑을 건설하는 일은 그의 두 번에 걸친 아프리카 여행과 두 번의 미국 여행을 포함하는 여행 기간과 일치한다. 재미있게도 그는 처음에는 돌탑이 아니고 '일종의 원시적인 단층 거주지'를 계획했었다(MDR, p. 223). 그가 이 계획을 묘사하였다.

그것은 원형의 구조를 가지고, 그 중심에는 화덕이 있으며, 벽면을 따라 침상이 있어야 했다. 나는 어느 정도 몇 개의 돌로 둘러싸고, 그 가운데서 불이 타며, 가족의 생활 모두가 이 중심 주변을 돌며 행해지는 아프리카 오두막을 염두에 두었다. 원시인의 움막은 전체성, 그 안에 모든 종류의 작은 가축까지 참여하는 가족적 전체성의 생각을 구체화한다(MDR, pp. 223-224).

아프리카식 '오두막'을 만들지는 않았지만 볼링겐은 그의 '원시적인' 퇴거를 가능하게 해 주었다. 그 시설은 내부 배관이나 전기가 없었다. 물은 우물에서 길었고 등유등이 사용되었다. 융은 그의 일생을 통해 주말과 휴가를 볼링겐에서 보냈다. 거기서 그는 화덕을 손질하고, 오래된 등에 불을 켜며, 장작을 패고, 불 위에서 요리를 하면서 '원시인'이 될 수 있었다. "이 단순한 행위들이 우리를 단순하게 한다. 단순하게 된다는 것이 얼마나 어려운가."(MDR, p. 226) 루스는 융이 볼링겐에 있을 때 늘 아프리카에서 가져온 카키색 반바지를 입었다고 기억하였다(Bailey, 1970, p. 178). 그는 볼링겐에 있을 때, "나는 진정으로 나 자신이다."(MDR, p. 225)라고 적었다.

08

수드와
모래 사막

JUNG
IN
AFRICA

JUNG
IN
AFRICA

수드와 모래 사막[1]

나일 강 아래 1,600km

나일 강 증기선은 보통 레자프에서 하르툼까지 구불구불한 1,770km를 11일 만에 항해하였다(Dietz, 1926, p. 97). 이들 여행사 혹은 정부 소유의 외륜선에 승선한 승객들은 관리, 군인, 여행자, 과학자, 사냥꾼 또는 선교사들이었다. 이 배의 라이스reis(원주민 항해사)와 직원은 본래 아랍어만 구사하였다. 나일 강에 있는 증기선 이외의 다른 교통수단은 군함, 바지선, 다하비(돛이 있고 지붕이 있는 나일 강의 여객선), 그리고 원주민의 카누 등이 있었다. 레자프로 오는 힘든 행군을 하고 그들의 아프리카 사파리를 끝마친 뒤에 이 외륜선은 호화스럽게 보였음에 틀림이 없었다. 모든 승객은 침대가 있고 모기장과 개별 욕실이 딸린 각자의 객실이 있었다. 아침 식사, 점심 다과 그리고 저녁 식사가 식당에서 규칙적으로 제공되었다. 수드의 타는 듯한 더위와 숨 막히는 공기 속에서 갈증을 해소시켜 줄 에비앙 생수와 찬 맥주가 제공되었다. 루스는 그들이 갑판에서 스쳐 지나가는 동네를 바라보면서 한가하게 시간을 보냈다고 기억하였다.[2] 이들은 바리 족(그들이 걷는 동안에 만났던), 실룩 족 그리고 딩카 족의 마을이었다.[3]

수드Sudd(아랍어로 '막힘'을 의미함)는 바-엘-예벨 수로가 뚫린 1900년이 되어서야 항해할 수 있게 되었다. 이곳의 통로는 좁았고, 수로 너머로 수 마일이 펼쳐져 있으며, 수면 위로 6m나 자란 파피루스 유역을 통과해서 고리와 S자 곡선을 그리며 굽이쳐 흘렀다. 여러 날 동안 끝없는 늪지대 외에는 보이는 것이 아무것도 없었고, 때때로 새소리나 하마의 콧바람 소리가 정적을 깨트릴 뿐이었다. 1907년에 나일 강을 따라 여행했던 처칠은 묘사하였다.

> 풍경에서 아름다움은 사라지고, 땅에서 풍요도 사라진다. 우리는 강우량이 풍부하고, 적도의 풍성함이 있으며, 유순한 사람들, 눈부신 새와 나비 그리고 꽃이 있는 땅을 떠난다. 우리는 죄악과 금단의 영역으로 들어간다. 그곳의 자연은 잔인하고, 황량하며, 인간은 광신적이고, 종종 총으로 무장을 하며 ……우리는 특성이 대비되고, 불친절함에 있어 무서운, 단테의 지옥계와 같은 두 개의 연속되는 사막에 들어간다. 수드 사막과 모래사막(Churchill, 1908, p. 118).

수드에서 배는 계속해서 바위와 모래톱을 피해서 곡선을 그리며 방향을 전환해야 하였다. 항해의 어려움 때문에 증기선은 매일 저녁 해 질 무렵에는 반드시 정류장에 정박하였다. 이 습지 동네에는 흰색 치장 벽토로 된 공공건물과 가게, 전신국, 감옥, 그리스 상인 소유의 작은 상점, 왕립 아프리카 소총부대 경비병들의 초가 막사, 열을 지어 묶여 있는 '원주민의' 낚싯배, 군함 그리고 증기선 등이 있었다. 정박장에서 선장은 석탄이 너무 비싸기 때문에 엔진을 가동시킬 나무를 샀다(Dietz, 1926, p. 103). 요리사는 신선한 계란, 우유, 과일, 채소, 치킨 등을 구하고 식품 저장고를 채우러 강가로 나갔다(Dietz, 1926, p. 188). 루스는 한 정박장에서 수박을 사기 위해 강가로 나갔었다(Bailey, 1970, p. 30).[4]

수드에 있는 동안, 어느 날에 그들이 타고 있던 '증기선을 안전하게 하기 위해' '바지선'을 그 옆에 가져왔던 것을 융이 기억하였다(S 1, p. 134). 정박장에서는 배들을 함께 단단히 고정하는 것이 일반적이었다. 한번은 저녁에 승객들이 그들의 방에 들어갔고 배를 치는 물소리가 그를 잠재우기 시작하였는데, 융은 사람 소리에 잠에서 깨어났다.

> 한 바지선에 누워 있었던 아랍인 한 명이 말라리아를 앓고 있었다. 그날 밤새도록 나는 그가 '알라!'를 부르고 조금 있다가 다시 규칙적으로 '알라'를 부르는 소리를 들었다. 그것은 그의 신의 이름으로 낮게 해 달라는 기도였다(S 1, p. 134).

융은 그날 밤 이 무슬림의 외침을 성가신 소리가 아니라 우주로 퍼져 나가는 멜로디, 무에찐(역자 주-이슬람교 사원의 기도 시작을 알리는 사람)의 기도를 부르는 소리로 들었다. 다른 상황이었더라면 이 소리는 견딜 수 없었을 것이지만, 수많은 별이 빛나는 수단의 밤 아래에서 그것은 조화로웠다. 융은 집으로 돌아와 이 목구멍에서 나는 외침을 기억하기 위해 몇 개의 아랍어 레코드판을 구입하였다 (Protocols, box 1, folder 13, p. 378).

그들은 쥬바, 라도, 몽갈라, 톰베 정박장을 지났다. 몽갈라에서 그들은 지방행정관과 점심을 먹었고, 융은 그의 흑인 이발사의 꿈을 꾸었다. 톰베를 지난 다음 나일 강은 바-엘-제라프에 들어가면서 넓어지기 시작하였다. 그렇지만 수드는 말라칼까지 계속 이어졌다. 그들은 그곳에 거의 여섯째 날에 도착하였다. 야자나무로 둘러싸인 흰색과 노란색의 모래 포켓이 파피루스가 가득 찬 수드의 단조로움을 깨면서 멀리 산이 보이기 시작하였다. 여기서 그들은 광활한 물을 떠나 광활한 모래로 들어갔다.

하르툼

증기선은 2월 둘째 주에 영국–이집트 공동통치국의 수도인 하르툼에 도착하였다. 인구가 약 50,000명이었던(Fluehr-Lobban et al., 1992, p. 110) 모래 속에 있는 이 동양의 도시는 백나일과 청나일이 합쳐 나일 강을 이루는 지점에 위치하였다. 이 항구도시는 다채로운 미너렛, 빛나는 왕궁, 막사, 큰 상점, 유럽인 가게, 정원, 선로, 나룻배와 방파제 등이 빽빽하게 들어서 있었다. 이 일행은 수단의 국영 철도회사 소유의 그랜드 호텔 하르툼에 머물렀을 것 같다. 이것은 청나일 강 제방 위에 있는 "앞과 뒤에 넓은 정원이 있는 2층으로 된 큰 방갈로"(Dietz, 1926, p. 36)였다.

하르툼에 있는 동안 융은 고든 메모리얼 대학에서 연설하도록 초청받았다. 교육받은 수단의 애국자를 양성하기 위한 이 식민정부 기관은 찰스 고든 장군(1833~1885)을 기념하기 위해 1902년에 설립되었다. 총독 관저 뒤 광장에 낙타를 타고 있는 거대한 고든 동상이 그의 영웅적인 업적을 기리기 위해 세워져 있었다. 고든은 수단의 영국인 총독으로, 하르툼을 공격한 이슬람교 구세주 강림신봉자Mahdist 군대에 복종할 것을 거부한 뒤 죽어 국가적인 영웅이 되었다. 고든의 인격과 순교는 리빙스턴만큼이나 영국인 대중들의 상상력을 부추겼다. 대학 자체는 "영국인과 원주민 교사들이 원주민 젊은이들을 교육시키기 위해 설립되었다." 이것을 통해 "그들이 수단에서 생계를 유지하게 하고 수단정부와 사업체에" "고위 초등교육, 기술교육을 위한 고등학교, 사범학교와 법률가 양성대학 등으로"(Baedeker, 1929, p. 456) 구성된 요원들을 공급해 주었다. 그 당시 이 대학에는 '약 370명'의 학생이 재학 중이었다(Baedeker, 1929, p. 456).

루스는 융이 일행들을 거의 일주일간이나 하르툼에 머물게 하면서 며칠 동안

이 대학에서 강의를 했다고 기억하였다(Bailey, 1969, p. 35). 하르툼에서 루스와 벡위드가 말라리아에 걸렸다. 융이 기억하기로 벡위드는 레자프에서 달빛 비추는 아름다운 나일 강변을 모기 부츠를 신지 않은 채 산책한 다음 11일이 지나서 심한 말라리아 증상을 나타냈다(Protocols, box 1, folder 13, pp. 373-374). 그때 융은 그를 질책했고, 그가 머지않아 말라리아에 걸릴 것이라고 예견했었다. 상태가 덜 심각했던 루스는 호텔에서 2~3일간 누워 지냈다(Bailey, 1969, p. 35). 그녀는 대용량의 키니네를 복용한 뒤 회복되었다. 그렇지만 벡위드는 집으로 돌아오는 나머지 기간 동안 말라리아 증상이 지속될 것이었다.

루스는 회복된 다음 며칠 동안을 그랜드 호텔에서 멀지 않은 동물원에서 보냈다. 동물원장인 브로클허스트 소령은 루스와 마찬가지로 체셔(잉글랜드 북서부 주) 출신이었다. 한때 "수단의 헌신적이고 특출한 사냥 지역 관리자였던"(Thesiger, 1994, p. 109) H. C. 브로클허스트는 동물원장으로 은퇴하였다. 이곳은 사자 이외에는 우리가 없는 개방된 동물원이었고(Bailey, 1970) 수단을 대표하는 동물들을 모아 놓았다.

이집트

하르툼에서 이집트 국경도시 와디 할파까지는 나일 강의 큰 폭포 때문에 전 구간을 기차를 타야 했다.5 이 철야로 달리는 열차는 24시간이 걸렸다(Baedeker, 1929, p. 445). 그들은 와디 할파에서 매주 월·목요일 저녁에 출발하여 아스완까지 37시간 반 동안 항해하는 수단정부 특급 증기선(수단호, 브리튼호, 로투스 또는 메로호) 중 하나를 타고 강으로 다시 들어갔다(Baedeker, 1929,

p. 409).⁶ 이 증기선은 항해를 시작하고 얼마 되지 않아 아부심벨에서 누비아 고대 기념물을 보기 위해 2~3시간 동안 간단히 정박하였다. 융이 람세스 거상들의 틀을 이루고 열을 지어 있던 비비원숭이를 목격한 데가 이곳이었다. 떠오르는 태양을 향해 아부하는 듯한 비비원숭이의 몸짓을 보고 그는 엘곤 산에서 비비원숭이와 함께 아침 시간에 명상했던 일이 생각났다. 융은 배 위에서 "(독일인 기술자가) 길이가 2.7m 이상 되는 동상의 손가락이 있는 장소로 물러서는 것을 바라보면서 여러 시간을 보냈다."(Bair, 2003, p. 353)

아부심벨에서 그들은 계속해서 나일 강을 따라 482km를 내려가 상이집트 최남단 도시 아스완까지 갔다. 나일 강은 이 482km를 뻗어 나세르 호수가 되었다. 이 호수는 1912년에 아스완에 1.6km 두께의 높은 댐을 완공하면서 만들어졌다. 그 당시 이것이 여행자의 주요 관심거리로 여겨졌다. 베이네스의 필름이 이 거대한 시멘트 구조물을 담고 있다.

원래는 누비아에 대항하여 이집트를 지키는 국경도시였던 아스완은 이제 16,000명이 거주하는 관광도시였다. "그것이 갖고 있는 매력적인 모습과 온화하고 건조한 기후로 인하여 아스완은 특히 11월에서 2월까지, 아니면 그 이후까지 휴양지 리조트로서 커다란 매력을 가지고 있었다."(Baedeker, 1929, p. 379) 이들 일행은 야자수가 심어져 있는 강변의 1급 여행자 호텔 중 하나에 며칠 동안 머물렀다. 그들이 배데커 여행 안내서에 니오는 3일산의 여행 일정을 따랐다는 것이 그 증거가 되었다. 이 일정에는 바위 무덤, 코끼리 섬, 아스완 박물관, 화강암 채석장, 필라에 있는 반쯤 잠긴 사원7, 아스완 댐8과 성 시미온(Baedeker, 1929, p. 379) 남자 수도원 등을 방문하는 것이 포함되어 있었다. 바위 무덤 중 어느 곳에서 융은 "개방된 지 얼마 안 되는 고대 이집트인의 무덤에"(CW 9i, p. 239) 들어갔다. 융은 무덤 안 "출입문 바로 뒤에서" "신생아의 마른 몸이 넝마에 싸인 채 담겨 있는 갈대로 만들어진 작은 바구니"(CW 9i, p. 239)를 보았다. 그는 인부의 아내 중 한 명이 '그녀의 죽은 아이 시신을 마지막 순간에 귀족의 무덤 속에 서둘러 놓았을 것'이라고 추측하였다. "그것이 신성한 자비의 손길이 미치는 성스러운 영역에 묻혔기 때문에, 그가 새롭게 솟아나기 위해 태양 수레에 탔을 때 구원받을 것이라는 기대를 하고 그렇게 했을 것"(CW 9i, p. 239)이라고 생각하였다.

일행은 아스완에서 순결한 흰색 기차를 타고 룩소르로 갔다(Bailey, 1970). 이것은 매일 운행하는 '야간 특급'으로 4시간 반 동안 여행을 하였다(Baedeker, 1929, p. 355). 룩소르는 "19,000명이 살고 있는 지방 수도였고 상이집트의 관광 중심지였다."(Baedeker, 1929, p. 269) 1922년 룩소르에서 투탕카멘의 무덤이 발견되면서 고대도시 테베의 폐허 위에 건설된 이 잠자는 도시가 세계적인 주목을 끌었다. 그리고 그곳은 여러 주 동안 머물러도 모든 것을 다 볼 수 없는 세계적으로 가장 유명한 여행 목적지 중 하나가 되었다.

그렇지만 융과 일행은 룩소르에 며칠 동안만 머물렀던 것으로 나타난다.[9] 그들은 3.2km 더 하류에 있는 카르낙 신전을 방문하였다.[10] 그 장소로 가는 동안 "여행자가 거의 없었던 지방을 지나가면서" 융은 "놀라운 상, 거대한 남근을 가진 허수아비 하나"(S 2, p. 925)를 보았다.

일행은 왕들의 계곡(비반 엘-무룩)도 방문하였다. 그 계곡의 건조한 상태가 23명의 파라오 미이라를 보존하기에 완벽하였다. 루스에게 이 '놀라운' 날이 사랑스러운 기억으로 각인되었다(Brome, 1978, p. 211). 그들은 모두 족장이 제공해 준(Bailey, 1969, p. 42) 낙타를 타고 바그다드에서 낙타군단에 있었던 베이네스의 안내로 이 신비스러운 계곡에 들어가면서 기분이 좋아 보였다(Brome, 1978, p. 211). 가는 길에 루스가 낙타에서 떨어지면서 벡위드를 잡아당겨 둘이 함께 부드러운 모래 위를 뒹굴었다(Bailey, 1969, p. 43). 루스는 낙타를 맡았던 안내인(현지 안내인)

이 교육을 잘 받았고 융과 함께 코란에 관한 대화를 하였다고 기억하였다. 그 안내인은 융이 그보다 코란에 대해 더 많이 알고 있는 것에 놀랐다고 보고되었다(Bailey, 1969, p. 44). 돌아오는 길에 그들은 콥트교(이집트 재래의 기독교파) 수도원에 들렀다. 그곳은 여자의 출입이 허용되지 않았음에도, 융이 루스에게 소년처럼 차려입게 하여, 그녀는 일행과 함께 들어갔다(Brome, 1978, p. 211). "C. G. 융은 낙타를 타고 피부가 벗겨져서 호텔로 돌아오는 길에는 무개마차로 들어갈 수밖에 없었다."(Brome, 1978, p. 211)

룩소르에서(Bailey, 1970) 융과 베이네스는 관광객에게 시범을 보여 주었던 뱀 마술사에게 매료되었다. 그들은 이 현상을 심리학적인 관점에서 관심을 갖기 시작하였다. 베이네스는 코브라를 가지고 행하는 한 마술사의 시연을 필름에 담았다.[11] 융이 나중에 이때 그가 들었던 이야기를 하였다.

나는 뱀을 잡고 있는 동안에 늘 어린 소년을 팔에 안고 돌아다니는 뱀 마술사 이야기(실제 이야기는 이집트에 고용된 스위스 기술자가 내게 해 주었다)가 기억난다. 그는 카이로에 사는 유명한 사람처럼 전문가가 아니었다. 그는 뱀이 실제로 골칫거리가 되었을 경우에 불렀던 베드윈 족 사람이었다. 그 지방은 뿔 달린 모래 독사가 많았고, 그것들은 맹독성이며, 모래 속에서 머리끝만 내밀고 먹잇감을 기다리고 있다. 원주민 노동자들 중에 피해자가 많았다. 그들이 그것을 잡을 수 없어서 어쩔 수 없이 이 뱀 마술사를 불렀다. 그는 휘파람을 불며 그 어린 소년을 안고 나타났다. 그는 그 소년이 그를 보호하기 위해서는 꼭 필요하다고 말하였다. 그는 수풀을 돌아다니고 손을 집어넣어 완전히 뻣뻣하고 마술에 걸린 상태에 있는 뱀을 끄집어냈다(S 1, p. 678).

이 '실제 이야기'는 융이 나중에 신화와 민담의 자료가 실제로 평범한 서민의 삶에서 실현되는 '일급의 신화적인 만남'이라고 이름 붙인 것과 상통한다. 이 소년의 순진성이 독이 있는 뱀으로부터 보호해 주었다는 이 이야기의 교훈은 융으로 하여금 그의 순진하고 낙천적인 여행 동료이고, 위험은 안중에도 없어 보였던, 조지 벡위드—아프리카 사파리 내내 뱀을 유혹했던 영원한 젊은이—를 생각하게 했음에 틀림이 없다.

카이로

다음에 들렀던 곳은 아프리카와 아랍 세계 둘 모두에서 가장 큰 도시인 카이로였다. 카이로의 인구는 백만이 넘었다(Baedeker, 1929, p. 46). 이 국제적인 이슬람교 도시에는 이집트인 말고도 많은 수의 수단인, 터키인, 시리아인, 그리스인, 이탈리아인, 영국인 그리고 페르시아인 등이 살고 있었다. 일행은 카이로의 서쪽에서 12.9km 떨어진 기자의 대피라미드 아래에 있는 유명한 메나 하우스 호텔에 머물렀다. 이 고급 호텔은 자체의 우체국, 전신국, 약국, 오케스트라, 의사, 목사, 골프 링크, 테니스와 크로켓 코트, 수영장, 사격장, 도서관, 마구간 등을 갖추고 있었다.

풍요로움 속에서 루스는 그들이 도착한 다음 때때로 융에게 예정된 사콰라 피라미드 산책을 가기보다는 벡위드와 수영하면서 보내겠다고 통보하기도 하였다. 루스의 이런 태도를 융은 이해할 수 없었다. 그들이 지금까지 보았던 어느 것도 이집트 전체에서 가장 오래된 도시인 사콰라와 비교할 수 없었기 때문이었다. 그곳에 가면 말 그대로 5,000년의 역사 위에 서 있게 되는 것이다. 융이 루스에게 몹시 화를 내서 그녀는 마지못해 그를 따라 피라미드로 갔다(Bailey, 1969, p. 40). 말라리아와 싸운 루스와 벡위드가 쉴 틈 없는 관광 일정에서 휴식이 필요했을 것이라는 생각을 융은 확실히 못했던 것 같다. 루스의 치기 어린 경솔함에 대한 벌로 융은 사콰라 순례 시간 동안 그녀에게 말을 걸지 않았다. 마침내 루스는 그에게 이렇게 유치한 행동을 계속한다면 당장 영국으로 돌아가서 베이네스와 벡위드와 함께 그를 홀로 남겨 두고 떠날 것이라고 통보하였다(Bailey, 1969, p. 42).[12] 융이 빠르게 고친 것을 보면 이 위협이 통했던 것 같다.

그들이 카이로에 머물렀던 기간은 약 1주일이었다.[13] 융과 루스는 그 기간 내내 시내의 여러 박물관에서 함께 시간을 보냈다. 그들은 투탕카멘의 보석과 관을 보았던 고대 박물관을 방문하였다(Bailey, 1969, p. 44). 루스는 특히 유리 속에 보관된 람세스 대왕의 미이라에 강한 인상을 받았다. 그녀는 그가 살아 있는 것 같다고 생각하였다(Bailey, 1969, p. 44). 융은 독일인 거주자 소유의 개인 소장 고대 유물을 보러 오라는 초대를 받기도 하였다. 융은 수집품에 매혹되어서 호텔로 돌아오는 길에 길 한가운데에서 술 취한 사람처럼 그를 부축해 주는 루스와 함께 넘어졌다. 그녀는 자신을 파티에서 술 취한 아버지를 집으로 데리고 가는 딸로 생각하였다(Bailey, 1969, p. 45).

그들은 영묘가 미로처럼 있는 칼리프 공동묘지의 무덤과 같은 카이로의 무슬림 지역도 방문하였다. 관광하는 동안 융의 현지 안내인이 그에게 철학적인 수수께끼를 냈다. "그 자신이 영원히 있게 될 집을 짓는 사람과 오로지 잠시 동안만 있게 될 집을 짓는 사람 중 누가 더 영리할까요?"(CW 18, p. 753) 분명한 답은 영원히 있게 될 집을 짓는 사람일 것이다. 이것이 이집트의 기념비적인 장례 계획에 대한 집착과 이슬람교의 영원한 하늘의 보상에 대한 강조를 설명하였다. 융은 이 수수께끼를 인생의 후반기에 "무의식은 죽음과 영생을 준비하면서 종종 아주 강렬한 방식으로 드러난다."(CW 18, p. 754)라고 주장하는 것으로 해석하였다. 그러나 이 수수께끼에 대한 자명한 대답이 융에게 "우리 현세의 가치를 낮게 보려는 것"(CW 18, p. 753)을 의미하지는 않았다. 그 대신에 현세의 집 건물은 영원한 집을 위한 준비였다. 그러니 어느 사람이 더 현명한가? 그 현지 안내인이 무엇을 생각했는지는 듣지 못하였다.

이슬람의 오래된 저 세상의 관점은 자아의 시공간 한계에 국한되지 않은 자기의 영원한 본질에 대한 융의 이해와 부합된다. 구 카이로에서 융은 한 모스크를 방문해서 그곳에 앉아 이런 인간 정신의 영원한 측면을 곰곰이 생각하였다. 이곳이 879년에 아메드 이븐 툴른이 지은 카이로에서 두 번째로 오래된 이븐 툴른 모스크였을 것이다.[14] 그것은 메카의 카바를 그대로 복제하려고 고안된 둘러싼 벽 안에 개방된 광장이 있는 초기 모스크의 단순한 설계를 따랐다. 융이 한 번은 해나에게 이 모스크를 자세히 묘사하였다.

> 그것은 양쪽 면에 아름답고 넓은 기둥이 있는 회랑을 가지고 있는 완벽한 사각형이다. 의례적인 씻김을 행하는 세정의 집은 중심에 있었다. 거기서 샘물이 앞으로 고이고, 젖어지며 영적인 재생을 위한 욕실을 만들었다. 융은 밖의 먼지 많고 붐비는 거리를 묘사하였다. 그리고 그는 이 넓은 홀이 하늘의 정원에 들어가는 것 같아 보였다고 말하였다. 마치 그것이 하늘나라인 것처럼 말이다. 그는 완벽한 집중과 거대한 천공이 이 종교 안으로 받아들여진 것 같은 인상을 느꼈다. 하나님이 실제로 소명인 종교, 마침내 그가 이해할 수 있게 된 종교에 ……그는 이 넓은 홀에 메아리치는 '알라'라는 외침을 들었다고 하였고, 그 소리가 하늘에 퍼지는 느낌이었다고 말하였다(Hannah, 1991, p. 180).

그 안에 앉아서 융은 모스크의 만달라 모양 구조를 보았다. 1926년까지 융은 만달라를 자기의 상징으로 발견했지만, 아직 그것에 대한 글을 쓰지 않았었다. 아프리카 사파리를 마친 다음 융은 전형적인 자기 상징으로서 만달라에 관해 폭넓게 저술할 것이다. 융이 인도와 중국의 종교를 조사했던 것처럼 열정적으로 이슬람교를 연구하지는 않았지만, 그가 이집트에서 "모스크가 기독교 교회보다 훨씬 더 인상적이라는 것을"(S 1, p. 335) 보는 동안에 이슬람교에 대한 이해가 증가되었다. 융에게 이것은 영혼의 영원한 본질의 "멋진"(S 1, p. 335) 표현이었다.

여행 끝의 슬픔

일행은 카이로에서 기차로 포트사이드까지 가서 집으로 가는 배를 탈 것이었다. 그들이 여행하면서 벡워드는 또 한 번 심한 말라리아에 걸렸다. 그는 객차 한편에 간호사 루스의 입회하에 죽은 듯이 누워 있으면서 이 여행이 얼마나 의미가 있었는가를 그녀에게 말하였다(Bailey, 1969, p. 35). 그녀는 그가 죽어 가는 것으로 생각하였다.

일행은 포트사이드에서 그들을 이탈리아의 제노바로 싣고 갈 배를 기다리느라 4일을 보냈다(Bailey, 1969, p. 52). 벡워드와 베이네스는 한 명은 말라리아로, 다른 한 명은 심한 치통으로 꼼짝 못하게 되었다(Bailey, 1969, p. 52). 융은 벡워드는 "부주의하다."고 하고 베이네스는 "미쳤다."고 하면서, 확실히 두 명 모두를 동정하지 않았다. 그들이 끊임없이 내는 신음을 피하기 위해 융은 매일 범선을 세내어 루스와 함께 항만에서 여러 시간 항해를 하였다(Bailey, 1969, p. 52). 그들은 오렌지 자루를 들고 가서 온종일을 바다 위에서 보냈을 것이다.

일행은 3월 첫째 주 어느 날 포트사이드를 떠났다. 그렇지만 지중해를 건너는 항해 중 폭풍우가 심하게 몰아쳐 도착이 5일이나 연착되었다(Bailey, 1969, p. 52)! 루스는 모든 사람이 위험한 바다 때문에 갑판에 나가는 것이 허용되지 않아서 선실 밑에서 피난했던 것을 기억하였다(Bailey, 1969, p. 52). 비록 배는 심하게 손상했지만, 루스는 신경 쓰지 않았다. 왜냐하면 그것은 이제 떠나는 동료들과 더 많은 시간을 보내는 것을 의미했기 때문이었다. 그 당시 그녀는 융을 다시는 볼 수 없을 것으로 생각하였고, 이것이 그녀를 심하게 슬프게 하였다.

아프리카에서 유럽으로 다시 돌아온 것은 융에게 '역 문화 쇼크'를 일으켰다. '아프리카 대평원'에서 '작은 만灣들'과 '눈 덮인 산'이 있는 이탈리아 해안선에 가까워지면서 그는 마치 '해적'의 땅에 들어가는 것 같은 느낌이었다. "그곳 대초원 위에서 조용하고 짐승 같은 사람들을 습격하는 것"(S 1, p. 337)처럼 느꼈다. 이 해안에서 "백인들이 무서운 질병과 화주를 들고, 마침내 사람들을 파괴시킬 감염된 의복을 팔며 배를 타고 왔다."(S 1, p. 337) 아프리카화된 융은 이제 '백인'을 "지구를 삼키는 짐승이고 전 세계가 그를 두려워하는 것"(S 1, p. 337)으로 보았다. 그 자신의 문화 밖에서 준거점을 얻은 다음에 고향 집은 다시 같은 것이 될 수 없을 것이다.

이 여행은 배가 거센 폭풍 속에서 코르크 부표처럼 지중해에 흔들거리면서 동시성적으로 끝났다. 회색빛 하늘, 줄기차게 내리는 비 그리고 거품을 일으키는 녹색 바닷물 등은 배 위에 있는 그들 내면의 정서불안, 개인적인 긴장과 어두운 징조를 반영하였다. 벡위드는 돌아와서 파리의 병원에서 2~3개월간을 보낼 것이었다. 그는 회복되자마자 얼마 되지 않아 사고로 죽을 것이다(Protocols, box 1, folder 13, p. 374). 아내를 장사 지낸 날 아프리카를 향해 떠났던 베이네스는 신생아 아들에게 돌아갈 것이다. 이 아들은 아버지의 사파리 때문에 죽은 어머니에게서 태어난 아이다. 융의 개인적인 문제—벗어나려고 아프리카를 찾았던—는 여전히 그를 기다렸다.

아마도 아프리카의 심장으로 가는 모든 원정대가 그러하듯이 융의 사파리도 가라앉는 느낌으로 끝났다. 이븐 바투타에서 시작하여 스탠리, 헤밍웨이에 이르기까지 아프리카 탐험은 종종 멜랑콜리의 색조를 띤 용두사미의 환멸과 우울감으로 결말을 지었다. 아프리카 태양의 밝은 빛으로 그을린 갈색의 피부를 가진 사람들에게 집으로 돌아오는 것은 늘 심하게 고통스러웠다. '프로토콜' 중 융이 그의 아프리카에서의 경험을 이야기하는 부분은 이런 절망의 기분이 실려 있다. 그는 아프리카를 묘사하려는 시도는 늘 실패하였고, 단지 아프리카가 그에게 의미하는 것을 설명하면서 더듬거릴 뿐이었다고 말하였다. 이 밑에 깔린 감정은 슬픔, 그가 엘곤 산에서 '원주민들'과 비비원숭이와 나누었다고 느낀 슬픔이었다. 그것은 동경, 애도, 외로움, 설명할 수 없는 명치끝 통증이었다. 마침내 융은 확신하였다. 그것은 아프리카를 그리워하는 '향수병'이었다.

그들이 제노바에 도착하자 융의 16세 된 아들, 프란츠가 마중을 나왔다. 그는 엠마 융이 항구로 마중 나가라고 보낸 것이었다. 프란츠는 융과 베이네스와 함께 취리히에 갔고, 루스와 벡위드는 배를 타고 마르세이유로 갔다. 루스는 엠마가 융이 아프리카에서 어떤 여자를 골랐는가에 대해 보고받기 위해 그녀를 만나러 프란츠를 보낸 것으로 추측하였다(Bailey, 1969, p. 53). 융과 베이네스는 3월 14일에 취리히에 도착하였다.[15] 이 여행은 그날까지 거의 5개월이 걸렸다.

미 주

1. 역자 주–남수단 세 지역 중 하나인 바르 알 자발Bahr al Jabal 지역에는 수드Sudd 또는 애즈 수
드As Sudd, 알 수드Al Sudd라고 불리는 광활한 습지대가 펼쳐져 있다. 수드는 세계에서 가장 큰
습지대 중 하나이며, 나일 강 유역에서 가장 맑은 물로 이루어진 습지대이기도 하다. 백나일
강White Nile River으로 인해 형성된 거대한 수드는 전 국토의 15% 이상을 차지한다. 길이가 남
북 500km, 동서 200km에 이르며, 평균 면적은 약 3만 평방킬로미터지만 우기에는 면적이 약
13만 평방킬로미터로 확장된다.

2. 융은 간간히 배를 떠나 나일 강 주변 마을을 방문할 기회를 가졌을지도 몰랐다. 1930~1934년
에 행한 세미나에서 그는 '적도에서 약 5도 위에 있는 남수단에서' 보았던 '원주민 초가집' 안에
있는 화덕을 자세히 묘사하였다(S 2, p. 1140). 그 위치가 몽갈라 시 주변이었을 것이다.

3. 1936년의 세미나에서 융은 수단 남부지방의 딩카 족을 탐험했던 영국인 관리에 대한 이야기를
하였다. 융에 의하면 이 관리는 딩카 족 '추장'과 창으로 결투를 해서 이겼고, 그 결과로 딩카
족을 다른 지방으로 옮기게 했다(S 5, p. 194). 융이 이 이야기를 잘 알고 있는 것은 그가 나일
강을 따라 내려가는 동안에 그곳에 들렀음을 암시한다.

4. 루스는 이곳이 말라칼이었다고 기억하였다. 베이네스의 필름이 그들이 영국과 이집트 국기가
나란히 펄럭이는 말라칼에 도착한 장면을 찍었다.

5. 네임체 대담에서 루스는 그들이 나일 강의 큰 폭포 때문에 룩소르에서 기차를 탈 수밖에 없었
다고 기억하였다. 그렇지만 그녀의 기억은 여기서 잘못되었음이 드러날 것이다. 나일 강의 주
요 폭포 중 네 개가 하르툼과 와디 할파 사이에 위치해 있기 때문이다.

6. 특급 증기선 아니면 7일간 걸리는 여객 증기선 또는 37시간 반 걸리는 기차가 있었다. 특급 증
기선을 탔다는 것이 알려진 여행 일정을 고려해 보면 가장 잘 들어맞을 것 같다.

7. Bailey, 1969, p. 47

8. 베이네스의 필름이 이 댐에 펼쳐진 전경을 보여 준다.

9. 일행 구성원들 간의 관계가 나쁘지 않았더라면, 아마도 그들은 룩소르에 더 오래 머물렀을
것이다. 융의 서간문에 보면 융은 원래 이집트에서 몇 주일 더 보낼 계획을 하고 있었던 것으
로 나온다(CL 1, p. 44).

10. 융이 기억하였다. "나는 룩소르 근처에 있는 전쟁신의 신전을 가기 위해 나섰다. 그것은 방금
발굴된 것이었다."(S 2, p. 925) 카르낙에 있는 아문에게 바쳐진 신전은 전쟁의 신 몬투의 신
전 자리에 건설되었다.

11. 베이네스가 나중에 이 경험에 관해 썼다.

    인간과 뱀 사이의 간격이 이해나 정동의 관계를 허용하기에는 너무나 크다. 그렇지만 코브라, 방울뱀 등과 같은 독사들을 상대적으로 안전하게 다루는 방법이 고안되었다. 그 기술은 나라에 따라 다양하지만 뱀에 '마술을 거는' 기술은 뱀에게 빌려 왔다는 것이 일반적으로 인정된다. 그 기술은 주로 리드 악기를 단조롭게 연주하거나 단조로운 고음의 주문을 외면서(종종 코란에서 따옴), 때로 단조로운 손동작을 곁들이면서 최면 상태에 빠트리는 것으로 되어 있다. 뱀 마술사는 실제로 매혹하는 사람 자신이 쉽게 매혹당한다는 전제로 일을 하고, 뱀 마술사의 침착한 주장은 그의 방법에 대한 완전한 믿음에 기초한다. 그러나 이것은 뱀 자체가 그를 가르친다는 뱀의 독특한 심리에 관한 지식에 근거한다. 마술에 걸린 뱀은 본질적으로 변한 것은 아니다. 마술사는 그것에 아직은 죽음의 위험이 있다는 것을 안다. 그러나 그것을 무력하게 하는 정신적인 상태가 유지되는 한에 있어서 그것은 거북이와 마찬가지로 해롭지 않다 (Baynes, 1940, pp. 763-764).

12. 네임체 대담에서 이 사건의 결과에 대해 루스는 분명하게 말하지 않았다. 수영장에 대한 논쟁이 메나 하우스 호텔에서 벌어졌지만, 그녀는 그들이 룩소르에서 낙타를 타고 갈 때 집으로 돌아가겠다고 위협했다고 말하였다. 융은 그녀가 말을 아주 잘 탄다고 말하면서 그녀의 마음을 잡으려고 하였다(Bailey, 1969, pp. 40-42).

13. 루스는 그들이 카이로에 머물렀던 기간이 2주였고, 이집트에 있었던 기간은 총 3개월에 달했다고 기억하였다(Bailey, 1969, p. 44). 실제로는 전체 원정 기간이 5개월이었고, 이집트에서 보낸 것은 약 3주였다.

14. 융은 그의 '만달라의 상징'(CW 12, p. 155)에서 이븐 툴른 모스크를 언급하였다.

15. 피터 베이네스의 딸 다이애나 베이네스 얀센은 융과 베이네스가 3월 14일에 취리히에 도착했고, 베이네스는 3월 18일에 런던으로 돌아왔다고 하였다. 이들 날짜는 그녀의 이복 여동생 클로 베이네스에 의해 기록되었다. 그녀는 그녀의 어머니 로자린드 쏘니크로프트에 대한 회상을 기록하였다(D. B. Jansen, 개인적인 교류, 2004. 1. 12).

에필로그

JUNG
IN
AFRICA

JUNG
IN
AFRICA

에필로그

엘고니 족

융이 1925년에 엘고니 족을 방문했을 때, 그들의 수는 약 5,000명 정도였고, 식민 당국에게는 '사라지는 종족'으로 낙인찍혔다. 이런 비관적인 평가는 어느 면에서 엘곤 산 남쪽과 동쪽에 있는 엘고니 족의 전통적인 목초지를 넘겨받았던 유럽인 정착민 농부들의 양심에 위안을 주었다. 1932년에 케냐 전역에서 조상의 땅을 내어놓는 일이 공공의 문제가 되었을 때, 영국정부는 땅에 대한 '원주민'의 주장을 검증하기 위해 케냐토지위원회를 만들었다. 그 보고서는 강력한 키쿠유 족과 같은 인구가 많은 인종집단에 부정이 행해졌고, 그것을 무마하기 위해 배상을 하라고 결론지었지만, 정착민들의 관심이나 보다 큰 농업 중심의 반투 집단에게는 거의 위협이 되지 않는 엘고니 족 같은 보다 작은 집단에게는 보상을 거의 주지 않았다.

한때 마사이 족의 후예로 생각되었던 엘고니 족(보다 적절하게는 '코오니Kôôny' 족)은 지금은 동아프리카 대협곡의 8개 칼렌진 종족 중 하나인 사바부트Sâbâwôôt 족에서 갈라져 나온 것으로 알려져 있다. 이 고원지대의 닐로트 칼렌진 족은 키쿠유 족이나 루야 족(부기슈의) 같은 반투 집단보다 정치적으로 덜 조직화되어서, 1963년 케냐 독립 이후에 그들의 잃어버린 땅에 대한 보상을 받지 못하였다. 식민지시대와 그 이후 시대에 사바부트 족의 어려운 입장은 단지 무시되었을 뿐이었다. 그들이 비록 20세기로 넘어가는 시기에는 '부유하다'고 여겨졌지만, 독립되면서 그들은 케냐 전체에서 가장 빈곤한 국민 중 하나가 되었다. 정부의 교육, 농업, 기술, 사회 기반시설에 대한 투자가 사바부트 족의 가능성을 간과하였다. 이런 슬픈 이야기에도 자존심 강한 사바부트 족은 살아남았고, 오늘날 케냐와 우간다에 약 500,000명의 사바부트 족이 살고 있다.

칼렌진 족의 운은 1978년에 대협곡 지역 출신인 다니엘 토로티히 아랍 모이가 케냐 대통령으로 선출되면서 갑작스럽게 변하였다. 그의 길고 논란의 여지가 있는 대통령 재임 기간은 2002년까지 계속될 것이다. 모이의 치하에서 대협곡 지역은 케냐의 자랑거리가 되었고, 조밀하게 건설된 도로, 농장, 학교, 대학, 공항 그리고 기업체 등을 자랑하였다. 모이의 칼렌진 연합은 전국에 영향을 미쳤다. 그러나 AIDS의 위기, 경제적인 정체, 증가하는 폭력과 사회 전체에 퍼진 부패 등이 나라를 망치면서, 모이정권 동안 케냐의 곤경은 식민지 이후 시기 중 가장 슬픈 일의 하나가 되었다.

1989년에 베를린 장벽이 붕괴되었을 때, 케냐 사람들은 동유럽, 아프리카, 아시아의 많은 다른 국민들처럼 다당제 민주주의의 장점에 관해 논의하기 시작하였다. 모이의 철권통치가 느슨해지기 시작하였다. 자신을 '정치학 박사'로 부르는 모이는 자유롭고 공정한 선거에서 자신이 승리할 수 없음을 알고, 아직도 '종족주의'에 영향을 받고 있는 아프리카 국가들은 다당제 민주주의를 제도화하면 르완다처럼 해산될 것이라고 예상하였다. 헌법의 권한에 의해 케냐의 유일한 합법적인 정당인 모이의 KANU당은 다당제 민주주의를 서구인들의 사기라고 하면서 비난하였다. 그렇지만 국제 사회(스미스 햄스톤 대사를 통한 미국에 의해 대표되는)와 그리스 정교와 카톨릭 사제, 그리고 케냐의 법률 협회 등의 강한 압력으로 1992년에 강제로 다당제 선거를 실시하였다. 모이와 그의 칼렌진 족 추종자들은 분열과 정복 정책으로 칼렌진 집단이 그들 조상의 땅에 대한 권리를 상기시키면서 대협곡에서 선거 전 인종 봉기를 일으켰다. 조직화된 칼렌진 족 폭도들이 반 투 족 이웃(키쿠유 족 같은)을 공격하였고, 그 결과로 1,500명이 죽고 300,000명이 이동하였다. 엘곤 산 사바부트 지역에서도 난동 사건이 있었다. 이런 전략으로 모이는 1992년 선거에서 승리하였다. 그는 1997년에 마지막 임기의 선거에서 승리하였고, 2002년 대통령 임기를 제한하는 헌법의 권한으로 퇴임할 수밖에 없었다.

1992년에 일어났던 대협곡의 인종 청소는 이 지역 언론을 통제하고 희생자들의 법적인 권리를 주장하는 것을 금지시킨 모이에 의해 대중들에게 널리 알려지지 않았다. 모이가 퇴임하면서 대협곡에서 일어난 인종 충돌의 상처를 치유하고 박탈당한 인종 사람들의 문제를 논의하기 위해 2003년에 진리와 화해 위원회가 결성되었다. 사바부트 족은 그들을 주변으로 내쫓았던 오래된 문제가 평화적인 과정으로 다루어질 것을 희망하였지만, 위원회는 새 정부에 의해 도중에 활동을 중지하게 되었다.

조지 벡위드

벡위드는 융의 사파리 중 거의 죽을 뻔했던 여러 사건들에서 살아남은 뒤 파리에 가 여러 달 동안 병원에 있으면서 회복하였다. 그 후 그해에 그는 캘리포니아에서 여동생이 운전하는 차를 타고 가다가 사고로 죽었다 (Protocols, box 1, folder 13, p. 373).

H. G. (피터) 베이네스

베이네스는 취리히에서 융과 며칠을 보낸 다음 런던으로 돌아왔다. 거기서 그는 계속해서 힐다의 죽음을 애도하였다. 그는 1927년에 세 번째 부인 캐리 드 앵굴로와 결혼하였다. 그녀는 뉴멕시코의 타오스Taos로 여행할 때 융에게 마운틴 레이크를 소개해 주었던 잼 드 앵굴로의 전 부인이었다. 이것은 두 가까운 동료 간의 '양식을 갖춘' 결혼이었다. 이 둘은 모두 융의 책을 영어로 번역하는 데 관여하였다. 베이네스는 샌프란시스코에서 일 년 동안 안식년을 보낸 다음, 1931년까지 융의 조수로 취리히에 남을 예정이었다. 융의 반대가 있었지만 그는 캐리와 이혼하였고, 아그네스(앤) 리라는 젊은 여자와 결혼하였다. 들리는 바에 의하면 이 결혼은 행복하였다고 한다. 이제는 영국에서 융과 떨어져 있으면서 융학파 분석가로서 독립한 듯이 보인다. 그는 의심할 여지없이 영국 분석심리학의 지도자였다. 그는 짧은 기간 동안 뇌종양을 앓다가 1943년에 61세의 나이로 사망하였다. 융학파 역사가 토마스 키르슈는 "베이네스가 좀 더 오래 살았었더라면 분석심리학이 얼마나 다르게 발전했을까 하는 것을 단지 추측할 수 있을 뿐이다."(Kirsch, 2000, p. 39)라고 적었다.

루스 베일리

　　루스는 벡위드와 함께 파리 여행을 한 다음 체셔 주 로톤 미어의 집으로 돌아갔다. 그녀는 네임체 대담에서 그녀가 그와 사랑에 빠졌었다는 단서를 주는 듯 했지만 그가 그 사랑에 답하지는 않았다고 하였다. 재미있게도 그녀는 조지가 죽기 직전에 캘리포니아로 그를 보러 오라는 내용의 편지 한 통을 받았다(Bailey, 1969, pp. 26, 36).

　루스가 비록 융을 다시는 보지 못할 것이라고 생각했지만, 그녀는 융 가족과의 오랜 우정을 바로 시작하였다. 엠마가 주선하여 그녀의 딸들에게 체셔를 방문하도록 하였고, 루스에게는 쿠스나흐트를 방문하도록 하였다. 루스와 엠마는 그렇게 좋은 친구 사이여서 그녀는 여러 차례 여름휴가를 융과 함께 보냈고, 실질적으로 그 가족의 일원이 되었다. 1955년에 엠마가 죽었을 때, 루스는 융에게 가서 그의 간호사와 동료로서 계속 함께 있었다. 그들은 쿠스나흐트와 볼링겐에 교대로 거주하였다. 융은 실질적으로 노년기에 접어들었지만, 루스의 헌신적인 돌봄 덕분에 마지막까지 직업적으로 왕성한 글쓰기와 교신 활동을 이어 갔다. 루스는 융이 의식을 잃고 1961년 6월 6일에 죽기 전 마지막으로 말을 한 사람이었다. 그녀는 체셔의 집으로 돌아가 1981년에 죽을 때까지 그곳에서 살았다.

융

　　50세에 한 융의 아프리카 여행은 "그의 직업적인 삶을, 이론의 전개와 발전으로 유명해지기 이전 시기와 그것을 성숙한 표현으로 구체화하여 유명해진 다음의 시기로, 거의 지나치게 적절하다고 할 만큼 반으로 나누었다."
(Bair, 2003, p. 358) 디어드리 베어는 "이 변화가 1926년에 융이 아프리카에서 돌아온 다음부터 시작되었다."(Bair, 2003, p. 376)는 것을 관찰하였다. 아프리카가 융에게 존재 이유raison dêtre, 인생(그의 인생)의 목표가 '의식의 창조'라는 그의 신화를 선물했기 때문에 이것은 놀라운 일이 아니다. 로런스 반 데어 포스트가 '우리 시대의 이야기'라고 불렀고, 에드워드 에딩거가 융을 첫 번째 '신기원적인' 인간으로 만들었다고 말한, 이 새로운 신화는 인류의 마음속의 근원적인 에덴, 동아프리카 아티 평원에서 융에게 생겨났다.

이름 없는 마사이 족, 사바부트 족, 소말리 족, 스와힐리 족, 키쿠유 족, 류오 족, 부쿠수 족, 기슈 족, 딩카 족, 실룩 족 사람들 그리고 아랍과 이집트인 남녀 등과 함께 이브라힘, 칩티이크, 텐디이트 그리고 지브로트 등이 융이 아프리카를 받아들이려고 하자, 그를 그 세계 속으로 안내하였다. 심지어 영양, 비비원숭이, 뱀, 표범, 새, 가젤, 박쥐, 하이에나 등과 같은 아프리카 동물들도 그에게 메시지를 주는 것 같았다. 태양과 달, 빛과 어두움이 그가 목격한 이 신성한 드라마의 틀이 되어 주었다. 1920년에 북아프리카에서 쓴 글에 융은 "아프리카가 진정으로 나에게 말하고 있는 것이 무엇인지 모르지만, 그것은 이야기한다."(MDR, p. 372)라고 하였다. 1925년에 아프리카가 그를 다시 불렀을 때, 그는 그녀의 신탁의 목소리를 아주 분명하게 들었다. 융의 사파리는 그의 인생에서 가장 중요한 유일한 '외적인' 경험임이 증명되었다. 그리고 이것은 그의 가장 중요한 '내면의' 경험(무의식과의 대면)과 같이 그에게 자신과 그의 문화를 관찰하는 외부의 준거 틀을 제공해 주었다.

아프리카의 목소리는 융의 매일매일의 정신치료적인 진료에 이용되었다. 이것은 토착적이고 전통적인 기반에서 소외된 서구 환자들이 딛고 설 새로운 기반을 찾는 데 필수적이다. 융에게 있어 아프리카는 다음과 같이 요약될 수 있다. 첫째, 아프리카는 꿈에 대한 융의 많은 초기의 생각들을 증명하였다. 특히 중요한 것은 그의 '신화적인' 꿈 또는 '큰' 꿈의 개념이었다. 엘고니 족의 예언자 칩티이크에게서, 융은 그가 아프리카의 다른 예언자 전통의 사례를 이해하면서 아프리카 전통 사회의 중요한 순간들은 문화 전체에 집단적인 가치를 지닌 '큰' 꿈에 의해 결정되었다는 증거를 발견하였다. 이 집단적 무의식에서 생겨나고 신성한 초개인적인 특성을 지닌 '큰' 꿈은 유럽인의 시대적인 풍조인 '신은 죽었다.'라는 문화에서는 제거된 삶의 요소인 초월 작용을 융의 환자들이 경험할 수 있게 해 주었다. 오늘날 융학파의 치료적인 맥락에서 시행되고 있는 꿈 작업은 융이 받아들인 아프리카 문화의 지혜에 빚을 지고 있다.

아프리카가 융의 진료에 한 두 번째 기여는 그의 운명에 대한 이해였다. 아프리카는 도처에 산재해 있는 아프리카 풍경에 의해 인간의 의도는 작게 보이고, 좌절되는 '신의 나라'였다. 시지스티포 역에서 만났던 이름 없는 아프리카 정착 유럽인의 조언에서부터 소말리인 반장 이브라힘의 신앙심 깊고 알라의 뜻에 따르는 안내, 악어가 가득한 나일 강에서 빨래하는 우간다 여인들의 운명주의 등에 이르기까지 융은 깨지기 쉬운 인간존재의 기본적인 사실과 만났다. 말하자면 지리가 우리 운명의 어머니다. 풍부한 삶과 이른 죽음이 있는 아프리카에서 '확실한 것은 아무것도 없다.' 융은 계속해서 아프리카 정착 유럽인의 조언을 환자들에게 전하였다. "만일 무엇인가가 일어난다면, 가만히 앉으시고, 걱정하지 마세요." 우리는 결국 '통제할 수 없는 것'을 통제할 수 없다. 이런 관점은 인간의 자아가 지배하는 서구의 과학적이고 기술적인 낙관주의에 역행하는 것이다. 그것은 휴스톤 스미스가 달나라 비행, 커져만 가는 증권 시장 그리고 '빌어먹을 성공의 여신'에 대한 숭배 등과 함께 미국의 '양陽' 여행이라고 부르는 것에 정면으로 대결한다. 이 아프리카인의 예리한 통찰력이 융학과 상상력의 특징이다. 일어나는 모든 것은 의미를 내포하고 있다. 왜냐하면 인생은, '복안'에 의해 그리고 필요에 의해, 우리에게 우리가 말해야만 하는 것을 제시해 준다. 우연한 사건은 없다. 인간의 의지를 넘어선 어떤 것이 이 신비스러운 우주를 안내한다.

셋째로, '원시적인 것'에 대한 현대의 열기는 서구의 물질주의적이고, 자본주의적이며, 기술적인 문화의 영적인 빈곤과 소외된 개인주의에 대한 보상이다. 융은 서구인들이 '원시적인' 곳으로 세계 여행을 하는 데에 집착하는 것을 지속적인 문화 질환의 증상으로 보았다. 어떤 사람에게 그것은 아프리카에서 '흑인화'하는 것을 의미하였다. 그는 여행은 일종의 '회피'라고 반 데어 포스트에게 말한 바 있다(van der Post, 1978, p. 53). 융은 그의 아프리카 사파리를 개인적인 도피의 형태로 이해하였다. 그는 유럽의 집단적인 문제와 개인적인 가족 문제를 버리고 그것에 몰두하고 싶어 하였다. 융은 '원시적인' 아프리카와 만난 뒤에 그가 분석심리학보다 앞선 비전이라고 믿고 있는 연금술에 관한 오랜 연구를 시작하였다. 거기서 그는 아프리카에 있을 때 이미 얻은 것의 증거를 발견하였다. 개성화되기 위해서, 즉 개인 고유의 독특한 지성이 열매를 얻기 위해서, 우리는 그 자신만의 원물질(다른 말로 하면, 그 사람의 특정한 시간과 장소에서의 일상적인 매일의 삶의 경험)을 신중하게 다루어야만 한다. 융이 반 데어 포스트에게 말한 바와 같이 "모든 사람의 첫째 의무는 자신의 문화, 장소 그리고 때에 맞는 순간에 충실하는 것이다. 그리고 그가 애써야만 했을 자료는 항상 가장 가까운 곳에서 가장 자연스럽게 얻어지는 것이었다."(van der Post, 1978, p. 53) "현대인이 알지 못하는 자신의 내면세계로 가라는 부름을 받은, 훨씬 더 어렵고 시급한 여행을 '여행을 위한 여행'으로 대체하였다."(van der Post, 1978, p. 53) 여기서 역설적이게도 세계가 하나의 마을이 되어 가고 있자 융은 그 마을이 세계라고 주장하였다.

그렇지만 그런 입장이 우리 자신 또는 문화 안에 있는 '원시적인 것'을 버리는 것을 의미하지는 않았다. 융은 늘 그의 환자들에게 정신적인 통합은 '문명화된' '합리적인' 층 밑에 존재하는 무의식 안에 있는 복수의 자율적인 내용물을 존중하는 것이 필요하다고 강조하였다. 그는 그의 환자들에게 '원시화'되기보다는 "진정한 20세기의 방식으로 그들만의 원시적인 자신을 발견하고, 직면하며, 살아 보라고"(van der Post, 1978, p. 53) 요청하였다. 이것이 아프리카에서 얻은 네 번째 교훈이다. 융 자신은 자연에 뛰어들고, 모래놀이를 하며, 돌 조각을 하고, 볼링겐에서 단순한 삶을 살면서 이것을 보여 주었다. 융은 문투 철학자처럼 인간의 의식을 바위, 나무, 동물, 조상, 정령, 인간 자아가 아니라 무의식에 의해 지배를 받고 있는 영역 등을 포함하는 거대한 관계망의 한 부분으로 보았다. 그는 전생태계가 자신의 무의식의 태도에 반응하는 듯이 보이는 아프리카의 '마술'을 직접 목격하였다. 이 '낯선 환경에서' 융은 '암시적으로 그리고 교묘히 주입시키는 방식으로' 행동하는 새와 동물을 관찰하였다. 그는 조상 혼의 목소리를 '들었고' 그것의 정신 신체적인 힘을 알았다. 그는 그것의 존재를 그가 현대 '문명화된' 사람들은 무시하는 것 같아 보이는, '조상의 사실ancestral facts'이라고 부른 계통발생학적인 현실로 여겼다. 융은 아프리카에서 인간 정신의 부분은 본질적으로 인간이 아니고 동물이라는 생각을 받아들였다. 융의 위대한 치료 능력은 부분적으로 그가 환자들이 그 안에서 초월적인 경험을 하는 용기를 제공해 줄 수 있는 데서 나온다. 거기서 그들은 인간적인 관계망을 넘어선 관여communitas를 찾을 수 있다. 융은 전통적인 아프리카가 유지해 왔듯이 우리는 혼자가 아니라는 것을 가르쳤다.

로런스 반 데어 포스트가 한번은 융에게 "우리는 우리 없이 찾는 기적을 가져온다. 우리의 마음속에 모든 아프리카와 아프리카의 경이로움이 다 있다."라고 한 엘리자베스 시대의 작가 토마스 브라우니 경의 말을 인용하였다. 융은 "깊이 감동받았고" "'바로 그 말이에요. 그러나 그 요점을 내 자신에게 납득시키기 위해서 아프리카 밖이 필요했어요.'라고 말하면서 그것을 적었다."(van der Post, 1978, p. 53) 이렇게 융의 우회적인 아프리카 사파리는 "그의 모든 다른 여행의 기억"(MDR, p. 5)들과 같이 자기Self의 순행circumambulation이었다. "나는 일찍이 인생의 문제와 복잡성에 대해 내면에게서 아무런 대답이 나오지 않을 때, 그것들은 결국 의미하는 것이 거의 없다는 통찰을 얻었다."(MDR, p. 5) 이런 근본적인 공식에서 그의 '특별한 아프리카의 목소리'이기도 한 융학파의 상상력이 발견되었다.

용어 해설

토착집단들

난디 족Nandi: 케냐 서부 고원지대의 닐로트 종족. 8개의 칼렌진 종족 중 하나로 사바
    부트 족Sâbâwôôt의 사촌이다.

닐로트 카비론도 족Nilotic Kavirondo: 식민시대에 케냐 서부의 류오 종족 사람들에게 사
    용되었던 용어

도로보 족Dorobo: 식민시대에 실질적으로 사라진 동아프리카의 토착 수렵-채집 종족

딩카 족Dinka: 수단 남부에서 가장 큰 닐로트 종족

루야 족Luhya: 이전에는 반투 카비론도로 알려졌었던 케냐 서부의 반투 종족이다. 이
    커다란 인종에서 갈라져 내려온 한 분지가 부쿠수 족Bukusu이다.

류오 족Luo: 이전에는 닐로트 카비론도라고 알려졌던 케냐 서부 호수의 닐로트 족이
    다. 류오 족은 케냐의 가장 큰 인종 중 하나다.

마사이 족Masai: 케냐와 탄자니아에 있는 동아프리카 대협곡 평원의 닐로트 종족

바리 족Bari: 수단 남부에 사는 평원 닐로트 족으로 융 사파리를 위해 춤을 추었다.

반투 족 카비론도Bantu Kavirondo: 식민지시대에 루야 족Luhya과 같은 서부 케냐의 반투

인종 그룹에 사용되었던 용어. 루야 족의 하위 집단인 부기슈 족이 반투 족 카비론도로 여겨졌다.

부기슈 족Bugishu: 우간다 동부와 케냐 서부에 사는 반투 종족. 우간다 쪽 갈래는 부기슈Bugishu(또는 바기슈Bagishu 또는 기수Gisu)라고 하고, 케냐 쪽 갈래는 부쿠수Bukusu(또는 부구수Vugusu)라고 불리지만, 그들은 같은 종족이다. 융 사파리의 공식 명칭인 '부기슈 심리학 원정대'는 이들의 이름을 따왔다.

사바부트 족Sâbâwōōt: 엘곤 산 지역 고원지대의 닐로트 종족으로 코오니(엘고니) 족 Kôôny, 봉부목 족Bong'woomok, 북 족Book 그리고 사비니 족Saabiiny(Sebei) 등의 네 부족으로 구성되어 있다. 사바부트 족은 8개의 칼렌진 종족 중 하나다.

세바이 족Sebei(사비니 족): 사바부트 종족의 네 부족 중 하나. 주로 엘곤 산 북쪽 사면에 살았다.

소말리 족Somali: 주로 아프리카의 뿔(역자 주-에티오피아 · 소말리아 · 지부티가 자리 잡고 있는 아프리카 북동부를 가리키는 용어. 이곳의 지형이 마치 코뿔소의 뿔과 같이 인도양으로 튀어나와 있는 데서 유래한 이름이다)에 위치한 이슬람교화된 아랍-아프리카인 종족

스와힐리 족Swahili: 소말리아, 아랍, 페르시아 그리고 파키스탄의 전통을 가지고 있는 이슬람교화된 반투 종족으로, 주로 동아프리카 해안에 분포해 있다.

실룩 족Shilluk: 남부 수단에 있는 전 닐로트 종족

아프리카너Afrikaners(보어인): (남아프리카의) 공용 네덜란드어Afrikaans를 사용하는 네덜란드 계통의 남아프리카인. 일부 아프리카너 가계는 20세기 초에 케냐의 우아신 기슈 평원으로 이주하였다.

엘고니 족Elgonyi: 엘곤 산에서 융 사파리 캠프를 초청해 준 고원지대의 닐로트 족으로 융에게 짐꾼, 안내인, 그리고 정보제공자를 주선해 주었다. 그 당시 그들은 '엘곤

마사이Elgon Masai' 또는 '엘 코니El Kony' 또는 '코니Koni'라고도 했었다. 그러나 현재에 그들은 대협곡의 8개 칼렌진 종족 중 하나인 사바부트 족의 '코오니Kôôny' 집단으로 알려진다.

왕가 족Wanga: 좀 더 큰 반투 카비론도의 하위 종족으로, 이들이 19세기 후반에서 20세기 초엽까지 영국정부의 호감을 샀기 때문에 케냐 서부의 다른 인종집단보다 우위에 있었다.

카라모종 족Karamojong: 엘곤 산의 북서쪽에 사는 평원의 닐로트 종족

카비론도 족Kavirondo: 식민시대에 케냐 서부의 반투와 닐로트 종족에게 사용되었던 용어. 현재 반투 카비론도는 루야 족Luhya을 가리키지만, 닐로트 족의 카비론도는 류오 족Luo을 가리킨다.

칼렌진 족Kalenjin: 이 용어는 1950년대까지 사용되지 않았었다. 그때까지 대협곡에 사는 이들 닐로트 족 사람들은 '난디어를 사용하는' 종족을 가리켰었다. 8개의 칼렌진 종족은 난디 족Nandi, 케이요 족Keiyo, 킵시기스 족Kipsigis, 마락웨트 족Marakwet, 포코트 족Pokot, 테릭 족Terik, 투겐 족Tugen, 그리고 사바부트 족Sâbâwōōt(엘고니 또는 코니 집단에 속하는)이다.

키쿠유 족Kikuyu: 케냐 중부에 살고 있는 반투 족으로, 케냐에서 가장 큰 종족이다.

원주민 용어

남비나namwina(부기슈 족): 조상들의 묘

니아로브nyarobe(마사이 족): 차가운 강

디니 야 음삼브와Dini ya Msambwa(부기슈 족): 조상숭배종교

라이본_{laibon}(마사이 족): 예언자

리우바_{liuwa}(부기슈 족): 태양

마무어_{ma'mur}(아라비아 족): 수단의 지방 관리

만야타_{manyatta}(마사이 족): 20~30개의 집들이 둥글게 모여 있는 전통적인 거주지

모란_{moran}(마사이 족): 전사

무카마_{mukama}(바야로 족): 왕

벨레_{Wele}(부기슈 족): 신

아시스_{Asis}(케요 족): 태양신

아시스타_{Asista}(엘고니 족과 난디 족): 태양, 신(융은 Adhi'sta 또는 Athista라고 표기하였다.)

오이나테트_{oynatet}(엘고니 족): 죽은 자의 영혼

오잌_{oyik}(엘고니 족): 죽은 자의 혼령(융은 ayik으로 표기하였다.)

올 도이뇨_{ol doinyo}(마사이 족): 산

와쿤티이트_{wārkoonteet}(엘고니 족): 예언자

쳅소키온테트_{chepsokeyontet}(엘고니 족): 주술사

치엥_{Chieng}(류오 족): 태양, 신

카이타부스_{Kaaytāābōōs}(엘고니 족): 산 전체

인 명

가우솔페, 리처드_{Gowthorpe, Richard}: 루스 베일리의 제부로 케냐 서부에 거주하는 우아
    신 기슈 철도 기술자다.

가우어스, 윌리엄 경_{Gowers, Sir William}: 1925~1932년까지 우간다 총독이었으며, 융을

나이로비에서 만나 사파리를 위한 공식적인 허가를 내 주었다.

그리그, 에드워드 경Grigg, Sir Edward(Lord Altrincham): 1925~1931년의 케냐 총독

매코믹, 파울러McCormick, Fowler: 해럴드와 에디트 매코믹의 아들이고 존 D. 록펠러의
　　손자. 파울러는 개인적인 이유로 융 사파리에서 빠졌다.

무룽가Murunga: 북부 카비론도 지방의 북쪽 지역에 있는 반투 족과 칼렌진 종족에 대
　　한 사법권을 가진 왕가 족의 추장

무미아스Mumias: 1909~1926년까지 영국에 의해 북부 카비론도 지역 대추장으로 임명
　　된 왕가 족의 추장

베이네스, 힐다 데이비드슨Baynes, Hilda Davidson: 피터 베이네스의 두 번째 아내로 융
　　사파리 출발 전날 밤에 자살하였다.

베이네스Baynes, H. G. (피터): 융의 영국인 조수이고 융 사파리를 주로 조직한 사람이다.

베일리, 루스Bailey, Ruth: 28세 된 영국인 간호사로 엘곤 산에서 융 사파리와 합류하였
　　고, 이 팀과 함께 우간다, 수단, 이집트를 여행하였다. 후에 그녀는 융의 말년에
　　융의 가정부이며 간호사이자 동료가 되었다.

베일리, 버사Bailey, Bertha: 루스 베일리의 25세 된 여동생으로, 루스는 동생이 약혼자
　　리처드 가우솔페와 결혼하기로 한 케냐로 가는 데 동행하였다.

벡위드, 조지Beckwith, George: 융의 사파리에 동행했던 융의 젊은 미국인 피분석자

살리Sali: 융 사파리의 스와힐리인 조수 중 한 명

아랍 쳅탈렌Arap Cheptalen: 북부 카비론도 지방에 있는 카브라스 지역의 사법권을 지
　　닌 마사이 족 '부추장'. 융 사파리에게 하이에나 떼를 사냥하는 것을 도와 달라고
　　요청하였다.

애클리, 카를Akeley, Carl: 탐험가, 조각가, 박제사, 발명가이며 환경보호주의자. 1926년
　　에 다섯 번째 아프리카 원정에서 죽었다.

옴스비-고어Ormsby-Gore, W. G. A.: 1925년에 영국 의회 의원이며 식민청 차관으로 '부기슈 심리학 원정대'를 공식적으로 승인하였다.

우수프Ussuf: 융 사파리의 스와힐리인 조수 중 한 명

이브라힘Ibrahim: 융 사파리의 소말리인 대장. 융의 개인 조수이고 주요한 통역자였다.

지브로트Gibroat(킵로티쉬Kiprotich): 엘곤 산의 엘고니 족에 대한 주요한 정보제공자

차미어Chamier, A. E.: 1925년에 북부 카비론도 지방행정관으로 카카메가에서 융 사파리를 대접하였고, 엘곤 산에 가는 카라반을 위한 병참 지원을 해 주었다.

칩티이크Cheebteek: '주의呪醫'로 불리는 엘고니 족 예언자로 융에게 엘고니 족의 꿈에 관해 가르쳐 주었다.

코브햄, 알란 경Cobham, Sir Alan: 1925~1926년에 첫 번째로 아프리카 종단 비행을 했던 세계적으로 유명한 모험가. 융은 코브햄을 우간다의 진자에서 만났다.

텐디이트Tendeet: 1925년에 엘고니 족 우두머리. 융은 영국이 그에게 준 말을 타고 있는 텐디이트를 만났는데, 그를 추장이라고 하였다. 텐디이트의 아버지는 융이 '주의'라고 불렀던 칩티이크였다.

포터, 조지Porter, George: 파울러 매코믹의 부유한 미국인 친구. 조지는 개인적인 이유로 융 사파리에서 빠졌다.

폴렌, 캡틴Pollen, Captain W. M. H.: 수단 남부 몽갈라의 지방행정관으로 융이 바리 족에게 춤추는 것을 부추겼다고 질책하였다.

히스롭, 프랜시스 다니엘Hislop, Francis Daniel: 1925년에 난지 지역에 있는 캡사벳의 부지방행정관으로 융의 사파리가 길을 잃었을 때 도움을 주었다.

융학파 용어

개성화 과정Individuation: 전체성을 실현하려는 목적론적인 과정. 인생의 목표

그림자Shadow: 자아가 거절한 정신의 측면. 이 내용물은 정신 안에서 무의식적이지만
　　작용을 한다.

기능Function: 일종의 심리학적인 지각(감각과 직관) 또는 판단(사고와 감정)

동시성Synchronicity: 외적인 사건과 내면의 주관적인 심리 상태와의 비인과적인 의미상
　　의 일치

아니마Anima: 남자 안에 있는 여성적인 측면으로, 영혼 또는 연결하거나 관계를 맺는
　　성질인 에로스를 나타낸다.

아니무스Animus: 여자 안에 있는 남성적인 측면으로, 심혼이나 분간하거나 결정하는
　　성질을 지닌 로고스를 나타낸다.

원형Archetype: 보편적인 신화적 상으로 표상되는 심리학적인 원초적 본능

자기Self: 정신의 중심이며 전체성. 자기는 개인의 성장을 만드는 정향적인 기능을 한
　　다. 이 방향은 자아의 것에 반하여 흐를 것이다.

자아Ego: 의식과 개인의 정체성의 중심. 기억과 의지의 원천

정신Psyche: 의식과 무의식 영역의 다양한 요소들을 포함하는 개인 인격 전체

집단적 무의식Collective Unconscious: 보편적인 정신의 무의식적인 층으로 모든 인간에
　　게서 동일하고 자율적이며 원형적인 내용물을 담고 있다.

페르소나Persona: 자아와 일상적인 삶의 외적인 요구 사이를 중재하는 개인적인 탈

지리적 위치

나마사갈리Namasagali: 부수가 철도가 끝나는 키오가 호수에 있는 항구도시

나이로비Nairobi: 케냐 식민지의 수도

니뮬Nimule: 융 사파리가 레자프를 향해 160km의 카라반을 시작했던 남부 수단의 국경도시

니안자Nyanza: 빅토리아 호수에서 엘곤 산에 이르는 서부 케냐의 주로, 카비론도 사람들이 살고 있는 곳

레자프Rejâf: 남부 수단 몽갈리아 지방에 있는 나일 강의 전진 기지. 융 일행은 니뮬에서 도보 여행을 한 다음 이곳에서 외륜 증기선을 탔다.

룩소르Luxor: 상이집트의 지방 수도이며 주요한 여행 중심지

리폰 폭포Ripon Falls: 진자 시 근처에 있는 나일 강의 수원지

마신디Masindi: 키오가 호수와 앨버트 호수 사이의 고원에 있는 지방도시이며 사령부

몸바사Mombasa: 우간다 철도가 시작되는 케냐 해안에 있는 스와힐리 해안도시

백나일White Nile: 나일 강 서쪽 지류로, 수드에서 시작하여 청나일과 합쳐지는 하르툼까지 이어진다.

부불로Bubulo: 1925년에 동부 우간다 부기슈 지방의 사령부

북부 카비론도North Kavirondo: 엘고니 족과 부기슈 족이 살고 있는 서부 케냐 니안자 주의 지방

북부 키토시North Kitosh: 융 사파리가 엘곤 산에서 야영했던 북부 카비론도 지방에 있는 지역

브로데릭 폭포Broderick Falls: 1925년에 우간다 철도의 우아신 기슈 연장 구간의 최전방 전초 기지가 있었던 곳. 현재는 웨부예Webuye로 알려졌다.

빅토리아 나일Victoria Nile: 리폰 폭포에서 키오가 호수까지 흐르는 첫 96km에 해당하는 나일 강

사콰라Saqqara: 이집트 전국에서 가장 오래된 도시. 이 도시의 흔적이 카이로 시 근처에 있다.

수드Sudd: 남부 수단의 넓은 늪지대. 주로 백나일의 바-엘-예벨 부분에 있다.

아부심벨Abu Simbel: 람세스 2세(BC 1279-1213)가 '지평선 위의 호루스, 레' 또는 떠오르는 태양신에게 바쳐 하부 누비아에 건설한 이집트 사원으로 나일 강물이 내려다보인다.

아스완Aswan: 상부 이집트의 나일 강에 있는 여행자 도시

아티 평원Athi Plains: 나이로비 남쪽에 있는 넓은 수렵금지구역. 융이 여기에서 그의 존재 이유를 발견하였다.

앨버트 나일Albert Nile: 앨버트 호수에서 수단 남부에 이르는 160km 되는 나일 강 구간

앨버트 호수Lake Albert: 나일 강 유역에 있는 서부 우간다의 호수

엘곤 산Mount Elgon: 케냐와 우간다 국경에 있는 해발 4,267m의 산으로 융 사파리가 이곳에서 3주 동안 야영하였다. 이 산은 카이타부스Kaaytāābōōs, 마사바Masaba, 올도이뇨 일군Ol Doinyo Ilgoon 등으로 알려졌다.

엘곤 숲Elgon Forest: 거대한 재목이 있는 아프리카 저산지대의 우림으로 융이 엘곤 산에서 야영하는 동안 이곳을 탐험하였다.

엘도레트Eldoret: 나이바샤 주 우아신 기슈 지방의 지역사령부. 1925년에 우간다 철도가 끝나는 시지스티포Sigistifour 정거장으로도 알려졌다.

왕들의 계곡Valley of the Kings: 룩소르 시 근처에 있는 23명의 파라오 무덤이 있는 세계적으로 유명한 골짜기

우아신 기슈Uasin Gishu: 케냐의 식민시대에 많은 유럽인들이 정착했던 나이바샤 주에

있는 지방

진자Jinja: 빅토리아 호수의 북부 연안에 있는 도시로 나일 강의 수원지다.

청나일Blue Nile: 나일 강 동쪽 분류로 에티오피아에서 발원하고 하르툼에서 백나일과 합류한다.

칩쿤쿠어Cheebkuunkur: 엘곤 산 키비에토Kiibyeeto 지역에 있는 동굴로 아마도 융이 들 어갔었을 것이다.

하르툼Khartoum: 백나일과 청나일이 합쳐져 나일 강을 형성하는 지점에 위치한 영국-이집트 공동통치하의 수단의 수도

카무티앙Kamutiang': 융이 야영하였던 엘곤 산 밑 단층애

카브라스 숲Kabras Forest: 융의 사파리가 엘곤 산으로 가는 동안에 들어갔던 북부 카비 론도 지방에 있는 카카메가의 북동쪽에 있는 우림

카비론도Kavirondo: 빅토리아 호수 근방의 서부 케냐의 너른 지역으로 북부, 중부, 남부 카비론도 지방으로 나뉘어져 있다.

카이로Cairo: 이집트의 수도

카카메가Kakamega: 북부 카비론도의 지역 중심지로 융의 엘곤 산으로 향하는 카라반 의 출발지

캡사벳Kapsabet: 엘도레트에서 48km 남쪽에 있는 니안자 주의 난디 지방 정부관서

킬린디니Kilindini: 엘곤 산의 융의 야영지 남쪽으로 12km에 있는 무역센터

키미리리Kimilili: 엘곤 산의 융의 야영지에서 남쪽으로 20km 떨어져 있는 무역 중심지

키북Kibuuk: 엘곤 산에서 융의 야영지를 통과해 흐르는 계류

키오가 호수Lake Kioga: 나일 강 유역에 있는 중부 우간다의 호수

터보Turbo: 브로데릭 인근의 도시로 루스 베일리가 융에게서 엘곤 산에 가자는 초청을 받기 전까지 여동생 부부와 같이 있었던 곳이다. 터보는 이 산의 야영지에서 약

50km 떨어져 있다.

포트사이드Port Said: 이집트 수에즈 운하의 북쪽 끝에 있는 기업도시

스와힐리어

닥타리daktari: 의사

데베debe: 약 15리터 기름통

데스투리desturi: 관습, 풍습

듀카duka: 작은 상점

-레푸refu: 긴, 키가 큰

룽구rungu: 둔탁한 나무 곤봉

말라이카maleika: 천사

마쿠티makuti: 지붕으로 엮을 코코넛 잎

마타투matatu: 시골 택시로 사용되는 미니 밴

말리다디malidadi: 옷을 잘 입은, 멋진

뭉구Mungu: 신, 하나님

바자라bazara: 회합, 공개 집담회

반다banda: 헛간, 창고

방기bangi: 대마

보마boma: 성채, 요새

브와나bwana: -씨

비아샤라biashara: 상업

사파리safari: 여행

샤우리shauri: 일, 행각

샴바shamba: 경작지, 작은 농장

센치shenzi: 미개한

수루아리suruali: 바지

슈카shuka: 허리에 두르는 간단한 옷, 천 조각

쉐타니shetani: 악령

시가레티sigareti: 담배cigarette

심바simba: 사자

아스카리askari: 아프리카인 병사, 경찰

오타 은도토ota ndoto: 꿈꾸다

응고마ngoma: 춤

음강가mganga: 전통적인 의사, 토착 치료사

음와이슬라무Mwaislamu: 이슬람교도(복수: 와이슬라무)

음중구mzungu: 유럽인(복수: 와중구wazungu)

음지mzee: 원로(복수: 와지wazee)

음쿠브와mkubwa: 윗사람, 선배

음투m'tu: 사람

음피쉬mpishi: 요리사

주아jua: 태양

차이chai: 차

카스카치kaskazi: 북동풍(더운 계절)

칸주kanzu: 남자 옷

캉가kanga: 여자 옷

쿠시kusi: 남동 계절풍

키바바kibaba: 곡물의 단위

키타부kitabu: 책

타파다하리tafadhali: 제발

툼바코tumbako: 타바코

팡가panga: 날이 넓은 큰 칼

포쇼posho: 식량, 양식

폴폴polepole: 천천히, 점잖게

휘시fisi: 하이에나

부록 1

부기슈 심리학 원정대 연표[1]

1924년

12월 융, 파울러 매코믹, 조지 포터가 뉴욕에서 유명한 아프리카 탐험가인 카를 애클리와 만난 다음 아프리카 사파리를 약속하다.

1925년

1월 융은 매코믹, 포터와 함께 뉴멕시코의 타오스 푸에블로를 여행하다.

봄 포터가 사파리 계획에서 빠지다.

여름 매코믹의 참여가 불확실해지다.

7월 26일(일) 융의 50번째 생일. 그는 영국의 도셋 스와니지에서 12번째 강의를 하고 있었다.

8월 융이 웸블리에서 열리는 대영제국 박람회에 방문하여 아프리카로 가려는 약속을

---

1 이 연표는 부기슈 심리학 원정대 일정의 순서를 최대한으로 추정해 만든 것이다. **볼드체**로 시작하는 것은 목격자의 기록이나 그 밖의 다른 자료들로 날짜를 정확히 알고 있는 것이다.

다시 살려 내다. 조지 벡위드와 피터 베이네스가 이 사파리에 합류하기로 하다.

10월 피터 베이네스의 아내 힐다가 자살 기도하다. 융이 주역의 괘를 보고 아프리카
　　　여행 계획을 계속하는 것이 좋다는 결과를 얻다.

10월 15일(목) 융이 사우샘프턴에서 왕고니호를 타고 몸바사로 향하는 항해를 시작하
　　　다. 베이네스는 사경을 헤매는 아내와 함께 런던의 병원에 있다. 매코믹은 확실히
　　　이 여행에서 제외되었다.

10월 21일(수) 베이네스의 아내가 죽다.

10월 24일(토) 베이네스의 아내의 장례식이 열렸고, 베이네스는 그 후 이탈리아 제노
　　　바에서 왕고니호를 만나기 위해 기차를 타고 떠나다.

11월 7일(토) 왕고니호가 이집트의 포트사이드에 도착하다.

11월 11일(수) 제1차 세계대전 휴전기념일

11월 12일(목) 왕고니호가 케냐 몸바사의 킬린디니 항만에 도착하다.

11월 13일(금) 융과 일행이 야간열차를 타고 나이로비를 향해 출발하다. 다음 날 아침
　　　융은 나이로비에 도착하기 전 기시감déjà vu을 경험하다. 그들은 뉴 스탠리 호텔에
　　　숙소를 정하다.

11월 14일(토) 버사 베일리와 리처드 가우솔페가 결혼하다. 융은 뉴 스탠리 호텔에서
　　　성 던스탄 무도회에 참석하고 거기서 루스 베일리를 만나다.

11월 15~23일 베이네스와 벡위드가 사파리를 준비하는 동안 융은 루스와 함께 쇼핑
　　　하면서 그 주를 보낸다. 그는 아티 평원도 방문했는데, 거기서 그 자신의 존재 이
　　　유raison d'être를 찾는다. 융, 베이네스 그리고 벡위드는 우간다 총독 윌리엄 가우
　　　어스 경과 저녁 식사를 하다. 융과 베이네스는 『동아프리카 스탠다드지』와 인터
　　　뷰를 하다.

11월 20일(금) 루스가 나쿠루 호수에서 신혼을 보내고 있는 여동생과 제부와 합류하
　　　다. 거기서 그들은 리처드가 머물고 있는 서부 케냐의 터보로 여행한다.

11월 24일(화) 융과 일행은 기차를 타고 나이로비를 떠나 다음 날에 엘도레트(시지스터

포 역)에 도착하다.

11월 25일(수) 융과 일행은 두 대의 자동차로 엘도레트를 떠나 자정에, 북부 카비론도의 지방관청 소재지, 카카메가에 도착하다. 그들은 도중에 캡사벳 부지방행정관 F. D. 히스롭의 도움을 받는다.

11월 26~28일 융은 아파서 침대에 누워 있고, 그동안 지방행정관 A. E. 차미어와 감독 이브라힘은 엘곤 산으로 가는 카라반을 조직하는 일을 계속하다.

11월 29일(일) 카카메가에서 이 카라반은 엘곤 산으로 가는 5일간의 도보 여행을 시작하다.

11월 30일(월) 카라반은 카브라스 숲에서 하이에나 무리의 습격을 받는다. 벡위드는 맘바의 습격을 받는다.

12월 3일(목) 카라반은 엘곤 산 기슭에 있는 키미리리 휴게소에 도착하다.

12월 4일(금) 카라반은 해발 2,103m인 카무티앙 단층애 밑에 있는 키북 계류 근처에 야영지를 구축하다.

12월 4~25일 카라반은 야영지에서 엘고니 족 사람들과 함께 3주 동안 머무른다. 이 일행이 며칠간 야영한 다음 루스가 터보에서 왔다. 그녀는 크리스마스를 나이로비에서 보내기 위해 시간 맞추어 출발한다.

12월 25일(금) 카라반은 캠프를 떠나 엘곤 산 남쪽 사면을 횡단하여 부기슈 지역으로 트레킹한다. 그들은 12월 30일경에 우간다 부남베일에 있는 휴게소에 도착하여 거기서 며칠간 머무른다.

1926년

1월 1일(금) 우간다 부남베일의 휴게소

1월 2일(토) 부기슈 지방의 행정관청 소재지인 부불로까지 걷는다.

1월 4일(월) 카라반은 음베일에 도착하고, 짐꾼과 조수들이 그들의 임무를 마치고 집으로 돌아가다.

1월 5일(화) 융, 베이네스, 벡워드는 트럭 두 대에 나누어 타고 진자까지 여행한다. 기차와 배로 며칠 일찍 도착한 루스가 이 남자들을 안내해 아이비스 호텔로 데리고 간다.

1월 8일(금) 융이 케이프타운까지 가는 항로상에 있는 진자 비행장에 착륙한 알란 코브햄을 만나다.

1월 13일(수) 융, 베이네스, 벡워드 그리고 루스는 진자를 떠나 키오가 호수에 있는 나마사갈리까지 부수가 철도를 타고 간다. 나마사갈리에서 그들은 호수를 건너기 위해 외륜 증기선을 탄다.

1월 15일(금) 융과 일행이 마신디 항에 도착하는데, 짐을 잃어버려서 어쩔 수 없이 마신디(철도) 호텔에 며칠간 머무르다.

1월 18일(월) 일행은 트럭을 타고 앨버트 호숫가의 부티아바까지 여행한 다음, 거기서 외륜 증기선을 타고 앨버트 나일을 따라 내려가 수단의 니뮬까지 여행한다.

1월 21일(목) 니뮬에서 수단의 지방 관리와 함께 밤을 보낸 다음 일행은 160km 떨어진 레자프로 향하는 두 번째 도보 카라반을 시작한다. 그들은 짐꾼과 호위병을 데리고 가고, 매일 밤을 휴게소에서 보낸다.

1월 23일(토) 바리 족의 춤패가 그들의 휴게소에 나타나 밤늦도록 일행을 즐겁게 하다.

1월 24일(일) 기운과 보급품이 소진되면서 융이 한 트럭을 거짓으로 빼앗아 레자프로 가는 나머지 106km를 트럭을 타고 가다.

1월 24~31일 일행은 레자프에서 수드를 지나 항해할 평평한 바닥의 배를 기다린다.

1월 30일(토) 카를 애클리가 뉴욕에서 그의 다섯 번째이자 마지막이 될 아프리카 원정을 출발한다.

1월 31일(일) 융, 베이네스, 벡워드 그리고 루스는 레자프를 떠나 나일 강을 내려가 수단을 거쳐 이집트로 간다. 증기선은 매주 일요일에 레자프를 출발해 7일 후 하르툼에 도착한다.

2월 1일(월) 일행은 몽갈라에서 지방행정관과 점심을 먹는다. 그날 밤 융은 모래파리

열에 걸리고 '흑인화'되는 악몽을 꾼다.

2월 10일(수) 외륜 증기선이 하르툼에 도착하고, 그곳의 고든 메모리얼 대학에서 융이 강의를 한다. 루스와 벡위드가 말라리아에 걸리고 여러 날 침상에 누워 있다.

2월 14일(일) 그들은 이집트 국경에 있는 와디 할파로 향하는 야간열차를 타고 하르툼을 떠난다.

2월 15일(월) 그들은 와디 할파에 도착하고, 매주 월·목요일 밤에 출발하는 정부 특급 증기선으로 갈아탄다. 이 증기선은 나세르 호수를 통해 나일 강을 계속 내려간다. 첫째 날 밤에 그들은 아부심벨에서 몇 시간 동안 정박하였다.

2월 17일(수) 그들은 아스완에 도착하여 며칠간 관광하면서 보낸다.

2월 20일(토) 일행은 야간 특급열차를 타고 룩소르에 가서 며칠간 여행하면서 보낸다.

2월 23일(화) 카이로에 도착하고 거기서 그들은 약 1주일간 모스크와 고대 유적을 관광하면서 보낸다.

3월 2일(화) 그들은 기차를 타고 포트사이드까지 가서 배를 기다리느라 4일을 머무른다. 벡위드는 심하게 아프고 베이네스는 심한 치통에 시달린다.

3월 5일(금) 일행은 이탈리아 제노바에 가기 위해 포트사이드를 출발한다. 그러나 기상 조건이 좋지 않아 5일이 지연된다.

3월 13일(토) 배가 제노바에 정박하다. 프란츠 융이 일행을 만나고 그의 아버지와 베이네스가 스위스까지 가는 길을 동행한다. 루스와 벡위드는 마르세이유까지 배를 계속 타고 가 각각 체셔와 파리로 향하는 배를 탄다.

3월 14일(일) 융과 베이네스가 취리히에 도착하다.

3월 18일(목) 베이네스가 런던에 도착하다.

선정된 연표:
융의 생애와 동아프리카 식민지 기록

1498 바스코 다 가마Vasco da Gama가 몸바사에 도착하다.

1593~1596 포르투갈인이 몸바사에 지저스 요새를 건설하다.

1840~1853 요한 루드비히 크라프와 요하네스 레브만이 동아프리카를 탐험하고 케냐
    산과 킬리만자로 산을 '발견하다.'

1840 데이비드 리빙스턴이 남아프리카를 여행하다.

1857~1858 리처드 버턴과 존 해닝 스피크가 나일 강 수원지를 찾아 나서다.

1862 스피크가 나일 강 수원지를 '발견하다.'

1869 수에즈 운하가 개통되다.

1873 리빙스턴이 아프리카에서 죽다.

1875 C. G. 융과 알버트 아인슈타인이 탄생하다.

1882 대영제국이 이집트를 점령하다.

1883 조지프 톰슨이 몸바사에서 빅토리아 호수 주변의 카비론도 지역까지 여행하여
    마사이 영토를 횡단한 첫 번째 유럽인이 되다. 그가 엘곤 산의 엘고니 족을 방문

하다.

1884~1885 유럽 국가들이 베를린에서 회의를 하여 아프리카를 세력권으로 분할하다.

1885 마디히스트(이슬람의 구세주 강림신봉자) 세력이 하르툼을 정복하다. 찰스 고든 장군이 이 시를 방어하다가 죽다.

1890~1895 카비론도에 영국의 통치가 확립되다. 첫 번째 영국인 관리로 무미아스가 임명되다.

1894 우간다가 영국의 보호령이 되다. 카비론도는 우간다 보호령 동부 주의 일부분이다.

1895~1900 융이 바젤 대학에 들어가 자연과학과 의학을 공부하다.

1899 영국과 이집트에 의해 수단의 연합통치법이 제정되다.

1901 우간다 철도가 키수무까지 이어지고, 종착역은 빅토리아 호수의 카비론도 만에 있다.

1902 카비론도가 우간다에서 분리되어 동아프리카 보호령(나중에 케냐가 됨)에 속하게 된다. 카비론도 부족의 추장을 영국인이 임명하다.

1905 시온주의자들이 케냐의 우아신 기슈 고원지대를 유대인의 고향으로 제안하였다. 한 번 방문한 후 그들은 변하다. 첫 번째 선교회가 북부 카비론도에 파견되다.

1907 윈스턴 처칠이 동아프리카를 경유해 몸바사에서 카이로에 이르는 사파리 일주를 하다.

1908 남아프리카 아프리카너 가족들이 우마차를 끌고 케냐 우아신 기슈 고원 지역에 정착하려고 오다.

1909 시어도어 루스벨트가 몸바사에서 카이로에 이르는 동아프리카 사파리 일주를 하다.

1912 케냐의 트랜스 은조이아 지역이 유럽인들의 정착을 위해 개방되다. 아스완에 나일 강 하이 댐이 완공되다.

1913 융이 프로이트와 결별하다.

1913~1919 융의 '무의식과의 대면'

1914~1918 제1차 세계대전

1916~1918 독일이 아프리카 식민지를 잃다. 이것은 연합군에 의해 프랑스나 영국의
통치하에 놓이게 되다.

1919 케냐의 '백인의 고원지대' 땅을 영국 참전 퇴역군인들에게 제공하는 군인 정착
계획이 수립되다.

1920 케냐가 식민지가 되다. 융이 알제리와 튀니지를 여행하다.

1922 융이 볼링겐에 땅을 사다. 케냐에서 케냐 실링이 인도의 루피를 대신하다. 이집
트가 독립 국가가 되다.

1923 영국 식민청 장관이 케냐 식민지에서 '아프리카 원주민들의 관심이 가장 중요하
다'고 하는 백서를 발간하다.

1924 수단에서 주요한 국수주의자들이 영국인 총독-장군을 암살하는 사건이 발생했
고, 그 결과로 수단을 통치하는 데 이집트인의 역할이 줄어들게 되다. 케냐 식민
지의 북부 카비론도에서 지방행정관의 지휘 감독하에 지방토착위원회를 만들다.

1924 왕족인 요크 공작 부부(후에 왕과 왕비가 됨)가 2개월간의 일정으로 동아프리카를
방문하는 중에 킬린디니에 도착하다.

1925 융이 뉴멕시코 푸에블로 인디언을 방문하다(1월). 카렌 블릭센과 브로르 폰 블릭
센-피네케가 이혼하다. 우간다 철도가 케냐의 우아신 기슈 고원의 엘도레트(시지
스티포 역)까지 연장되다. 19세기의 마지막 아프리카 탐험가인 조지 슈바인푸르트
가 죽다. 융의 동아프리카 '부기슈 심리학 원정대'가 시작되다(11월). 알란 코브햄
이 런던에서 첫 번째 아프리카 종단 비행을 위해 출발하다(11월).

1926 카를 애클리가 뉴욕에서 다섯 번째이자 그의 마지막 아프리카 원정을 출발하다
(1월). 융이 스위스로 돌아오다(3월). 애클리가 벨기에령 콩고에서 죽다(11월).

1927 찰스 린드버그의 영웅적인 대서양 횡단 단독 비행

1931 케냐에서 데니스 핀치-해턴이 비행기 추락으로 사망

1936 융이 하버드 대학에서 명예박사학위를 받다. 동아프리카의 유명인인 베릴 마컴

이 영국에서 미국으로 가는 북대서양 횡단 단독 비행을 하다.

1937 융이 예일 대학에서 테리 강의를 하다.

1938 융이 옥스퍼드 대학에서 명예박사학위를 받다. 인도 여행을 함.

1945 수단의 독립이 선포되다.

1952 킹 조지 6세가 죽고 그녀의 딸 엘리자베스 2세가 케냐의 트리톱스 호텔에 머물고 있는 동안에 여왕이 되다. 슈바이처가 아프리카에서의 업적으로 노벨 평화상을 타다.

1953 융의 전집이 미국에서 출간되다.

1954 빅토리아 나일에 오웬 폭포 댐이 완공되어 나일 강의 수원지인 리폰 폭포를 물에 잠기게 하다.

1955 케냐에서 키쿠유 농부들의 봉기(마우 마우)가 영국에 의해서 진압되다. 13,000명으로 추정되는 아프리카인들이 죽었다.

1960 17개의 아프리카 국가가 독립하다.

1961 융이 죽다. 케냐의 '화이트 하이랜드'의 일부 땅을 아프리카인 농부들에게 재분배하는 '백만 에이커 계획'이 완료됨.

1962 우간다가 독립하다.

1963 케냐가 독립하다.

1965 슈바이처가 죽다.

참고문헌

Primary sources on Jung in Africa

Works by C. G. Jung

(1957-1979). *Collected Works,* 20 vols. Princeton: Princeton University Press.

(1984). *Dream Analysis: Notes of the Seminar Given in 1928-1930 by C. G. Jung* (ed. William McGuire). Princeton: Princeton University Press.

(n.d.). *Dream Symbols of the Individuation Process: Seminar Held at Bailey Island, Maine: September 20-25,* 1936. Private printing.

(1949). 'Foreword', *The I Ching,* 3rd edn, 1967 (first published 1923) (trans. Richard Wilhelm; trans. into English by Cary F. Baynes). Princeton: Princeton University Press, pp. xxi-xxxix.

(1963, written in 1920). 'Letter to Emma Jung from North Africa', Appendix III of *Memories, Dreams, Reflections* (ed. Aniela Jaffé; trans. Richard and Clara Winston). New York: Vintage Books, pp. 371-372.

(1973). *Letters,* 2 vols (selected and ed. Gerhard Adler in collaboration with Aniela

Jaffé). Princeton: Princeton University Press.

(1963). *Memories, Dreams, Reflections* (recorded and ed. Aniela Jaffé; trans. Richard and Clara Winston). New York: Vintage Books.

(1988). *Nietzsche's Zarathustra: Notes on the Seminar Given in 1934-1939 by C. G. Jung,* 2 vols (ed. James L. Jarrett). Princeton: Princeton University Press.

(1926). *Notes on the Seminar in Analytical Psychology Conducted by Dr C. G. Jung: Zurich March 23-July 6, 1925.* Private printing.

'Protocols', the unpublished German Urtext of *Memories, Dreams, Reflections* assembled by Aniela Jafféand held in 'The Papers of C. G. Jung' container at the Manuscript Division of the Library of Congress, Washington, DC.

(1996). *The Psychology of Kundalini Yoga: Notes of the Seminar Given in 1932 by C. G. Jung* (ed. Sonu Shamdasani). Princeton: Princeton University Press.

(1997). *Visions: Notes of the Seminar Given in 1930-1934 by C. G. Jung,* 2 vols (ed. Claire Douglas). Princeton: Princeton University Press.

Interviews with C. G. Jung

(interviewee) (1961). 'Appendix' of *C. G. Jung* (E. A. Bennet, Author and interviewer). London: Barrie & Rockliff.

(interviewee) (1977). *C. G. Jung Speaking: Interviews and Encounters.* (eds William McGuire and R. F. C. Hull). Princeton: Princeton University Press.

(interviewee) (1989). *Encounter with Jung* (Eugene Rolfe, author and interviewer). Boston: Sigo Press.

(interviewee) (1985). *Meetings with Jung: Conversations recorded during the years 1946-1961* (E. A. Bennet, author and interviewer). Zurich: Daimon.

Interviews with Ruth Bailey

(interviewee) (1986). 'Domestic Life with C. G. Jung: Taperecorded Conversations with Ruth Bailey' (Glin Bennet, author and interviewer). *Spring,* 177-189.

(interviewee) (1969, 1970). Unpublished oral interviews with Miss Ruth Bailey (Gene F. Nameche, interviewer). Archived in the 'C. G. Jung Biographical Archive' at the Countway Library of Medicine at Harvard University.

Works by H. G. Baynes

(1940). *Mythology of the Soul: A Research into the Unconscious from Schizophrenic Dreams and Drawings.* London: Baillière, Tindall & Cox.

(1941). *Germany Possessed.* London: Cape.

Newspaper

'Fowler McCormick Will Join African Psychology Expedition' (1925, 20 July). *The New York Times,* p. 1.

'What Dreams Reveal: Scientists Come to Kenya to Study Native Mind: Research Among the Bagishu' (1925, 19 November). *East African Standard,* p. 5.

'The Bagishu Expedition: How Psychological Experts May Benefit Kenya' (1925, 25 November). *East African Standard,* p. 1.

'The Bagishu Expedition: Correspondence Section' (1925, 7 December). *East African Standard,* p. 5.

British Government Archives, Public Record Office (PRO), Kew, UK.

CO 543 16. Civil Establishment in Kenya Colony.

BT 27/1106. Names and Descriptions of Passengers embarked at the Port of Southampton on the Wangoni, 15 October 1925.

Other

Baynes, H. G. (1925, 1926). 'Jung's Africa Journey in 1925', a privately held 16mm film of the Jung safari. Video reproductions are available at various Jung libraries such as the San Francisco Jung Institute Library.

Hislop, Francis Daniel (1960, June). 'Doctor Jung, I presume', *Corona: The Journal of Her Majesty's Colonial Service,* 236-238.

Secondary sources on Jung Africa

Books

Adams, Michael Vannoy (1996). *The Multicultural Imagination: 'Race', Color, and the Unconscious.* London: Routledge.

Bair, Deirdre (2003). *Jung: A Biography.* New York: Little, Brown.

Bennet, E. A. (1961). *C. G. Jung.* London: Barrie & Rockliff.

Bennet, E. A. (1967). *What Jung Really Said.* New York: Schocken Books.

Bennet, E. A. (1985). *Meetings with Jung: Conversations recorded during the years 1946-1961.* Zurich: Daimon.

Brome, Vincent (1978). *Jung.* New York: Atheneum.

Brooke, Roger (1991). *Jung and Phenomenology.* London: Routledge.

Buhrmann, M. Vera (1984). *Living in Two Worlds.* Cape Town: Human & Rousseau.

Bynum, Edward Bruce (1999). *The African Unconscious: Roots of Ancient Mysticism and Modern Psychology.* New York: Teacers' College Press.

Cederstrom, Lorelei (1990). *Fine-Tuning the Feminine Psyche: Jungian Patterns in the Novels of Doris Lessing.* New York: Peter Lang.

Dunne, Claire (2000). *Carl Jung: Wounded Healer of the Soul.* New York: Parabola Books.

Edinger, Edward (1984). *The Creation of Consciousness.* Toronto: Inner City Books.

Edinger, Edward (1996). *The New God-Image: A Study of Jung's Key Letters Concerning the Evolution of the Western God-Image.* Wilmette, IL: Chiron

Publications.

Ellenberger, Henri (1970). *The Discovery of the Unconscious*. New York: Basic Books.

Ellwood, Robert (1999). *The Politics of Myth: A Study of C. G. Jung, Mircea Eliade, and Joseph Campbell*. Albany: State University of New York Press.

Elms, Alan (1994). *Uncovering Lives: The Uneasy Alliance of Biography and Psychology*. New York: Oxford University Press.

Hannah, Barbara (1991, first published 1976). *Jung: His Life and Work*. Boston: Shambhala.

Jacobi, Jolande (1983, first published 1965). *The Way of Individuation* (trans. R. F. C. Hull). New York: Meridian.

Jaffé, Aniela (1971). *From the Life and Work of C. G. Jung*. New York: Harper Colophon.

Jaffé, Aniela (1979). *C. G. Jung: Word and Image*. Princeton: Princeton University Press.

Jaffé, Aniela (1984). *Jung's Last Years and Other Essays* (trnas. R. F. C. Hull and Murray Stein). Dallas: Spring Publications.

Jansen, Diana Baynes (2003). *Jung's Apprentice: A Biography of Helton Godwin Baynes*. Einsiedeln: Diamon Verlag.

Kirsch, Thomas B. (2000). *The Jungians: A Comparative and Historical Perspective*. London: Routledge.

McLynn, Frank (1996). *Carl Gustav Jung: A Biography*. New York: St Martin's Press.

Mansfield, Victor (1995). *Synchronicity, Science, and Soul-Making*. Chicago: Open

Court.

Noll, Richard (1994). *The Jung Cult: Origins of a Charimatic Movement.* Princeton: Princeton University Press.

Ritsema, Rudolf and Stephen Karacher (trans.) (1995). *I Ching.* New York: Barnes & Noble.

Rolfe, Eugene (1989). *Encounter with Jung.* Boston: Sigo Press.

Rosen, David (1996). *The Tao of Jung: The Way of Integrity.* New York: Viking Arkana.

Saayman, G. (ed.) (1990). *Modern South Africa in Search of a Soul.* Boston: Sigo Press.

Samuels, Andrew (1993). *Political Psyche.* Georgetown, ON: Routledge, Chapman & Hall.

Seggaler, Stephen and Merrill Berger (1990). *The Wisdom of the Dream: The World of C. G. Jung.* Boston: Shambhala.

Serrano, Miguel (1966). *C. G. Jung and Herman Hesse.* New York: Schochen Books.

Stern, George (1976). *C. G. Jung: The Haunted Prophet.* New York: Georege Braziller.

Stevens, Anthony (1995). *Private Myths: Dreams and Dreaming.* Cambridge, MA: Harvard University Press.

Torgovnick, Marianna (1990). *Gone Primitive: Savage Intellects, Modern Lives.* Chicago: University of Chicago Press.

Torgovnick, Marianna (1997). *Primitive Passions: Men, Women, and the Quest for*

Ecstasy. New York: Alfred Knopf.

van der Post, Laurens (1955). *The Dark Eye in Africa*. New York: William Morrow.

van der Post, Laurens (1978, first published 1976). *Jung and the Story of Our Time*. New York: Pantheon Books.

van der Post, Laurens with Jean-Marc Pottiea (1986). *A Walk with a White Bushman*. New York: William Morrow.

von Franz, Marie-Louise (1975). *C. G. Jung: His Myth in Our Time* (trans. William H. Kennedy). New York: G. P. Putnam's Sons.

von Franz, Marie-Louise (1981, first published 1970). *Puer Aeternus: A Psychological Study of the Adult Struggle with the Paradise of Childhood,* 2nd edn. Boston: Sigo Press.

Wehr, Gerhard (1971). *Portrait of Jung: An Illustrated Biography* (trans. W. A. Hargreaves). New York: Herder & Herder.

Wehr, Gerhard (1987). *Jung: A Biography.* Boston: Shambhala.

Wilhelm, Richard (trans.) (1967, first published 1923). *The I Ching,* 3rd edn (Foreword by C. G. Jung; trans. Cary F. Baynes). Princeton, Princeton University Press.

Wilson, Colin (1984). *Lord of the Underworld: Jung and the Twentieth Century.* Wellingborough, Northamptonshire: The Aquarian Press.

Articles

Binswanger, Ludwig (1946). 'The existential analysis school of thought', *Existence* (ed. Rollo May, Ernest Angel and Henri F. Ellenberger). New York: Basic Books, pp. 191-213.

Brooke, Roger (1990). 'Reflections of Jung's Experience in Africa', *Modern South Africa in Search of a Soul* (ed. G. Saayman). Boston: Sigo Press, pp. 81-94.

Burleson, Blake (1997). 'Defining the Primitive: Carl Jung's "Bugishu Psychological Expedition"', *The Journal of Africa Travel-Writing* 3, 17-30.

Fleissner, Robert F. (1992). 'Carl Jung and "The Hollow Men"', in Robert F. Fleissner, *T. S. Eliot and the Heritage of Africa: The Magus and the Moor as Metaphor.* New York: Peter Lang, pp. 119-134.

McGuire, William (1995). 'Firm Affinities: Jung's Relations with Britain and the United States', *Journal of Analytical Psychology* 40(3), 301-326.

Noel, Dan (1990-1991). 'Soul and Earth: Traveling with Jung toward and Archetypal Ecology', *Quadrant,* 4-10.

Young, Gloria (1982-1983). 'Quest and Discovery: Joseph Conrad's and Carl Jung's African Journey's, *Modern Fiction Studies* 28(4), 583-589.

Dissertations

Lotegeluaki, Samuel O. (1980). *A Comparison of African thought and Carl Gustav Jung in regard to the coincidence of opposites.* Dubuque, IA: Aquinas Institute of Philosophy and Theology.

Letters

Rolfe, Eugene (1960, December). 'Correspondence', *Corona, The Journal of Her Majesty's Colonial Service* 12, 479.

Unpublished papers

Adams, Michael Vannoy (1999, 7 February). 'Jung, Africa and the "Geopathology" of Europe: Psychic Place and Displacement', paper presented at the John N. Jonsson Peace and Justice Lecture Series, 'Black Africa in the White Psyche: Jung's Contribution to Multiculturalism', Baylor University, Waco, TX.

Beebe, John (1999, 31 March). 'Africa and the Renewal of the Feminine', paper presented at the John N. Jonsson Peace and Justice Lecture Series, 'Black Africa in the White Psyche: Jung's Contribution to Multiculturalism', Baylor University, Waco, TX.

Burleson, Blake (1999, 28 February), 'The "Dark Continent": A typological Projection', paper presented at the John N. Jonsson Peace and Justice Lecture Series, 'Black Africa in the White Psyche: Jung's Contribution to Multiculturalism', Baylor University, Waco, TX.

Kirsch, Thomas B. (2002, 2 June). 'Jung and the World of Fathers', paper presented at the Harry A. Wilmer III Memorial Lectureship, The Institute for the Humanities at Salado, TX.

Historical references: East Africa

Interviews with Sâbâwōōt (formerly called Elgonyi) of Mount Elgon

Kiboi, Francis (2003, 19 July). Interview (Blake Burleson, interviewer). Webuye, Kenya.

Kiboi, Francis (2003, 20 July a). Interview (Blake Burleson, interviewer). Webuye, Kenya.

Kiboi, Francis (2003, 20 July b). Interview (Blake Burleson, interviewer). Webuye, Kenya.

Kiboi, Francis (2003, 22 July). Interview (Blake Burleson, interviewer). Webuye, Kenya.

Kiborom, Philip Chebus (2003, 20 July). Interview (Blake Burleson, interviewer; trans. Francis Kiboi). Kapsakwony, Kenya.

Kimukung', Samuel Naibei (2003, 20 July). Interview (Blake Burleson, interviewer; trans. Francis Kiboi). Kapsakwony, Kenya.

Kimukung', Samuel Naibei (2003, 31 October). Interview (Blake Burleson, interviewer; trans. Francis Kiboi). Kapsakwony, Kenya.

Kimukung', Samuel Naibei (2004, 2 February). Interview (Blake Burleson, interviewer; trans. Francis Kiboi). Kapsakwony, Kenya.

Siikiiryo, Yokobo, Philip Chebus Kiborom, Chemiwotei arap Sakong and Andrew Cheemayyek (2003, 22 July). Interview (Blake Burleson, interviewer; trans.

Francis Kiboi). Kapsakwony, Kenya.

Kenya National Archives, Nairobi

'A.I.D. Survey Elgon-Nyanza' (1962, August), Vol. 1. Nairobi: Marco Surveys Ltd.

'A map of North Kavirondo drawn in 1924 - giving much useful and interesting information and statistics.'

Annual Report (1919-1920). Uasin Gishu District. Eldoret.

Chamier, A. E. (1925). Annual Report. North Kavirondo District. Kakamega.

Chamier, A. E. (1926). Annual Report. North Kavirondo District. Kakamega.

'Disastrous Fire in Nairobi' (1925, 10 December). *East African Standard*, p. 1.

Hemsted, R. W. (1925). Annual Report. Nyanza Province. Kisumu.

Kenya Land Commission Report (Carter Commission) (1932). Nairobi.

'Pneumonic Plague: Nairobi Outbreak' (1925, 19 November). *East African Standard*, p. 1.

'St Dunstan's Carnival Ball' [advertisement] (1925, 11 November). *East African Standard*, p. 10.

'St Dunstan's Dance' (1925, 16 November). *East African Standard*, p. 5.

'The Bagishu Expedition: Correspondence Section' (1925, 7 December). *East African Standard*, p. 5.

'The Bagishu Expedition: How Psychological Experts May Benefit Kenya' (1925, 25 November). *East African Standard*, p. 1.

'Too Much Rain' (1925, 23 November). *East African Standard*, p. 8.

'Two Weddings' (1925, 15 November). *East African Standard,* p. 4.

'What Dreams Reveal: Scientists Come to Kenya to Study Native Mind: Research Among the Bagishu' (1925, 19 November). *East African Standard,* p. 5.

Published works

Akeley, Carl E. (1924). *In Brightest Africa.* New York: Doubleday, Page.

Akeley, Carl E. and Mary L. Jobe Akeley (1931). *Adventures in the African Jungle.* New York: Junior Literary Guild.

Akeley, Mary L. Jobe (1928a). 'Carl Akeley's Last Journey: A Visit to the Gorilla Sanctuary in Belgian Congo', *The World's Work* 55, 250-259.

Akeley, Mary L. Jobe (1928b). 'The Africa Nobody Knows: A Bright Continent Where the Last Frontier Is Vanishing', *The World's Work* 55, 180-188.

Akeley, Mary L. Jobe (1940). *The Wilderness Lives Again: Carl Akeley and the Great Adventure.* New York: Dodd, Mead.

Altrincham, Lord [Sir Edward Grigg] (1955). *Kenya's Opportunity: Memories, Hopes and Ideas.* London: Faber.

Azevedo, Mario (ed.) (1993). *Kenya: The Land, The People, and The Nation.* Durham, NC: Carolina Academic Press.

Baedeker, Karl (1929). *Egypt and the Sudan: Handbook for Travellers,* 8th rev. edn. Leipzig: Karl Baedeker.

Balling, J. D. and J. H. Falk (1982). 'Development of visual preference for natural environments', *Environment and Behavior* 14, 5-28.

Beachley, R. W. (1996). *A History of East Africa 1592-1902.* London: Tauris Academic Studies.

Best, Nicholas (1979). *Happy Valley: The Story of the English in Kenya.* London: Martin Secker & Warburg.

Blixen, Karen (Isak Dinesen) (1985, first published 1937). *Out of Africa.* New York: Vintage Books.

Blundell, Michael (1964). *So Rough a Wind.* London: Weidenfeld & Nicolson.

Bodry-Sanders, Penelope (1991). *Carl Akeley: Africa's Collector, Africa's Savior.* New York: Paragon House.

Bodry-Sanders, Penelope and Bryan R. Johnson (1987, February). 'Carl Akeley: The Man Who Put Africa On Display', *Sports Afield* 79-81, 133-135.

Bradley, Mary Hastings (1922). *On the Gorilla Trail.* London: D. Appleton.

Brodie, Fawn M. (1967). *The Devil Drives: A Life of Sir Richard Burton.* New York: W. W. Norton.

Budge, E. A. Wallis (1961, first published 1911). *Osiris: The Egyptian Religion of Resurrection.* New York: University Books.

Buxton, M. Aline (1927). *Kenya Days.* London: Edward Arnold.

Capra, Fritjof (1996). *The Web of Life: A New Scientific Understanding of Living Systems.* New York: Anchor Books.

Churchill, Winston (1908). *My African Journey.* London: W. W. Norton.

Cobham, Alan J. (1926). *My Flight to the Cape and Back.* London: A. & C. Black.

Coughlan, Robert and the editors (1970, first published in 1962). *Tropical Africa.* New York: Time-Life Books.

Cranworth, Lord (1939). *Kenya Chronicles*. London: Macmillan.

Daly, M. W. (1986). *Empire on the Nile: The Anglo-Egyptian Sudan: 1898-1934.* Cambridge: Cambridge University Press.

Dietz, Nettie Fowler (1926). *A White Woman in a Black Man's Country: Three Thousand Miles Up the Nile to Rejaf.* Omaha, NE: private printing.

Dundas, Kenneth R. (1913). 'The Wawanga and Other Tribes of the Elgon District, British East Africa', *Journal of the Anthropological Institute of Great Britain and Ireland* 43, 19-75.

Easmon, M. C. F. (1924). *Sierra Leone Country Cloths.* London: Waterlow and Sons.

Edgerton, Robert (1971). *The Individual in Cultural Adaptation: A Study of Four East African Peoples.* Berkeley: University of California Press.

Else, David (1991). *Mountain Walking in Africa: 1: Kenya.* London: Robertson McCarta.

Fisher, Clyde (1927, February). 'Carl Akeley and His Work', *The Scientific Monthly,* 97-118.

Fluehr-Lobban, Carolyn, Richard A. Lobban Jr and John Obert Voll (1992). *Historical Dictionary of the Sudan,* 2nd edn. London: The Scarecrow Press.

Galton, Sir Francis (1893, first published 1855). *Art of Travel.* London: John Murray.

Gama, Vasco da (1898). *A Journal of The First Voyage of Vasco da Gama, 1497-1499* (trans. and ed., with notes, and introduction and appendices by E. G. Ravenstein). New York: Burt Franklin.

Gatti, Attilio (1945). *South of the Sahara.* New York: Robert M. McBride.

Goldschmidt, Walter (1976). *Culture and Behavior of the Sebei: A Study in*

Continuity and Adaptation. Los Angeles: University of California Press.

Gordon, Charles George (1969, first published 1885). *The Journals of Major-Gen. C. G. Gordon CB at Khartoum* (Introduction and Notes by A. Egmont Hake). New York: Negro Universities Press.

Haggard, H. Rider (1982, first published 1887). *She: A History of Adventure*. New York: Amereon House.

Haggard, H. Rider (2001, first published 1914). *Diary of an African Journey: The Return of Rider Haggard*. New York: New York University Press.

Hardy, Ronald (1965). *The Iron Snake*. New York: G. P. Putnam's Sons.

Harnett, W. L. (1916, December). 'Sandfly Fever and Dengue', *The Indian Medical Gazette*, 444-452.

Hemsing, Jan (1974). *Old Nairobi and the New Stanley Hotel*. Nairobi: Church, Rait and Associates.

Hemsing, Jan (1982). *Then and Now: Nairobi's Norfolk Hotel*. Nairobi: Sealpoint Publicity and Public Relations, Queensway House.

Hermann, Hans H. and Bernt Federau (1974). *Woermann-Linie and West Africa 1849-1974*. Hamburg: Hans Christian Verlag.

Hill, M. F. (1949). *Permanent Way: The Story of the Kenya and Uganda Railway*. Nairobi: East African Railways and Harbours.

Hill, Richard (1967). *A Biographical Dictionary of the Sudan,* 2nd edn. London: Frank Cass.

Hobley, C. W. (1896a). 'Notes on a Journey Round Mount Masawa or Elgon', *Geographical Journal 9*, 178-185.

Hobley, C. W. (1896b). 'The Lumbwa and Elgon Caves, with some remarks on their origin and the geology of the region', *East Africa Natural History Society* 6, 280-92.

Hobley, C. W. (1903). 'Anthropological Studies in Kavirondo and Nandi', *Journal of the Anthropological Institute of Great Britain and Ireland* 33, 325-359.

Hobley, C. W. (1970, first published 1929). *Kenya: From Chartered Company to Crown Colony: Thirty Years of Exploration and Administration in British East Africa,* 2dn edn. London: Frank Cass.

Hollis, A. C. (1909). *The Nandi.* Oxford: Oxford University Press.

Hugon, Anne (1993). *The Exploration of Africa: From Cairo to the Cape.* London: Thames & Hudson.

Huxley, Elspeth (compiler) (1991). *Nine Faces of Kenya.* New York: Penguin.

Imperator, Pascal James (1998). *Quest for the Jade Sea: Colonial Competition Around an East African Lake.* Boulder, CO: Westview Press.

Ingham, Kenneth (1958). *The Making of Modern Uganda.* Westport, CT: Greenwood Press.

Jackson, Sir Frederick (1930). *Early Days in East Africa.* London: Edward Arnold.

Jahn, Janheinz (1961, first published 1958). *Muntu: An Outline of the New African Culture* (trnas. Marjorie Grene). New York: Grove Press.

Johnson, Martin (1928). *Safari: A Saga of the African Blue.* New York: G. P. Putnam's Sons.

Jones, J. D. F. (2002). *Teller of Many Tales: The Lives of Laurens van der Post.* New York: Carroll and Graf.

Kenya: Its Industries, Trade, Sports and Climate (1924). London: Kenya Empire

Exhibition Council.

Knappert, Jan (1987). *East Africa: Kenya, Tanzania, Uganda.* New Delhi: Vikas.

Knight, Donald K. and Alan D. Sabey (1984). *The Lion Roars at Wembley: British Empire Exhibition,* 60th Anniversary 1924-1925. London: Barnard & Westwood.

La Fontaine, J. S. (1959). *The Gisu of Uganda.* London: International African Institute.

Lamoreaux, John C. (2002). *The Early Muslim Tradition of Dream Interpretation.* Albany, NY: State University of New York Press.

Lawrence, G. C. (ed.) (1924). *The British Empire Exhibition 1924 Official Guide.* London: Fleetway Press.

Lévy-Bruhl (1979, first published 1910). *How Natives Think* (trans. Lilian A. Clare). New York: Macmillan.

Leys, Norman (1925). *Kenya,* 2nd edn. London: Leonard and Virginia Woolf at the Hogarth Press.

Lincoln, Jackson Steward (1970, first published 1935). *The Dream in Primitive Cultures.* Baltimore: Williams & Wilkins.

Lugard, F. D. (1893). *The Rise of Our East African Empire.* London: Frank Cass.

McLynn, Frank (1992). *Hearts of Darkness: The European Exploration of Africa.* New York: Carroll & Graf.

MacMichael, Sir Harold (1934). *The Anglo-Egyptian Sudan.* London: Faber.

Makila, F. E. (1978). *An Outline History of the Babukusu.* Nairobi: Kenya Literature Bureau.

Mannoni, O. (1964, first published 1950). *Prospero and Caliban: The Psychology of*

Colonization (trans. Pamela Powesland). New York: Frederick A. Praeger.

Markham, Beryl (1989, first published 1942). *West with the Night.* London: Virago Press.

Marsh, Zoe (ed.) (1961). *East Africa: Through Contemporary Records* (selected and introduced by Zoe Marsh). Cambridge: Cambridge University Press.

Martin, C. (1956). *Something about Jinga.* Jinja: private printing.

Maxon, R. M. (1980). *John Ainsworth and the Making of Kenya.* Washington, DC: University Press of America.

Maxwell, Donald (1924). *Wembley in Colour.* London: Longmans, Green.

Mazrui, Ali A. (1986). *The Africans: A Triple Heritage.* London: BBC Publications.

Mbiti, John S. (1969). *African Religions and Philosophy.* New York: Praeger.

Mena House Hotel (1895). Cairo: private printing.

Miller, Charles (1971). *The Lunatic Express: An Entertainment in Imperialism.* New Yokr: Macmillan.

Millikin, A. S. (1906). 'Burial Customs of the Wa-Kavirondo', *Man,* 54-55.

Modelski, Sylvia (2000). *Port Said Revisited.* Washington, DC: Faros.

Moorehead, Alan (1960). *The White Nile.* New York: Harper & Bros.

Müller, Fredrich Max (1872). *Lectures on the Science of Language, delivered at the Royal Institution of Great Britain,* 2 vols. New York: Charles Scribner.

Nigeria, its history and products (1925). London: British Empire Exhibition.

Nizan, Paul (1967). *Aden-Arabie.* Paris: François Maspero.

Norden, Hermann (1924). *White and Black in East Africa: A Record of Travel and Observation in Two African Crown Colonies.* Boston: Small, Maynard.

Northcote, G. A. S. (1907). 'The Nilotic Kavirondo', *Journal of the Royal Anthropological Institute of Great Britain and Ireland* 37, 58-66.

Oliver, Roland and Gervase Matthew (eds) (1963). *History of East Africa.* Oxford: Oxford University Press.

Ollier, C. D. and J. F. Harrop (1958, September). 'The Caves of Mount Elgon', *The Uganda Journal* 22(2), 158-163.

Osogo, John (1966). *A History of the Baluyia.* Nairobi: Oxford University Press.

Patterson, J. H. (1924, first published 1907). *The Man-Eaters of Tsavo.* London: Macmillan.

Pelensky, Olga Anastasia (1991). *Isak Dinesen: The Life and Imagination of a Seducer.* Athens: Ohio University Press.

Perham, Margery (1976). *East African Journey.* London: Faber.

A Pictorial and Descriptive Guide to London and the British Empire Exhibition 1924 (1924). London: Ward, Lock.

Pirouet, M. (1995). *Historical Dictionary of Uganda.* London: The Scarecrow Press.

Preston, Richard (1994). *The Hot Zone.* New York: Random House.

Purvis, J. B. (1990). *Through Uganda to Mount Elgon.* London: Adelphi Terrace.

Robson, Peter (1969). *Mountains of Kenya.* Nairobi: East African Publishing House.

Roosevelt, Theodore (1924). *Africa Game Trails: An Account of the African Wanderings of an American Hunter-Naturalist,* Vol. 1. New York: Charles Scribner's Sons.

Seligman, C. G. and Brenda Z. Seligman (1932). *Pagan Tribes of the Nilotic Sudan.* London: Routledge & Kegan Paul.

Shavit, Yaacov (2000). 'Up the River or Down the River? An Afrocentrist Dilemma',

The Nile: Histories, Cultures, Myths (ed. Haggai Erlich and Israel Gershoni). London: Lynne Rienner, pp. 79-104.

A Short Manual of the Gold Coast (1924). London: The British Empire Exhibition.

Speke, John Hanning (1963, first published 1863). *Journal of the Discovery of the Source of the Nile*. New York: Greenwood Press.

Stam, the Rev. N. (1910). 'The Religious Conceptions of the Kavirondo', *Anthropos* 5, 359-362.

Stringer, Christopher and Robin McKie (1996). *African Exodus: The Origins of Modern Humanity*. New York: Holt.

Synge, Patrick M. (1937). *Mountains of the Moon: An Expedition to the Equatorial Mountains of Africa*. London: Lindsay Drummond.

Talbot, P. Amaury (1912). *In the Shadow of the Bush*. London: William Heinemann.

Thesiger, Wilfred (1994). *My Kenya Days*. London: HarperCollins.

Thomas, H. B. and R. F. J. Lindsell (1956, September). 'Early Ascents of Mount Elgon', *The Uganda Journal* 20(2), 113-128.

Thomson, Joseph (1881). *To the Central African Lakes and Back*. London: Sampson Low.

Thomson, Joseph (1890, January-June). 'The Results of European Intercourse with the African', *The Contemporary Review* LVII, 339-352.

Thomson, Joseph (1968, first published 1885). *Through Masai Land: A Journey of Exploration among the Snowclad Volcanic Mountains and Strange Tribes of Eastern Equatorial Africa* (Introduction by Robert Roteberg). London: Frank Cass.

Travel Guide to Kenya and Uganda (1931). No. 3. Nairobi: Kenya and Uganda Railways and Harbours.

Trench, Charles Chenevix (1993). *Men Who Ruled Kenya: The Kenya Administration, 1892-1936.* London: The Radcliffe Press.

Uganda at the British Empire Exhibition 1924 (1924). (British Empire Exhibition Committee - Uganda). London: Bale, Sons and Danielsson.

Wagner, Gunter (1949). *The Bantu of North Kavirondo,* 2 vols. London: Oxford University Press.

Watkins, Elizabeth (1997, first published 1993). *Jomo's Jailor: Grand Warrior of Kenya* (Foreword by Elspeth Huxley). Oxford: Britwell Books.

Were, Gideon S. (1967). *A History of the Abaluyia of Western Kenya.* Nairobi: East African Publishing House.

White, Stewart Edward (1913). *African Camp Fires.* New York: Doubleday, Page.

저자 소개

Blake W. Burleson

미국 텍사스 주에 위치한 베일러 대학교 예술과학대학에서 박사학위를 받았고, 현재 동 대학교 종교학과 조교수이며, 학사 과정의 부학장이다. 세계 종교와 아프리카 연구에 대한 주제로 강의를 하고 있다. 그는 1978년부터 아프리카 대륙을 여행해 왔고, 1996~2003년 동안 베일러 대학교의 아프리카 연구 계획을 이끌었다. 2007년 남아프리카공화국 케이프 타운에서 열린 제17회 국제분석심리학회에 초청받아 융의 아프리카 여행에 관한 기조연설을 하였다.

E-mail: Blake_Burleson@baylor.edu

역자 소개

이도희(Lee Dohee M.D.)

서울대학교 의과대학과 동 대학원을 졸업하고 서울대학교병원에서 신경정신과 전공의 과정을 수료한 정신과 전문의이며, 한국융연구원을 수료한 융학파 분석가다. 현재 서울대학교 의과대학 정신건강의학과 외래초빙교수로 정신과 전공의 정신치료 지도감독을 담당하고, 한국융연구원 상임교수 및 교육분석가로 강의와 세미나 지도, 교육 및 지도분석을 하고 있다. 또한 서울의 개인클리닉(이도희정신과의원/www.lumennaturae.co.kr)에서 정신과 환자 진료를 하고 있다.

E-mail: doheenp@naver.com

융과 아프리카
JUNG IN AFRICA

2014년 8월 20일 1판 1쇄 인쇄
2014년 8월 25일 1판 1쇄 발행

지은이 • Blake W. Burleson
옮긴이 • 이도희
펴낸이 • 김진환
펴낸곳 • ㈜ 학지사
  121-838 서울특별시 마포구 양화로 15길 20 마인드월드빌딩
대표전화 • 02)330-5114   팩스 • 02)324-2345
등록번호 • 제313-2006-000265호

홈페이지 • http://www.hakjisa.co.kr
커뮤니티 • http://cafe.naver.com/hakjisa

ISBN 978-89-997-0412-3 03180

Korean Translation Copyright ⓒ 2014 by Hakjisa Publisher, Inc.

정가 16,000원

역자와의 협약으로 인지는 생략합니다.
파본은 구입처에서 교환해 드립니다.

이 책을 무단으로 전재하거나 복제할 경우 저작권법에 따라 처벌을 받게 됩니다.

인터넷 학술논문 원문 서비스 **뉴논문** www.newnonmun.com

이 도서의 국립중앙도서관 출판시도서목록(CIP)은 서지정보유통지
원시스템 홈페이지(http://seoji.nl.go.kr)와 국가자료공동목록시스템
(http://www.nl.go.kr/kolisnet)에서 이용하실 수 있습니다.
(CIP제어번호: CIP2014017595)